ein Ullstein Buch

Ullstein Buch Nr. 3074
im Verlag Ullstein GmbH,
Frankfurt/M – Berlin – Wien

Ungekürzte Ausgabe
Für die Taschenbuchausgabe
neu eingerichtet

Umschlagentwurf:
Kurt Weidemann

Mit Genehmigung der
März Verlag KG,
Frankfurt/Main

Printed in Germany 1974
Gesamtherstellung:
Ebner, Ulm
ISBN 3 548 03074 2

Siegfried Bernfeld

Antiautoritäre Erziehung und Psychoanalyse

Ausgewählte Schriften
Band 1

Herausgegeben von
Lutz von Werder und
Reinhart Wolff

ein Ullstein Buch

Inhalt

1. TEIL: THEORIE UND PRAXIS PSYCHOANALYTISCHER KINDERERZIEHUNG

Psychologie des Säuglings: Traumen und Versagungen

Allgemeines

Die Entwicklung des Säuglings in den ersten drei Vierteljahren seines Lebens haben wir in einer nicht ganz vollständigen und gleichmäßigen Weise dargestellt. Manche Erscheinungen haben wir von ihrem ersten Auftreten an sorgfältig verfolgt, einige davon ins vierte und fünfte Vierteljahr hinein. Große Gruppen von Phänomenen aber haben wir nur bis ans beginnende Greiflingsalter studiert und uns um ihre weitere Entfaltung, ihre weiteren Schicksale nicht gekümmert. Andere zwar mehrfach erwähnt, aber nicht zusammenhängend erörtert, so daß sie nun eher als Hemmung des Verständnisses, denn als dessen Vertiefung, fragmentarisch die geschlossene Linie von gründlicher beachteten Phänomenen durchbrechen. Grund und Entschuldigung vielleicht für solches Verfahren ist, daß nicht jede psychische Erscheinung gleich in ihren Anfängen verständlich zu erfassen ist, sondern sich zuweilen das Verständnis ihrer Ursprünge erst bei der Betrachtung eines mehr entwickelten Stadiums rückblickend einstellt; daß andere Phänomene zu übersichtlicher Ansicht erst dann führen, wenn sie und ihre Folgen aus einem größeren Zeitabschnitt nebeneinandergestellt verglichen werden oder vielleicht über diesen und jenen allgemein-psychologischen Streitpunkt eine gewisse Antwort gesichert ist. Dies gilt für den Begriff des Traumas der Geburt, der immer wieder, anfangs recht hypothetisch, im Lauf der Darstellung aber mehr als gesichert, gebraucht, doch immer nur in beiläufiger Erwähnung verwendet wurde, ohne daß der Begriff selbst, die in ihm gemeinten Tatsachen und seine Verwendung erörtert und gesichert worden wäre. Wir werden bald sehen, daß eine gewisse Beziehung zwischen Trauma und Versagung besteht; darum mußten jene Erscheinungen, die mit Versagungen verknüpft sind und die Versagung selbst, unbeachtet bleiben; denn sie können erst auf den gesicherten Begriff des Traumas aufgebaut werden. Das Säuglingsalter endet mit einer Versagung, der Entwöhnung, so muß auch die Darstellung der Psychologie des Säuglings mit der Psychologie der Versagung enden. Und es wird nun nötig, im Zusammenhang die Entwicklung der Versagungen zu schildern, die mit dem Trauma der Geburt zu beginnen hat. Dabei wird manches zu wiederholen sein, was dem Leser bei der Schwierigkeit der Materie und der Neuheit der Gesichtspunkte vielleicht nicht so unangenehm ist, als dem Autor, der solche Wiederholung als Ungeschick der Darstellung empfinden muß.

Die Geburt als psychisches Trauma aufzufassen, hat Freud (A) vorgeschlagen; seitdem ist dieser Gedanke in den Schriften der Psychoanalytiker immer wieder einmal aufgegriffen worden, ohne daß sich jemand veranlaßt sah, ihm mehr Bedeutung als die eines interessanten Einfalls zuzumessen, dessen Wert darin liegt, daß er ein gewisses, leider noch genug schwaches Licht auf die rätselhafte Tatsache der Angst zu werfen vermag. Vor kurzem erst ist von Rank und von Ferenczi (B) in zwei gleichzeitig erschienenen Schriften, die sich nur wenig widersprechen, aber weitgehend ergänzen, dieser Freudsche Gedanke zum Ausgangspunkt von Anschauungen genommen worden, die ihn nach zwei verschiedenen Richtungen ausbauen und fundieren. Mein hier vorliegendes Buch tut das gleiche, mit Rank und Ferenczi nur in wenigen Punkten in Widerspruch, im wesentlichen sie ergänzend und von ihnen ergänzbar[1]. Einwände gegen diese Verwendung der Freudschen Ideen und gegen diese selbst wurden noch nicht erhoben, weil jenes noch nicht möglich war, dieses aber entspricht dem Verhalten der offiziellen Kinderpsychologie, die sich nicht einmal mit den Hauptgedanken Freuds auseinandersetzt, geschweige denn mit einer scheinbar beiläufig hingesetzten Idee.

Aber gewisse Einwände sind so sicher zu erwarten, daß es nicht unnütz sein mag, sie vorweg zu besprechen; sind es doch Einwände, die sich der Autor selbst gemacht hat. Solche Einwände stellen sich

---

1 Eine Priorität wünsche ich natürlich nicht festzustellen. Wer Gründe hatte, mit der Publikation seiner Anschauungen zu zögern, wird sich wohl leicht damit abfinden können, daß diese Gründe auch Folgen hatten. Aber um die Ungleichheiten in der Berücksichtigung der Bücher von Rank und Ferenczi in dieser Arbeit zu entschuldigen, soll erwähnt werden, daß sie gleichzeitig mit diesen gearbeitet wurde und im Konzept fertig, zum überwiegenden Teil auch niedergeschrieben und abgeschlossen war, als jene erschienen, so daß ohne wesentliche Veränderungen nur in einzelnen Kapiteln andeutungsweise auf sie Rücksicht genommen werden konnte.

noch vor Kenntnisnahme des Materials und Prüfung der möglichen Schlüsse ein, weil die ganze Betrachtungsweise ein wenig fremdartig ist. Man wird finden, sie überschätzt die Wichtigkeit der Geburt. Psychologisch sei die Geburt ein willkürlich gegebener Zeitpunkt wie jeder andere auch, so bedeutsam gerade dieser Zeitpunkt für die gesellschaftlichen Erscheinungen auch sein mag. Aber gerade diese Behauptung muß nicht richtig sein. Es ist wahr, die Geburt könnte psychologisch ziemlich irrelevant sein. Wir würden uns dieser Auffassung gern anschließen, wenn es keine Erscheinungen des nachgeburtlichen Lebens gäbe, die unverständlich bleiben, falls man sich nicht entschließt, sie als Wirkungen der Geburt zu verstehen. Und die psychische Wichtigkeit der Geburt wird nach der Zahl und der Bedeutung dieser ihrer Folgen abzuschätzen sein. Ich glaube, im Voranstehenden und Folgenden gezeigt zu haben, daß es solche Erscheinungen gibt, und daß sie wichtig sind. Aber darin könnte ein Widerredner recht haben; die Geburt ist für die Psychologie von mehrfacher Wichtigkeit, und diese verschiedenen Richtungen müssen voneinander geschieden sein. Vom Seelenleben des Embryo wissen wir so wenig, daß wir nicht einmal vage Aufstellungen darüber machen können. Die Hoffnung auf bevorstehende beträchtliche Vermehrung dieses Wissens ist minimal. Eine Entwicklungspsychologie, die die psychischen Erscheinungen bis auf ihre ersten Ursprünge zurückverfolgt, wird schließlich die Geburt als eine methodisch überaus wichtige Grenze erreichen. So fraglich der Sinn der Aussage sein mag: Die ersten Lebenserscheinungen des Neugeborenen sind psychisch; so sehr es denkbar wäre, die ersten Lebenstage, Lebensstunden aus einer Psychologie sensu striktu auszuschließen, so sehr es vielleicht sogar verteidigbar wäre, die ersten Lebenswochen mit diesem Ausschluß zu belegen; es bleibt dennoch alles, was das Kind an Erscheinungen bietet, die nach der Geburt feststellbar werden, von einer für das Psychische das ganze Leben lang charakteristischen Art. Sind dies Vorstufen des Psychischen, so sind es solche, von denen man nicht angeben kann, wann sie zum eigentlich Psychischen sich erheben, so ähnlich sind sie diesem. Es sind Vorstufen, die sehr bald, in Wochen gewiß, in Tagen, Stunden vielleicht, die völlig rätselhafte Veränderung durchmachen werden, die sie als unbezweifelbar psychische agnoszieren läßt. Verläßt man nun gar, wie wir in diesem Buch tun, die Gleichsetzung von bewußt und psychisch, dann gibt es gar keine andere Möglichkeit, als die Rückverfolgung der psychischen Phänomene bis zur Geburt. Möglich, daß wir später einmal hinter die Geburt, ins fötale Sein mit unserer psychischen Erkenntnis eindringen werden, dann wird die Geburt nicht mehr der notwendige Anfang entwicklungspsychologischer Betrachtung sein. Aber es ist von vornherein wahrscheinlich, daß das fötale Seelenleben sich als so different vom postfötalen erweisen wird, daß die Geburt auch dann, dann erst recht, ihre methodologische und systematische Bedeutung behalten wird. Fehlt doch dem fötalen Leben vermutlich der Rhythmus von Schlaf und Wachen, der überwiegende Teil der nachgeburtlichen Reizwelt, ist doch vor allem die Organisation der Bedürfnisbefriedigung von der gleich nach der Geburt, ja bei der Geburt gegebenen fundamental verschieden. Hier wird man vielleicht einen präzisen Begriff von psychischer Vorstufe gewinnen können. Die Geburt ist also der Ausgangspunkt aller entwicklungspsychologischen Betrachtung. Historisch muß jedes Phänomen des erwachsenen Seelenlebens bis an die Geburt verfolgbar sein.

Diese historische Beschreibung bietet aber keine endliche Befriedigung. Wichtiger wird jener Punkt auf der Linie der Entwicklung sein, von dem aus ein Phänomen verständlich wird. Für die Ich-Entwicklung z. B. ist das Ende des ersten Vierteljahres ein solcher Moment. Trotz der systematischen (historischen) Wichtigkeit müßte die Geburt nicht auch eine verständnismäßige Bedeutung haben; wegen ihrer historischen Bedeutung aber wird man mit Recht den Versuch wagen, sie auch als verständnismäßig bedeutsamen Beziehungspunkt zu erweisen. Man wird sich fragen dürfen, ob in der Situation der Geburt nicht Bedingungen enthalten sind, welche uns die psychischen Erscheinungen, die die ersten Lebensstunden aufweisen – sie seien noch so keimhaft – aus ihnen verständlich machen; und wird weiter sehen, ob sich nicht »Erinnerungen« an dieses Ereignis in späteren Zeiten (den nächsten Tagen, Jahren) vorfinden, was Phänomene des späteren Lebens wären, die durch die Beziehung auf die Geburtssituation erst verständlich würden. Solcher Versuch ist methodisch gewiß legitim. Ob er Tatsächliches aufdeckt, ist vorher nicht zu entscheiden.

Gewiß wird man sich hüten müssen, aus der historischen Bedeutung eine kausale zu machen. Hier keinen Fehler zu begehen, hilft die Erinnerung daran, daß die Geburt neben der zweifellosen historischen (methodisch-systematischen) und der gefragten kausalen Bedeutung fraglos noch eine dritte, die konditionale Bedeutung hat, die mit der kausalen nicht verwechselt werden darf. Sie ist ein konditionales Faktum ersten Ranges, indem erst durch sie das Individuum in jenes psychische Milieu gelangt, in dem es Psychisches im engeren Sinn überhaupt erst gibt. In diesem Sinn ist die Geburt freilich die »Ursache« aller Seelenphänomene; nur ist das Wort »Ursache« nicht präzis gebraucht. Die vollzogene Geburt ist die Bedingung des nachgeburtlichen Seelenlebens; eine Selbstverständlichkeit, die man sich aber vielleicht doch gelegentlich vor Augen halten muß. Will man die »Bedeutung« der Geburt verstehen, so müssen jene Erscheinungen besonders scharf umschrieben werden, die außerhalb der historischen und außerhalb der konditionalen, eine besondere Beziehung zu ihr haben. Wenn z. B. Rank annimmt, daß der Verlauf gewisser Lebensschicksale dadurch determiniert ist, daß das Individuum eine schwere oder leichte Geburt hatte, so wäre dies eine solche Beziehung. Uns werden ja gerade die individuellen Folgen der Geburt nicht zu beschäftigen haben, aber die Kriterien für die Beziehungsart bleiben doch annähernd die gleichen.

Hat man sich mit der theoretischen Möglichkeit solcher individueller und genereller Folgen der Geburt befreundet, so wird eine einfache Erwägung zeigen, welche Art von Folgen in erster Linie zu erwarten sind. Die fötalen psychischen Erscheinungen mögen Vorstufen sein; dennoch gibt es wohl auch unter ihnen eine Entwicklung. Die psychische Vorstufe: erster Embryonaltag wird vom nachgeburtlichen Psychischen weiter entfernt sein, als die: letzter Embryonaltag. Aber die Entwicklung vom ersten Embryonaltag bis zum erwachsenen Seelenleben ist keine gleichmäßig stetige. Vielmehr wird die fötale von der postfötalen durch eine radikale plötzliche Umweltänderung, die Geburt, geschieden. Hat die Geburt Folgen (mehr als historische und konditionale), so dürfen wir von vornherein erwarten, daß diese mit dem Merkmal des Plötzlichen und Radikalen, das der Geburt anhaftet, in Konnex stehen werden. Es würde uns wenig wundern, zu erfahren, daß es eine spezifische Folge dieser Merkmale der Geburt gibt, daß das Individuum auf die Geburt so reagiert, wie es später auf solche plötzliche Zerreißung des bisherigen psychischen Gleichgewichtszustandes reagieren wird, die wir Traumen nennen. Unter allen möglichen Folgen der Geburt werden uns traumatische am wenigsten überraschen. Wir verstehen diese Folge unmittelbar, weil wir, erwachsen, auf wesentlich weniger radikale und plötzliche Ereignisse mit traumatischen Erscheinungen antworten, mindestens mit heftigem Erschrecken. Bleibt aber diese Wirkung aus, erscheint dies als das Erstaunliche und Unwahrscheinliche.

Die Geburt als Trauma

Verläuft die Geburt unter psychischen Prozessen, die unserem Bewußtsein ähnlich sind, oder könnte man sich an sie wie an ein anderes frühes Erlebnis erinnern, so würde sie gewiß beschrieben werden als Sturz in die Tiefe, Druck und Pressung am Kopf und ganzen Körper beim Passieren eines engen Kanals, Erstickungsanfall, Aufschrei, Erleichterung, erneuter Erstickungsanfall, ermattete Erleichterung, Einschlafen; wozu noch Kälteschauer, Getöse und Lichtfülle kämen, heftiges Herzklopfen und asthmaähnliches Atmen (Garley). Sie wäre ein komplizierter, schwerer Angstzustand. Und zwar der erste Angstzustand, den das Individuum erlebt. Wir wissen freilich nicht, was von dem allen erlebt wird, bewußte Repräsentanten hat. Für die uns hier interessierende Frage ist dies aber völlig irrelevant. Die Geburt ist durch eine Reihe von physiologischen Gegebenheiten charakterisiert, die biologisch voll verständlich sind, die aus der Geburtssituation selbst folgen. Es liegt hier kein Problem vor. Aber das überaus interessante Ergebnis unserer bisherigen Darstellung ist dahin zu formulieren, daß postnatal gelegentlich dieser ganze Komplex von physiologischen Zuständen und noch viel häufiger einige wesentliche seiner Bestandteile wieder auftreten, ohne daß die Geburtssituation gegeben wäre. Und in diesen – wie gezeigt und noch mehr zu erhärten ist – Fällen sind aus der auslösenden Situation heraus, deren Folgen (die volle oder teilweise Reproduktion der Geburtssituation) völlig unverständlich. Wir verstehen die Dyspnoe während der Geburt; wir verstehen aber nicht, warum die erwachsene Versuchsperson am Sphygmographen diese Dyspnoe erlebt, wenn sie vom Versuchsleiter in Angst versetzt wurde, um ein Beispiel zu nennen. Aber nicht allein die unmotivierte, unverständliche physiologische Reproduktion tritt ein, sondern wir sehen im postnatalen Leben dieses physiologische Syndrom von einem bestimmten Affekt begleitet: der Angst. Das eine ohne das andere ist gar nicht möglich; der Affekt und sein zugehöriger körperlicher Ausdruck gehören so unzertrennlich zusammen, daß man davon sprechen konnte, jener Komplex physiologischer Tatsachen *sei* der Affekt selbst. Bei dieser Auffassung wäre die Geburt ein Angstzustand. Aber ich glaube, daß diese Formulierung nicht ganz glücklich ist. Sie zwingt uns nur zu beachten, daß fraglich sein kann, ob die Geburt und deren erste »Reproduktionen« im Bewußtsein repräsentiert sind, nicht aber *wie*. Mit der Bejahung des Ob ist das Wie gegeben. Daß dies bald eintritt, ist gewiß; genau wann, läßt sich nicht völlig sicher aussagen. Jeder Angstzustand ist in diesem Sinn psychisch und physisch eine Wiederholung der Geburt. Natürlich sind die Angstzustände des späteren Lebens nicht nur Geburtsreproduktionen oder -Reminiszenzen, sondern sie haben ihre Anlässe, ihre Bedeutung, ihren Wert bereichert, gewandelt, verschoben, sie sind wie jeder psychische Vorgang vielschichtig, aber ihre historisch tiefste Schicht bleibt unter all den anderen die Reproduktion der Geburt. Und das für die Psychologie Entscheidende ist, daß der Angstzustand als solcher erst aus dieser tiefsten Schicht verständlich wird. Wenn ich hier von tiefster Schicht spreche, sei nicht übersehen: ich meine die tiefste individuelle Schicht, die freilich über noch tieferen, den phylogenetischen ruht; diese brauchen uns aber im Zusammenhang dieses Buches nicht näher zu interessieren.

Wollten wir diese Einsicht zum Rang einer allgemein gültigen und allgemein gesicherten psychologischen Tatsache erheben, so hätten wir ein gründliches Studium dem sogenannten körperlichen Ausdruck der Affekte (Gemütsbewegungen) zu widmen. Das Thema ist sehr oft behandelt worden, die Summe aus dieser weitschichtigen Literatur zu ziehen, kann an dieser Stelle nicht mein Amt sein. Eine solche Einschaltung würde den Rahmen einer Psychologie des Säuglings völlig sprengen. Aber was uns aller weiteren Erwägung überhebt, ob diese Sprengung nicht zu verantworten sei, ist die Überzeugung, daß die Literatur in den entscheidenden Fragen lückenhaft ist; umfangreiche Serien von neuen experimentellen Untersuchungen sind nötig, die Frage unter dem Gesichtspunkt, der sich aus dem kinderpsychologischen Zusammenhang bietet, zu untersuchen. Aber den Eindruck kann man festhalten, daß sich vermutlich erst bei der Beachtung der traumatischen Wirkung der Geburt ein Verständnis des bisher völlig dunklen Tatsachenkreises der körperlichen Ausdruckserscheinungen der Affekte ergäbe. Es sind ja vor allem zwei Organsysteme, an denen sie sich betätigen: Die Atmungs- und die Blutkreislauforgane. Gerade diese beiden erfahren durch die Geburt in ihrer ganzen Funktionsweise eine plötzliche, radikale Veränderung. Die Veränderung der normalen Funktion, als ihre Schwächung oder Verstärkung, ist auch der wesentliche Inhalt der Ausdruckserscheinungen. Die körperlichen Begleiterscheinungen der polar entgegengesetzten Affekte und Gefühlszustände sind nicht selbst völlige Gegensätze, sondern es gibt hier sehr merkwürdige Überdeckungen und Differenzierungen. Die Annahme liegt nahe, daß sich diese gegensätzlichen Zustände auseinander oder aus einem Urzustande differenzieren und daß die Erscheinungen am Respirations- und Zirkulationsapparat die Geschichte des Affektes aufbewahren, wenn wir sie nur lesen könnten. Der angenommene Urzustand wäre der Ablauf von körperlichen Erscheinungen, der die Geburt begleitet; der Ausdruck der Angst reproduziert ihn am reinsten, so scheint es, während die Lust und Unlust, sowie die mannigfaltigen Affekte verschiedene Weisen der Überwindung oder Wiederholung der Urangst bezeichnen würden.

Inwieweit sich diese Hypothese für das Verständnis der allgemeinen psychologischen Frage als fruchtbar erweisen wird, darf künftigen Untersuchungen überlassen bleiben. Wir hätten nur festzustellen, wieweit sie sich für das Säuglingsalter bewährt. Leider läßt sich aber nicht einmal diese eingeschränkte Fragestellung befriedigend beantworten; sie sogar noch weniger, denn es fehlt an experimentellen Untersuchungen. Immerhin können die wenigen vorhandenen Arbeiten zu folgendem Standpunkt ausgewertet werden.

Die physiologische Geburtssituation enthält als die für uns wichtigsten Bestandteile: 1. den plötzlichen Übergang aus dem apnoischen Zustand in einen Erstickungsanfall, dessen Erleichterung durch ein tiefes Inspirium, neuerlichen Erstickungsanfall, gefolgt von heftigem Exspirium. Dieser vollabgesetzte Rhythmus wiederholt sich nun in immer weniger krassen Formen, bis das stabilisierte, automatische Atmen erreicht ist. 2. Die spezifische Veränderung des Ex- und Inspiriums, die das Schreien bedeutet. 3. Die Veränderungen der Funktionen des Zirkulationssystems, die in einer Lähmung bestehen, der gesteigerte Tätigkeit folgt. (Die eingehenderen Details sind nicht sicher genug festgestellt, um hier berücksichtigt zu werden.) 4. Schockartige Bewegungen, Zukkungen der Arme und Beine; Zuckungen, Zittern verschiedenster

Muskelpartien. 5. Kälteschauer an der Hautoberfläche. Hinzu kommen als weniger bedeutsam: die Abwärtsbewegung des ganzen Körpers, sein Fallen; und die mannigfaltigen Pressionen, die er erfährt. Der Kern des körperlichen Ausdrucks der Affekte ist zeitlebens die Reproduktion dieser physiologischen Geburtssituation, der Geburt abgekürzt gesagt, in ihrem ganzen Ensemble, oder wesentlicher Teile davon, und zwar je nach dem Anlaß der Reproduktion, das heißt, je nach dem Affekt, mannigfaltig variiert. Die reine Reproduktion der Geburtssituation ist der Ausdruck der Angst. Man könnte sich vorstellen, daß die Lust- und Unlustaffekte sich aus dem Angstaffekt differenzieren. Dann würden die Lustaffekte jene Bestandteile der Geburtssituation im Vordergrund zeigen, die der Überwindung der Geburtsangst entsprechen, die progredienten Symptome, gesteigerte Lebenstätigkeit, die Unlustaffekte hingegen regredient sich auffassen lassen, also herabgesetzte Lebenstätigkeiten, die Bestandteile der Situation vor der Geburt dominieren lassen. Vielleicht ist aber der Sachverhalt noch komplizierter, indem Lust und Unlust ihre eigenen, spezifischen, körperlichen Ausdrucksweisen besitzen, die sich mit der undifferenzierten Angstreaktion vermischen.

Die an sich unverständlichen Tatbestände des körperlichen Ausdruckes der Gemütsbewegung im allgemeinen und gewisser Affekte, wie die Angst, der Schrecken, als solche sind bis zu einem gewissen Grad verstanden, wenn sie als Reproduktion einer einmal real erlebten Situation aufgefaßt werden. Dies Verständnis wird noch vertieft dadurch, daß die reproduzierte Situation eine allgemein gültige, biologisch noch bedeutsame ist. Aber die Tatsache dieser Reproduktion selbst bedarf einer Erklärung. Soviel ich sehe, bestehen kaum andere als zwei Erklärungsmöglichkeiten. Man könnte erstens darauf hinweisen, daß es im ganzen Gebiet des Biologischen zahlreiche Erscheinungen gibt, die sich als Wiederholungszwang (Freud C) formulieren lassen. Wir verstehen diesen Zwang nicht weiter, wir sehen ihn nur immer wieder wirksam, ob wir nun von einer allgemeinen Gedächtnisfunktion sprechen mögen, die sich hierbei sozusagen selbständig gemacht hat und sich als, gegebenenfalls sinnlose, Reproduktion äußert, oder ob wir annehmen wollen, daß ein einmal stattgehabter Energieablauf alle späteren determiniert, indem er, wenn nur eine Auslösung gegeben ist, noch einmal sich zu vollziehen strebt, oder wie immer wir den Tatbestand formulieren und in einen größeren

Zusammenhang einreihen. Gewiß wird uns solche, nicht voll befriedigende Erklärung in zahlreichen Fällen genügen müssen; aber doch erst dann, wenn sich eine eindringendere, weniger allgemeine nicht konstruieren läßt. Ich glaube, daß uns dieser, der zweite Weg, im Falle der Geburtsreproduktionen aber offen ist. Wir haben nur nötig, die Geburt als Trauma aufzufassen, was von vorneherein keineswegs eine widersinnige Vermutung ist. Dann sind die – an sich sinnlosen – Reproduktionen von derselben Art wie alle, so überaus häufigen und anscheinend grundlosen Wiederholungen der traumatischen Situation in traumatischen (Unfalls-)Neurosen, wie die bekannten, dem Lustprinzip strikt widersprechenden, Wiederholungen sehr peinlicher Erlebnisse in Phantasie und Traum (Prüfungstraum) u. dgl. m. Mit dem Verständnis dieser Wiederholungen traumatischer Situationen hätten wir dann zugleich auch das Verständnis der Geburtsreproduktionen gewonnen, ohne auf die allgemeine biologisch-psychische Tendenz zur Wiederholung rekurrieren zu müssen. Freud (C) hat die Annahme vorgetragen, die uns dem erstrebten Verständnis sehr nahe bringt. Wir können beim heutigen Stand unseres Wissens nichts anderes tun, als diesen Erklärungsversuch auch auf unser Problem anzuwenden. Und finden uns dann in voller Übereinstimmung mit den Tatsachen der Säuglingspsychologie, ohne über jene theoretischen Anschauungen hinauszugelangen, die wir bisher schon aufstellen mußten, um zu einer zulänglichen, ersten Ordnung der seelischen Erscheinungen des Säuglingsalters zu gelangen.

Der Freudsche Erklärungsversuch ist natürlich ökonomisch, er baut alles auf den energetischen Annahmen auf. Dies kann gar nicht anders sein, obgleich man heute noch leicht die Veränderung des Gesichtspunktes bei vorschreitender Erklärung befremdlich findet. Die dynamische Betrachtung führt notwendigerweise schließlich in die Biologie. Man muß sie daher, will man im Psychologischen des engeren Sinnes bleiben, an diesem Wendepunkt verlassen, und durch die ökonomische Betrachtung fortsetzen. Diese freilich führt leicht ins Hypothetische, aber doch in die Hypothesen der Psychologie, in die theoretische Psychologie, deren eine konsequente Untersuchung entwicklungspsychologischer Fragen doch keinesfalls auf die Dauer entraten kann. Die gedachte Freudsche ökonomische Erwägung ist einfach genug. Das Trauma besteht energetisch kaum in etwas anderem, als in einer plötzlichen Zufuhr so beträchtlicher Mengen freier Energie, daß der Reizschutz durchbrochen wird und der seelische Apparat von ihr förmlich überschwemmt wird. In dieser Situation gibt es nur eine rettende Aufgabe, die schnellste Bindung (Abfuhr) dieser störenden Quanten. Ob ein äußerer Reiz traumatisch wirkt, dafür ist maßgebend sowohl die absolute Größe dieses Reizes als auch die Höhe des durch Besetzung erreichten Energieniveaus des aufnehmenden Apparates. Die Angstbereitschaft wäre als solche Niveauerhöhung anzusehen; die Bedingung für eine traumatische Wirkung eines Außenreizes wäre die fehlende oder zu geringe Angstbesetzung. Die Wiederholung der traumatischen Situation im Traume etwa, würde als Funktion haben: »Die Träume suchen die Reizbewältigung unter Angstentwicklung nachzuholen, deren Unterlassung die Ursache der traumatischen Neurose geworden ist« (F r e u d C).

Beim Trauma der Geburt kann es sich nicht um fehlende Angstentwicklung handeln, vielmehr fassen wir ja die Geburt als den Angstzustand katexochen auf. Trotzdem aber ist die Angstentwicklung sozusagen nicht groß und umfangreich genug. Die Bewältigung der neuen Reizmengen geschieht daher fraktioniert, in zahllosen kleinen Anfällen. Um dies konkreter verständlich zu machen, greifen wir auf früher besprochene Vorstellungen zurück. Die Bewältigung einer Reizmenge geschieht durch ihre Bindung oder ihre Abfuhr, wie wir sagten. Worin diese Bindung bestehen mag, läßt sich derzeit nicht vermuten. Wir müssen uns aber vorstellen, daß sie es offenbar ist, die uns in ihren Resultaten als Wahrnehmung, Vorstellung, Impuls, Lust, Unlust usw. als psychisches Phänomen introspektiv wohl bekannt ist. Die Bindung von Energiemengen, die aus der Außenwelt dem psychischen Apparat zufließen, ist, anzunehmenderweise, an gewisse Energiesituationen im Innern des Apparates als Bedingung geknüpft. Die optimale Situation ist die Besetzung der reizaufnehmenden Organe mit Besetzungsenergie. Der Embryonalzustand dürfte ein bestimmtes System solcher Besetzungen stabilisiert haben, die geeignet sind, die auch im Embryonalzustand nicht völlig fehlenden Reize zu bewältigen. Diese Organisation ist aber ungeeignet, die bewältigende Funktion im postnatalen Leben zu leisten, sondern es muß eine sehr weitgehende Umorganisation vorgenommen werden. Es wundert uns nicht, zu sehen, daß diese Umstellung sich nicht im Augenblick der Geburt vollzieht. Ein Teil der Reizaufnahmeapparate ist zur Bindung der neuen Energiemengen nicht fähig. Sie werden daher heftig abgeführt. Zugleich aber wird mit jeder dieser Abfuhren ein Stück der neuen Besetzungsorganisation hergestellt. Der Zustand ist daher ein höchst labiler, zwischen zwei Abfuhren, Angstanfällen, eine gewisse provisorische Energieausgleichung. Die ersten Lebenstage verlaufen sozusagen unter Wiederholungen der Geburt. Denn die psychische Situation ist bei jedem neuen Reiz energetisch der Geburtssituation ähnlich. In diesen Wiederholungen wird das Energieübermaß – das die Außenwelt relativ zur Struktur der Aufnahmeapparate und zur fötalen Situation vermittelt – langsam bewältigt, indem die Umorganisierung der Besetzungen sich in ihnen vollzieht. Diese neuen Besetzungen verhindern die Wiederholung des unvorbereiteten Durchbruchs von Energien, wie sie im aktuellen Akt der Geburt stattfand. Und jede Angst hat solche Verhinderungstendenz, dies ist ihr rationaler verständlicher Anteil.

Es ist ein Unterschied zwischen der Angst der ersten Lebenswochen und der Angst des späteren Lebens zu statuieren, und es empfiehlt sich, jene als Urangst von dieser zu scheiden. Als Urangst wäre das Erlebnis zu bezeichnen, das während der Geburt statt hat. Es ist etwas anderes als die Angst, die das Kind verhindert, die Tischkante loszulassen und frei durchs Zimmer zu gehen, oder die Angst, die jemand während des Gewitters empfindet, oder die Angst, unter der der Neurotiker leidet. Ich spreche nicht vom Unterschied des bewußten Erlebens, denn wir wissen nicht, ob und wie die Urangst im Bewußtsein des Neugeborenen sich repräsentiert. Aber die Angst ist komplizierter als die Urangst. Bei der Urangst spielt die Zufuhr großer Mengen nicht bewältigbarer Energie von außen die entscheidende Rolle; bei der Angst ist der Akzent auf die Energieverhältnisse und Verschiebungen im Inneren des psychischen Apparates zu legen. Sie will die Urangstauslösung, -wiederholung verhindern. Sie ist dabei zugleich in den physiologischen Expressionen – mindestens – deren, vielleicht abgeschwächte, gewiß variierte Wiederholung, aber eben dadurch erreicht sie, die völlig unerträgliche Urangst zu verhindern, die in der unvorbereiteten allseitigen Reizüberschwemmung besteht. Ist die Urangst eine erzwungene Reaktion des psychischen Apparates auf Energiemengen der Außenwelt, so ist die Angst eine Aktion des psychischen Apparates mit seinen eigenen Energien. Eine Aktion, die die Wiederholung jener Passivität beim Geburtstrauma unmöglich macht.

Wir haben gesehen, daß die energetischen Besetzungen, die der Bewältigung der Außenweltreize dienen, dynamisch als libidinöse aufzufassen sind; wir haben auch – freilich unklar genug – versucht, uns Vorstellungen von gewissen Dichtigkeitsgraden der Libido (bzw. ihrer Bindungsverhältnisse) zu machen und dabei angenommen, daß die Libido des Fötus gänzlich ans Organische gebunden sei und diese Bindung durch die Erschütterung der Geburt gelockert werde, um ein Bild zu gebrauchen. Jetzt konnten wir diesen grandiosen Entbindungsprozeß näher verständlich machen: Gegenüber dem Ansturm der Außenweltreize wird ein beträchtliches Quantum Libido plötzlich freigemacht, um der Besetzung zu dienen. Aber es ist, als geschehe dies kopflos ohne durchdachten Plan, so kommt nur das Chaos der Urangst zustande. Aber immerhin, es wurde Organlibido in Libido verwandelt, die freilich nicht gleich ihre adäquate Verwendung findet. Diese aus ihrer bisherigen Bindung freigemachte noch nicht neu (und zwar weniger dicht) gebundene Libido ist die Trägerin der Komponente Angst (im eigentlichen Sinn des Wortes) in der Urangstsituation. Die Angst ist eine Zustandsform der Libido, in die Libido jederzeit konvertierbar ist: freie, nicht bindbare, nicht abführbare Libido erlebt das Ich als Angst. Die Angst ist der Geburtszustand der Libido; der Zustand, in dem sie sich bei der Geburt befand. Vielleicht auch der Zustand, in dem sie, aus dem sie geboren wurde, wenn man nämlich den Unterschied zwischen Organlibido und Libido als einen prinzipiellen ansehen will. Und das wirft ein Licht auch auf die behauptete Funktion der Angst, daß sie die Urangst verhindern will. Denn die bei Lösung von Bindungen drohende Angst ist ein exquisit konservierender Faktor, die einmal entwickelte Angst mit ihrem Drang zur Neubindung ein stabilisierender Faktor, der im einzelnen und im ganzen den psychischen Apparat vor dem Chaos einer allseitigen Libidobefreiung – wie sie bei der Geburt stattfindet – wohl schützen kann.

Wollten wir diesen Gedankengängen bis an ihr Ende nachgehen, so würde uns das tief in die Psychologie der Angst hineinführen, was wohl einem anderen Zusammenhang besser überlassen bleibt, in dem konkretes Material die Spekulation hemmt und fundiert, die nötig ist, um den von Freud – wie ich glaube – endgültig gezeichneten Rahmen einer Psychologie der Angst im Detail auszufüllen. Es wird im nächsten Kapitel zu einer solchen Ergänzung Platz sein.

Freud (A) nennt gelegentlich[2] diese Wurzel der Angst Trennung von der Mutter durch die Geburt. Rank verwendet diese Bezeichnung sehr häufig und prinzipiell. Der Ausdruck ist schön und plastisch, ich möchte ihn nicht gerne vermeiden; aber es muß klar sein, daß unter ihm nicht gemeint ist, das Neugeborene erlebe die Trennung von der Mutter, das Kind des späteren Alters wiederhole dieses Erlebnis im Angstzustand. Sondern es handelt sich um die energetischen (libidinösen) Umbesetzungen, die bei der Geburt und kurz nach ihr sich vollziehen, und die tatsächlich objektiv die Trennung von der Mutter bedeuten. Subjektiv beinhalten sie die Trennung von der Fötalsituation. Da wir aber über das bewußte Erleben des Neugeborenen nichts wissen, so ist der Ausdruck Trennung von der Mutter in doppelter Weise metaphorisch. Der mögliche (und von Rank wohl vollzogene) Mißbrauch solch metaphorischer Wendungen rechtfertigt die etwas umständliche präzise Analyse einer konkreten Anwendung. Das mehrfach erwähnte Jahrkind, das sich von der Tischkante nicht frei fortbewegen will, wiederholt, könnte man sagen, das Geburtserlebnis der Trennung von der Mutter. Dieser Ausdruck ist beziehungsreich und sinnvoll, wenn er etwa folgendes verdichtend meint. Das Verhalten des Kindes scheint zwar wohl begründet, es fürchtet anscheinend das Hinfallen; seine Angst mag nicht ohne objektive Ursache sein, es hat vielleicht noch nicht die genügende Geschicklichkeit im Gehen erlangt. Und doch ist diese uns unmittelbar selbstverständlich anmutende Erklärung völlig unzulänglich. Woher soll das Kind wissen, daß das Freigehen größere Gefahren bietet als das angelehnte? So nützlich vielleicht ein ererbter Furchtinstinkt dieser Art auch wäre, die vorurteilsfreie Beobachtung lehrt zweifelsfrei, daß das Kind sich vor tatsächlichen Gefahren nicht fürchtet. Es handelt sich bei dieser Angst nicht um die Furcht vor einer äußeren – realen oder vermeinten – Gefahr, nicht um Realangst im Sinne Freuds. Man könnte auch nicht sagen, daß das Hinfallen vom Kinde als Gefahr oder Schaden bewertet wird, wenn es es erlebt; sondern es verhält sich

2 Hier ist auch das Wesentliche über die Psychologie der Angst gesagt, das oben von mir entwickelt wurde. Die kleinen Details meiner Darstellung, die explizite von Freud nicht erörtert wurden, für die ich also die Verantwortung trage, ergeben leicht einen Vergleich mit dem XXV. Kap. der Freudschen Vorlesungen. (Ges. Werke, 11. Bd., Ffm. [4]1966)

in den allermeisten Fällen so, als wäre dies ein, kaum angenehmes, aber offenbar unvermeidliches Hindernis seiner Gehbestrebungen. Wirklichen Schaden nehmen die Kinder beim Gehenlernen im Vergleich zu der ausnahmslos vorhandenen Angst so überaus selten, daß jener keine Begründung für sie abgibt. So bleibt keine andere Erklärung für eine bloß phänomenologische Psychologie, als die Angst vor dem Neuen und Ungewohnten heranzuziehen. Wie, worauf soll diese aber nun zurückgeführt werden? Der entwicklungspsychologischen Betrachtung gelingt hier ein Schritt weiter; sie wird finden, daß dem erörterten Angstzustand zahllose frühere vorausgegangen sind, und sie wird die erste Angstäußerung »vor dem Ungewohnten« bei der Geburt finden. Dynamisch gewendet wird sie also sagen, in der besagten Angstsituation wiederholt sich die Angstsituation der Geburt. Die Einführung des Energiebegriffes bringt ein Stück weiteren Verständnisses. Sie sagt uns, daß die neue Situation neue Energiebesetzungen verlangt, wie bei der Geburt, so auch nun, wo unter Verzicht auf den Bauchschutz und die haptische Sicherung – beides gewöhnte Verhaltensweisen, denen bestimmte Energiebesetzungen entsprechen – frei gegangen werden soll. Also auf eine Verhaltensweise (demnach auf eine Energieverteilung) verzichtet werden soll, die seit der Geburt keine beträchtliche Veränderung erlitten hat[3]. Es ist demnach die Energiesituation der Geburt gegeben, und mit ihr die allgemeinste Bedingung für die Angst, deren dynamische Funktion die Abreaktion durch Wiederholung, deren ökonomische Funktion die Verhinderung der Urangst ist. Die energetische ist eine Rahmenbetrachtung, sie sagt uns nichts über die speziellen Bedingungen, die zur allgemeinsten hinzutreten und im gegebenen Fall die Angst wirklich entstehen lassen. Hier hilft der Libidobegriff. Denn handelt es sich um Libido, die in dieser Energiesituation ist, so wird Angst erlebt. Die libidinöse Besetzung des Bauchschutzes will aufgegeben werden, die libidinöse Besetzung des »freien Raumes« an seiner Statt ist noch nicht vollzogen: es entsteht Angst. Auch dies ist die Geburtssituation. Auf der Ebene der Libidotheorie ist sie sogar ganz konkret zu bezeichnen. Der Mutterkörper wurde nach der Geburt mit Libido besetzt, nachdem die fötalen

3 Was früher schon erörtert wurde; und besonders deutlich bei den Kindern jener Völker ist, die von der Geburt bis zum freien Geleit sich im Tragsack auf Mutters Rücken aufhielten.

Besetzungen durch die Geburt zerstört wurden. Die Besetzung des Mutterkörpers ließ sich leicht übertragen, verschieben auf Objekte, die in wichtigen Qualitäten ihm ähnlich sind (auf Körper auf jeden Fall). Jetzt soll diese Bindung der Libido gelockert werden, es soll eine reale Trennung von der Mutter vorgenommen werden, von jedem Mutterkörper unabhängig Bewegung gewagt werden. Es ist eine reale Wiederholung des Libidoprozesses der Geburt; er verläuft unter Angst (die vor der völligen Wiederholung der Urangst sichert). Er verläuft aber diesmal spontan, wie wir vorbedeutend anmerken wollen. Bei der Geburt wurde der Enteroparasit zum Ekteroparasiten (Ferenczi B), nun soll er selbständig werden. Es findet also eine Wiederholung der »Trennung von der Mutter«, die bei der Geburt geschah, statt. In unserem Fall erst die eigentliche Trennung, der gegenüber die Geburt nur metaphorisch so genannt werden kann.

Unter dem Terminus Trauma der Geburt fassen wir, wie ich zeigte, kurz eine Reihe verwickelter Tatbestände und ergänzender Annahmen zusammen. Diese liegen auf drei Gebieten. Erstens: psychophysiologisch ist die Geburt der Moment radikaler Änderungen im Zirkulations- und Atmungssystem; zeitlebens sind die Spuren dieser plötzlichen Umstellung im körperlichen Ausdruck der Affekte zu erkennen. Zweitens der Urangstaffekt (sich äußernd in physiologischen Expressionen), der in Beziehung steht zum Einbruch großer Energiemengen der Außenwelt in den psychischen Apparat; das äußere psychische Trauma, wenn man es gesondert benennen will. Drittens die Energie-Um- und Neubesetzungen, die durch die neue Reiz- und Bedürfnissituation, nicht zuletzt durch die Nötigung der Bewältigung des äußeren Traumas, imperativ sind. Sie stehen in engster Beziehung zur Angst, soweit sie libidinöser Natur sind.

Zwei Einschränkungen sollen nicht unterlassen sein, die zwar kaum die Bedeutung des Traumas der Geburt verringern, aber vor Übertreibungen schützen können. 1. Es gibt eine Reihe von Faktoren, die die Plötzlichkeit und Stärke der Veränderungen und Reize mindern. Einige haben wir im Eingang dieses Buches als psychophysische Retardierungen bereits erwähnt. Es muß noch einmal an sie erinnert werden. Und es läßt sich wohl auch der Hinweis hinzufügen, daß die Geburt ja nicht plötzlich stattfindet, sondern immerhin einen Zeitraum von etlichen Stunden in Anspruch nimmt. Es ist gewiß nicht unmöglich, daß die Reize dieser

Geburtsvorgänge, die das Kind in utero und vagina treffen, zugleich auch Auslösungen für Energieverschiebungen und Libidoentbindungen sind, die dem Geburtsmoment manches an traumatischer Wirkung nehmen. Immerhin ist der vermutlich entscheidende Prozeß, das Einsetzen der Atmung nach der Apnoe, auf jeden Fall die Sache weniger Sekunden. 2. Es ist die Frage aufgeworfen worden, inwieweit die individuellen Geburtsschicksale für den individuellen weiteren Verlauf des Lebens entscheidend, wichtig sind. Freud (A) neigt dazu, das Geburtstrauma im Prinzipiellen als ererbten Besitz von solcher Beständigkeit anzusehen, daß ihm gegenüber die individuellen Schicksale nicht ins Gewicht fallen. Ein Macduff würde nicht angstfrei im künftigen Leben bleiben. Rank vertritt die Anschauung, daß die detailliertesten Situationen der Geburt im Unbewußten nicht wenig von Charakter und Schicksal des einzelnen bestimmen. Fundiertes zur Entscheidung dieser Frage läßt sich heute nicht geben. Für den Macduff hat Freud zweifellos recht, trotz Shakespeare: Denn ob das Kind aus dem Leib der Mutter geschnitten wurde, oder ob es den legitimen Weg zum Eintritt in diese Welt beschritt: es mußte eines Augenblicks plötzlich die fötale mit der realen Situation vertauschen. Dies spräche auch nicht gegen Rank, der höchstens verlangen müßte, daß solcher Macduff keinen hysterischen Kopfschmerz produzieren können dürfte. Das Geburtstrauma muß von jedem einzelnen am Anfang seiner postnatalen psychischen Existenz erlebt werden; ein anderer Fall ist nicht denkbar. Die Erbbasis braucht daher nicht allzu breit genommen werden. Daß sie vorhanden ist, wird sich kaum widerlegen lassen. Nichts spricht prinzipiell gegen die Ranksche Auffassung; es fehlt aber die empirische Grundlage, sie zu belegen. Sie fehlt der Psychologie des Säuglings überhaupt für jedes Studium der individuellen Differenzen und ihrer Genese, ihrer Bedingungen. Erst jenseits der Entwöhnung kann die Kinderpsychologie bereits heute etliche gesicherte Aufstellungen über sie wagen. Die Säuglingspsychologie muß sich mit den generellen Problemen bescheiden. Sie hat aber kaum Anlaß, mehr als vorsichtig abwartend zu sein, wenn ein Forscher in irgendeinem individuell sehr verschieden verlaufenden, im generellen aber gattungsmäßigen Prozeß – wie die Geburt es katexochen ist – Wurzeln der individuellen Differenzen vermutet.

Alles bisher Besprochene sind die eigentlichen traumatischen

Wirkungen, Folgen der Geburt, fast jene psychischen Erscheinungen zusammen, die ihre Erklärung in einer bestimmten Relation zur Geburtssituation finden. Will man die ganze psychische Bedeutung der Geburt als Trauma umgrenzen, so muß man seine Aufmerksamkeit auch jenen Erscheinungen zuwenden, die zwar nur indirekt auf das Geburtstrauma zu beziehen sind, aber in ihm eine kausale, nicht allein historische, eine spezielle und nicht bloß ganz generelle Bedingung finden. Ich meine all jene Erscheinungen, die der Überwindung des Geburtstraumas dienen, ohne – wie die Angst z. B. – ihm selbst anzugehören. Im Verlauf der Darstellung sind wir immer wieder auf solche Erscheinungen gestoßen, und haben sie mehr oder weniger ausführlich erörtert. Im zusammenfassenden und ergänzenden Schlußkapitel wird eine Übersicht von ihnen besser am Platz sein, als hier. Nur an ein Element sei durch einen kurzen Absatz erinnert.

Der Angst als dem bedeutendsten Bestandteil des Geburtstraumas steht die Reizlust als der bedeutsamste Faktor in den Überwindungsprozessen gegenüber. Und auch der Weg, den wir als einen zur Lust führenden erkannten, die Rhythmisierung, bleibt zeitlebens begangen, er ist von höchster Wichtigkeit. Und wo Prozesse dieses Schemas ablaufen, können wir in derselben abbreviierenden Weise, die wir uns für die Termini »Geburtstrauma-Wiederholung« und »Trennung von der Mutter« gestatteten, von Wiederholungen der Überwindung des Traumas der Geburt sprechen. Rhythmisierung ist die primäre Signatur dieser Überwindung. Das Wesen dieser Rhythmisierung sehen wir in der raschen und häufigen Wiederholung des gesamten »Geburtsverlaufs«. Diese Wiederholung ist eine sozusagen symbolische, wenn wir die ökonomische Betrachtung verwenden, denn sie verläuft an einem minimen Quantum der Libido (bzw. der Energie), der Besetzungsenergie. Und es ist in ihr bereits keimhaft enthalten der Übergang von der Passivität zur Aktivität, vom Zufall der äußeren Verhältnisse zur Bedingtheit durch innere Spontaneität. Ein Faktor, der von den späteren Lebenswochen an zu großer, entscheidender Bedeutung gelangt.

Die Entwöhnungsperiode

Die Entwöhnung schließt das Säuglingsalter im strengen Wortsinn ab. Sie ist darum kein äußerlicher für das Kind und seine seelische Entwicklung gleichgültiger Termin, wie etwa der Zeitpunkt, an dem man ihm Lederschuhe über die Strümpfe zu ziehen pflegt. Sondern sie ist eine sehr einschneidende Änderung aller seiner Lebensgewohnheiten. Die Entwöhnung pflegt auch nicht ganz leicht zu sein, ihre Technik und das Verhalten des Kindes geben manche Schwierigkeiten. Es ist eine kritische Zeit, die als solche, als wichtiger Lebensabschnitt wenigstens, von Ärzten und dem Volksgeiste gleicherweise empfunden wird. Es scheint auch keineswegs gleichgültig für den Gesundheitszustand des Säuglings, für seine weitere körperliche Entwicklung, wie die Entwöhnung durchgeführt wird und gelingt. Eine Anzahl von speziellen Schwierigkeiten ist an diesen Zeitpunkt gebunden (Hochsinger). Die Psychoanalyse findet gute Gründe zur Annahme, daß überdies eine Reihe von psychischen Störungen des Erwachsenen sich letzten Endes auf die Vorgänge der Entwöhnung zurückführen (Stärke, Abraham). Wie weit hier Ammenglaube, Volksmeinung, Ärzteschaft und Psychoanalytiker recht haben, wird erst festzustellen sein – jedenfalls sind aber die Wochen der Entwöhnung ein Zeitabschnitt, der eine gewisse Aufmerksamkeit im kinderpsychologischen Zusammenhang verdient. Und wäre es nur aus dem Grunde, weil in ihm eine dauernde – und sehr weitgehende – Veränderung der Lebensweise, der Gewohnheiten und Bedürfnisse des Kindes stattfindet. Die kindliche Entwicklung weist wenig solcher deutlich umschriebener Verwandlungsperioden auf. Mit Befremden wird daher der entwicklungspsychologisch Interessierte feststellen, daß die Psychologie – die eigentliche Kinderpsychologie keineswegs ausgenommen – bisher völlig versäumt hat, die Tatsachen systematisch zu beschreiben; von irgendeiner Ordnung, Deutung, Erklärung der Tatsachen ganz zu schweigen. Meine Aufgabe kann es in diesem Buch nicht sein, diese Unterlassung gutzumachen. Ich habe die Publikation eigener neuer Beobachtungen dieser Arbeit nicht zum Ziel gesetzt. Es bleibt nichts übrig, als aus der nicht kinderpsychologischen Literatur soviel an Tatsachenmaterial zusammenzubringen, als ohne Spezialstudium der Außenstehende vermag, und zu sehen, ob im Rahmen der bisher vorgetragenen Gesamtanschauungen aus diesem Material sich ohne Zwang Verständnis-Förderndes ergibt.

Ein Überblick über das letzte Vierteljahr lehrt uns leicht, daß die Umwandlung, die wir nach dem aktiven Eingriff, der von den Erwachsenen auszugehen pflegt, Entwöhnung nennen, drei verschiedene Vorgänge in sich begreift: 1. die Zahnung als Voraussetzung der veränderten Lebensweise; 2. die Aufnahme fester Nahrung; das Beißen und Kauen; 3. die Entziehung der Mutterbrust bzw. ihres Ersatzes, der Milchflasche, und damit das Aufhören des Saugens, soweit es mit der Ernährung zusammenhängt. Diese drei Etappen sind nicht bloß phänomenologisch voneinander wohl zu unterscheiden; sie sind auch zeitlich voneinander getrennt, und haben gesonderte psychologische Bedeutung, sollen daher im folgenden auch gesondert betrachtet werden. Es kann auch kein Zufall sein, daß in diese – uns hier beschäftigende – Zeit das freie Gehen fällt, das so recht das Symbol für die erlangte Selbständigkeit, für die in der Entwöhnungszeit sich vollziehende zweite Trennung von der Mutter ist. Das Gehen, das Kauen und das Sprechen sind die drei großen auffallenden Annäherungen an den erwachsenen Zustand, die am Ende des ersten Jahres in einer verhältnismäßig sehr kurzen Zeit erworben werden. Vom Sprechenlernen wird in diesem Kapitel gar nicht, in diesem Buch nur wenig zu handeln sein; es gehört näher in den Zusammenhang der Psychologie der frühen Kindheit, als in den der Säuglingspsychologie. Hingegen werden wir der paradoxen Tatsache Aufmerksamkeit zuzuwenden haben, daß dieses Ende der Säuglingsperiode durch einen Eingriff der Außenwelt erzwungen wird, parallel zu dem Ereignis von außen, das sie einleitete, der Geburt.

1. Die Dentition

Die Zahnung, die Voraussetzung des Prozesses der Entwöhnung, setzt natürlich viel früher ein, als diese selbst, nämlich im siebenten bis neunten Monat (Vierordt). Die durchschnittliche Reihenfolge läßt sich kurz ausdrücken: »Der Ausbruch der Milchzähne schreitet von der Mitte nach fort, d. h. der innere Schneidezahn kommt zuerst, der zweite Backenzahn zuletzt zum Vorschein, so zwar, daß in dieser einfachen Reihenfolge nur der Eckzahn einmal übersprungen wird, welcher nach dem ersten Backenzahn durchbricht« (Vierordt). Und zwar vollzieht sich dieser Durchbruch in differenten Perioden, von denen drei ins erste Lebensjahr zu fallen pflegen: die zwei mittleren unteren Schneidezähne 7. bis 9. Monat; die vier oberen Schneidezähne 8. bis 10. Monat; die zwei unteren seitlichen Schneidezähne und die vier ersten Backenzähne 12. bis 15. Monat (Biedert). Doch sind alle diese Termine den äußersten individuellen und familialen Schwankungen unterworfen; ganz außerordentliche Verspätungen sind ebenso beobachtet worden, wie Verfrühungen, bis zum fötalen Leben, so daß diese Kinder mit Zähnen geboren werden.

Die ältere Medizin hält in guter Übereinstimmung mit dem Volksglauben die »Zahnarbeit« für eine gefährliche Angelegenheit; zahlreiche Krankheitsbilder, auch solche mit schlechtester Prognose, wurden in ursächlichen Zusammenhang mit der Dentition gebracht. Noch Hufeland, ein beträchtlich aufgeklärter Kopf, der darauf hinweist, daß das Zahnen keine Krankheit, sondern eine »natürliche Verrichtung« ist, spricht von gefährlichen Zufällen, die sich der Zahnarbeit zugesellen: »Durchfall, Fieber, Nervenanfälle, Stickungen, Husten, Brustverschleimungen, Hautausschläge, Zuckungen«. Die moderne Medizin, bis in die populären Mutterberatungsbücher (z. B. Georges) hinein lehnen jeden Zusammenhang zwischen diesen üblichen Kinderkrankheiten und dem Zahnen ab; sie erscheinen während der Dentitionsperiode nicht häufiger, aber auch nicht seltener als sonst. Das Zahnen selbst verläuft ohne jede Krankheitserscheinung, kaum unter Beschwerden, höchstens ein kurzes, hohes Fieber unmittelbar vor dem Zahndurchbruch mag die Regel sein. Etwas schwerere Zustände werden bei rachitischen Kindern zu erwarten sein.

Eine gewisse Unruhe und Reizbarkeit oder auch apathische Verhaltungsweise bezeichnet aber doch in der Regel die psychische Reaktion auf dieses Ereignis. Hufeland beschreibt den Zustand des Kindes hübsch: »Das Kind fängt oft plötzlich und heftig an zu schreien, greift sich dabei nach dem Mund, und ebenso plötzlich hört das Geschrei auch wieder auf, es hat die Finger immer im Mund und führt alles, was man ihm gibt, dahin, um darauf zu beißen, es speichelt beständig, das Zahnfleisch ist an manchen Stellen angeschwollen und rot, und es läßt sich entweder nicht darauf fühlen, welches Schmerz anzeigt, oder es hat es gerne, wenn man ihm darauf hin- und herstreicht, welches Jucken dasselbe beweist.« Ähnlich und für den normalen Fall völlig zutreffend beobachten Scupins: »Allem Anschein nach ist das erste Zähnchen in nächster Zeit zu erwarten. Das Kind schauert oft plötzlich wie vor Frost zusammen, preßt die Kiefer aufeinander und stößt durch die Nase ein ›m-m-m‹ aus. Jeden nur erreichbaren Gegenstand, am liebsten einen Finger, führt es zum Munde, um sofort wild damit auf der unteren Zahnleiste hin und her zu reiben; dabei macht der Kopf heftige Bewegungen nach rechts und links. Diese Erscheinung tritt mehrmals am Tage auf, im übrigen ist der Knabe heiter und ausgelassen wie immer.« Drei Tage später: »Bubi ist etwas nörgelig und wird leicht ungemütlich, er verlangt viel Beschäftigung und Abwechslung« oder: »Dem Zahndurchbruch war häufiges heftiges Zusammenschauern vorausgegangen, auch war das Kind etwas weinerlich. Der Knabe schläft weniger und unruhiger als gewöhnlich. Morgens zwingt er uns durch ungeduldiges Ächzen, ihn schon frühzeitig aus dem Bett zu nehmen. Beim Anblick der verschiedenen Gegenstände im Zimmer stößt er dann ein freudiges ›Ach!‹ und ›aha!‹ aus. Es macht den Eindruck, als freue er sich, alles noch an den gewohnten Plätzen zu finden.«

Vergegenwärtigt man sich des zahnenden Kindes Situation: wie es erleben muß, daß eine Körperstelle, die bisher die nie versagende zuverlässige Quelle von Lust war, plötzlich die Trägerin schmerzhafter Sensationen wird, so findet man sich recht enttäuscht über die geringfügigen psychischen Äußerungen, die die Beobachter aufzeichneten. Und man wird von vornherein gerne annehmen, die Aufmerksamkeit der Beobachter sei nicht eigentlich auf dieses physiologische Ereignis gerichtet gewesen; oder man wird vermuten, daß der psychische Verlauf bei gut gepflegten, gut beschäftigten, liebevoll gewarteten Kindern – und das sind ja die Objekte der beobachtenden Kinderpsychologen – verborgener ist, als bei den Kindern, die diese Kompensationen nicht haben. Denn es ist schwer zu glauben, daß der Verlust einer erogenen Zone so klaglos überwunden werden sollte. Wer die libidinöse Besetzung der oralen Zone annimmt, wird geneigt sein, dem Zahnen eine gewisse Wichtigkeit und Bedeutung zuzuschreiben – und findet sich plötzlich in einer überaus merkwürdigen Übereinstimmung mit dem Glauben aller Völker und Zeiten. Gewiß ist dieser Glaube und Aberglaube für uns kein gewichtigeres Argument als die Aufstellungen der modernen Kinderpsychologie. Aber dies überraschende Zusammentreffen, daß unsere Anschauungen uns einen bestimmten Vorgang als wichtigen erwarten lassen, und daß er so seit je aufgefaßt wurde, und wäre es selbst gegen die Wissenschaft, wird uns auf diese volksmedizinischen Bräuche aufmerksam sein lassen, den Wunsch erregen, sie näher kennenzulernen. Es wird dann noch Zeit sein, die apriorischen Erwartungen zu revidieren und auf das zulässige Maß herabzusetzen.

»Im Volk ist die Überzeugung von der Bedeutung des schweren Zahndurchbruchs als Ursache einer Reihe von mehr oder minder gefährlichen Krankheiten der Kinder tief eingewurzelt« (Hovorka). Wie sehr diese gefürchtet werden, ersieht man aus den zahllosen sorgfältigen und strengen Maßnahmen, die zwar nach Völkern sehr variieren, aber in irgendeiner Form jedem zukommen und den Zweck haben, das Zahnen leicht, schmerzlos, gefahrlos zu machen. So heißt es von den Bayern (Hovorka): »Die gelben Blüten von Sauerdorn (Berberis officinalis) werden zuerst in ein leinenes, dann in ein rotseidenes, großes Säckchen eingenäht, und zwar mit roter Seide. Alles Nähzeug, Nadel, Seide dazu, sowie Blüten müssen in einer besonderen Schachtel beisammen liegen gelassen werden. Das genähte Säckchen hängt man um den Hals des zahnenden Kindes, und zwar alle vier Wochen ein neues, unbeschrien, am nämlichen Datum des Monats und zur nämlichen Stunde. Das Anhängsel darf niemals vom Hals genommen werden, selbst nicht bei dem Baden des Kindes, und muß auf dem Rücken hängen. Das alte Säckchen wird sogleich unberufen verbrannt und dazu werden drei Vaterunser gebetet. Sollte man einmal während der vierwöchentlichen Frist das Säckchen an dem bestimmten Tag abzunehmen vergessen, so muß man es hängen lassen, bis wieder vier Wochen verflossen sind, und erst dann, wie gesagt, durch ein anderes erneuern.« Lange bevor dem Säugling das Zahnen droht, wird es bereits prophylaktisch bekämpft, so in Franken, wo die Hebamme bei der Taufe heimlich die Finger ins Taufwasser taucht, und damit das Zahnfleisch des Kindes reibt, damit es später leicht zahne; oder in Preußen, wo der Vater schon bei der Geburt des Kindes einen Eimer Wasser neben sich stellt, dem Kind einen Finger in den Mund steckt, diesen dann mit den Worten ins Wasser taucht: »Schmerzen in den Grund!†††« (das ist dreimal zu machen); oder in Hessen, wo schon am Hochzeitstag die Mutter an das künftige Zahnen des künftigen Kindes denken muß, um vom ersten Mahl in der neuen Wohnung drei Weckenbrocken aufheben zu lassen, mit denen die Mutter den Kiefer des zahnenden Kindes – stillschweigend – bestreichen wird. Zahlreich sind die sympathetischen Zaubermittel, Amulette, die in Verwendung treten. Unter ihnen ist vor allem die Maus in differentesten Weisen ein Spezifikum gegen Zahngefahren des Kindes: so in Steiermark (Hovorka): »Wenn die ›Pillen einschießen‹, d. i. wenn die Zahnpapillen sich erheben, soll die Mutter einer lebenden Maus den Kopf abreißen und diesen dem Kind umhängen«, oder in Mecklenburg (Hovorka): »Wenn man einer lebenden Maus einen Zwirnfaden durch beide Augen zieht, sie dann wieder laufen läßt und den blutigen Faden einem neugeborenen Kind um den Hals bindet, so zahnt es leicht.«

Diese Proben merkwürdiger und komplizierter Bräuche lassen uns wenig Hoffnung, daß sie sich leicht enträtseln lassen werden; und es bleibt fraglich, ob sie selbst enträtselt uns irgend etwas für den kinderpsychologischen Zusammenhang Belangvolles bieten werden. Da zum Programm dieses Buches aber gehört, den kulturgeschichtlichen Erscheinungen Aufmerksamkeit zu widmen, und die Zahngebräuche gewiß auf unserem Weg liegen, seien sie des näheren betrachtet; auf die sehr nahe Gefahr hin, daß wir nicht mehr leisten können, als deren Aufzählung und dann genötigt sind, ohne Hilfe von der Völkerpsychologie zur Kinderpsychologie zurückzukehren.

Die Notizen der Reisenden, die Hovorka und Ploß (D) gesammelt haben, zeigen uns die außerordentliche Verbreitung von zum Teil sehr ähnlichen Gebräuchen bei geographisch, linguistisch, anthropologisch und kulturell völlig differenten Völkern. Suchen wir ein Prinzip zur materialen Ordnung dieser Fälle, so bietet sich vor allem der Gesichtspunkt des Maßes von Rationalität, das dem Gebrauch anhaftet, wie weit wir ihn – heißt das – unmittelbar vernünftig finden oder doch finden können, wenn wir uns den Voraussetzungen, die hinter ihm stehen, anbequemen.

Unserem unmittelbaren Verständnis sind jene Gruppen von Bräuchen am zugänglichsten, die den Bedingungen physiologisch-psychologischer Natur des Zahnens angepaßt sind, oder solche, die auf rationale Weise die Schmerzen des Zahndurchbruchs zu mindern trachten. Hierher gehören die Beißringe – verschiedenen Materials und verschiedener Ausführung –, Wolfs-, Eber-, Hundszähne, die, gefaßt, dem Kind umgehängt werden, damit es sich ihrer zum Beißen und zum Reiben des schmerzenden Zahnfleisches mit schmerzlindernden Mitteln, wie es nach Dioskurides die Römer taten, die das Jucken mit Honig und Butter besänftigten (Hovorka). All solche Mittel sind nichts anderes als die Unterstützung der kindlichen Instinkthandlungen, die sich von selbst einstellen, sowie das Kind nur einen geeigneten Gegenstand zum Beißen und Reiben erreicht hat.

Daß die Mutter sich über des Kindes Zahnen freut, wird uns wenig verwundern, ist es doch ein neues Zeichen für das gesunde Fortschreiten der Entwicklung. Zeugnis dieser Einstellung ist die Beglückwünschung der Maronitenmutter mit der wiederholten Formel: »Sein Zahn ist erschienen, möge seine Mutter sich freuen« (Ploß D). Und auch die Geschenke, die dem zahnenden Kind bei den alten Germanen gegeben wurden, verstehen sich in einer Schichte aus diesem Zusammenhang. Ebenso daß der symbolische Gehalt der Tatsache, die beginnende Erwachsenheit, zu einem für den Stamm wichtigen, festlichen Ereignis wird, wie bei den Batakern auf Sumatra (Hovorka). Gemindert mag der Jubel werden durch die Erwägung, daß nun bald aus dem tüchtigen Trinker an der Naturquelle ein ebenso tüchtiger Esser werden wird, dem die Nahrungsmittel durch Arbeit beschafft werden müssen. So begrüßt die Fellachenfrau in Palästina das Ereignis ein wenig ambivalent: »Sein Zahn ist heraus, versteckt das Brot im Haus!«

Die beträchtliche Wichtigkeit, die dem Zahnen zugeschrieben wird, was ja die Bräuche, ihr Gehalt sei übrigens welcher immer, durch ihr bloßes Bestehen beweisen, hat gewiß ihre Wurzel in der bedeutenden Rolle, die der Zahn im bewußten Seelenleben spielt. Ihr können wir hier nicht nachgehen, die Psychoanalyse von Träumen und Neurosen erweist sie für die heute lebenden Völker so gut, wie die Pubertätsriten, die Zahnverstümmelungen, die stolze Zufriedenheit mit schönen Zähnen für die primitiven Völker. Ein Stück der Sorge, die durch Glaube und Gebrauch gebannt werden soll, bezieht sich auf den Wunsch, dem Kind mögen schöne und starke, scharfe Zähne wachsen, wie sie Wolf, Eber und Maus zukommen. So singt die Maorimutter auf Neuseeland beim Durchbrechen der Zähne, ihrem Kind Zähne der Ratte wünschend (Ploß D):

»Sprossender Kern, sproß',
Sproß', daß du mögst kommen
Zu sehen den Mond nun voll!
Komme du sprossender Kern,
Laß' die Zähne des Mannes

Gegeben werden der Ratte,
Und der Ratte Zähne
Dem Manne!«

Die Riten, die wir eingangs aufführten, sind uns eine Warnung, dem rationalen Gehalt auch der scheinbar einfachsten und durchsichtigsten Bräuche zu trauen. Beißringe, Wolfszähne u. dgl. haben z. B. nicht allein ihren rationalen Gebrauchsgehalt, sondern sie sind zugleich Amulette, Zaubermittel, sympathetische Mittel. Sie sind es vielmehr nicht zugleich, sondern sie waren es ursprünglich und vorher. Dies erweist sich daraus, daß sie vielfach zu einer Zeit dem Kinde angehängt werden, in der es den zweckentsprechenden rationalen Gebrauch von ihnen noch nicht machen kann, daß sie bei manchen Völkern auch gar nicht diesem Gebrauch zugeführt werden, sondern ihren Platz unter dem Kopfpolster des Kindes, am Wiegenrand u. dgl. finden.

Und schließlich werden nicht weniger häufig Dinge als Amulette, ganz in derselben Weise wie Wolfszähne etwa verwendet, die für den rationalen Zweck völlig ungeeignet sind. Vor allem bevorzugt ist hier der Same der Päonia, in Bayern und Österreich unter dem Namen »Zahnperlen« sehr beliebt (P l o ß D), das zwar vom Kinde nicht als Beißobjekt verwendet werden kann, aber dessen Samenkapsel auffallend einem Zahn mit Wurzeln ähnelt. Es kann nicht verwundern, daß hinter der rationalen Fassade all dieser Gebräuche, Riten sich eine tiefere Schicht, belebt von Dämonengedanken, Zauber und Magie, verbirgt. Denn dies ist der Fall im ganzen Gebiete des Folklore. Und darum ist es unmöglich, eine einzelne Gruppe von Bräuchen losgelöst von diesem ihren Hintergrund und Mutterboden zu deuten, zu erklären. Aber uns, die wir ja an dieser Stelle nicht allgemeine Kulturgeschichte treiben wollen, und die die Zahnensgebräuche nicht als Belege für den Dämonenglauben interessieren, sondern als Symptome, an denen uns die unbewußte oder unausgesprochene Einstellung der erwachsenen Welt zur Kindheit verständlich werden möchte – und das hieße Kulturgeschichte der Kindheit betreiben –, uns wird dieser allgemeine Hinweis, diese Erinnerung genügen. Sie macht uns darauf aufmerksam, daß die Dämonen wohl auch in diesem Fall Projektion unbewußter Wünsche sind (F r e u d E), daß die Sorge, die die Erwachsenen um das Geschick des zahnenden Kindes ergreift, Schutz vor aggressiven Tendenzen gegen dieses sorglich mit sympathetischen Mitteln behandelte Kind ist. Wir haben ähnliches bei den Kinderpflegemethoden behaupten müssen. Es wird gut sein, den befremdenden Gedanken, der hier wiederkehrt, auch an dieser Stelle aphoristisch zu belegen.

In einigen Punkten ist uns hier das Material glücklicherweise sehr gefällig. Dem Wunsch der Eltern, ihr Kind möge starke (tierstarke) Zähne bekommen; der Freude über das erste Zeichen der kommenden Unabhängigkeit und Reife stehen Äußerungen der Angst vor dem einen wie vor dem anderen entgegen. Den alten Indern galt die Zahnungsperiode als besonders wichtiger Zeitabschnitt im Leben des Kindes. Der folgende Hymnus (nach Avesta) verrät uns, daß er seine Wichtigkeit aus der Psyche der Eltern, der erwachsenen Gesellschaftsmitglieder bezieht (Ploß D):

> »Sie, die groß geworden, tigergleich Vater und Mutter zu fressen wünschen, diese beiden Zähne, Brhaspati, mache hold, o Jata vedas.
>
> Reis eßt, Gerste eßt, Bohnen und Sesam eßt: das ist der euch beiden bestimmte Teil, nicht verletzt Vater und Mutter.
>
> Angerufen sind die beiden vereinten Zähne, daß sie sanft und glückbringend seien; anderswohin wende sich eure Schrecklichkeit, Zähne: nicht verletzt Vater und Mutter.«

Von hier aus versteht sich das erwähnte Zahngeschenk der Germanen als eine Captatio benevolentiae, nicht bloß als Ausdruck unbändiger Freude. Wenn die Neger auf Jamaika das Geschenk an das Kind fordern, »damit die Zähne nicht faulen«, vermeint man geradezu unmittelbar zu verstehen, wie das Geschenk als Kompensation der Mißgunst gemeint ist. Die latente Angst vor dem künftigen Gebrauch der eben durchbrechenden Säuglingszähne, das latente Unheimlichkeitsgefühl, das sich an das Kind bindet, kann am ehesten manifest werden, wenn irgend etwas Regelwidriges beim Zahnen vorkommt. Daher befürchten viele Volksstämme Unheil von jenen Kindern, denen die oberen Schneidezähne vor den unteren durchbrechen. Das Unheil ist zweiseitig, es kann für das Kind befürchtet werden, so in Uganda (wo diesfalls sofort der Zauberer gerufen wird, der das Kind durch Aufführung gewisser Tänze schützt), oder es wird für die Angehörigen befürchtet, und trifft dann zunächst das Kind wirklich: es wird bei vielen Völkerschaften unverzüglich und unerbittlich getötet (z. B. in Mkulwe, Deutsch-Ostafrika). »Wüßte meine

Mutter, wann meine ersten Zähne durchbrechen, dann würde sie mir ein Leichentuch bereithalten« heißt es sprichwörtlich bei den Maroniten im Libanon, was die physiologischen Gefahren treffen will, aber zugleich in diesem Zusammenhang die Aggressionsneigungen der Eltern zu meinen scheint. Auch in deutschen Landschaften lebt noch ein Rest dieser unheimlichen Auffassung von Unregelmäßigkeiten, so wenn es in Bern von einem Kind, dessen Zähne so wachsen, daß breite Lücken zwischen ihnen bleiben, heißt, es werde weit reisen (P l o ß D).

Die Unheimlichkeit, die für das primitive Seelenleben (und für die tieferen Schichten des sog. kultivierten) durch die Tatsache Kind ausgelöst wird, mag gemischt sein von Vergeltungsfurcht und verdrängter Aggression, die beide auf dem Boden der Identifikation mit dem Kind wachsen; gegen diese Identifikation wehrt sich zudem das Ich, als gegen eine gefährliche Regressionsneigung. Im Avestahymnus ist ein gut Stück dessen zum Ausdruck gelangt. Hier wird die Furcht laut, das Kind werde seine Erzeuger auffressen als Projektion des Wunsches (tiefverdrängt) mit dem Kind so zu verfahren und als »Erinnerung« sozusagen an die eigenen kannibalischen Tendenzen als Kind gegen die eigenen Eltern, an deren Stelle man getreten ist. Doch alle diese Zusammenhänge sind nur schwer, unklar und gar nicht schlüssig in der gedrängten beiläufigen Darstellung zu geben, die das Thema des Buches erzwingt.

Daher verstärken wir uns lieber den Eindruck vom Bestehen des einen Faktors, der Aggression, indem wir zeigen, daß eine große Gruppe der spezifischen Zahngebräuche von ihm aus verständlich wird. Es sind jene, bei denen die Maus eine Rolle spielt. So häufig sie sind – und zwar bei völlig differenten Völkern – so rätselhaft sind sie geblieben. Denn, daß die Maus ein heiliges Tier ist, vermag uns bei der Fülle heiliger Tiere nicht ihren Zusammenhang mit dem Zahnen zu erklären. Daß ihre Zähne dem Kind gewünscht werden, als scharfe, zerstörende, führte schon weiter, aber es ist noch ganz in der Sphäre des Rationalen, des Rationalisierten. Immerhin enthält dieser Wunsch eine leichte und partielle Identifizierung, Kind – Maus. Diese aber noch in der Rationalisierung durchschimmernde Vergleichung hat ihre Ursache und Möglichkeit in einer weitgehenden Identifikation zwischen Kind und Maus, die die Psychoanalyse als eine sehr allgemeine nachweisen kann. Das kleine Tier ist geradezu der Kosename für das kleine Kind; Maus wird der Säugling oft genug genannt. Der Weg dieser Symbolbildung, deren Tertium comparationis nicht nur die Kleinheit sein kann, ist gewiß verschlungen genug und keineswegs völlig durchschaut. Aber eine Linie läuft über Maus – Penis – Kind; eine andere mag daran anknüpfen, daß der Aufenthalt der Maus in der Erde (oder ihrem Ersatz) ist, in der Mutter Erde, unsichtbar in dem Leib der Mutter; mit den Kollateralen, die über Erde, Kot, Kind, Penis führen (F r e u d F). Eine dritte schließlich wird mit dem Mauseloch zu tun haben, aus dem die Maus plötzlich hervorhuscht, in das sie wieder zurückverschwindet, als Symbole für Geburt und Generalregression (R a n k). Kann aber die Maus im Unbewußten das Kind vertreten, so fällt ein grelles Licht auf die Maus bei der Zahnung. Ihr Hauptzug sind Gewaltakte an der Maus; außer den bereits genannten, vor allem Abbeißen des Kopfes einer Maus, und zwar einer lebenden, durch Vater oder Mutter, und Ausschlagen ihrer Zähne. Solch ein abgebissener Mauskopf um den Hals des zahnenden Kindes gehängt, mag zwar wenig dazu beitragen, es vor Schmerzen und trostbringenden Zahnkrankheiten zu schützen, aber so verstehen wir nun sehr wohl, es schützt das Kind tatsächlich vor Schmerzen und Tod, denn die Aggressionen sind auf die arme Maus verschoben, ausgelebt worden, und für das Kind bleibt liebevolle Sorge und sichernde Pflege.

Einige Überdeterminationen sollen nicht ganz unerwähnt bleiben. Schon dem zahnenden Kind gegenüber regen sich die Kastrationswünsche des Erwachsenen, so lehrt uns die Vorwegnahme von Pubertätsriten bei den Zahnriten. Der Mauskopf, die Zähne von Hasen, Wölfen, Hunden, dürften diesen unbewußten Sinn haben. Und zugleich mag der Zahn, der des Kindes so gut wie des Tieres, symbolisch für das Kind selbst stehen, wächst er doch verborgen in der dunklen Höhlung, um unter Schmerzen plötzlich ans Licht zu brechen. Im einzelnen läßt sich – gewiß nicht ohne eine umfangreiche sorgfältige Untersuchung – nicht sagen, welchen Anteil die verschiedenen Aggressionsziele am Ritus haben mögen, aber wir sehen sie sich bemerkbar machen: Kastration, Tötung und vielleicht auch die Tötung durch Verspeisen (orale Vernichtung). In dem Augenblick werden sie gegenüber dem Kind übermächtig aktualisiert, so daß sie der Vorbauten, Sicherungen, Ablenkungen, Symbolisierung und Verdrängung bedürfen, wo dem Kind die Zähne zu wachsen beginnen, die Werkzeuge für seine künftigen oralen Vernichtungsabsichten, Kastration und Kannibalismus.

Wir sind zu den gleichen Ergebnissen gelangt wie beim Versuch, die Kinderpflegeformen auf ihren unbewußten Gehalt zu analysieren. Es läge nahe, auch für die Aggressionen gegenüber dem zahnenden Kind den Vater, bzw. die männliche Gesellschaft verantwortlich zu machen. Das ist aber nicht möglich; eher noch ließe sich behaupten, daß in diesem Fall auch die Mutter an ihnen teilhat (wenn sie z. B. das Geschenk geben, und sie den Mauskopf abbeißen muß); aber auch dies ist aus dem Material, wie es mir – aus zweiter Hand – vorliegt, nicht sicher zu entscheiden. Diese Frage muß daher ganz unbeantwortet bleiben. Immerhin werden wir bei der Entwöhnung Motive kennenlernen, die die Aggression auch der Mutter nicht unverständlich erscheinen lassen.

Mit den behandelten Bräuchen haben wir uns nicht zuletzt darum so ausführlich befaßt, weil wir in ihnen eine Art säkularer Introspektion vermuten, die uns, wenn wir sie nur entziffern können, eine Quelle für das Seelenleben des Kindes sein könnten, das jenseits der Verdrängungsschwelle liegt. Und finden uns nicht enttäuscht. Es ist als ob alle diese Bräuche sagten: Mit dem ersten Zahn wuchs in mir die Erbsünde; das Zahnen ist der Markstein zwischen zwei Perioden, der harmlosen Säuglingsperiode, in der ich selig in Harmonie mit Natur und Gesellschaft keinen Wunsch hatte, der mir Konflikte bringen konnte, und der darauffolgenden frühen Kindheitsperiode, in der mich Mord- und Bewältigungstriebe wild beherrschten, so daß ich und die Welt zwei Feinde wurden, die sich bekämpften, in der ich Tier und Kannibale war. Aber zugleich mit dieser Einsicht warnt uns das Studium der Riten, zu große Schmerzen, Revolutionen, Gefahren u. dgl. mit dem Zahnen verbunden, zu vermuten; sie sind Phantasien, sozusagen, die ihre psychischen und sozialen Funktionen haben, aber keinen objektiven Gehalt haben müssen.

Warum sind nun die Tagebücher der Kinderpsychologen in striktem Gegensatz zu jener Introspektion? Warum zeigen sie uns keine neue Verhaltungsweise des Säuglings gleich nach dem Durchbruch des ersten Zahnes? Diese Frage kann nur gestellt sein, um einer Selbstverständlichkeit das Recht zu ausgesprochener Betonung zu geben. Weil der erste Zahn nur symbolischen Wert eben als erster Anfang einer wesentlichen Änderung beanspruchen kann. Die Fähigkeit zu beißen, die Veranlassung, das Saugen aufzugeben oder wesentlich einzuschränken und zu modifizieren ist nicht der erste Zahn, sondern deren eine, freilich eine unbestimmte, Anzahl. Nehmen wir aber den ersten Zahn als symbolisch für das vierte Vierteljahr, dann vollziehen sich zugleich mit ihm allerdings Veränderungen, die auch die Tagebücher klar ausweisen. Wir haben von ihnen bereits gesprochen und werden uns mit ihnen noch zu befassen haben.

Versuchen wir aber den mit dem Zahnen in der ersten Periode verknüpften Erscheinungen näher nachzugehen, so läßt sich etwa folgendes finden:

Zunächst die Umwandlung der bisherigen Verhaltensweise (saugen) in die neue (kauen) tritt nicht plötzlich ein, sondern eine Reihe von kleinen Stößen sozusagen bewegt die Entwicklung ziemlich unmerklich vorwärts. Der Prozeß, der mit dem Durchbruch des ersten Zahnes einsetzt, ist prinzipiell erst mit dem Durchbruch auch des zweiten oberen Schneidezahnes beendet, zu diesem Zeitpunkt erst wird das wirkliche Beißen und Kauen möglich. Diese Addition von kleinen Stößen ist, wie wir oft bereits gefunden haben, keine Verschärfung, sondern eine Abschwächung der psychischen Verletzung. Daher kann der Übergang zur neuen Verhaltensweise sich für den Beobachter ohne deutliche Symptome vollziehen; ja die etwa beobachtbaren können in ihrer Relation zu dem Zahnen und den mit ihm sich ansetzenden Veränderungen unerkannt bleiben. Eine leichte Indisposition, z. B., wird festgestellt, ob sie aber für die spätere Entwicklung eine andere Bedeutung hat, als irgend welche andere, manifest sich ganz ähnlich äußernde Indisposition, läßt sich nicht beurteilen. Dies gilt nicht allein für die Erscheinungen, die den Folgewirkungen des Zahnens etwa zugeschrieben werden könnten, sondern in noch höherem Maße für viele Phänomene, die uns im Zusammenhang mit der Entwöhnung noch zu beschäftigen haben werden.

Indisposition, Schmerzen, Fieber – dies alles allermeistens in sehr leichtem Grade und schnell vorübergehend – sind in der Regel die Begleitvorgänge des Zahndurchbruches. Es macht wenig Schwierigkeiten, sie in die Anschauungen einzufügen, die in diesem Buch vorgetragen werden. Zwar über die Psychologie des Schmerzes weiß man noch recht weniges und unsicheres und es darf nicht mein Ehrgeiz sein, das komplizierte Problem hier beiläufig auszubreiten, aber ein Punkt, und ein für unsere Betrachtung sehr wichtiger, ist unwidersprochen: der Schmerz zieht imperativ alle verfügbare Aufmerksamkeit auf sich: »einzig in der engen Höhle des Backenzahnes wohnt die Seele«, sagt der tiefe Psychologe Busch vom Prototyp des Schmerzes, vom Zahnschmerz. Die Besetzungsenergie wird bis zu sehr beträchtlichen Quanten auf das schmerzerregende System konzentriert und demgemäß die libidinöse Besetzung der übrigen Welt weitgehend aufgehoben (»sogar die alte Liebe rostet« – beim Zahnschmerz). Anderseits gibt es kein besseres schmerzlinderndes Mittel, als Abzug dieser Besetzungen von dem schmerzenden System – nur eben leider kommt dieser kontradiktorische Fall selten zustande. Das zahnende Kind verhält sich hier durchaus wie jedes unter Schmerz stehende: es ist unruhig und vor allem reizbar; seine Beziehungen zur Außenwelt sind gestört, ein kleines Hindernis genügt und die Besetzung wird von dem Objekt, es sei nun Mutter, Spielball, eigener Körper, abgezogen und dem Schmerz zugeführt. Die Unruhe wird motorisch, der Fall, der immer eintritt, wenn die festen Verhaltensweisen zur Befriedigung eines Bedürfnisses ihr Ziel nicht erreichen, beim Schmerz gewiß kein anderes als seine Beseitigung, als R.-Triebverhaltungsweise. Ohnehin ist ja der Hunger das Vorbild jedes Schmerzes. Und schließlich sammelt sich die motorische Unruhe zum Schreien, Weinen, der primitiven Universalhandlung. Alles in allem bedeutet das Verhalten beim Schmerz eine Regression zu bereits verlassenen Verhaltungsweisen. Auch der Erwachsene schreit, weint, benimmt sich höchst zweckwidrig und unvernünftig, unbelehrbar in solchem Falle, regrediert, ganz wie der Säugling, auf das Stadium des Neugeborenen etwa. Beim Zahnen kommt hier eine Verschärfung hinzu. Für andere Schmerzen hat der Säugling die Tröstungen der oralen Zone zur Verfügung, das Ludeln »lenkt ihn ab«; die Besetzung der oralen Zone verringert die Schmerzbesetzungen, die Schmerzintensität. Jetzt aber haftet der Schmerz gerade an dieser Zone. Es ist hier durchaus der Tatbestand gegeben, den wir Enttäuschung nennen müssen; es ist sozusagen der objektive Tatbestand der Enttäuschung gegeben, einerlei, was sich das Kind dabei denken mag. Wir haben aber keinen Anlaß, nicht anzunehmen, daß es diesen Tatbestand als eine Art Urenttäuschung erlebt. Und es erlebt die Urenttäuschung in diesen Monaten mehrmals hintereinander an derselben Stelle. Die Folge wird in einem Verlaufstypus gewiß die sein, daß sich das Kind sozusagen von diesem enttäuschenden Objekt abwendet, daß die Libido zu einem gewissen Betrag dieser

Zone entzogen wird. Es ist dies jedenfalls der normale Verlauf, d. h. der normierte, der als normal geforderte, unabhängig davon, welche empirische Prozentualität ihm entspricht. Denn die Maxillen sind ja auf die Dauer keine erogene Zone, sie werden bald keine Lust mehr zu bieten vermögen, sie werden bald ihre Funktion im Dienste der Sexualtriebe völlig in die R.-Triebe, die Stillung des Hungers, abgeben müssen.

Was aus der freigewordenen Libido wird, ist einfach genug als Alternative zu formulieren: sie wird sich an der Oberfläche, den Lippen oder an einer anderen Zone, oder an das keimende Ich binden. Man kennt Fälle genug, die sich nach einer und der anderen dieser Alternativen deuten lassen. Das Küssen, das im späten Säuglingsalter gelernt wird, und die neue Intensität des Artikulierens beim Sprechen bzw. dessen Vorstadien, zeigt neue Quantitäten von Libido an die oberflächlichen Partien der oralen Zone gebunden. Die Icherstarkungen, die wir bei der Bemächtigung zu dieser Zeit sahen und bei der Wahrnehmung noch sehen werden, zeigen den zweiten Weg beschritten. Der sechste Monat ist uns als Masturbationsbeginn bekannt geworden; es koinzidiert hier so gut, als die heutigen Beobachtungsmethoden erwarten lassen, die Abnahme der einen Zone mit dem Zunehmen der anderen. Die Enttäuschungen an der oralen Zone helfen zu ihrer partiellen Desexualisierung. Vielleicht ist es nur eine hübsche literarische Wendung, vielleicht aber auch ein Stück Erkenntnis, jedenfalls in nichts den Tatsachen widersprechend, wenn ich hier formulieren wollte, daß diese durch Enttäuschung entsexualisierte Zone zur primären Trägerin des Hasses – der Objektvernichtung – wird.

Vorsichtigerweise wird das Fieber, das den Zahndurchbruch begleitet, zur Zeit besser als rein physiologischer Vorgang aufgefaßt. Immerhin geben die Untersuchungen von Deutsch den Mut, hier noch eine Möglichkeit zu erwähnen. Das Fieber wird vielleicht später einmal den psychischen Erscheinungen zuzurechnen sein. Sollte dies zutreffen, so wäre es verständlich. Wir kennen das völlig rätselhafte transitorische Fieber der Neugeborenen; es hat nicht wenig Ähnlichkeit mit dem Zahnfieber (so z. B. Reuß). Soweit dieses oder jenes psychogen ist, wäre das Fiebern als regressive Erscheinung zu bezeichnen.

Das Spucken des zahnenden Kindes, das von der vermehrten Sekretion der Speicheldrüsen, die in der Dentitionsperiode einsetzt, herrührt, aber bald zu einer beliebten Beschäftigung des Kindes wird, wird ebenso wie das Benützen von Beißring, Finger und allem nur irgend Geeignetem zur Schmerzerleichterung besser mit dem Beißen und Kauen zusammen erörtert.

2. *Beißen und Kauen*

Das Beißen und Kauen üben die Kinder bereits mit zahnlosen Kiefern. Preyers Sohn biß bereits in der 17. Woche, also lange vor dem ersten Zahn, ebenso Dix' Kind in der 18. Woche. Freilich ist dies Beißen natürlich nichts anderes als ein Festklemmen des Fingers oder anderer Gegenstände zwischen den Kiefern. Vielleicht verdient es eine gewisse Beachtung, daß dies ungefähr der Zeitpunkt sein mag, in dem die Magitotsche Membran sich zurückbildet; stimmte dies, was sich derzeit aus der Literatur nicht feststellen läßt, so hätten wir im vierten Monat eine Art Vorzahnungsperiode vor uns, in der eine gewisse erste Entsexualisierung des Kiefers und Abwendung vom tiefen Saugen einsetzt. Gewiß aber fallen diese ersten Beißübungen in die Zeit der beginnenden Entwicklung der Bemächtigungsfunktion des Mundes. Das Beißen ist in diesem Zusammenhang ein festeres Halten, die Analogie zum Ergreifen mit der Hand. Zu einer häufig geübten Verhaltungsweise wird es aber erst während des Zahnens, um dann nach ihm zu einer ebenso ausgiebig und leidenschaftlich, an allen nur einigermaßen geeigneten Objekten geübten Tätigkeit zu werden, wie früher – aber auch gleichzeitig noch – das Saugen. Erst zu Beginn des zweiten Lebensjahres pflegt das Küssen erlernt zu werden. Es muß offenbar als Ermäßigung des Beißens gelernt werden; es ist keine Triebhandlung, sondern wird anscheinend den geliebten Personen zuliebe, die es verlangen, anstatt des triebhaften Beißens, das sie verbieten, erlernt und geübt. Als ein typischer Fall der Ermäßigung einer Bemächtigungshandlung (einer Aggression) zu einer Zärtlichkeitsäußerung.

Das Kauen tritt noch früher auf; Dix beobachtet es im zweiten Monat, in der elften Woche; Preyer hat es »ehe der erste Zahn« vorhanden war, ebenso gesehen. Der eigentliche Anreiz aber zum Kauen ist ebenso wie beim Beißen erst gegeben, wenn die Zähne im Durchbrechen sind. Der Mechanismus des Kauens ist offenbar angeboren. Er wurde aber in seinen Details nicht studiert. Darum läßt sich Näheres leider nicht erkennen; vor allem nichts darüber, welches die Relation der Kaubewegung zum Saugen, und andererseits zum auslösenden Reiz im Zahnfleisch während und nach dem Zahnen ist. Nichts als der vage Eindruck läßt sich festhalten, es ist als diente das Kauen anfänglich der Bewältigung eines unangenehmen Reizes im Munde, der nicht durch ausspucken oder schlucken entfernt werden kann oder soll; auch Preyer scheint diesen Eindruck gehabt zu haben.

Ebensowenig ist das Beißen näher studiert. Wir müssen auch hier darauf verzichten, Genaueres zu erfahren über die Beziehung zwischen dem Beißvorgang und den auslösenden Reizen, die, wie immer wieder betont wird, vornehmlich beim Zahnen für das Beißen gegeben sind. Wir sehen die fertige Tatsache: sehr bald sind Kauen und Beißen ganz in den Dienst der Bemächtigung getreten; sie dienen der Ernährung und ganz allgemein der oralen Bemächtigung, Vernichtung und Einverleibung der Welt – soweit sie es sich gefallen läßt; und bald wird das Beißen auch in den Dienst der Verteidigung des eigenen Körpers treten, so wenn das Kind in der Abwehr versucht, die Mutter zu beißen. Den Weg dieser Umwandlung kennen wir nicht. Gewiß, es sind bloß minuziöse Details, die uns so entgehen; aber es sind doch die Vorgänge beim Verlust einer erogenen Zone; und zwar der erste Verlust dieser Art, der das Kind trifft; es hätte sich vielleicht gelohnt, ihn sorgfältiger und gesicherter zu beschreiben, als derzeit möglich ist. Immerhin ist hier nicht die schmerzliche Lücke in der Tatsachenkenntnis, die wir – mit schlechtem Gewissen, wie immer in solchem Fall; sei es eingestanden – zu überspringen haben.

Die Analogie zu späteren Verlusten ist verblüffend, ja lächerlich: Wo bisher Lust sich ergab, stellt sich Unlust – bis zum Schmerz gesteigert – ein. Das Kind verhält sich nun zu dieser enttäuschenden, ehemals erogenen und liebevoll gestreichelten Stelle seines eigenen Körpers, wie es sich später zu Objekten der Außenwelt im gleichen Fall verhalten wird, wird verhalten wollen. Es entfernt und vernichtet sie. Mit der Zunge und den Kiefern reibt und schiebt es (es kaut); es spuckt, als wäre die Kieferstelle, der Zahn ein lästiger Fremdkörper; es drückt, reibt, zieht mit den Fingern; es beißt schließlich darauf. Natürlich vergeblich, denn die Reizung ist nicht zu entfernen, die Enttäuschung bleibt bestehen. Im Zorn, besonders im Gefühl des ohnmächtigen Zornes wird es sich zeitlebens so verhalten können.

Was diese Analogie so kraß macht, sind die Worte Enttäuschung, Vernichtung, Zorn usw. Sie haben für den Säugling nicht die Fülle von Erinnerungen, Gefühlen, intellektuellen und komplizierten emotionalen Prozessen, die sie im späteren Leben erhalten. Sie bezeichnen ganz einfache Verhaltungsweisen, die aber die Kristallisationspunkte sind, um die sich die späteren Erlebnisse organisieren, die somit bis in diese Urzeiten kontinuierlich zurückreichen.

Der Mund, ursprünglich die Stätte von angeborenen festen Verhaltensweisen, die den R.-Trieben dienen, war in den ersten Lebenstagen in Ausübung seiner Ernährungsfunktion zu einer erogenen Zone geworden. Die sexuelle Funktion des Mundes sichert, fördert darf man sagen, seine vegetative (R.-Triebkräfte). Bald wurde es zur hauptsächlichsten, zur dominierenden Zone. In dieser Stellung wird er zum Förderer neuer R.-Triebkräfte-Verhaltensweisen der Bemächtigung. Und tritt nun vollends in den Dienst der R.-Triebe, indem seine inneren Partien entsexualisiert werden, die sexuelle Funktion (Saugen, Küssen), an seine Peripherie gebunden bleibt. Die Libido wird zum Teil abgezogen und anderweitig verwendet; zum Teil aber in Katergie verwandelt. Die Kiefer, ursprünglich Objekte von libidinösen Strebungen, werden nun kurz zu Objekten feindseliger Strebungen und hierauf zu deren Subjekten (Trägern). Es ist als ob hier ein Projektionsprozeß sich abgespielt hätte; eine Art Verdrängung von Todestrieben aus dem eigenen Körper in die Außenwelt, wie es Freud (G) für den Sadismus vermutete. Und tatsächlich ist ja auch der orale Sadismus (Kannibalismus im Sinne der Psychoanalyse) die primitivste Form des Sadismus.

Bei der schon oft erwähnten Vermischung der beiden Triebgruppen kann es nicht verwundern, wenn die Erogenität des inneren Mundes trotzdem zu einem Teil erhalten bleibt, oder sekundär wieder erreicht wird. Dieses ist im pathologischen Fall häufig, aber auch in der Breite des Normalen nicht selten zutreffend. Jenes findet bei der Sprache statt. Es ist kein Zufall, daß der entscheidende Fortschritt der Sprachentwicklung des Kindes in die Zahnungsperiode fällt. Die Sprache hat sehr nahe Beziehung zum oralen Sadismus, sie ist ein Ausstoßungsvorgang – was in vielen Details erst ganz deutlich wird –, sie ist schließlich zum größten Teil, soweit ihr Motorisches in Frage steht, nichts anderes als Organisierung all jener Bewegungen, die wir oben mit einer sadistischen Behandlung der ehemals erogenen Zone in Analogie setzten. Was wir Sprache heißen, ist eine Art Kauen, Spucken, Reiben und Knirschen der Zähne und Kiefer mit Zunge, Zähnen und Kiefern, und zwar eine komplizierte und bestimmte Art dessen. So wie das Lachen und mancher mimische Ausdruck, organisierter Ablauf der diffusen Schockreaktion, oder diffuser Abfuhrphänomene, ist sie organisiertes Kauen, Beißen, Kiefer-, Zahn-, Zungenbewegung.

Einen kurzen Hinweis verdient noch ein Detail, das kaum einem Beobachter ganz entgangen ist. Zu den Maßnahmen, die das Kind gegen den – gewöhnlich wohl leichten – Schmerz beim Zahnen trifft, gehört das Aufbeißen auf die schmerzende Stelle (bzw. Daraufdrücken). Dies kann aber den Schmerz kaum lindern, sondern müßte ihn wohl vermehren. Wir treffen hier eine paradoxe Verhaltensweise an, die zwar wenig beachtet wurde, die aber weit über diesen Einzelfall hinaus verbreitet ist. Auch der Erwachsene verhält sich sehr häufig und gerade bei Zahnschmerz ganz ebenso. Es ist eine merkwürdige Lust, die in dieser Steigerung des Schmerzes liegt. Den Lustcharakter erhält dieser Schmerz – so ist mein Eindruck – durch die Aktivität, die das Ich dabei entfaltet. Es ist kein Zweifel, daß die frühe Kindheit viele solche Züge kennt, das Kratzen bei Juckreizen, das ja Kinder – vielleicht auch schon im Säuglingsalter – bis zum Bluten treiben, gehört hierher, und daß ihnen gegen sich selbst gewendete sadistische Tendenzen zugrunde liegen. Bei etwas geringerer Vorsicht in der Ausdrucksweise wird man berechtigt sein, von Masochismus zu sprechen (Hug-Hellmuth). In all diesen Fällen sind es erogene Zonen, oder ehemalige erogene Zonen, aus denen die Schmerzlust gezogen wird. Ich sehe keinen Grund, ihren Keim nicht in der ubique gegebenen Situation des zahnenden Kindes zu sehen. In das Vorgetragene fügt es sich wohl ein; aus späterem Zusammenhang werden wir leicht Motive zu dieser Auffassung gewinnen. Aber das völlige Dunkel, in das Schmerz und Schmerzlust noch gehüllt sind, verhindert jede entschiedenere Stellungnahme.

Ein leicht zu erwartender Widerstand gegen unsere Anschauungen kann wohl im Anhang zu diesem Kapitel gelockert werden. Der Leser wird gespürt haben, daß die Analogie dem Autor ernster ist als er aus didaktischen Gründen zeigen wollte. Und die Zumutung, jene Vorgänge, die zum Beißen und Kauen führen, als Projektion anzusehen, stellt keine geringen Anforderungen an die psychoanalytische Gefolgschaft des Lesers. Im Zusammenhang des Bemächtigungstriebes wurde die Entsexualisierung der Armmuskulatur mit der Verdrängung parallelisiert, und nun die Projektion herangezogen. Philosophische und methodische Einwände sind gegen solches Verfahren reichlich bereit. Ich glaube, man kann sie durch folgende Erwägung ein wenig ihres Gewichtes berauben. Gewiß sind Verdrängung und Projektion Begriffe, die an den psychischen Prozessen im landläufigen Sinne des Wortes gebildet wurden, an den Trieben, Vorstellungen, der Libido und Energie, die unbezweifelbar dem Bereich des Ichs angehören. Gewiß auch sind die Vorgänge, die uns hier beschäftigen, dichter an den Körper gebunden, sie sind geradezu körperliche, der Physiologie wohl zugängliche Erscheinungen, und schließlich noch sei wiederholt zugestanden, daß die Anwendung psychoanalytischer Termini auf organische Prozesse ihre Schwierigkeiten haben mag. Aber: 1. Kümmern uns hier nur die erogenen Zonen. Sie sind zwar Körperteile, aber solche, die mit zweifellos psychischer Energie (mit Libido) in einem – unnötig näher zu präzisierenden – Konnex stehen; sie sind ein Grenzgebiet unserer Betrachtung. 2. Darf nicht mißverstanden werden, daß die Aussagen über die Libidoprozesse in den erogenen Zonen nichts über die Lokalisierung dieser Prozesse definitiv aussagen. Ich würde zwar der Meinung sein, wenn ich gezwungen wäre sie zu bekennen, daß reale Libido in der realen Körperpartie, erogene Zone X, sich befindet und dort reale Veränderungen erfährt und vornimmt; aber ich würde auf dieser Anschauung nicht bestehen; es wären auch andere diskutabel. Dieses beides beachtet, ist es sehr interessant zu sehen, daß die Libidoabläufe und Verwandlungen, die wir der dichtest gebundenen, eben der Libido der erogenen Zonen, der Libido, die der Organlibido sehr nahezustehen scheint, zuschreiben, denselben Mechanismen folgt wie die leichter gebundene, die im Ich selbst verläuft und an der Freud seine ursprünglichen Aufstellungen gewonnen hat. Auch sie hat – was ja nur dem Halbpsychoanalytiker ausdrücklich gesagt werden muß – Verdrängung und Projektion. Will man terminologisch sehr genau sein, so könnte man sie als Urverdrängung und Urprojektion von der Verdrängung und Projektion sondern. (Was dann freilich nötigte, die Termini Urverdrängung und Entsexualisierung zu identifizieren oder differentiell zu definieren). Näheres Studium der organischen Prozesse wird dann wohl bald lehren[4], daß die sog. Freudschen Mechanismen sich nicht nur an der dichteren Libido der erogenen

4 Siehe Schilders Arbeiten.

Zonen aufweisen lassen, sondern daß ihnen auch die biologischen Abläufe folgen. Mit Einschränkungen, vermutlich, die uns aber im kinderpsychologischen Zusammenhang keine Sorgen machen müssen.

3. Die Abstillung

Unter den Faktoren der Entwöhnung hat unser Interesse nicht der Wechsel der Nahrung, der eine medizinisch-diätetische Frage ist, sondern der Entzug der Mutterbrust, die Abstillung. Dies ist allemal ein Ereignis im Leben des Kindes, das es hart trifft, und das ihm von außen her aufgezwungen ist. Freiwillig würde das Kind kaum auf die Mutterbrust verzichten, wenigstens nicht in den ersten Lebensjahren. Beweis hierfür ist wohl, daß bei jenen Völkern, die die Abstillung erst sehr spät vornehmen, die Mutterbrust gern und regelmäßig auch noch in einem Alter genommen wird, in dem längst andere Nahrung genossen wird, ja in dem sie das Kind bereits weitgehend selbständig erwirbt und zubereitet. Wir können dies sehr wohl begreifen; die konservative Tendenz im psychischen Leben greift nicht gerne zu neuen Verhaltensweisen, am wenigsten, wenn kein nötiger Grund vorliegt. Um so weniger, wenn die alte Verhaltensweise mit so tiefer und mannigfaltiger Lust verknüpft war, wie das Saugen an der Mutterbrust. Vor Eingang noch in die spezielle Darstellung muß man sich einer Anschauung entledigen, die der Sprachgebrauch präjudiziert. Das Saugen an der Mutterbrust ist keine einfache Gewohnheit des Säuglings und darum das Aufgeben dieser Tätigkeit weit entfernt davon, eine bloße Entwöhnung zu sein. Sondern das Saugen ist eine Triebhandlung, die zentrale des ersten Lebensjahres, mit einer Fülle von Befriedigungserlebnissen, mit einer großen Mannigfaltigkeit von Lusterlebnissen beträchtlicher Intensität. Das Aufgeben dieser Triebhandlung muß daher eine psychische Umsetzung tieferer Kategorie sein, als das Wort Entwöhnung vielleicht annehmen läßt. Die Einstellung des Erwachsenen zeigt das klar. Der Erwachsene wird gegenüber der Zumutung oder dem bloßen Gedanken, Milch aus der Frauenbrust zu genießen, die tiefe Fremdartigkeit, Ablehnung, ja gelegentlich physischen Ekel empfinden, die wir nicht dort vorfinden, wo eine Gewohnheit aufgegeben wurde, sondern dort, wo eine Triebregung mit Reaktionsbildung – also besonders gründlich und sichernd – verdrängt wurde. Wir dürfen demnach als erfreulichen Nebenerfolg des Studiums der Entwöhnung, das uns im Rahmen einer Säuglingspsychologie vorgeschrieben ist, erwarten, etwas über die Entstehung einer frühen Verdrängung zu erfahren.

Ein Blick freilich in die kinderpsychologische Literatur setzt unsere Erwartungen leider sehr herab. Sei es, daß die Erscheinungen den Beobachtern entgangen sind, sei es, daß sie in jene Kategorie gehören, die ohne bedeutende Symptome und Äußerungen sich vollziehen, die Autoren zusammenfassender Arbeiten haben gar keine Notiz von der Entwöhnung genommen, die Verfasser kinderpsychologischer Tagebücher nur sehr spärlich und ungenau. Die verhältnismäßig ausführlichste Mitteilung – aphoristisch und wenig sorgfältig genug – die Scupins, ist in ihrem Wert noch überdies eingeschränkt dadurch, daß Bubi nicht ganz zwei Wochen nach Beginn der Entwöhnung an Masern erkrankte, seine Mißstimmung also wohl von der latenten Krankheit mitbeeinflußt ist. Immerhin stimmen Scupins Beobachtungen mit den Erfahrungen der Ärzte, Mütter und Kinderpflegerinnen wohl überein.

Diese besagen: Das Kind verweigert zunächst mehr oder minder vehement und ausdauernd die neue Nahrung und vor allem die neue Ernährungsweise (Flasche, Löffel, Becher u. dgl.). Erst nach vielem Schreien, Kämpfen, Hungern findet es sich mit dem Neuen ab. Beträchtlich sind die verschiedenen Kundgebungen, die zeigen, daß es die Mutterbrust ersehnt; so zerrt Bubi an der Bluse der Mutter, als wollte er sie öffnen. Solche Handlungen werden bei Gelegenheit ausgeführt, auch wenn im übrigen die neue Ernährungsweise bereits angenommen ist. Das Daumenlutschen wird mit neuer Intensität betrieben. Das Kind zeigt sich im allgemeinen unruhig, zornig, leicht zu Schreianfällen geneigt, mißgestimmt, gelegentlich in einem Zustand, der nicht gut anders als mit den Worten Verstimmung, Traurigkeit beschrieben werden kann.

Man sieht, es ist sehr ärmlich, was uns die Kinderpsychologie über diesen gewiß nicht unwichtigen Einschnitt in die Lebensweise des Kindes zu sagen weiß. Nichts, was über das naive Wissen außerhalb der Wissenschaft hinausginge. Ehe wir in die nähere Erörterung dieser Befunde eingehen, und sie durch Fragestellungen ergänzen, die Lücken durch Annahmen ergänzen, neue Untersuchungen anzuregen, wollen wir uns auch in diesem Fall apperzeptive Eindrücke aus der säkularen Introspektion, die in den

Bräuchen der Völker versteinert ist, holen. Wir fühlen uns zu diesem neuerlichen Ausflug über die Grenzen der Kinderpsychologie durch ein neues verstärkendes Motiv gedrängt. Die Abstillung ist ein in Zeitpunkt und Art gänzlich von der Gesellschaft gesetztes Ereignis. Es ist der erste in der unendlichen Kette von bewußten Eingriffen der Umwelt in die Entwicklung des Kindes, die uns in einem eigenen Band zu beschäftigen haben werden. Von diesem Eingriff an haben wir es in der ganzen weiteren psychologischen Entwicklung des Kindes nirgends mehr mit Erscheinungen zu tun, die auf das individuelle, bloß individuelle psychische Geschehen bezogen werden können; sondern jede ist in Hinkunft restlos zu verstehen erst als Ergebnis zweier differenter, wenn auch nicht immer entgegengesetzter Reihen: der individuellen – aus Erbgut her und allgemein psychischen immanenten Gesetzlichkeiten sich entfaltenden – psychischen Verhaltensweisen, und auf der anderen Seite der aktiv aus ihren Zwecken, Werten, Haltungen heraus auf sie einwirkenden Umwelt. Wir werden diese Umwelt kennen müssen, um ihre Einwirkungen, die oft verborgen ausgeübt werden, nicht meistens zu übersehen, und um die Folgen dieser Einwirkungen jeweils abschätzen zu können. Auch der Säugling lebt natürlich in einer Umwelt, wir haben von ihr gelegentlich bereits gesprochen, und wollen im nächsten Kapitel sie mehr zusammenfassend betrachten. Aber sie verhält sich passiv zu ihm, oder ihm gefügig, seinen Bedürfnissen sich anpassend. Zwar war die Geburt ein heteronomer Eingriff in die fötale Situation; sie traf ihn aber in unentfalteter Autonomie und ist eine biologische Gewalt. Die Entwöhnung ist die erste soziale Gewalt, die sich heteronom ihm entgegenstellt, ohne ihn zu vernichten, zu ertränken, zu töten.

Sehr auffallend ist gleich beim Eingang in die Gebräuche, die uns nun eine Weile lang beschäftigen werden, daß der Zeitpunkt der Entwöhnung bei verschiedenen Völkern um eine ganze Reihe von Jahren differiert. Zwar haben wir schon öfter nicht unbeträchtliche Unterschiede im Verhalten einzelner Völker gesehen. Aber sie bezogen sich auf das Detail des Gebrauches, nicht aber auf seinen Zeitpunkt. Die Entwöhnung ist, wie wir daraus allein schon sehen können, zu einem nicht nebensächlichen Teil eine soziale Angelegenheit, die weitgehend unabhängig ist von den Terminen biologischer und individual-psychologischer Art, die bei der Kinderpflege sonst die unverrückbaren Grenzen angeben, innerhalb deren die sozialen und die sozialpsychischen Motive sich frei auswirken können. Es gibt in der frühen Kindheit keinen Zeitpunkt, in dem spontan – aus der Gesetzlichkeit des individuellen psychischen Ablaufs im Kinde – eine Abneigung, geschweige denn Ekel im Kinde entstünden, die bisher geübte Ernährung an der Mutterbrust aufzugeben. Wir sehen in dieser Frage die Kinder völlig den Gewohnheiten des Stammes folgen, und diese selbst sind nicht aus der Erkenntnis einer biologischen, physiologischen oder psychologischen Situation geflossen.

Und zwar ist die Spannung zwischen dem frühesten und dem spätesten Entwöhnungstermin, den wir in den Beobachtungen der Ethnographen finden, geradezu unglaubwürdig groß. Bartels hat eine Übersicht gegeben, die wir ihrer Erstaunlichkeit wegen hier gerne benützen (Hovorka). »Die Kinder werden gesäugt: Unter 1 Jahr bei den gebildeten Ständen in ganz Europa, bei den Samoanern, Koloschen, Tlinkitindianern, Maynas (Ekuador), Hottentotten. – 1 Jahr bei den Bugis und Makassern (Celebes), Gilan, Massaua. – 1–1½ Jahre bei den Dakotah, Sioux, Loangonegern, Tanembar- und Timorlaoinsulanern, Parsen. – 1–2 Jahre bei den Armeniern und Tataren in Eriwan, Esten, alten Römern, mittelalterlichen Deutschen, Karagassen, Waswaheli. – 2 Jahre bei den Persern, Nayern, Tschuden, Eetas (Philippinen), Ruckinsulanern, Russen in Astrachan, Türken, in Fezzan, Marokko, Ägypten, Nilländern, Madi Waganda, Wakimby, Wanyamwezu, bei den alten Peruanern (auch vom Koran und von Avicenna angeordnet). – 2–3 Jahre bei den Australiern, in China, Japan, Laos, Siam, bei den Armeniern, Kalmücken, Tataren, in Syrien, Palästina, Abessinien, auf den Kanarischen Inseln, in Kamerun, bei den Mandingonegern, Oldkalabar, Basuto, Makalaka, Tlinkitt, Apachen, Abiponer (Paraguay), Schweden, Norwegen, Steiermark. – 3 Jahre bei den Luang- und Sermatinsulanern, bei den alten Juden. – 2–4 Jahre bei den Indianern Pennsylvaniens, in Lappland. – 3–4 Jahre bei den Grönländern, Irokesen, Warrauindianern, Kamtschatka, Mongolen, Madras, Kabylen, Neapel. – 3–5 Jahre bei den Kanikar, Japanern, vielen brasilianischen Indianern, Ostjäken, Samoa, Palästina. – 4–5 Jahre bei den Serben, Indianern am Oregon, in Kalifornien, Kanada, Maravis, Australien, Neukaledonien, Hawaii, bei den Kalmücken, an der Guineaküste. – 5–6 Jahre bei den Samojeden, den Fellachen in Palästina. – 6 Jahre bei den Australiern, in

Neuseeland. – 6–7 Jahre bei den Indianern Nordamerikas, in Kanada, bei den Armeniern (Kuban). – 7 Jahre bei den Eskimos (Smithsound). – 10 Jahre bei den Chinesen, Japanern, auf den Karolinen. – 12 Jahre bei den nordamerikanischen Indianern. – 14–15 Jahre bei den Eskimos (King-William-Land).« Ein Blick auf diese Tabelle lehrt bereits, daß die entscheidende Determinante für das Verhalten auch in diesem Fall nicht etwa die Höhe der Kulturentwicklung und das Maß medizinischer Einsicht sein kann, weil ja die gebildeten Stände in Europa sich verhalten wie Samoaner und Hottentotten; und Chinesen, Japaner wie Eskimos und Indianer.

Man darf sich freilich keine falsche Meinung bilden von der Tatsache selbst. Es ist natürlich keine Rede davon, daß mit diesen Zeitangaben die gleichen Tatbestände gedeckt werden. Die extrem langen Stillzeiten sind nur durch gelegentliche Beobachtungen belegt, und sagen nicht etwa aus, daß bei diesen Völkern das Kind ausschließlich an der Mutterbrust ernährt wird; vielmehr handelt es sich lediglich darum, daß auch ein 5-, 8-, ja 10- oder 12jähriges Kind zum Trinken an die Mutterbrust zugelassen wird. Diese Völker unterscheiden sich von anderen, etwa den Europäern der gebildeten Stände, zunächst nur darin, daß sie es nicht als den guten Sitten zuwiderlaufend empfinden, wenn das ältere Kind an den Mahlzeiten des jüngsten mit einem Schluck teilnimmt. So wurde z. B. bei den Motu beobachtet, »daß oft ein älteres und das jüngste Kind miteinander um die Mutterbrust streiten, welche dadurch außerordentlich hängend werde. Hier werden die Kinder nicht entwöhnt, sondern sie entwöhnen sich selbst, wenn es ihnen einmal beliebt. Somit ist es nichts Seltenes, wenn Kinder zur Mutterbrust gelaufen kommen.« P l o ß (D). Diese Freiheit, die Mutter und Kind gewährt ist, mag nun bei einigen Völkern völlig zur legitimen Regel werden, so etwa bei den Japanern. Man hat diesen Eindruck aus der Bemerkung von P l o ß (D): »Die Kinder entwöhnen sich selbst. Wie das Lamm in der Herde verläßt ein solcher Springer plötzlich seine Kameraden, um stehend oder kniend einige kräftige Züge aus der Mutterbrust zu tun, die ihm nie verweigert wird« und findet sich darin bestärkt, wenn man beachtet, daß bei den Japanern, auch häufiger als bei uns etwa üblich ist, vom Gebrauch der Frauenbrust (Milch) durch Erwachsene die Rede ist (P l o ß H). Diese Völker haben Saugen, Säugen, Mutterbrust nicht mit Verdrängung belegt. Sie haben keine Abneigung, Ekel vor der Vorstellung und Handlung. Sie nötigen ihre Kinder auch nicht zur Verdrängung. Das Kind wird bei ihnen überhaupt nicht entwöhnt, abgesetzt. Sondern es behält neben der Beikost, die ihm von einem gewissen – auch bereits sehr frühen – Zeitpunkt an verabreicht wird (z. B. in Deutsch-Ostafrika vom 3. Tag an, Ploß D), das Saugen an der Mutterbrust so lange bei, als es will; bis es freiwillig auf sie verzichtet. Dies geschieht nun offenbar nie zu Ende des ersten Lebensjahres bereits, sondern im Laufe der Kindheit, spätestens bei Beginn der Pubertät. Bis dahin verschafft es sich je nach Gelegenheit und Neigung den Genuß der Mutterbrust. Es sind hier, wie auch Ploß (H) und Franke ausdrücklich bemerken, die individuellen Faktoren bei Mutter und Kind die entscheidenden. Die Motive und Weisen des spontan eintretenden Desinteressements des Kindes an der Mutterbrust brauchen wir nicht des näheren zu betrachten; sie gehören einem höheren Alter an und sind aus dessen psychischer Situation und sozialer Einstellung zu begreifen[5].

Auch bei jenen Völkern, die in der Regel eine Entwöhnung nicht vornehmen, ist sie aus individuellen Gründen zuweilen nötig, so wenn die Laktation der Mutter nicht ausreichend ist; und vermutlich, wenn ein neues Kind geboren wird. Dies ist bei einigen Völkern regelmäßig das Ende der Stillzeit für das ältere Kind, man muß sich vorstellen, daß auch bei den anderen die Sorge nunmehr dem jüngeren Kind zugewendet wird, und das ältere zwar keine völlige Versagung der Mutterbrust erfährt, aber doch seltener und kürzer zugelassen werden wird, wenn die Milchmenge nicht für beide Kinder voll ausreichen sollte. Es werden auch Fälle berichtet, in denen Geburten, die während der Stillperiode eintreten, getötet werden (Buschmänner [Kalahari]) (Ploß H). Einige im übrigen nicht entwöhnte Völker haben die Sitte, bei Eintritt einer neuen Schwangerschaft bereits das Kind abzusetzen. Man kann demnach sagen: eine sehr beträchtliche Anzahl von Völkern läßt das Kind regelmäßig an der Mutterbrust trinken, bis ein Neugeborenes an seine Stelle tritt. Auch dann noch ist der Zutritt zur Mutterbrust dem bereits herangewachsenen Kinde

5 Man darf die Distanz zwischen uns und diesen Völkern nicht allzu sehr übertreiben. Ich selbst beobachtete in einem öffentlichen Garten Wiens eine stillende Mutter, die ihre zweite Brust einem Knaben reichte, der vielleicht sechs oder sieben Jahre alt sein mochte.

nicht völlig verwehrt. Gelegentlich wird freilich gerade dies letztere nicht erlaubt, so war es bei den alten Juden, die bis in das dritte Jahr zu stillen pflegten, verboten, das Kind, wenn es einmal entwöhnt war, wieder an die Brust zu lassen (Feldmann), und ähnlich bei den Litauern (Ploß H).

Bei dieser Verhaltungsweise findet im zweiten bis vierten Jahr der Übergang von der regelmäßigen zur gelegentlichen Stillung statt. Nicht aber – von Ausnahmefällen abgesehen – im ersten Lebensjahre. Die Absetzung im ersten Lebensjahre entspringt nicht den psychologischen Bedingungen des Kindes, muß daher in einer gewissen Weise gewaltsam vorgenommen werden. Wo sie vorgenommen wird, fehlt es auch nicht an abergläubischen Mitteln, sie für Mutter und Kind einfach und gefahrlos zu machen; auch die Versuche, durch Einreiben der Brust mit schlechtschmeckenden Substanzen dem Kind den Appetit zu verderben, sind uralt und weit verbreitet.

Die Reisenden pflegen sich nach den Motiven zu erkundigen, die für das Verlängern der Stillperiode angegeben werden. Ploß (H) gibt als solche Motive übereinstimmend mit den anderen Autoren an: 1. die mütterliche Weichheit und Schwäche gegenüber den Kindern; 2. freilich nur nebenbei und gelegentlich gültig, gibt die »wenn auch schlechte und mangelhafte Muttermilch doch immerhin eine gewisse Unterstützung der Ernährung und somit eine pekuniäre Ersparung«. Dieses Motiv besteht gewiß als ein unterstützendes bei manchen Völkern und Klassen; wir dürfen es aber vernachlässigen, weil es gewiß kein primäres ist; 3. das Wohlbefinden der Mutter, denn »durch das Saugen werden bei der Mutter ausgesprochen wollüstige Empfindungen hervorgerufen«; 4. »die außerordentlich weitverbreitete Annahme, daß, solange die Mutter ihr Kind säugt, sie den Koitus ungestraft auszuüben vermöge, ohne daß nämlich eine Befruchtung eintreten könne«. Ploß (H) hält dies für die wichtigste Triebfeder. Dem widerspricht aber erstens, daß es eine Reihe von – langsäugenden – Völkern gibt, bei denen der Geschlechtsverkehr während der Saugperiode verboten ist; zweitens, daß diese Anschauung nicht zu Recht besteht, auch häufig genug bei den langsäugenden Völkern der Fall eintritt, daß sie mehrere verschiedenaltrige Kinder zugleich zu stillen haben, oder Sitten bestehen, die das zwar ausschließen, aber auf der richtigen Erfahrung beruhen, daß das Säugen die Konzeption keineswegs verhindert. Solch empirisch falsche Anschauung kann nicht das Motiv eines Verhaltens sein; sie kann aber wohl als dessen Rationalisierung sich lange genug erhalten. So würde ich diesen Glauben auffassen: Er soll – scheinheilig könnte man sagen – die Lust am Säugen decken; sie setzt das Koitusbedürfnis der Frau herab, verarmt ihre heterosexuellen Strebungen und verstärkt ihre autoerotische, narzißtische Befriedigung[6]; die Rationalisierung verschleiert diesen Zustand vor den Männern und legt dem Verkehr mit ihnen einen höheren Akzent bei, als gerade in diesem Zustand der Fall ist.

Das hieße aber: das lange Säugen bedarf gar keines speziellen Motivs. Es hat für Mutter und Kind soviele Annehmlichkeiten, Lust im engsten Sexualsinn des Wortes (Wollust) so gut wie sublimierte Glückseligkeit zu bieten, daß es durchaus als der natürliche verständliche Zustand anzusehen ist, wenn die Mutter ihre Brust dem Kind so lange reicht, als es die physiologischen Bedingungen nur gestatten wollen, das Kind sie so lange nimmt, als sie ihm geboten wird. Daß diese Beziehung überhaupt vor dem Altern der Mutter ein Ende findet, hat seine sozialen (sozialpsychischen) Gründe auf seiten der Mutter und auch auf seiten des Kindes, vielleicht noch überdies psychische, die wir noch nicht kennen und in diesem Buche nicht zu erarbeiten haben. Obzwar die sexuellen Motive – von seiten der Mutter – zum Verständnis bereits hinreichen würden, soll nicht vergessen sein, daß schon in den primitivsten Verhältnissen libidinöse Befriedigungen in der Relation Mutter – saugendes Kind eintreten, die von der Lust der engeren Brustzone unabhängig sind. Die Mutter liebt ihr Kind mit größeren Quantitäten von Libido, als an die erogene Zone gebunden ist. Und diese Liebe geht, wie jede, darauf hinaus, Lust zu spenden, das geliebte Objekt glücklich zu machen. Es gibt kaum eine Situation, in der die gespendete Lust so sinnfällig wird, so restlos akzeptiert wird, als beim Säugling, der selig an der Brust einschläft oder gierig an ihr trinkt. Die Liebe zum Kind ist hier völlig realisierbar und wird durch die Identifikation mit dem geliebten Objekt doppelt genossen. Es ist die vollendete Rückkehr, die Befriedigung aller regressiven Tendenzen, zugleich mit der Befriedigung des Luststrebens, beides in Harmonie mit der Realität und den Wertungen und Forderungen genossen, was im Unbewußten

---

6 Einen psychologisch tief erfaßten Beleg findet man bei B a l z a c, Zwei Frauen.

und Bewußten der säugenden Mutter statt hat; statthaben kann, wenn keine konterkarrierenden Einflüsse vorhanden sind. Es scheint dies Grund genug, solche Situation so lange wie möglich festzuhalten. Ein intuitives Verständnis dieser Situation fehlt auch dem Mann nicht; er kann sie für sich freilich nur indirekt herstellen: in der Verehrung der Mutter Maria.

Das Problem liegt vielmehr in den Verhaltungsweisen, die das Säugen abkürzen. Erstaunlicherweise gehören hierher sowohl die primitivsten wie die kultiviertesten Völker; Samoaner, Hottentotten und die Anweisung unserer Spezialärzte. Man wird von vornherein gern annehmen, daß bei jenen und diesen sehr verschiedene Motive wirksam sind. Und es gibt eine Reihe von Tatsachen, die unsere Maßnahmen als objektiv richtig erweisen, so wird wenigstens behauptet, und ich kann mich diesem Eindruck nicht entziehen. Dennoch sei gewissenhaft bemerkt, daß nicht über jeden Einwand und Zweifel erhaben feststeht, ob wir die Tatsachen auch endgültig erkannt haben. Hierher gehören die Angaben der Ärzte über die diätetische Zukömmlichkeit der Milch bei sehr langer Laktationsdauer. Freilich handelt es sich ja bei der Entwöhnung nicht darum, daß die Menge und Qualität der Nahrung geregelt wird, sondern um den völligen Entzug der Mutterbrust; jenes läßt sich wohl auch ohne dieses ordnen. Ferner wird als Tatsache angeführt, daß die Laktation aufhört. Hiergegen aber spricht das Beispiel der Bäuerinnen und sogar der Proletarierinnen in manchen Gegenden, die weit über die ärztlich empfohlene Zeit hinaus die Kinder zu stillen pflegen. Es spricht für den Zeitpunkt des vierten Vierteljahres auch das Zahnen und die zunehmende Verdauungskraft des kindlichen Magens. Beides schließt aber neben geeigneter Nahrung fortgesetztes regelmäßiges Stillen nicht aus. Gewiß nicht ohne rationale Motivierungskraft sind die ökonomischen Verhältnisse. Die schlechternährte Mutter wird weniger und weniger geeignete Milch haben als die wohlhabende. Aber die Stilldauer läuft nicht parallel der ökonomischen Situation. Armut wird gelegentlich ein Motiv zu langem Säugen; und gerade die wohlhabenden Schichten halten sich gern an die Forderung der Diätetiker unter den Kinderärzten. Ich will mit all dem nicht eine Entscheidung über die objektive Triftigkeit der Rationalisierung arrogieren, nur darauf hinweisen, daß sie uns nicht so weit imponieren muß, ihrer Psychogenese nicht nachgehen zu wollen.

Für die psychische Motivation des Verhaltens der Kulturvölker

– ihrer gebildeten bürgerlichen Schichten – bietet sich zu allererst die Tatsache, daß deren Mütter eine allgemeine und weitgehende Abneigung, überhaupt zu stillen, entwickeln; ihre Unfähigkeit es zu tun, ist nicht zum unbeträchtlichen Teil vorgeschoben, zum Teil vielleicht auch aus diesen psychischen Gründen entstanden. Die Erklärung dieser Tatsache ist heute noch nicht zu geben; es fehlt vor allem an entsprechend sorgfältiger vergleichender Feststellung der Tatsache selbst. Sie ist gewiß in der komplizierten Veränderung begründet, die die weibliche Psyche in den herrschenden Schichten der Gesellschaft erfährt, Veränderungen, die wir derzeit mehr ahnen als kennen, deren Signatur aber – in den hier in Betracht kommenden Relationen – in einer veränderten Einstellung zum Mann und zum Kind begründet ist. Die Homosexualität des Weibes scheint sich in diesen Kulturen beherrschender zu entfalten, den Akzent vom Weiningerschen Typus Mutter auf den Typus Dirne verschiebend[7]. Die Brust als erogene Zone wird bei dieser Verschiebung eine sehr veränderte Rolle erfahren, die angedeutet sei durch die berechtigte Sorge der Frau, durch das Säugen werde ihre Brust entstellt. Und die Einstellung zum Kinde noch mehr. Es wird mit stärkerer Ambivalenz wenn nicht mit offener Ablehnung aufgezogen. Die spezifisch weibliche Situation der säugenden Mutter wird abgelehnt werden – meistens sehr beklagtes Versiegen der Laktation unbewußt erzeugend – weil die beherrschende Linie des Sexuallebens der Frau in die Identifikation mit dem Vater und nicht mit der Mutter verlegt wird. Dieser Frauentypus wird versuchen, sich dem Stillen zu entziehen; Amme und künstliche Ernährung werden im Vordergrund der Ernährung stehen. Kommt aber Selbststillen zustande, so wird es zur Quelle von Konflikten, die jedenfalls, wie immer sie übrigens verlaufen mögen, eine möglichste Abkürzung des Stillgeschäftes tendieren werden. Als individuelle Erscheinung gibt es diese Frau wohl in allen Kulturen, bei allen Völkern, Klassen und Schichten. Aber es scheint, als würde sie zum dominierenden, Sitte und Rationalisierung schaffenden Typus, zur Norm nur in gewis-

7 Ist es vielleicht nicht gänzlich überflüssig, daß ich betone, daß der Gebrauch dieser Worte völlig unverbindlich gemeint ist, lediglich als bequeme Termini, die sehr komplizierte Tatbestände abbreviieren, völlig unabhängig von Weiningers Psychologie und noch mehr – womöglich – von seiner Wertung?

sen, verhältnismäßig seltenen und komplizierten, allemal nur herrschenden Kulturschichten.

Viel von ihren eventuell einleuchtenden Gedanken muß diese Erörterung verlieren, wenn wir uns erinnern, daß ja auch Samoaner und Hottentotten in diesem Punkt sich verhalten wie Völker, »die es herrlich weit gebracht«. Soll man auch bei ihnen dieselben komplizierten psychischen Bedingungen annehmen? Ich glaube, das würde zu Schwierigkeiten führen. Wir wissen wenig über ihre Einstellung zu Kindern. Aber von den Samoanern ist doch ein und das andere Detail berichtet, das uns Haltepunkte für die – noch einmal sei es gesagt, sehr unverbindlich, bloß anregend gemeinte – Spekulation bietet. So erfahren wir bei Ploß (D): »Meist entwöhnt man im 4. Monat, wenn nicht der Vater einen besonderen Auftrag vom Familiengott hatte, daß das Stillen fortgesetzt werden müsse. Geschah dies, dann gedieh das Kind vortrefflich und erhielt den Titel ›Banane Gottes‹.« Das ist bedeutsam genug. Es kann uns vielleicht lehren, daß die unzureichende Stilldauer trotz dem Wissen um ihre Schädlichkeit festgehalten wird; daß dieses Verhalten von den Männern ausgeht; und daß es einer Kompensation bedarf: Wehe, wenn den Kindern erlaubt wird, sich kräftig (zur Banane Gottes) zu entwickeln. Vielleicht danken wir nur dem spärlichen Bericht die Möglichkeit, das Verhalten in oben Festgestelltes und Angenommenes einzureihen. Die Männer fürchten ihre Nachkommenschaft, sie halten sie schwächlich – bis zu gewissen Grenzen – sie wagen kräftige Kinder (mit der Mutter in Liebe unifizierte) nur, wenn eine spezielle schützende Relation zur Gottheit hergestellt ist. (Die Frau der hochkapitalistischen Gesellschaften erweist sich hierin deutlich als Mann.)

Ich kann nicht behaupten, daß uns das Studium all dieser Gebräuche in unseren kinderpsychologischen Fragen etwas geholfen hätte. Im Gegenteil finden wir uns vor einem Bündel neuer Probleme. Aber das muß uns nicht kränken. Gelingt es beim heutigen Zustand der Psychologie auf dem Weg zur theoretischen Zusammenfassung, bloß Probleme zu stellen, so ist das vielleicht noch nützlicher als alle Spekulationen, die ja in der Psychologie immer eine andere, geringere Bedeutung haben, als etwa in der Physik, und gar in der heutigen Psychologie, die noch so wenig von der Mannigfaltigkeit der Phänomene erfaßt hat. Wir trösten uns also mit dem Wert der Anregung zu weiteren Untersuchungen um so leichter, als ja die Gebräuche – auch unabhängig von ihrem psychologischen Erkenntnisgehalt – in das Programm unserer Bemühungen gehören, und halten das eine fest, das sich mit zwingender Deutlichkeit ergab: die Abstillung ist, in der frühesten Kindheit vorgenommen, eine Versagung, die das Kind von der Außenwelt erfährt, die seinen autonomen Bedingungen und der phylogenetisch – vermutlich – vorgezeichneten Entwicklungsbahn widerspricht. Der von der heutigen Pädiatrie empfohlene Zeitpunkt mildert diese Heteronomie. Die Zahnung, in der sich der Säugling zu Ende des ersten Lebensjahres zu befinden pflegt, disponiert ihn vielleicht zu einer Art Abfindung mit dieser Versagung; er ist ohnehin recht böse mit seiner oralen Zone, die ihn enttäuscht hat, er entzieht ihr libidinöse Besetzungen. Auch von der anderen Seite her kann vielleicht eine gleichsinnig wirkende Tendenz angenommen werden. Das Ende des ersten Lebensjahres ist auch die Zeit, in der – offenbar spontan, autonom – eine gewisse Abwendung von der Mutter einsetzt: das Kind überwindet die Angst, ohne Brustdeckung, frei, zu gehen, und es führt freiwillig seinen Körper von der Mutter weg. Und schließlich wird man erwägen, daß in denselben Monaten auch die Sprache bedeutsame Fortschritte macht. Das Sprechen bietet jedenfalls oraler Libido eine Verwendungsmöglichkeit; ohne daß hier näher untersucht sei, wie weit diese Möglichkeit auch realisiert wird, und mit welchen Quanten, auf Grund welcher Mechanismen.

Bei unseren Kindern ist die zeitliche Koinzidenz im allgemeinen dieser Phänomene sicher. Es bedürfte schon sehr gewichtiger Argumente, sollte man darauf verzichten, in dieser Koinzidenz auch eine Relation zu sehen. Leider läßt sich aber derzeit nicht entscheiden, wie man diese Erscheinungen einander kausal zuordnen kann. Wir wissen nichts über die Termine von Gehen und Sprechen bei nichtentwöhnten Kindern; wir wissen auch viel zu wenig über die feinere Struktur dieser Erscheinungen bei unseren Kindern, nichts über ihre gegenseitige Korrelation.

Trotz dieser Milderungen wird jeder, der sich auf den Boden der in diesem Buch vorgetragenen Anschauungen stellt, aus Überzeugung oder aus wohlwollender wissenschaftlicher Neugier die Tiefe der Versagung sehr hoch einschätzen. Handelt es sich doch um eine radikale Versagung der Befriedigung der für den Säugling mächtigsten Libidostrebung. Diese Erwartung wird womöglich noch gesteigert, wenn man aus Analysen – eigenen und Stärkes, Abrahams, Ranks – die nicht leicht zu überschätzende Rolle der Abstillung im System Ubw mit Erstaunen immer wieder erfährt. Dieser Erwartung, die doch so wohlbegründet scheint, widerspricht, so scheint es, die Erfahrung am Säugling strikte. Gewiß, die Entwöhnung äußert sich, aber so kurz und im Vergleich zu unseren Erwartungen so gering, daß wir uns geneigt fühlen, die Voraussetzungen, die zu so unberechtigten Erwartungen geführt haben, gründlich zu revidieren.

Wie gesagt, die vorliegenden Tatsachen sind spärlich, wenig sorgfältig gewonnen, zufällig, der Kritik in jeder Hinsicht eine breite Angriffsfläche bietend. Immerhin wollen sie aber zunächst betrachtet sein. Tut man dies etwa an Hand der Scupinschen Aufzeichnungen, die wir oben reproduzierten, so findet sich keine Schwierigkeit, sie ökonomisch zu verstehen. Wir sehen die Äußerungen von Unlust, die wir begreifen und deuten können, als die Unbefriedigung eines Triebzieles: die begehrte Mutterbrust wird nicht erreicht. Schreien, entsprechende Greif- und Bemächtigungsversuche werden unternommen, sie führen nicht zum Ziel. Ersatzbefriedigung wird gesucht, Lutschen etc. Und sie führt nicht zur Befriedigung. Angst, Unruhe, Reizbarkeit werden wir als Symptome einer größeren Quantität Libido deuten, die nicht gebunden, nicht abgeführt und nicht abgesättigt werden kann, weil das Triebziel nicht erreicht werden kann. Befinden wir uns in ähnlicher Situation, so erleben wir sie als Sehnsucht, und benehmen uns ähnlich wie der Säugling. Wir werden einerseits von Unruhe ergriffen, reizbar und zu Ersatzbefriedigungen geneigt sein; andererseits aber wird uns eine gewisse Apathie ergreifen. Diese hat ihren Grund darin, daß wir ein gut Stück unserer psychischen Energie, unserer Libido der Phantasie, phantasiemäßiger Befriedigung unserer Sehnsucht zuwenden werden, die uns ein gut Stück Befriedigung zu geben mag. Ähnliches sehen wir am Säugling auch; auch er wird bis zu einem gewissen Grad apathisch, »traurig« möchte man sagen, resigniert. Wir wissen natürlich nicht, was in ihm vorgeht, weil wir ja nur aus seinen Handlungen seine inneren Vorgänge erschließen können, gerade diese aber in diesem Zustand fehlen. Wir können aber kaum anderes tun, als einen äquivalenten Vorgang bei ihm anzunehmen. Es wird ja über das Vorstellungsleben und seine Beziehung zur Triebbefriedigung noch einiges vermutend anzuführen sein. Hier genügt die Annahme: die auf die versagte, die andauernd ausbleibende Befriedigung gerichtete Libido wird zunächst den Wunschhalluzinationen zugewendet;

sie ist zu Handlungen, Neubesetzungen nicht zur Verfügung. Das Handeln, das Interesse an irgendwelchen Dingen der Außenwelt hört für diese Zeit auf, oder erscheint herabgesetzt, unsteter.

Objektiv ist zwischen der Trauer und der Sehnsucht kein Unterschied. Er liegt nur im Erleben; und auch hier bloß in einem Element: die Sehnsucht ist hoffnungsvoll, sie hat das Triebziel nicht aufgegeben, sie erwartet die Befriedigung in irgendeiner Zukunft. Die Trauer ist hoffnungslos, sie tritt ein, wenn wir uns überzeugt haben, daß das Ersehnte unerreichbar ist, daß die augenblickliche Versagung zur definitiven, zum Verlust geworden ist. Sie besteht vollends im Aufhören des Antriebes zu jeder Handlung, sie wendet ein noch größeres Quantum und dieses noch konsequenter auf die Phantasietätigkeit und auf gewisse sehr schlecht verstandene Umsetzungen, deren Resultat wir an Überwindungen des Verlustes kennenlernen, wovon ein wichtiger Mechanismus uns durch Freud (I) einen ersten Grad von Präzision gewonnen hat. Bei der Überwindung des Verlustes spielt die Identifikation mit dem Verlorenen eine gewisse Rolle.

Beim Säugling ist Trauer und Sehnsucht gewiß nicht zu unterscheiden. Beide liegen sehr nahe beieinander. Vielleicht erscheint ihm die Mutterbrust verloren, wenn er eine halbe Stunde vergeblich geschrieen hat; sieht er die Mutter nach kurzem Schlaf wieder, so entsteht die hoffende Sehnsucht aufs neue. Es hat wenig Sinn, so poetisch es sein mag, uns in das Fühlen des Säuglings hineinzuversetzen, wir werden über die Phänomenologie seines Erlebens doch nichts erfahren. Wir sehen ihn aber sich verhalten, als würde er sein Triebziel erreichen wollen, dann wieder so, als hätte er es aufgegeben. Und zwar dauert es eine Zeitlang, bis er weder wenn er hungrig ist, noch wenn er die Mutter oder gar ihre Brust sieht, auf ihren Arm genommen wird, oder sonst objektiv in die ehemalige Befriedigungssituation gerät, Bemühungen macht, seine Sehnsucht zu stillen. Soviel ich sehe, unterliegt das konkrete Verhalten des Kindes sehr mannigfaltigen individuellen Differenzen. Bei manchen Kindern ist von Sehnsucht und Trauer sehr wenig zu bemerken; andere weisen ein deutliches Zustandsbild auf, das sich in dieser Weise deuten läßt, aber es hält nur sehr kurz an; wieder andere halten es mehr oder weniger lang fest. Gelegentlich geht diese Apathie so weit, daß es zu völliger Verweigerung der Nahrungsaufnahme kommt (Hochsinger). (Es ist nicht ohne Interesse zu sehen, daß zeitlebens die Trauer eine gewisse Neigung hat zur Nahrungsverweigerung.) Über diese Verhaltensweise haben wir nicht zu sprechen, soweit sie ein richtiges Krankheitsbild zustande bringt, die Ernährungsneurose (Hochsinger). Aber die Verweigerung der Nahrung als solche ist für die Entwöhnungsschwierigkeiten regelmäßig bezeichnend. Und sie ist eigentlich verwunderlich. Sie zeigt jedenfalls, daß die R.-Triebe, die wir für alle Maßnahmen verantwortlich machen, welche zur Stillung des Hungers dienen, weitgehend libidonisiert wurden. Was das Kind erstrebt, ist nicht, geeignete Nahrung zu erhalten, sondern sie auf bestimmte Weise zu genießen. Dies ist für das Kind zur untrennbaren Befriedigungssituation geworden. Ja diese bestimmte Weise scheint in den Vordergrund des Triebzieles gerückt zu sein. Auf sie richtet sich der Trieb, so daß der Geruch der Milch z. B., die in der Flasche geboten wird, nicht zum Anreiz fürs Trinken wird, so wohlbekannt er sein mag. Aber es sind hier die Zusammenhänge sehr dunkel, wissen wir doch nicht, ob das Verhalten bei Kindern, die vor der Entwöhnung bereits Beikost hatten, und solchen, die bei der Abstillung zum erstenmal überhaupt andere Nahrung erhalten als durch die Mutterbrust, voneinander unterschieden ist.

Beachtenswert bleibt, daß die Entwöhnung in gewissen Fällen sich nicht glatt vollzieht; daß hier die Ansatzstelle zu einer von der normalen so differenzierten psychischen Entwicklung ist, daß wir sie als pathologisch bezeichnen müssen. Unsere Kenntnisse über die individuellen Variationsmöglichkeiten sind so gering, daß jede Aussage hierüber besonders unvorsichtig ist. Vielleicht gibt es manche Entwicklungsetappe schon im ersten Lebensjahr, an der eine ganze Anzahl von Individuen stehenbleibt. Wir wissen es nicht; die Psychopathologie vermag uns keine Auskunft zu geben. Um so mehr verdient angemerkt zu werden, daß die Entwöhnung der erste deutlich feststellbare Anlaß ist, an dem pathologisch-psychische Entwicklung abzweigt, eben jene Ernährungsneurosen, die in extremen Fällen bis in die Vorpubertät bestehen bleiben; wohl in allen aber einen Beitrag zur Disposition zur Neurose stellen. Gelegentlich kann also die Entwöhnung zum psychischen Trauma werden. Das heißt, die psychische Situation, in der die Versagung gesetzt wird, und sie selbst enthalten Anforderungen an die Plastizität der Triebe, die nicht immer voll bewältigt werden können.

Im allgemeinen aber – eben im sogenannten normalen Fall –

werden diese Anforderungen rasch und gut bewältigt. Nach verhältnismäßig kurzer Zeit sehen wir das Kind frei von Reizbarkeit, Apathie usw. Wir sehen es weder beim Anblick der Mutterbrust, noch bei der Mahlzeit sich irgend so verhalten, daß eine Erinnerung, eine Folge der veränderten Ernährungsweise bemerkbar würde. Wir sehen es schließlich bald auch die neue Tätigkeit anscheinend libidinös gefärbt ausüben, und finden kaum, daß die Brust der Mutter ein besonders bevorzugtes Triebziel wäre.

Wir sind gewohnt – mit Recht – die Intensität einer psychischen Einwirkung nach der Dauer und dem Umfang ihrer Nachwirkungen abzuschätzen. So scheint es doch, daß uns die Tatsachen zwingen zu sagen: wenn die Entwöhnung überhaupt einen Zustand, der der Trauer ähnlich wäre, setzt, so ist es doch eine kurze und schwache Trauer. Und das nötigte zur Feststellung, die Mutterbrust ist gar kein wichtiges Ziel der Sexualtriebe, die libidinöse Komponente an der oralen Tätigkeit ist gar nicht vorhanden oder sehr gering. Wenigstens trifft dies alles für den normalen Fall zu, gilt dies generell.

Ich glaube nicht, daß dies die Tatsachen – die spärlichen vorliegenden – irgend zwingend nahelegen. Man kann sie vielleicht so deuten, wenn man von einer bestimmten Voraussetzung her an sie herantritt. Man muß es aber nicht, wenn man diese Voraussetzungen nicht teilt. Das heißt aber, daß die Deutung sich nicht aus den Tatsachen ergibt, sondern aus der Voraussetzung. Und zwar mit welcher immer man an sie herantritt. Die Tatsachen sind noch vieldeutig. Denn wir kennen die entscheidenden überhaupt noch nicht. Das ergibt sich aus einer kurzen Besinnung darauf, daß ja die Folgen der Entwöhnung, der Versagung vielleicht überhaupt, auf dem Gebiete des Phantasielebens liegen müssen, wenn sie vorhanden sind. Die psychischen Prozesse, die wir mit Versagung, Sehnsucht, Trauer, Überwindung der Trauer, Verlust, Verzicht meinen, sind keine objektiv feststellbaren; sie äußern sich nur lückenhaft und vieldeutig oder spät und indirekt, nach ihrem Ablauf. Und auch die Mechanismen, die nach psychoanalytischer Erwartung bei dieser Überwindung tätig sind, Verdrängung und Identifikation, arbeiten geräuschlos, als Prozeß unbemerkbar, erst vollzogen erkennbar. Das heißt, die Entscheidung darüber, wie weit die Wirkungen der Entwöhnung reichen, werden wir aus einer intimen Kenntnis der Verhaltensweisen des Kindes zu seiner Welt, und jener seiner Handlungen zu schöpfen haben, die

Äußerungen seines Phantasielebens sind, deren Keime zum mindesten sind. Der nächste Abschnitt bringt uns erst das Material zu solcher Beurteilung; wir müssen daher den Abschluß dieses Kapitels aufschieben bis an den Schluß dieses Buches.

Nur ein Faktum sei hier angeführt, damit wir mit seiner Hilfe den geometrischen Ort ahnen, an dem das Verständnis der Entwöhnung sich wohl erschließen wird. Aus der Fülle der Veränderungen, die das Verhalten des Kindes zu seiner Welt am Ende des ersten Lebensjahres – koinzident mit der vollzogenen Entwöhnung – aufzeigt, ist eines von besonderer Aufdringlichkeit. Das Kind erfindet, möchte man sagen, ein merkwürdiges Spiel, das von Dix so beschrieben wird: »Mit 0,5 warf er auch wohl zufällig seine Klapper aus dem Wagen. Über das Verschwinden, den folgenden Schall war er sehr erstaunt, was ich daraus sah, daß er mich mit offenem Munde fragend, staunend ansah. Er war aber noch hilflos in der Situation, wußte nicht, wohin er sich zu wenden hatte. Aber schon ein paar Tage später verzeichnete ich, daß er alles hinauswarf und dem fallenden Gegenstand nachsah. 0,6: Er setzt diese Übungen fort, so daß es besonders um diese Zeit seine Lieblingsbeschäftigung war. Auch war ein Fortschritt ... zu beobachten: Er hielt den Gegenstand zum Wagen hinaus, beugte sich nach, ließ fallen und blickte unverwandt nach. 0,9: Unermüdlich war er im ›Herauswerfen‹ der Dinge.« Erfindet das Kind das Spiel schon frühe, durch Zufälle und das Suchen der Schallquelle (des Dinges) geleitet, so erfährt es neue Intensivierung und Bedeutung während der Entwöhnung. Versuchen wir dieses Spiel mit der Entwöhnung in Relation zu setzen; erinnern wir uns der geistreichen Sätze Freuds (C) anläßlich eines ganz ähnlichen Spiels, eines recht älteren Kindes, und all dessen, was in diesem Abschnitt verstreut enthalten ist, so haben wir so etwas wie eine Einsicht: Spontane, rhythmisch, vom Passiven ins Aktive gewendete Wiederholung als Bewältigungsweise der Traumas. Das Kind hat aufgehört Säugling zu sein, es beginnt erwachsen zu sein; es hat erlernt, sich von Objekten zu trennen, anstatt sie alle zur Einverleibung in den Körper (oral, oder durch Pressung) zu begehren; es hat eine Welt bekommen, etwas von ihm selbst Getrenntes. Aber vielleicht ist dies bloß Einfall, der sich nicht belegen läßt.

Literaturverzeichnis

(A) Freud, S.: Vorlesungen zur Einführung in die Psychoanalyse, Ges. Schriften, 7. Bd., 1924 (Ges. Werke, 11. Bd., Ffm. 1966[4])
(B) Rank, O.: Das Trauma der Geburt und seine Bedeutung für die Psychoanalyse, 1924
Ferenczi, S.: Versuch einer Genitaltheorie, 1924
(C) Freud, S.: Jenseits des Lustprinzips, Ges. Schriften, 6. Bd., 1925 (Ges. Werke, 13. Bd., Ffm. 1967[5])
(D) Hovorka, O. u. A. Kronfeld: Vergleichende Volksmedizin, 2 Bde., 1908/09
Ploß, H. u. Renz: Das Kind in Brauch und Sitte der Völker, 2 Bde., 1911/12
(E) Freud, S.: Bemerkungen über einen Fall von Zwangsneurose, Ges. Schriften, 8. Bd., 1924 (Ges. Werke, 7. Bd., Ffm. 1966[4])
(F) Freud, S.: Über Triebumsetzungen, insbesondere der Analerotik, Ges. Schriften, 5. Bd., 1924 (Ges. Werke, 10. Bd., Ffm. 1967[4])
(G) Freud, S.: Das Ich und das Es, Ges. Schriften, 6. Bd., 1925 (Ges. Werke, 13. Bd., Ffm. 1967[5])
(H) Ploß, H. – Bartels: Das Weib in der Natur- und Völkerkunde, 2 Bde., 1895
(I) Freud, S.: Trauer und Melancholie, Ges. Schriften, 5. Bd., 1924 (Ges. Werke, 10. Bd., Ffm. 1967[4])

Die psychoanalytische Psychologie des Kleinkindes

Auf diesem Kongreß nimmt der heutige Vormittag, der der Psychoanalyse gewidmet ist, eine eigenartige Stellung ein. Wir Psychoanalytiker erwarten von Ihnen, daß Sie sich – eigentlich gegen die Tendenz des ganzen Kongresses – einige Stunden lang mit Fragen befassen, deren Anwendbarkeit in Ihrer Praxis fraglich ist. Die psychoanalytischen Auffassungen von der Psychologie des Kleinkindes, der Entwicklung, der Erziehung und des Erziehers sind zwar, so glaube ich, weit vollendeter, abgeschlossener und dauernder als die psychologischen Auffassungen anderer Schulen; aber sie erlauben leider nicht eine so unmittelbare und ins einzelne gehende Anwendung in der heutigen Praxis, wie sie den psychologischen Einsichten anderer Schulen gewährt ist.

Wer sich heute mit der psychoanalytischen Psychologie befaßt, muß gewärtig sein, daß ihm nicht nur hie und da in seinem praktischen pädagogischen Leben, sondern eigentlich ständig während seiner praktischen pädagogischen Arbeit die Frage aufsteigt: »Wozu weiß ich so viele und so schöne Dinge über die Psychologie des Kindes? – Es ist ja fast nie möglich, wirklich von diesen Einsichten und Erkenntnissen genügend befriedigende Anwendung zu machen!« Vielleicht übertreibe ich diese Situation. Aber in einer ganzen Anzahl von pädagogischen Institutionstypen gilt es wirklich und wörtlich, daß die psychoanalytischen Einsichten derzeit nicht, wenigstens nicht direkt und nicht andauernd, anwendbar sind. Trotzdem hat es sicher seine guten Gründe, wenn eine so überaus große Teilnehmerzahl hören will, was die Psychoanalyse zur Psychologie des Kindes zu sagen hat.

Ehe ich versuche, Ihnen in einigen wenigen Sätzen die Grundauffassungen, die die Psychoanalyse sich über die Entwicklung des Kleinkindes gebildet hat, darzustellen, muß ich zunächst einige Worte über die Eigentümlichkeiten der Freudschen Anschauungen überhaupt sagen. Dies um so mehr, als Sie ja im Laufe dieses Kongresses schon sehr viel »Psychoanalyse« gehört haben. Man darf ja ohne Übertreibung sagen: es gibt heute überhaupt keinen pädagogischen und keinen psychologischen Gedanken, der nicht von dem Freudschen Werk beeinflußt wäre, so daß ein gut Teil jener Freudschen Gedanken und Einsichten, die überhaupt einer unmittelbaren Anwendung fähig sind, unter anderem Namen, in anderen Schulen, in anderen Denkzusammenhängen bereits an Sie herangetreten und Ihnen geläufig geworden ist. Die *Freud*sche Psychoanalyse wäre durch drei Momente, die für unsere Aufgabe hier auf dem Kongreß besonders wichtig sind, charakterisierbar. Sie ließen sich zwar zusammenfassen in dem einen Satz: Die Psychoanalyse ist eine wissenschaftliche Betrachtung des Seelenlebens. Aber es bedürfte einer ganzen Reihe von Erklärungen, wenn wir uns mit diesem einen Schlagwort begnügen sollten. Ich darf daher dieses Wort »wissenschaftlich« in drei verschiedene Gedanken zerlegen.

Die Psychoanalyse ist *wertfrei*. Damit sie mich nicht mißverstehen: die Psychoanalyse *betrachtet* die Erscheinungen, die sie wissenschaftlich zu erforschen hat, wertfrei. Natürlich hat der einzelne Psychoanalytiker nicht eine zynische oder eine normenfreie Auffassung von der Welt und von den Dingen; es erscheint ihm durchaus nicht alles erlaubt, was ist. Keineswegs. In der psychoanalytischen wissenschaftlichen Betrachtung aber sehen wir uns – wie übrigens alle Wissenschaft, vor allem alle Naturwissenschaft – die Dinge so an, als hätten sie keinen Wert, als wären sie weder gut noch böse, so als handelt es sich um Naturvorgänge, die nicht in einem gesellschaftlichen Ganzen ablaufen und daher eine Bewertung als erlaubt oder unerlaubt erfahren.

Diese unsere Betrachtungsweise allein schon ist von hoher Bedeutung für die Pädagogik. Freud und seine Schule sind nämlich die ersten, die pädagogische Tatsachen wertfrei angesehen haben – und die daher pädagogische Vorgänge überhaupt in ihrem ganzen inneren Zusammenhang zu sehen bekommen haben! Denn wer es sonst mit Kindern zu tun hat, hat unausgesetzt, bei jeder winzigsten Regung des Kindes, bewußt oder unbewußt, die Beurteilung des kindlichen Verhaltens bereit; meistens in dem Sinne, daß auch beim Kind nicht sein kann, was nicht sein darf. Erscheint beim Kleinkind irgendeine Regung, die den Erziehern aus guten oder schlechten Gründen als Unart, als verabscheuenswürdig oder häßlich erscheint, dann wird sie sofort unterdrückt oder bekämpft – manchmal mit Recht, manchmal mit Unrecht, je nachdem. Daher – und das ist entscheidend – bekommt man einen vollen Ablauf schlimmer, abscheulicher, häßlicher Regungen im Kinde nie und nirgends in der pädagogischen Welt zu sehen, es sei denn bei den extremsten Ausnahmefällen, die aber wieder so aufregend und beunruhigend für die Erzieher und für die Umwelt sind, daß eine ruhige wissenschaftliche Betrachtung dieser Fälle nur sehr selten möglich wird; solche extremsten Entwicklungen verlangen erst recht nach sofortiger Beeinflussung. Erst durch die psychoanalytische Therapie erhielten wir »böse« Regungen des Kindes zu Gesicht, so wie sie sind, obwohl sie nicht sein dürften. Es liegt dies an den Eigentümlichkeiten der psychoanalytischen Methode. Vor allem die Tatsache, daß wir, um einen erwachsenen, neurotisch erkrankten Menschen psychoanalytisch zu heilen, seine ganze Kindheitsperiode erinnernd wieder heraufholen müssen, und zwar nicht nur den Teil seiner Kindheit, den er schlicht vergessen hat, sondern auch den Teil der Kindheit, der verdrängt wurde, das heißt der überhaupt nur im Ansatz in der Kindheit vorhanden war und durch die Erziehung im Keime erstickt wurde, erfahren wir über die Entwicklungsvorgänge und auch über die Beeinflussungsvorgänge, also über die pädagogischen Prozesse, Entscheidendes. Der Psychoanalytiker gewinnt durch die Eigentümlichkeiten der Therapie, die er an Erwachsenen ausübt, von der Kindheit einen völlig neuen Eindruck, weil er beim erwachsenen Patienten den Erscheinungen der Kindheit wertfrei gegenüberstehen darf, ja weil er gelernt hat, daß er ihnen wertfrei gegenüberstehen muß, daß auch den bösen, den häßlichen, den verbotenen Regungen innerhalb des therapeutischen Prozesses beim Erwachsenen ein Stück Raum zur Entfaltung gewährt werden muß. Bei der Beobachtung der Entfaltung dieser Regungen lernen wir sie überhaupt erst richtig kennen.

Der zweite Gesichtspunkt, der die Psychoanalyse von den anderen psychologischen Schulen unterscheidet, gehört ihr nicht ganz so ausschließlich an; auch andere psychologische Schulen kennen ihn. Er ist aber nur in der Psychoanalyse konsequent entwickelt: die *genetische Betrachtung* aller Erscheinungen.

Die Psychoanalyse kennt fast keine anderen Begriffe als genetische! Wir beschreiben die Erscheinungen niemals danach, wie sie »sind«, wir beschreiben sie nicht nach ihren Eigentümlichkeiten im gegenwärtigen Moment, sondern für uns wird eine Erscheinung erst faßbar, wenn wir erzählen können, wie sie *geworden* ist. Dieses Faktum ist von entscheidender Bedeutung für das Verständnis der Psychoanalyse und ihrer Funktion im Ganzen der psychologischen und pädagogischen Auffassungen. Um etwa den Begriff der Onanie als Beispiel zu nehmen: Onanie ist für jeden Nichtpsychoanalytiker ein ganz bestimmter Zustand, ein bestimmtes Tun des Kindes. Wenn also ein Kind seine Hand am Genitale hat und dort bestimmte Reibungen vornimmt und davon bestimmte Lusterlebnisse bezieht, dann spricht man von Onanie. Wir Psychoanalytiker sind aber imstande, ein Kind, das brav und fleißig seine Geographieaufgaben macht, mit der Behauptung »anzuklagen«, es betreibe einen onanistischen Akt. Natürlich wäre das keine präzise Ausdrucksweise, es wäre sogar eine recht schlampige Ausdrucksweise. Aber wir können das durchaus sagen, wenn wir erweisen können, daß die bestimmte Art und Weise, in der das Kind hier stillsitzend sich seiner Geographieaufgabe widmet, *entstanden* ist aus ehemaligen echten Onanierhandlungen und -Phantasien, ihrer Veränderung, Bekämpfung, Unterdrückung, Sublimierung usw. mehr. Sie finden allüberall in der psychoanalytischen Literatur nicht nur in der Namengebung, sondern bis in die Einzelheiten unserer Begriffsbildung und unserer Denkweise hinein, daß wir die jeweils vorhandenen Unterschiede des Verhaltens der Kinder (und auch der Erwachsenen) gering schätzen gegenüber den Gemeinsamkeiten ihrer Entstehung. Dieses Geringschätzen ist natürlich auch nicht wertend gemeint, sondern: in der wissenschaftlichen Betrachtung erscheint es uns vielfach, ja beinahe immer, sehr viel wichtiger, festzustellen, daß diese zwei so verschiedenen Dinge wie zum Beispiel das ehemalige Onanieren des Kindes im engen Sinne des Wortes und sein jetziges Geographie-Phantasieren und Geographieaufgabe-Bewältigen in einer bestimmten Weise genetisch zusammenhängen. Es erscheint uns oft wichtiger festzustellen, daß diese beiden Dinge gemeinsamen Ursprung haben und daher miteinander verwandt sind, als die sorgfältige Trennung der beiden Erscheinungen und die Betonung ihrer Unterschiede statt ihres gemeinsamen Ursprungs. Das ist nun ganz gewiß keine Skurrilität der Psychoanalyse, sondern das gliedert sie ein in die wissenschaftliche Begriffsbildung überhaupt.

Für die Bewältigung der wissenschaftlichen Aufgaben, die die Pädagogik des Kleinkindes bietet, ist dies von enormer Bedeutung, denn wir haben es ja in der Pädagogik niemals mit Zuständen, sondern immer nur mit Prozessen, mit Vorgängen zu tun. Es ist ja ganz falsch zu sagen: das Kind *ist* so und so, sondern jedes Kind, das wir vor uns haben, ist ein Durchgangsstadium von dem, was es früher war, zu dem, was es später sein wird. Wir haben es nicht mit Zuständen zu tun, die wir jeden für sich zu beschreiben haben, sondern mit Prozessen, die vor unseren Augen ablaufen, und deren Entwicklung (Genese), deren gegenseitige Verwandtschaft uns interessiert. Wollen wir Prozesse beeinflussen, so müssen wir vor allem wissen, wie es zu ihrem gegenwärtigen Stadium gekommen ist; denn nur dann werden wir die jeweils sehr ähnlichen Zustände sehr verschiedenartiger Kinder als verschiedene beurteilen und beeinflussen können. Drei brave Kinder nebeneinander auf der einen Seite und drei schlimme, störrische, rebellische Kinder auf der anderen Seite sind nicht *zwei* Gruppen, sondern sind möglicherweise sechs verschiedene Gruppen; denn aus sehr verschiedenen Anfängen kann sich das im Augenblick gleichartige oder fast gleichartige Bild des braven oder des störrischen Kindes entwickeln. Will ich etwas über die Zukunft des Kindes erfahren, soll ich mir ein Urteil darüber bilden, wie sich sein gegenwärtiger Zustand mit Hilfe meiner Maßnahmen in der nächsten Zeit entwickeln *wird*, dann muß ich genau wissen, wie der gegenwärtige Zustand des Kindes zustande gekommen ist.

Was die Psychoanalyse drittens – damit komme ich auch schon in die inhaltlichen Einsichten der Psychoanalyse – von anderen Psychologien unterscheidet, ist eigentlich auch aller wissenschaftlichen Betrachtung gemeinsam, wird aber, wenn es sich um das Seelenleben von Kindern handelt, als eine besonders auffällige Einstellung empfunden und meistens abfällig beurteilt. Mit einem mißzuverstehenden Schlagwort könnte man sagen: die Psychoanalyse betrachtet die Entwicklung der Kinder pessimistisch. Man hat die Psychoanalyse sehr oft so charakterisiert – und es ist etwas Richtiges daran, aber auch sehr viel Falsches –, und mir käme es darauf an, Ihnen ganz kurz zu zeigen, daß es sich hierbei eigentlich um nichts anderes handelt, als um die Haltung, mit der jeder Wissenschaftler seinem Objekt gegenübersteht. Wenn wir dem Schlagwort zustimmen möchten, das die Auffassungen der Psychoanalyse »pessimistisch« nennt, so denken wir daran, daß die Psychoanalyse für jene weitverbreitete Überzeugung eine Erfahrungsbasis geschaffen hat, die man schlicht so aussprechen kann: es ist schrecklich schwer, die Menschen zu behandeln und zu beeinflussen, und es ist nicht leichter, die kleinen und die kleinsten Kinder zu behandeln und zu beeinflussen. Unser »Pessimismus« spricht nicht von Unmöglichkeit, er meint nur: »es ist sehr schwer«; aber das schon unterscheidet uns von einer sehr großen Zahl Pädagogen und vor allem von der pädagogischen Ideologie. In Wirklichkeit weiß ja jeder Pädagoge, daß das Erziehen eine undankbare, schwierige, fragliche Sache ist, so unbedingt nötig es ist.

Aber von diesem Gefühl, von dieser Einsicht jedes Einzelnen macht die pädagogische Wissenschaft keinen genügenden Gebrauch; sie nimmt es nicht ernst genug.

Man kann diesen Pessimismus, der der Psychoanalyse nachgesagt wird, auch positiv etwa so formulieren: die Psychoanalyse lehrt uns Respekt vor der Tatsache der Entwicklung des Kindes. Es verläßt uns das Gefühl nicht, daß jeder neurotischen Entwicklung des Kindes, ja, daß der gewohnte Vorgang, durch den aus einem Säugling ein erwachsener Mensch wird – wir verlieren nie das Gefühl, daß hier Naturgewalten wirken, in die wir zwar immer mehr einzugreifen lernen –; aber, wie das eben zwischen Mensch und Natur so zu sein pflegt: die Mächtigeren bleiben die Naturgewalten!

Diese innere Haltung ist die Haltung der Wissenschaft gegenüber ihren Objekten überhaupt. Ob der Physiker, ob der Bakteriologe in Frage steht, er empfindet wie der Psychoanalytiker, daß er vor Naturgewalten steht, die wir zu erkennen und gelegentlich auch zu beeinflussen vermögen, die aber im ganzen mächtiger sind als wir! Die Konsequenz, die sich für den Wissenschaftler daraus ergibt, ist: je mehr man über die Naturgewalten weiß, um so eher besteht eine Art Chance, die Beziehung zwischen dem Menschen und den Naturgewalten zugunsten des Menschen zu korrigieren.

Dieser Eindruck, daß wir es mit Naturgewalten zu tun haben, führt – ich erwähnte es schon – direkt zu den Einsichten, die den Inhalt der psychoanalytischen Wissenschaft ausmachen. Denn wenn wir in der Psychoanalyse von Sexual*trieben*, oder in den letzten Jahren so ausführlich von Aggressionstrieben, sprechen, oder wenn wir das Kind als Triebwesen auffassen, so ist das eigentlich zunächst nicht viel anders als die Formulierung dieser Grundhaltung und Grundeinsicht. Denn was ist der Unterschied zu der üblichen Ausdrucksweise? Die übliche Ausdrucksweise lautet, das Kind habe Unarten, das Kind habe Gewohnheiten, das Kind habe Begabungen. Wir aber meinen, ohne leugnen zu wollen, daß das Kind Gewohnheiten habe, gut oder schlecht begabt sei: das sagt uns zu wenig! Wir fühlen, daß wir etwas Neues verstanden haben, wenn wir behaupten: Das sind keine Gewohnheiten, Unarten oder Begabungen, sondern das sind Äußerungen eines Triebes – des Sexualtriebes im allgemeinen. Wir meinen und sagen damit zunächst tatsächlich nicht anderes als: Wenn ihr die

Eigentümlichkeiten des Kindes Gewohnheiten und Unarten nennt, so bagatellisiert ihr sie in üblicher pädagogischer Manier. Ihr tut dann so, als müßte man nur etwas Gescheites anwenden, und die Unart oder Gewohnheit würde schwinden. – Ich leugne es nicht, es gibt offenbar wirklich solche Mittel. Man kann ja wirklich und mit sehr verschiedenen Methoden unartige Kinder artig, artige unartig machen. Das schlimme an all diesen Mitteln ist nur: einmal verfangen sie, ein andermal nicht; sie sind in keiner Weise zuverlässig! Und vor allem: Wir wissen nicht, wie sie wirken, warum sie versagen. Bleiben wir bei den Worten unartig – artig, üble – gute Gewohnheit, und fragen wir uns: Nun schön, wie geht das zu, daß eine Gewohnheit durch ein paar Hiebe – so sagen ja die einen –, durch freundliches Ansehen – so die andern – oder etwa durch Ablenkung – so sagen die dritten – verschwindet? Will man das erklären, so bleibt gar nichts anderes übrig als wieder eine neue Vokabel einzuführen: das ist die Suggestion – das ist die Abhängigkeit –, das ist die Idealbildung oder sonst irgend etwas! Man kann aber den Prozeß, der sich hier abspielt, auf diese Weise nicht einheitlich beschreiben. Dinge, die miteinander nächstverwandt sind, obwohl sie sehr verschiedenartig erscheinen, werden auseinandergerissen, als hätten sie nichts miteinander zu tun, wenn wir an diesen üblichen Worten und Begriffen festhalten.

Sprechen wir von Trieben statt von Gewohnheiten usw., so haben wir nicht nur ein neues Wort eingeführt, sondern wir haben etwas ganz Bedeutsames, Inhaltliches damit aufgedeckt. Wir sagen nämlich erstens einmal – erlauben Sie noch einmal diese etwas hochtrabenden Worte –: Achtung, Respekt, das sind Naturgewalten – nicht so kleine Unarten, Gewohnheitchen, sondern echte Triebe, Naturtriebe, noch dazu die allermächtigsten, die es gibt! Hunger und Liebe hat man sie in einem früheren Stadium der Psychoanalyse und der Zeit vor der Psychoanalyse genannt. Das sind wirklich große Kräfte, die wir Menschen noch kaum wirklich zu beeinflussen gelernt haben, sondern unter deren Einfluß wir stehen und die wir neu erforschen müssen, so, wie ganz fremde Naturvorgänge auf dem Mond und auf dem Sirius, obwohl sie mitten unter uns sind und in uns sich abspielen! – Und wir sagen ferner damit: Diese Erscheinungen haben also etwas miteinander gemeinsam; denn wenn wir die verschiedenartigsten Verhaltensweisen des Kindes in gleicher Weise als einem bestimmten Trieb zugehörig erkannt haben, dann haben wir sie vereinheitlicht, dann haben wir, so wie ich es ja vorhin auseinandersetzte, eine genetische Zurückführung, eine Erklärung gewonnen. Wir wissen auf einmal – zwar noch nicht, wie wir dem Kind diese oder jene Unart abgewöhnen können, aber wir wissen wenigstens, warum sie da ist. Man hat die Psychoanalytiker ja schon in allen Tonarten deswegen ausgelacht und beschimpft, daß sie mit ihrer sexualmonomanischen Art immer wieder alles als Sexualität hinstellen. Ob das Kind nun Nase bohrt oder ob das Kind am Daumen ludelt: immer heißt es: das ist nicht Unart, nicht Gewohnheit; das ist Sexualtrieb! Und was hat man von dem ewigen Einerlei Sexualtrieb? pflegt man uns zu erwidern. – Nun, fragen Sie einen nichtpsychoanalytischen Psychologen oder Pädagogen nach diesen Erscheinungen, da werden Sie etwa hören: Das Nasenbohren ist eine Unart. Wie kommt es denn aber dazu? Es gibt doch Tausende und Zehntausende von Kindern, die das überhaupt nicht tun! Warum gerade dieses? – Folge des schlechten Beispiels! Vielleicht läßt sich dies sogar nachweisen; meistens ja gar nicht, denn schlechtes Beispiel haben alle Kinder, und es lassen sich unzweifelhaft Fälle aufweisen, in denen das schlechte Beispiel seit dem zweiten Lebensjahre bestand, das Nasebohren aber ganz genau seit dem vierundeinviertel Lebensjahr aufgetreten ist! Das böse Beispiel bleibt bestehen, während die Unarten kommen und gehen! Oder man spricht von Verführung; es ist immer dasselbe. Was immer Sie nehmen; alle diese vermeintlichen und behaupteten Ursachen der Erscheinung sind bei näherer vorurteilsloser Prüfung ungenügend. Mal ist es die Verführung, mal ist es das böse, mal das gute Beispiel, mal kommt das Kind von selbst auf seine Unarten und Gewohnheiten usw. mehr. All das trifft ja da und dort zu, aber es erklärt nichts; denn von einer Erklärung verlange ich doch, daß sie mir ein für allemal sagt, wie ein bestimmtes Verhalten notwendig entstehen muß.

Nun, werden Sie darauf antworten: Was weiß ich denn viel, wenn ich aus psychoanalytischen Zeitschriften gelernt habe: das Nasebohren kommt von der Sexualität oder ist eine Äußerung des Sexualtriebes? – Nun, zunächst einmal – wie schon ausgeführt – weiß ich eins, das allerdings alle Pädagogen wissen; sie machen nur keinen Gebrauch von diesem Wissen. Ich weiß: es ist ein Trieb. Es ist also kein Spaß, sich mit diesem nasebohrenden Kind einzulassen – ich kann Glück haben, aber im allgemeinen werde ich mich auf einen richtigen Kampf rüsten müssen, obwohl die Sache eine Lappalie ist, kostet sie, wie Sie wissen, so viel Nervenaufwand beim Erzieher und beim Kind, als wäre sie wirklich dieses Aufwands wert. Sie kostet nämlich so viel Aufwand, weil alle Triebbefriedigung von äußerster Zähigkeit ist. Darum sind diese kleinen und großen Unarten so schwer zu bekämpfen. Bringt man das Nasebohren weg, so beginnt das Ohrenbohren oder irgendeine andere Befriedigung desselben Triebes. Triebe haften zäh an einer einmal gefundenen Befriedigung; man kann diese zwar ein wenig verschieben, biegen, korrigieren, der Triebcharakter bleibt aber auch bei all den so erzwungenen Ersatzbefriedigungen bestehen.

Also einmal: es ist gar nicht so, als hätte ich nichts an Erkenntnis gewonnen, wenn ich – mit Recht natürlich – sagen darf: das Nasebohren oder ähnliche Unarten sind Äußerungen des Sexualtriebes. Ich betone zunächst: Trieb, und ich weiß schon etwas über dieses Ding; ich weiß, mit wem ich es zu tun habe: mit einer wirklichen Naturgewalt, und da heißt es nun aufpassen.

Ich weiß aber noch mehr; denn die Aussage lautet ja nicht: das sind Triebäußerungen, sondern sie lautet ja: das sind Sexualtriebäußerungen. Damit wird wieder etwas ganz bestimmtes Inhaltliches ausgesagt. Der Sexualtrieb ist einer von den Trieben, oder einer der beiden Triebgruppen, die wir in der Psychoanalyse annehmen. Er ist nicht nur durch das Moment der Zähigkeit der Befriedigung bezeichnet – denn die haben ja alle Triebe miteinander gemein –, sondern der Sexualtrieb ist auch bezeichnet durch die spezifische Form der Befriedigung. Sexualtrieb nennen wir nämlich in der Psychoanalyse in unserer genetischen Betrachtungsweise alles, was geworden ist aus einem sehr unscheinbaren Ursprung, aus einem sehr einfachen Anfang: nämlich aus der Lust, die das Kind an seinem eigenen Körper zu gewinnen vermag. Wir nennen alles, was daraus beim erwachsenen Menschen geworden ist, wie immer es aussehen mag, einheitlich Sexualtrieb, Sexualtriebäußerungen, -Ausdrucksformen, -Befriedigungen usw.; je nachdem von welchen besonderen Erscheinungen wir sprechen. Zum Sexualtrieb gehört das alles, weil wir ja unsere Begriffe nicht nach dem gegenwärtigen Zustand der Erscheinung richten, sondern nach ihrer Entstehung. Die mannigfaltigsten Erscheinungen sind uns Sexualtriebäußerungen, wenn empirisch feststellbar ist, daß sie entstanden sind aus den primitiven und primären Befriedigungsformen der Körperlust des Säuglings. Ich kann Ihnen das leider nicht im einzelnen schildern; die Psychoanalyse in ihrem ersten Entwicklungsabschnitt hat sich ausführlich damit befaßt zu prüfen, welche seelischen Erscheinungen beim Erwachsenen aus Lusterlebnissen der frühesten Kindheit stammen.

Den Stammbaum dieser frühesten Körperlustsensationen beim neugeborenen Menschen, beim Säugling, und alles dessen, was daraus bis in die Erwachsenheit wird, haben wir etwa in *Freuds* Buch »Die drei Abhandlungen zur Sexualtheorie« in einer, wohl im wesentlichen endgültigen, Übersicht vor uns. Täglich bewährt sich diese Einsicht an neuem Material, daß eine ungeheure Fülle von Verhaltensweisen, von Wünschen, von Befriedigungsformen, von Befürchtungen und Hoffnungen, die für die Selbstbeobachtung, aber auch für den schlichten Beobachter mit Sexualität im engeren Sinne des Wortes gar nichts zu tun haben, sondern von ihr wesentlich unterschieden erscheinen – wir haben gelernt, daß sie alle den gemeinsamen Ursprung in der primitiven, vom Neugeborenen mit auf die Welt gebrachten Fähigkeit haben, durch Reiben an der Hautoberfläche, besonders an bestimmten Oberflächenstellen, zu bestimmten Zonen, Lust zu gewinnen.

Oder, um analytisch etwas genauer zu sprechen: Was uns beim erwachsenen Menschen als Sexualtrieb im engsten Sinne des Wortes imponiert, was beim erwachsenen Menschen an mannigfachen sublimierten Interessen und Betätigungen vorhanden ist, was ferner als neurotische Erkrankung beim erwachsenen Menschen und natürlich auch beim Kind und in der Pubertät erscheint, das ist alles genetisch verstehbar als das Resultat des individuellen Entwicklungswegs, den die sexuellen Regungen des ganz kleinen Kindes, unter der Einwirkung seiner Umwelt, genommen haben. Denn die sexuellen Bedürfnisse, die zunächst als Ludeln oder als Lustqualitäten, die von der analen Zone herrühren oder als Onanie im engeren Sinne des Wortes an der Genitalzone auftreten, diese sexuellen primären Regungen des Kindes, die ja von der Erwachsenen-Sexualität sehr weit abstehen, sie erfahren von Anfang an Widerstand bei der Umwelt. Es gilt für diese Regungen insbesondere, was für alles Verhalten des Kindes gilt: es wird schon im ersten Ansatz notwendigerweise von der erziehenden Umgebung des Kindes beurteilt, beeinflußt, bekämpft. Das individuelle Leben des Kindes ist, wenigstens soweit es sich um den Sexualtrieb und seine Äußerungen handelt, das Resultat der mitgebrachten, angeborenen Triebregungen, der am Körper selbst gegebenen Möglichkeiten, diese Triebregungen zu befriedigen, und des Kampfes der Umwelt gegen diese Befriedigung. Wenigstens wüßten wir heute nicht mit einiger Sicherheit zu sagen, ob und wie ein Kind, ganz sich selbst überlassen, sich menschenähnlichen Befriedigungs- und Äußerungsformen zuentwickeln würde. Es ist das aber auch eine rein akademische Frage, die uns heute gewiß keine Sorge machen muß. Das wirkliche Kind, mit dem wir es zu tun haben, hat in allen seinen Äußerungen Züge des angeborenen, weit über die Menschheit zurückweisenden Triebbestandes und der Befriedigungsformen, die die erziehende Umwelt im Laufe der Jahre angeboten und erzwungen hat.

Auf diesem Entwicklungsgang ist es – und das ist gerade für das Verständnis des Kleinkindes eine entscheidend wichtige Entdeckung der Psychoanalyse – insbesondere eine Etappe, die unsere besondere Aufmerksamkeit verdient und die Sie alle schon, mindestens aus der Zeitung, unter dem »bösen, dunklen Namen« – hat man einmal gesagt –, den ihr Freud gegeben hat, kennen: das ist die Tatsache des Oedipus-Komplexes oder der Oedipus-Situation.

Ich muß Ihnen dieses Kapitel kurz in die Erinnerung zurückrufen; denn von dem Verständnis des Oedipus-Komplexes geht nicht nur das theoretische Verständnis der weiteren Entwicklung des Kindes aus, sondern insbesondere das Verständnis der pädagogischen Prozesse, der Möglichkeiten der Beeinflussung des Kindes.

Unter Oedipus-Situation verstehen wir wieder – es ist das in der Literatur für und gegen die Psychoanalyse, wie immer, selbstverständlich arg verwirrt und aufgebauscht worden – etwas überaus Einfaches. Das heißt, es wäre überaus einfach, wenn nicht die Wirkungen der Erziehung in jedem einzelnen sich der Anerkennung dieser einfachen Tatsachen widersetzten. Wir sagen – und das ist keine leere Behauptung, sondern empirisch an jedem einzelnen Kind nachweisbar, wenn Sie nur an die genetische Begriffsbildung denken, mit der wir sprechen – wir sagen, zunächst einmal vom Standpunkt der »verbildeten« Menschen: sogar gegenüber Vater und Mutter entwickelt sich regelmäßig im Kind eine Reihe sexueller Bedürfnisse und Wünsche! Ich betone: *sogar* gegenüber Vater und Mutter, und, indem ich es so ausspreche, mache ich mir und Ihnen schon klar, daß dies doch offenkundig eine ganz verdrehte Formulierung ist. Denn wenn es Regungen im Kinde gibt, die man mit Recht, genetisch, sexuelle nennt, dann müssen sie sich doch selbstverständlich zu allererst auf Mutter und Vater oder andere Personen der unmittelbaren Umgebung richten! Wenn wir dies durch das Wörtchen sogar ausdrücken müssen, so geschieht dies mit Rücksicht auf die bei allen Menschen sehr tief eingewurzelte Überzeugung, die freilich mehr eine Forderung als eine Überzeugung ist: daß, wie ich heute schon mehrmals sagte, nicht sein kann, was nicht sein darf. Da sexuelle Wünsche und Bedürfnisse zwischen Eltern und Kindern als Inzest, als Blutschande strafgesetzlich geahndet werden und viel mehr noch: da sie gesellschaftlich auf das allerschärfste verurteilt werden, so sehr, daß sie durch Erziehung auf einem sehr langen Entwicklungsweg der Gesellschaft fast völlig aus dem Bewußtsein und dem Gesichtskreis der überwiegenden Masse erwachsener kultivierter Menschen gelöscht sind, nur deshalb findet Freud erstaunten Unglauben oder empörte Bekämpfung, indem er diese selbstverständliche Tatsache zur vollen theoretischen Anerkennung gebracht hat – denn um mehr als um Anerkennung einer selbstverständlichen Sache handelt es sich beim Oedipus-Komplex nicht!

Es ist das allerdings ziemlich viel. Freud hat die Tatsache der Oedipus-Situation nicht erstmalig gesehen. Jede Mutter kennt sie, jeder Vater, jede Kinderfrau, jedes Kind kennt sie, und es ließe sich bei einer entsprechend durchgeführten Analyse etwa der Geschichte der Pädagogik zeigen, wie gut die Pädagogen diese Tatsache kennen und wie sehr ein ganz gewaltiges Stück der pädagogischen Maschinerie und der pädagogischen Gedankengänge um diese Tatsache kreist. Freud aber hat sie in wissenschaftlichen Termini anerkannt; er läßt sie aber nicht mehr weg bei seinen Folgerungen. Er hat sie respektiert als eine Naturtatsache, mit der wir es bei heutiger Kindheit immer und überall zu tun haben. Die Mutter ist überhaupt die erste Spenderin von Lust, die aus der Außenwelt kommt, und daher von Tatlust, Körperlust oder, wie wir in unserer merkwürdigen genetischen Sprache sagen, von Sexuallust. Diese Sexuallust, die beim Säugling etwa zu Ende des ersten Lebensmonats deutlich bemerkbar auftritt, ist freilich noch recht anders als die sexuelle Lust und die sexuellen Bedürfnisse des Erwachsenen; sie hat mit ihnen nur eine Komponente, eben die Körperlust, gemeinsam. Wir haben aber einzusehen gelernt, wie sie sich im Laufe von 3 bis 4 Jahren teils spontaner, teils von den Einwirkungen der Umwelt geprägter Entwicklung, verändert und zwar so verändert, daß das drei- bis vierjährige Kind zwar noch immer nicht Erwachsenensexualität und Erwachsenenliebe hat, aber doch schon in einem Zustand sich befindet, der nicht mehr nur in der Körperlust, sondern auch schon in den Wünschen, Gedanken, Phantasien, ja sogar ein wenig in der sozialen Beurteilung vor sich und den anderen dem, was wir Erwachsenenliebe und -sexualität nennen, näher gekommen ist. Der Gegenstand, das Objekt dieser Frühblüte der Liebe des Menschen, oder der infantilen Sexualität, wie wir weniger poetisch, doch ebenso treffend sagen, das Objekt dieser frühinfantilen Sexualitätsperiode ist regelmäßig die Mutter der Kinder. Der Konkurrent in der Liebe, der auch hier nicht fehlt, wie nirgends, ist regelmäßig der Vater. Zwischen Kind, Mutter und Vater spielt sich eine sehr verwickelte und, wenn man keinen genetischen Gesichtspunkt einführt, völlig unverständliche Gefühlstragödie kompliziertester Art ab; wir nennen sie Oedipus-Situation.

Genetisch verstehen wir diesen Zustand als entstanden im Zusammenhang mit der Sexualtriebentwicklung innerhalb des gegebenen Milieus, in dem das Kind aufwächst – also die natürlichste Sache der Welt! Man kann nachträglich sagen: Wen sonst soll das Kind lieben, an wem sonst soll sich seine Sexualität, und zwar eine durch die Einwirkungen der Umwelt von dem Urzustand her der Erwachsenensexualität sich annähernde Sexualität, entfalten und konfliktvoll gestalten, wenn nicht an der Mutter, die das zentrale Objekt aller Strebungen des Kindes und zugleich Repräsentantin der Gesellschaft und ihrer Normen ist?

Freilich muß man eine Korrektur vornehmen, nämlich die, daß hier das Wort »Mutter« und »Vater« weder im rechtlichen, noch im Vormundschaftsrechtlichen Sinne, nicht einmal im biologischen Sinne gemeint ist. Es gibt Fälle genug, in denen die Stelle der Mutter eine verwandte oder auch eine fremde Person einnimmt; es gibt – sogar noch häufiger – Fälle genug, in denen die Rolle des Konkurrenten des Vaters nicht der leibliche Vater, sondern irgendeine andere Person, je nach den Milieuumständen, einnimmt. Das ist aber unwichtig. Wichtig ist nur, daß allemal, und zwar bei normaler Entwicklung, die Entwicklung des Sexualtriebes des Kindes von dem primitiven Urzustand, mit dem es geboren wird, zu dem Erwachsenenzustand hin, den die Kultur wünscht, über die »Mutter« des Kindes geht: über seine psychologische Mutter, die meistens die biologische ist. Diese Entwicklung führt zu, der Erwachsenensexualität sehr ähnlichen, aber mit ihr noch nicht genau übereinstimmenden, Wünschen des Kindes, die Mutter zu besitzen und die Konkurrenten, den psychologischen Vater und die Geschwister, aus dem Wege zu räumen.

In Anlehnung an mythologische Gebilde der Antike, die Freud liebt, hat er dieses notwendige Durchgangsstadium der Entwicklung, in dem die frühkindliche Sexualität gipfelt, »Oedipus-Situation« genannt. In ihr entwickeln sich in jedem Kinde Wünsche und Konflikte, die im Schicksal des König Oedipus bekanntlich mythologisch und dichterisch gestaltet erscheinen. Das Kind schlittert, wenn man so sagen darf, geleitet von den Triebregungen, die es auf die Welt mitbrachte, geführt wider seinen Willen von den Anforderungen, die die Erwachsenen an das Kind heranbringen, in diese Situation hinein und findet sich nun hier vor einer Anzahl schwerster äußerer und vor allem innerer Konflikte.

Bis hierher reichen die psychoanalytischen Kenntnisse und Erkenntnisse, von denen ich einige auf das kürzeste, knappste und schematischste darstellen sollte, soweit die Psychoanalyse in ihrem ersten Entwicklungsstadium die Dinge zu sehen gelernt hat. Anna Freud wird unmittelbar daran anschließend Ihnen etwas darüber zu sagen haben (vgl. Anhang)[1], was nun mit dem Kind in der Oedipus-Situation wird, und Sie werden sehen, daß von diesen neueren Einsichten aus, die Freud in späteren Jahren über den Abbau, über die Überwindung, die Bewältigung der Oedipus-Situation gewonnen hat, sich für den Pädagogen einige mehr optimistische Ausblicke eröffnen.

1 S. 300—310 in diesem Band.

Über Faszination

Der Begriff der Identifikation erweist sich der fortschreitenden psychoanalytischen Forschung als äußerst wichtig und fruchtbar, zugleich aber auch als reichlich ungeklärt[1]. Insbesondere die Anfänge der Identifikation sind noch nicht endgültig verstanden. Freud sieht in der Identifikation eine primitive Form der Objektbeziehung, eine Art Zwischenstadium zwischen primärem Narzißmus und eigentlicher Objektbesetzung. Andrerseits aber ist Identifikation eine Ichveränderung, und es ist fraglich, inwieweit jene frühe Säuglingszeit, der die ersten Objektbesetzungen angehören, ein Ich besitzt, von dessen Veränderung im eigentlichen Sinn des Wortes gesprochen werden kann. Dieser – gewiß nicht unlösbare – Widerspruch ist eines der Anzeichen dafür, daß die Bildung des Begriffs Identifikation noch nicht abgeschlossen ist. Im folgenden möchte ich versuchen, zur Klärung der Tatsache und des Begriffs Identifikation beizutragen, indem ich einigen wenig beachteten Verhaltungsweisen der frühesten Kindheit Aufmerksamkeit widme, die sich als verwandt mit den eindeutig als Identifikation bekannten Ichveränderungen erweisen.

Der Mechanismus der Identifikation ist von Freud an Kinderspielen aus dem zweiten Lebensjahr geschildert worden[2]. Unzweifelhaft ist dieser Vorgang von entscheidender Bedeutung nicht allein für die Psychologie des Kinderspiels und jedes Spiels, sondern für das geistige Wachsen und Sichentwickeln der kleinen, für das Lernen der größeren Kinder. Voraussetzung solcher Identifizierung ist: a) eine libidinöse Bindung an ein Objekt; b) der Verlust dieses Objektes; c) ein Ich, das bereit und fähig ist, eine Änderung im Sinne der Angleichung an das verlorene Objekt unter dem Druck der libidinösen Es-Anforderungen vorzunehmen. Alle drei Bedingungen treffen offenbar für das Kind im zweiten

---

1 Die Literatur findet sich bei Fenichel: Die Identifizierung. Internationale Zeitschrift für Psychoanalyse XII, 1926. Außerdem Müller-Braunschweig: Beiträge zur Metapsychologie. Imago XII, 1926; Schneider: Identifikation. Imago XII, 1926; Simmel: Doktorspiel. Internationale Zeitschrift für Psychoanalyse XII, 1926; Sachs: Gemeinsame Tagträume. Imago-Bücher V, 1925.

2 Freud: Jenseits des Lustprinzips. (Ges. Werke, Bd. XIII, Ffm 1967[5]).

Lebensjahr zu. Frühere Identifikationen sind bisher nicht beschrieben worden; doch müssen wir wohl annehmen, daß sie vorhanden sind oder die Vorstadien aufdecken, aus denen die volle Identifikation erwächst.

Die Identifikation ist vom Es aus gesehen: Folgsamkeit des Ich gegenüber dem Es; von den Objekten aus gesehen: Imitation; das Ich verändert sich, dem Es folgsam, indem es das Ebenbild des Objektes wird. Beachten wir zunächst die Beziehung zu den Objekten, und suchen wir die Fälle, in denen im Säuglingsalter Imitation zu finden ist, schalten wir dabei zunächst alle Erwägungen über psychische Struktur des Säuglings und über Imitationsabsicht aus, so ergeben sich folgende drei Typen von objektiv imitativen Handlungen.

Fall (1): Die Mutter lächelt – das Kind lächelt wieder.

Fall (2): Die Mutter erzeugt etwa durch Klappern mit dem Eßbesteck ein Geräusch – das Kind ergreift sogleich einen Gegenstand und lärmt mit ihm.

Diese beiden »Imitationen« sind gewiß nicht gleichartig. Ihr Resultat ist jedoch die Herstellung eines Ebenbildes. Im Falle (2) erzeugt das Kind den Lärm selbst und nochmals, den vor ihm die Mutter verursachte; im Fall (1) verändert es seine Mimik objektiv ebenbildlich. Gewiß ist der Fall (1) keine Nachahmung im üblichen Wortsinn; und auch Fall (2) muß nicht als »Nachahmung« aufgefaßt werden, sondern ist Wiederholung oder sogar nur aktive Fortsetzung der Hörlust. Aber die Relation zwischen Vorbild und Resultat der Handlung des Kindes ist objektiv die der Imitation, der ebenbildlichen Wiederholung.

Dieser Tatbestand der objektiven Imitation trifft auch für den Fall (3) zu, obzwar ihm noch viel weniger als den beiden anderen irgendein kompliziertes Erleben entsprechen kann.

Fall (3): Die Kerzenflamme, vor den Augen des Kindes bewegt, veranlaßt ein Mitgehen von Augen und Kopf, die die Bewegungslinie des Objektes ebenbildlich wiederholen.

In diesen drei typischen Fällen liegt ein Verhalten vor, das, ihnen gemeinsam, zu objektiver Imitation führt und sich darin von dem sonstigen Verhalten des Säuglings unterscheidet. Dessen vorherrschendes Verhalten zu Objekten ist bekanntlich nicht solche Imitation, sondern Begehren, das zu oraler Einverleibung führt oder doch diese intendiert. Jedes vom Kind gesehene Objekt wirkt als Störungsreiz, der aus der Welt geschafft wird, indem ihn das

Kind oral beseitigt (S)[3]. Dies ist die regelmäßige Tendenz aller optisch ausgelösten Handlungen. Es gibt hiervon bloß zwei Ausnahmen: a) die drei Fälle imitativen Verhaltens; b) bei einigen Objekten tritt Angst, Abwehr, Flucht ein. Die optische Wahrnehmung vermittelt Signale für Zuwendungs- = Bemächtigungshandlungen oder für Abwehr- = Fluchthandlungen. Erst gegen Ende des ersten Lebensjahres, oder auch erst später, sehen wir optisch ausgelöste Handlungen, die weder der oralen Bemächtigung, noch der Abwehr dienen, sondern die zur Kategorie der Zärtlichkeitshandlungen oder zu den eigentlichen Nachahmungen gehören; schließlich jene mannigfaltigen Tätigkeiten, die man Spiele nennt. Hingegen reichen jene drei Imitationsfälle bis an die Anfänge des Seelenlebens zurück; (3) bis in die ersten Tage, (1) und (2) in die ersten Lebenswochen.

Die Zärtlichkeitshandlungen lassen sich als modifizierte Bemächtigungshandlungen erweisen (S); die Spiele dienen der Lust-, Triebökonomie, in ihnen ist die Identifikation bereits entscheidend wirksam. Die eigentlichen Nachahmungen dürften mit Identifikation nur nebenbei oder indirekt verknüpft sein. So wenn das Kind Kleider putzen, Stuben fegen u. dgl. »nachahmt«; wenn es das Spielzeug des anderen haben will, wenn es Schaffner spielt oder »Briefe schreibt«[4].

Die Analyse solcher Vorgänge zeigt, daß sie kaum durch eine Identifikation konstituiert sind, sondern Lusthandlungen darstellen. Alle eigentlichen Nachahmungen sind Handlungen, die dem Motiv »Ich auch« und »Noch« entspringen[5]. Womit die Sonderstellung der drei Imitationsfälle deutlich genug herausgearbeitet sein mag, um ihnen Beachtung zu erzwingen.

Was können wir zu ihrem Verständnis beitragen? Der Fall (3) tritt offenbar ein, wenn das Kind zu einer Bemächtigung noch nicht fähig ist. Statt der noch nicht möglichen oralen Bemächtigung sehen wir eine, sozusagen reine, aber auch hartnäckig festhaltende Zuwendung. Ist das Objekt bewegt, so wird das Zuwenden zum

---

3 Mit (S) verweise ich auf meine: Psychologie des Säuglings. Springer, Wien 1925.

4 Viele typische Beispiele bei Guillaume: L'imitation chez l'enfant. Paris 1925.

5 Die nähere Begründung für diese und ähnliche Behauptungen kann in diesem Aufsatz nicht gegeben werden; er ist ein kleines Bruchstück einer größeren Untersuchung, auf deren späteres Erscheinen ich verweisen muß.

Folgen. Die Ähnlichkeit zwischen Körper- und Gegenstandsbewegung ist zufällig. Entscheidend ist die »Folgsamkeit«, die als aufmerksames Schauen oder als starres Folgen sich äußern mag. Der Säugling ist in seinen ersten Lebenswochen sozusagen »ästhetisch« eingestellt, er »will« noch nichts von jenen Bildern, die er später als Welt begehren wird, sondern betrachtet sie, vertieft sich in sie, »folgt« ihnen – soweit sie bei ihm nicht Angst erwecken, und soweit er überhaupt »sieht«; jedenfalls vollzieht er eine gewisse libidinöse Besetzung einer Anzahl von Bildern, die noch nicht Gegenstände und nicht Objekte sind, ehe er sie begehren und ehe er sie lieben kann. Ich habe versucht, auf die Tatsache des späten Einsetzens der Bemächtigung in ihrer allgemeinen Bedeutung für den Aufbau der Wahrnehmungswelt hinzuweisen (S). Hier interessiert uns, daß die komplizierten Vorgänge der ästhetischen Einfühlung des Erwachsenen auf dieses Urstadium »Vor der Bemächtigung« sich zurückführen. Sie sind gebunden an die Unterdrückung der Bemächtigung. Die Vertiefung in einen Außenweltgegenstand, die ästhetische, »uninteressierte« Haltung wird auch im späteren Leben nur dann eintreten, wenn die Bemächtigungswünsche unterdrückt sind, so wie sie bei Fall (3) zwar nicht unterdrückt, aber noch nicht vorhanden waren. Was für die Einfühlung speziell gilt, sagt auch für alle Identifikationsvorgänge etwas, freilich sehr Allgemeines: wenn die Bemächtigung gestört ist, kann Identifikation eintreten. Verlust des Objektes ist gewiß *auch* Störung der Bemächtigung. Und ein Teil der Identifikation besteht in der Anwendung dieses primären Mechanismus: Gegenstände, die durch Handlungen – motorisch – nicht (noch nicht – nicht mehr) erreichbar sind, werden vermittels intensivierter psychischer Tätigkeit – innerlich – festgehalten.

Fall (2) ist wohl ebensowenig eine Identifikation, wie (3). Es wäre kaum gerechtfertigt zu sagen, das Lärm wiederholende Kind identifiziere sich mit der Mutter oder gar mit dem Lärminstrument. Einfacher ist die Deutung, die ebenbildliche Wiederholung sei ein Festhalten des lustvollen Geräusches. Sie ermöglicht dem Kind das »Noch«, auch wenn die Mutter nicht weiter Lärmquelle sein will. Aber auch wenn wir Fall (2) ohne Identifikation denken können, enthält er objektiv einige jener Bedingungen und Resultate, die Identifikation ausmachen. Das lustvolle Geräusch bum-bum ertönt und verschwindet, hinterläßt den Wunsch nach »Noch«, Sehnsucht nach seiner Wiederkehr darf man sagen, die sich aber nicht erfüllt. Darauf sagt oder macht das Kind selbst bum und der verlorene Ton ist wieder da. Den Verlust überwindet das Kind durch Aktivität. Aus dem passiven Hören wird aktives Tun. Der lustvolle, verlorene Ton wird durch aktive, ebenbildliche Wiederholung festgehalten. [Diese Wendung vom Passiven zum Aktiven, vom Zwang der Dinge zur psychischen Spontaneität hatte Freud an wichtiger Stelle eingeführt[6]; ich habe versucht, diesen Prozeß als sehr häufig gültigen Bewältigungsmodus für Angst und Unlust zu erweisen (S). In »Hemmung, Symptom und Angst« entwickelt Freud dieselbe Auffassung prinzipiell, die sich an der Psychologie des Säuglings empirisch fundieren ließ.] Es soll aber nicht verschwiegen werden, daß diese Deutung Fall (2) nicht voll erschöpft. Die Betrachtung der Reaktionen des Neugeborenen und Säuglings auf Gehörreize überhaupt gibt doch den Eindruck, als wäre nicht bloß das »Noch«-Motiv für die ebenbildliche Wiederholung entscheidend. Zeigt doch das Kind eine deutliche Neigung auch solche Geräusche zu produzieren, die noch nicht »verloren« sind. Lärmende Kinder, die redende Mutter, ja zwitschernde Vögel, veranlassen den Säugling mitzuschreien. Viele solche Tatsachen sind es, die die Psychologen an einem Nachahmungstrieb festhalten lassen. Man muß diese gewagte Aufstellung aber kaum machen, nur weil tatsächlich eine frühe und deutliche Tendenz zur akustischen Nachahmung feststellbar ist. Diese bleibt nicht ganz rätselhaft, wenn wir den Unterschied zwischen optischer und akustischer Wahrnehmung betrachten. Wir vermuteten oben, bei gehemmter Bemächtigung intensiviere sich die optische Wahrnehmung. Wir haben allen Grund anzunehmen, daß bei Verlust eines begehrten (optischen) Gegenstandes dieser psychisch als Halluzination, als Phantasie, eidetisch festgehalten, also »ebenbildlich wiederholt« werde. Niemand wird diesen Vorgang einem Nachahmungstrieb zuschreiben wollen. Im Prinzip gleich und doch unähnlich verhält es sich mit der akustischen Sphäre. Bemächtigungswünsche werden akustisch überhaupt nicht ausgelöst (im Säuglingsalter), sondern auf das Geräusch folgt Hinsehen, und erst der visuelle Eindruck wird zum Signal der Bemächtigung. Die Einstellung zum Akustischen ist also prinzipiell »ästhetisch«. Ferner: Während die optische Halluzination ziemlich sicher ein primärer Mechanismus ist und ursprünglich ein mit dem Gegen-

---

6 Freud: Jenseits des Lustprinzips. (Ges. Werke, Bd. XIII, Ffm 1967[5]).

stand annähernd identisches Bild gibt, ist es sehr fraglich, inwieweit es sich mit der akustischen Halluzination ebenso verhält. Ja, es ist mit Gründen bezweifelbar. Jedenfalls ist das Kind erst sehr spät fähig, »verlorene« optische Gegenstände real aktiv herbeizuschaffen (durch Lokomotion), während die Produktion von Geräuschen seit den ersten Lebenstagen dem Säugling geläufig ist. Die »ebenbildliche Wiederholung« von Geräuschen, deren Nachahmung, entspricht also der optischen Halluzination; ersetzt die akustische Halluzination. Beinahe so wie der optischen Wahrnehmung ein Phantasieteil (ein produktiver Faktor) innig verknüpft ist, ist die akustische Wahrnehmung mit Geräusch-Produktionen verbunden. Es besteht mindestens eine starke Tendenz hierzu. So wenig man den reproduktiven und produktiven Anteil der optischen Wahrnehmungen einem »Nachahmungstrieb« zuschreibt, so wenig Anlaß ist, für den produktiven und reproduktiven der akustischen Wahrnehmung diesen dunklen Begriff heranzuziehen. Das hieße den Unterschied, der darin besteht, daß die ebenbildliche Wiederholung bei der optischen Wahrnehmung (als Halluzination, Phantasie) innerlich, lautlos, bei der akustischen laut (als Geräuscherzeugung) geschieht, überschätzen.

Fall (1) führt in das reichlich rätselhafte Problem der Ausdrucksbewegung. Wir haben keine Möglichkeit, an ihm die Identifikation studieren zu können; im Gegenteil hoffen wir, mit einem geklärten Begriff von Identifikation dieses Problem zu bewältigen. Fall (1) bleibt daher besser in diesem Zusammenhang unerörtert.

Die Identifikation läßt sich also, soweit die Relation Ich-Objekt (Gegenstand) in Frage steht, als eine Anwendung schon in der Säuglingszeit vorhandener Mechanismen auffassen. Indem nach dem Verlust eines geliebten Gegenstandes jene Ichveränderung statthat, die ihn sozusagen in psychischem Material durch ebenbildliche Reproduktion festhält, geschieht jene Intensivierung der psychischen Vorgänge, die regelmäßig bei ausgeschalteter Bemächtigung statthat, jene Wendung zu Aktivität, die dem »Noch« entspricht, jene ebenbildliche Reproduktion, die der Halluzination, der intensivierten Wahrnehmung, der Lautreproduktion (statt unmöglicher akustischer Halluzination) gleichfalls zukommt.

Unbetrachtet blieb bisher die Relation Ich-Es, die für die Identifikation bezeichnend ist. Im Fall (3) dürfen wir eine Sonderung von Es und Ich nicht annehmen; das Ich mag im Bewußtsein, der Wahrnehmung kernhaft angedeutet sein, aber die Folgsamkeit dem Gegenstand gegenüber werden wir als Triebeigenschaft auffassen; ebenso wie wir den Akt der Flucht und der Bemächtigung als einfaches Triebverhalten verstehen und dem Ich dabei kaum mehr zugeschrieben werden muß, als die Rolle eines Signalempfängers. Die Wahrnehmungsfunktion ist ja in diesen Fällen mit der flüchtigsten Erkennung des Gegenstandes als »triebgemäß« oder »triebwidrig« erschöpft. Wenn das Wahrnehmungs-Ich beim Menschen so umfangreich, mannigfaltig, verselbständigt ist, er keineswegs bloß Signale zu Flucht oder Bemächtigung wahrnimmt, sondern eine reiche, mit dem Triebleben sogar zum Teil wenig verknüpfte, Welt hat, so kann diese Entwicklung nur unter gehemmter Bemächtigung sich vollzogen haben, also, wie bereits erwähnt, unter Anknüpfung an die Vorbemächtigungszeit in »ästhetischen« Zuständen und in Halluzinationen. Aber nicht das Wahrnehmungs-Ich geht uns hier an, denn nicht dieses erfährt den wesentlichen Teil jener Veränderungen, die Identifikation heißen.

Im Fall (2) ist die Mitwirkung eines Ich kaum auszuschließen. Zu jenen Kriterien, die uns veranlassen, ein Ich als vom Es gesonderte Instanz (Struktur) anzunehmen, gehört das Maß der Organisiertheit einer Handlung, Stellungnahme. Im Fall (2) liegt ein hochorganisiertes Zusammenwirken verschiedener Körperzonen, Triebregungen, liegt Kontinuität mit der Vergangenheit, Zielstrebigkeit in die Zukunft vor. Wir sehen hier das Es in gewissem Sinn von einer zentralen, gar nicht machtlosen Instanz gebändigt und benützt. Von einer Ichveränderung aber nach Art der Identifikation ist keine Spur zu sehen.

Wir wenden uns daher besser dem anderen Kriterium für ein gesondertes Ich zu: der Hemmung. Wo wir einen triebhaften Vorgang gehemmt sehen, dürfen wir wohl diese Komplikation eines primären Ablaufs einer eigenen, dem Es gegenüberstehenden Instanz, dem Ich, zuschreiben. Die Spuren einer solchen hemmenden Instanz sind weit zurück zu verfolgen. So ergibt das Studium der Reaktion auf Gehörreize (S): Erstes Stadium: Schreck-, Schock-, Angst-, Unlustreaktion bei allen Geräuschen. Drittes Stadium: lustvolle Zuwendung zu Gehörsreizen, schließlich von Jubel und aktiver Geräuschproduktion begleitet. Zwischen diesen beiden Stadien ist als zweites festzustellen, daß der Säugling unter gehemmter Angstreaktion in einem Zustand ängstlicher, intensiv aufmerksamer Spannung verharrt, um je nach der Natur des Geräusches, in Abwehr- oder Zuwendungsreaktionen überzugehen. Sichtlich hat hier die Aufmerksamkeit hemmende Funktion. Sie unterbricht die Angst-, Flucht-, Abwehrreaktion, sie ermöglicht Zuwendung, Lust. Sehr viel später erst gewinnt das Ich auch die Möglichkeit der Hemmung anderer Triebäußerungen, etwa Bemächtigungswünsche oder Sexualtriebhandlungen. Auf diesem Weg liegen nun eine ganze Anzahl von sonderbaren Hemmungsvorgängen, die wohl mit dem Wort Faszination am zwanglosesten bezeichnet werden. (Richtiger wäre wohl von Fasziniertheit zu sprechen.) Bezeichnende Zustände von Faszination werden von Scupin etwa so geschildert: »Das Kind blickt gebannt und regungslos«, »starrt wie hypnotisiert«, »mitten in recht unzufriedenem Nörgeln hörte es plötzlich auf und sah lange interessiert nach einem hellroten Lampenschirm; drehte man das Kind langsam einer anderen Richtung zu, so wandte es sofort den Blick nach rückwärts dem Lampenschirm wieder zu«, »starrt unverwandt nach ... und ist durch nichts davon abzubringen«. Die Faszination wäre also ein Zustand höchst gesteigerter Aufmerksamkeit bei voller motorischer Gehemmtheit; bei längerem Anhalten wäre beinahe von Lähmung zu sprechen. Viel mehr läßt sich über sie vermittels Beobachtung am Säugling nicht feststellen. Höchstens gewinnt man den Eindruck, daß der Aufmerksamkeit das sonst charakteristische Element der Wachheit fehlt, sie ist starr auf den Gegenstand gerichtet; sicher kann die Faszination zuweilen einen ängstlichen, ratlosen Zug haben, oder wird meistens mit einer Art Unheimlichkeit, Fremdartigkeit oder Ratlosigkeit einsetzen.

Auch der Erwachsene kennt dies Phänomen und wird es als ein Außersichsein, aber ebenfalls als erregungsloses und motorisch gehemmtes erleben; er wird sagen, daß er »sich verloren« habe. Die Augen sind starr gebannt von dem Gegenstand, die Motorik gelähmt oder doch stillgelegt. Man ist in den Gegenstand versunken; gewiß nicht psychisch gelähmt, sondern psychisch bewegt, aber es ist, als wäre das ganze Ich von dem einen Gegenstand »ausgefüllt«. Assoziationen, Gedanken stellen sich nicht ein, die Kontinuität des Ich in der Vergangenheit ist nicht aufrecht (was eben der Ausdruck Sichverlorenhaben meint), die Orientierung in der Gegenwart ist nicht lebendig; es richten sich auch keine Wünsche auf den Gegenstand für die Zukunft, die Zielstrebigkeit des Ich ist ausgeschaltet. Es sind somit tatsächlich alle Ichfunktionen nicht in Tätigkeit, mit Ausnahme der Hemmung des motorischen Apparates. Der Zustand hätte viel Ähnlichkeit mit dem Schlaf, wenn nicht alle psychischen Energien dazu verwendet würden, ein reales Bild zu besetzen, also wach wären. Auch zur Hypnose bestehen bedeutsame Beziehungen. Die Faszination kann leicht in Hypnose übergehen. Hingegen unterscheidet sich die Faszination von zwei anderen radikalen Ichverarmungen (Selbstverlusten); von der Verliebtheit durch das Fehlen jedes Begehrens (der faszinierende Gegenstand ist nicht Triebobjekt); von der Ekstase durch das Fehlen der motorischen Erregung. Die Nähe zur Hypnose wird noch größer durch die Tatsache, daß die Faszination leicht in motorische Folgsamkeit übergeht. So wird man, eventuell automatisch, den Bewegungen des faszinierenden Gegenstandes folgen. Handelt es sich um einen Menschen, der (oder an dem etwas) faszinierte, und liegt diese Folgsamkeit in dessen Absicht, so ist ein Unterschied zur Hypnose oder Suggestion nicht mehr feststellbar. Der Erwachsene verhält sich in der faszinierten Folgsamkeit nicht viel anders als das Neugeborene, das der Kerzenflamme folgt; das Ich ist ausgeschaltet, auf seine Wahrnehmungsfunktion eingeschränkt; der faszinierende Gegenstand hat sozusagen direkten Zugang zum motorischen Apparat, den sonst das Ich beherrscht. Doch ist das gewiß ein hochkomplizierter Vorgang, der nur unter bestimmten libidinösen und ökonomischen Bedingungen eintreten kann. Wir brauchen uns mit ihnen aber nicht zu befassen, da ja hier nicht die psychoanalytischen Aufstellungen über Suggestion und Hypnose ergänzt werden sollen, sondern wir uns lediglich aus der Betrachtung der erwachsenen Faszination Anregungen zur Deutung der Säuglingsfaszination holen wollen.

Der Sprachgebrauch kennt eine andauernde Faszination; so kann man sagen, jemand sei von einem Menschen fasziniert und meint damit, daß er in ihn verliebt sei oder unter seinem dauernden Einfluß stehe; ich meine aber hier die Faszination, die auf einen kurzen Zeitraum eingeschränkt ist. Wie geht die Faszination in den habituellen Zustand über? Man erlebt dies als ein »Zusichkommen«, es ist, als wenn man erwachte oder der faszinierende Gegenstand zurück in den realen Zusammenhang spränge. Er unterscheidet sich hernach nicht mehr von anderen Gegenständen; das Ich gewinnt seine Gegenwartsorientierung, seine Vergangenheitskontinuität, seine Zielstrebigkeit, seine Einheitlichkeit und Prägnanz und die Verfügung über den motorischen Apparat zurück. Nun können sich libidinöse Strebungen auf den Gegenstand richten, Bemächtigungswünsche oder aber Gleichgültigkeit. Die Konzentration psychischer Energie auf das Gegenstandsbild wird aufgehoben, die Energie besetzt die habituellen Positionen des Apparates. Dies tritt nach relativ kurzer Zeit ein, wenn der Gegenstand nicht Folgsamkeit forderte (oder die libidinöse Bindung an ihn nicht zustande kam, die wohl die Voraussetzung zu dauernder Folgsamkeit oder Verliebtheit ist). Was aber geht phänomenal im faszinierten Ich während der Faszination vor, deren Anfang und Ende bloß wir bisher andeutend beschrieben haben, wenn der Gegenstand keinerlei Folgsamkeit fordert oder ermöglicht? Faszination geht ja auch von Naturgegenständen, von leblosen Gegenständen, von Kunstwerken, von künstlerischen Darbietungen aus, nicht nur von Menschen, die etwas »fordern«. Etwa: Ich sehe einen Jongleur im Varieté. Mein Interesse an der Darstellung kann sich so steigern und gestalten, daß der Zustand der Faszination eintritt. Mit gehemmter Motorik und voller Ichverlorenheit gehe ich im Zusehen auf und bin innerlich an Stelle des Jongleurs, seine Bewegungen – gehemmt – nachfühlend, in einem besonders erregenden Augenblick vielleicht sogar wirklich seine Bewegungen durchführend. Ganz ebenso etwa von einer Filmszene fasziniert, wird mich der dargestellte Affekt bis zu den Ausdrucksäußerungen »anstecken«. Die Kunstpsychologie nennt dies Einfühlung. Wir erkennen in diesem Prozeß die Identifikation. Aber nicht die Identifikation als dauernde Ichveränderung, sondern die vorübergehende Ersetzung des Ich durch einen Gegenstand, wie nicht ganz präzise gesagt werden mag. In der Faszination gehorcht der psychische Apparat den Befehlen der Gegenstände; befiehlt der Gegenstand nichts, so wird er »nachgeahmt«. Man könnte einwenden, die Einfühlung löse nur Phantasien aus, die unter habituellen Bedingungen unter Zensur standen. Für die genannten Beispiele möchte dies zutreffen, wird es sogar gewiß überdeterminierend mitwirken. Wenn ich aber in ein Ornament vertieft bin, so kann der Anlaß hiervon gleichfalls als Faszination gegeben sein, im Verlauf ihres Anhaltens wird sich mir die Linienführung des Ornaments als lebendig aufdrängen, es wird sich eine gewisse Tendenz, die Dreiecke, Wellen, Rosetten innerlich nachzuziehen, nachzugehen, nachzuleben einstellen, als wäre statt meiner diese Linie da und wie ich sonst mich erlebe, erlebe ich dieses geometrische Arrangement. Hier müssen nicht Phantasien mitspielen.

Gewiß ist die Abgrenzung der Faszination von Prozessen und Zuständen, die ihr ähnlich sind und mit ihr zusammenfließen, durch das Gesagte nicht ausreichend geschehen, aber es reicht vielleicht zur Durchführung meiner Aufgabe hin. Das Ende der Faszination ist nämlich im Säuglingsalter dem der Erwachsenen im entscheidenden Punkt ähnlich. Entweder erfolgt eine begehrende Zuwendung zu dem Gegenstand (eventuell auch, aber wohl nur nach so kurzem Andauern der Faszination, daß sie von ratloser ängstlicher Aufmerksamkeit kaum unterscheidbar wird: Angst, Abwehr), oder er wird wieder ein belangloses Stück Außenwelt, oder schließlich: das Kind ahmt den Gegenstand nach, es findet eine faszinierte Wiederholung seiner Bewegungen statt. Dies letztere jedoch, soviel ich sehe, nur dann, wenn die Bewegungsmelodie in ihrer wesentlichen Struktur schon vorher vom Kinde ausführbar war. Als Beispiel hierfür dient unser Imitationsfall (1). Dies Wiederlächeln des Kindes kommt nicht selten so zustande: Das Kind greift in Erfüllung seines Bemächtigungsdranges nach der lächelnden Mutter; eine Bemächtigung aber kann – anders als bei vielen andern Objekten – nicht stattfinden, nun verharrt das Kind in Faszination, um schließlich in ein erst ansetzend unsicheres, dann volles wiederholendes, antwortendes Lächeln überzugehen[7]. Ganz ähnlich bei den ersten Lautproduktionen, bei den Sprechanfängen, ähnlich bei der Aneignung vieler Bewegungen aus den Dressurkunststückchen, die den Säugling gelehrt werden. Sowohl dies Lächeln, als auch die Laute und Bewegungen, die das Kind auf diese Weise wiederholt, hatte es früher schon in anderer Funktion ausüben gelernt.

Die faszinierte Wiederholung ist unter den drei Imitationsfällen im Gesamtvorgang der Identifikation am nächsten; auch sie findet bei »Objektverlust« statt, (d. h. bei gehemmter Bemächtigung), wie wir es bei der akustischen »Noch«-Wiederholung fanden, sie führt zu einer Wiederholung des Verhaltens des Gegenstandes, aber sie ist keine dauernde Ichveränderung. Sie findet auch anscheinend nicht unter dem Druck des Es statt, sondern vielmehr ist sie das Ergebnis einer Ichleistung: der Hemmung der Bemächtigung. Es scheint, als könnte das Ich anfangs diese Leistung nur vollbringen, indem es auf seine übrigen Funktionen ver-

---

7 Bemerkenswerterweise bleibt dies Lächeln zeitlebens ein Ausdruck der *Verlegenheit*.

zichtet; es hält das Es gelähmt, aber es weiß nicht, was es sonst tun soll. Die Triebaktionen auf das Signal Abwehr oder Zuwendung sind gehemmt, andere nicht vorhanden, ohne Aktion kann es nicht bleiben, so vollzieht es unter allen sichtbaren Bewegungen des Gegenstandes jene, die es selbst bereits früher vollzog. Es wendet sich dabei vom Passiven zum Aktiven und stellt bei gehemmter Bemächtigung den Zustand wieder her, der auf dem niedrigeren Niveau vor der Bemächtigung bestanden hatte: die Motorik wird den Gegenständen direkt gehorsam, ohne ein verwerfendes (hemmendes) oder bejahendes (ausführendes, organisierendes) Ich. In dieser Auffassung scheint mir viel Ansprechendes zu liegen, aber sie löst nicht die Frage, wie die Transponierung eines optischen Geschehens in ein motorisches geschieht, welcher Weg vom Sehen einer Bewegung zum Selbsttun führt. Doch spricht diese Lücke nicht gegen die vorgetragene Ansicht, da sie bisher noch von keiner Seite ausgefüllt wurde, am wenigsten durch die Theorie des Nachahmungstriebes.

Ebenso unerledigt bleibe – wenn auch bloß in diesem Aufsatz – die Frage nach den Gründen des Eintrittes der Faszination oder auch der Hemmung der Bemächtigung. Aus welchen Gründen immer die Faszination eingetreten sein mag und wie immer es in ihr zur faszinierten Wiederholung gekommen sein mag – sicher führt sie zu einer neuen und dauernden Verhaltungsweise. Dieser Vorgang sei in drei sukzedierenden Situationen, des Falles (1), festgehalten. (1 a) Das satte Kind, einschlafend, lächelt. (Über die Determination dieser Bewegung habe ich versucht, einiges über das bisher Bekannte hinaus aufzustellen [S]). (1 b) Das Kind, unter dem faszinierenden Eindruck der lächelnden Mutter, produziert ein zaghaftes, verlegenes, ängstlich-ratloses Lächeln als faszinierte Wiederholung; Bemächtigung gehemmt, andere Beziehung zur Mutter noch unbekannt. (1 c) Tritt die Mutter lächelnd zum Kind, so lächelt es lustvoll wieder, das Lächeln ist zum Verhalten geworden, es schafft Rapport zwischen dem Kind und der Mutter. War die Mutter in der Situation (1 b) ein Gegenstand, mit dem man nichts »anzufangen« wußte, da man sich ihrer nicht bemächtigen konnte, durfte, so ist sie nun ein Gegenstand geworden, zu dem man eine feste Verhaltensweise gewonnen hat: man lächelt ihr zu, erwidert ihr Lächeln. Das Kind ist mit ihr in dieser Aktion »identifiziert«; es hat ihr Lächeln übernommen (genauer, sein eigenes Lächeln in neuer Situation durch faszinierte Wiederholung anwenden gelernt), ist aber zugleich von ihr um ein Stück abgelöst, abgegrenzt: das Bild der lächelnden Mutter gewinnt keinen unmittelbaren Zugang zum motorischen Apparat des Kindes mehr (sondern vielleicht erst die redende oder Brauen zusammenziehende, drohende Mutter), zwischen ihm und diesem Gegenstand steht das Ich, das selbst lächeln kann und diese Aktion als Handlung (Rapporthandlung) zu verwenden oder zu unterlassen versteht. Zahlreiche Züge des Verhaltens der Mutter werden auf diese Weise vom Kind übernommen. Es führt also in einem gewissen Sinn die faszinierte Wiederholung zu einer ebenbildlichen Ichveränderung, zugleich mit der Entwicklung des Ich selbst. In ihr und den anderen Imitationsfällen kann man folglich Vorstufen der eigentlichen Identifikation sehen. Es erweist sich so die Freudsche Ansicht, daß der Mechanismus der Identifikation mit dem Ichaufbau innig verknüpft ist. Soweit es ohne weitgehende Erörterungen über Libido, Bemächtigungsdrang, Es und Ich möglich ist, läßt sich jedoch der Eindruck formulieren, als käme diese früheste Identifikation weniger unter dem Druck des Es, als vielmehr aus ökonomischen Verhältnissen im Ich zustande. Denn allem Anschein nach ist die Faszination den Zuständen von Unheimlichkeit und Angst sehr nahe, die auftreten, wenn das Kind bekannte Gegenstände teilweise verändert sieht; wenn z. B. die wohlbekannte Mutter einmal mit einem schwarzen Hut an das Kind herantritt. Die faszinierte Wiederholung und deren Verfestigung zu einem Stück Ichverhaltens diente dann wohl der Angstbewältigung. Aber auch, wenn, wie in manchen Fällen die Beobachtung nahelegt, die eintretende Faszination nicht aus ängstlicher Situation erfolgt, muß die Hemmung der Motorik und des Bemächtigungsdranges, der ja zweifellos mindestens eine libidinöse Komponente enthält, eine ökonomische Situation herstellen, die nach Abfuhr und Bindung drängt und deren Wiedereintritt durch ein neues Ichverhalten verhindert werden soll.

Über sexuelle Aufklärung

Ob man Kindern aufrichtige Mitteilungen über die sexuellen Tatsachen machen solle; wann damit anzufangen sei und wie die Mitteilung gestaltet werden solle – in diesen Fragen hat sich in den letzten Jahren ein sehr bemerkenswerter Wandel des Standpunktes vollzogen. So verschieden die Begründungen sind, deren sich die einzelnen Erzieher zur Rechtfertigung bedienen, so sehr die Methoden der verschiedenen Aufklärer voneinander abweichen mögen, im wesentlichen dürften alle modernen Erzieher darin einig sein: Das Storchmärchen muß abgeschafft werden. Ein Grund für diese Wandlung ist gewiß, daß in den vergangenen Jahren die Sexualität des Kindes – nicht zuletzt ist dies ein Verdienst Freuds und seiner Schule – tiefer erforscht und allgemeiner, vorurteilsfreier erkannt wurde. Gekannt hat man sie ja immer. Daß es ein Storchmärchen überhaupt gibt, beweist, daß man schon immer bemerkt hatte, wie die Kinder in einem sehr frühen Alter für Fragen, die sexuellen Inhalts sind, Interesse zeigen, und zwar ein Interesse, das nicht zufällig und nebensächlich ist; denn es erwies sich als unstillbar durch Antworten, wie etwa die wäre: »Wenn du größer sein wirst, wirst du die Sache verstehen.« Die Kinder forderten hartnäckig eine Antwort, und daher erfand man ihnen das Märchen. Die Wahrheit mochte man nicht sagen, angeblich, weil sie die Kinder nicht verstünden. Aber man hatte die Probe gar nicht gemacht. Verstünden die Kinder die Wahrheit nicht, so könnte man sie ihnen getrost sagen; dann würden sie von selbst einsehen, daß hier ein Problem vorliegt, das für sie erst später reif wird. Man verschwieg die Wahrheit, weil man wußte, die Kinder würden sie verstehen, und eben dies verhindern wollte.

Die neuen Erzieher wollen diese Verheimlichung nicht mehr, und zwar, wie mir scheint, aus zwei Gründen. Erstens haben sie die Erfahrung gemacht, daß die Verheimlichung schädlich und überdies gar nicht möglich ist; zweitens, weil der allgemeine Wesenszug der neuen Pädagogik als Aufrichtigkeit vor sich selbst und vor dem Kinde zu bezeichnen ist. Ich glaube, sie haben völlig recht, sich so zu verhalten. Aber – wie es so zu sein pflegt mit allen menschlichen Dingen – nicht wenige der neuen Erzieher meinen, mit der sexuellen Aufklärung eine weiß Gott wie wichtige Neuerung eingeführt zu haben, hoffen, mit ihr ungeheuren Nutzen zu stiften, einige haben sogar den Glauben, mit dieser Frage das Zentrum pädagogischer Probleme berührt und mit ihrer Lösung den Schlüssel zum Aufbau einer neuen Menschheitsgeneration gefunden zu haben. Es sei mir gestattet, kurz anzudeuten, warum ich dies alles nicht mitglaube, und wie solcher Glaube nicht unschädlich für die Pädagogik ist.

Man kann gelegentlich bei der Psychoanalyse von Kindern und Adoleszenten die erstaunliche Erfahrung machen, daß sie Neurosen oder neurotische Züge und dissoziales Verhalten aufweisen, obgleich sie regelrecht, und zwar sehr frühzeitig und geschickt, von den Eltern aufgeklärt wurden. Das beweist freilich höchstens, daß die sexuelle Aufklärung allein nicht jede infantile Entwicklungsstörung verhindern muß, und kein Vernünftiger wird die Aufklärung so sehr überschätzt haben. Aber, und das ist das Verwunderliche, diese vollaufgeklärten Kinder benehmen sich in ihrem Leben und in der Analyse, als hätte die Aufklärung nie stattgefunden. Sie haben die Aufklärung in keiner Weise zur Kenntnis genommen. Ich hatte Gelegenheit, in zwei Fällen festzustellen, daß die Ablehnung der Aufklärung nicht sofort geschah, sondern erst einige Monate später. Und in einem Fall war auch ein Motiv für diese Ablehnung zu erkennen. Dieses Kind (Mädchen) erhielt auf seine Fragen mit drei Jahren von der Mutter alle nötige Auskunft und hat sie sehr wohl verstanden; denn als die Mutter sagte: »Dein Geschwisterchen wächst eben in meinem Bauche«, erwiderte die Kleine sehr lebhaft: »Bitte, Mami, in meinem!« Und mehrfach bewies sie durch Bemerkungen, daß sie die Sache voll verstanden hatte. Nach einem Jahr war alles völlig vergessen; als man ihr die Aufklärung neuerlich geben wollte, nahm sie keine Notiz davon und wollte in Zukunft nichts mehr davon hören, sondern benahm sich überaus prüde. Sie war nämlich bitter enttäuscht worden, da ihre Bitte nicht erfüllt worden war; das Schwesterchen war nun einmal nicht in ihr gewachsen. Sie hatte in der Zwischenzeit noch ein anderes Trauma erlitten: eine Operation in Narkose. Aber der Raum gestattet nicht, den Fall ausführlich zu beschreiben. Hier genüge die Erkenntnis: Die Aufklärung kann auch verdrängt werden.

Und wahrscheinlich ist dies sogar in einem gewissen Sinne immer der Fall. Freud hat uns gelehrt, daß die Kinder in frühem Alter sich ihre eigenen Theorien über den Unterschied der Geschlechter und über die Herkunft der Kinder machen. Leicht möglich, daß sie dabei auch von vererbten Dispositionen geleitet werden. Im großen und ganzen leisten sie damit aber eigene und wichtige Forscherarbeit. Sie gehen von den Daten aus, die ihnen ihre Erfahrung bietet, und ziehen daraus ihre Schlüsse, und zwar in ihrer, freilich kindlichen, eigenen Logik. So verschiedenartig die persönlichen Erfahrungen sein können, so verschieden sind die Theorien. Einige Voraussetzungen fehlen den Kindern aber bei dieser Forscherarbeit, die Schlüsse sind daher in manchen charakteristischen Punkten mit der Wirklichkeit nicht in Übereinstimmung. So fehlt den Kindern ganz allgemein die Vorstellung der Vagina. Man mag sie noch so richtig aufklären, dies Stück werden sie nicht annehmen, sondern bei der Theorie bleiben, die sie sich vorher bildeten; das Baby komme beim Mund, After, Nabel usw. heraus. Sie ziehen die Konsequenzen mit kindlicher Logik. Diese steht aber noch völlig unter dem Bann der Wünsche, hat sich von ihnen noch nicht befreit, wie die der Erwachsenen. Daher lehnen die Kinder oft ein Stück der Aufklärung ab, weil es ihren Wünschen weniger entspricht als ihre eigene Theorie. So ist es z. B. oft der Fall bei den Knaben, die es absolut nicht wahrhaben wollen, daß nur der Frau Kinder gegönnt sein sollen.

Was folgt daraus? Etwas sehr Einfaches und Selbstverständliches, das der Erzieher selbst aber nur ungern für wahr anerkennen möchte: daß die Aufklärung – wie jede Erziehungsmaßnahme fast nie das erreicht, was sie anstrebt, sondern bestenfalls ein Kompromiß zwischen den Tendenzen des Erziehers und den Trieben der Kinder. Freilich sind die Kinder in der Mehrzahl zu gut erzogen; sie wagen es gar nicht, uns nicht zu glauben. Sie glauben uns, wenn wir ihnen das Storchmärchen erzählen, sie glauben uns, wenn wir ihnen die Wahrheit medizinisch korrekt erzählen, nämlich mit ihrem Bewußtsein; in ihrem Unbewußten glauben sie uns in beiden Fällen nicht, sondern ausschließlich ihren eigenen Erfahrungen und Wünschen.

Jene Theorien bilden die Kinder gewöhnlich im dritten, vierten Lebensjahre; das ist auch die Zeit, in der sie meistens zu fragen beginnen. Daß die Aufklärung, soll sie überhaupt einen Nutzen haben, auch so früh beginnen muß, ist selbstverständlich. Und trotzdem darf man sagen, sie komme immer zu spät. Denn das Kind fragt erst, wenigstens nachdrücklich und mit wirklichem Interesse, wenn es sich eine Theorie gebildet hat und ihm eine neue Schwierigkeit auftaucht, oder wenn es Bestätigungen sucht. Daß man aber das Interesse der Kinder abwarten muß, ist eine wohlbegründete pädagogische Maxime. Die großen intellektuellen Probleme, die Entwicklung von Wißbegier und Forscherdrang, die ihm gerade die Sexualfragen bieten, kann man dem Kind nicht ersparen. Wohl aber kann man ihm ersparen, daß sein Intellekt gebrochen wird, indem es an die mit erwachsener Autorität vorgebrachten Märchen bewußt glauben muß, indessen es die ganze Sache selbständig forschend der Wahrheit bereits nähergebracht hat und nun gezwungen ist, sein Wissen ins Unbewußte zu verdrängen.

Die Erleichterung der intellektuellen Konflikte ist Nutzen genug, den die Aufklärung leistet. Sie ist aber keineswegs die Lösung aller Konflikte, die mit diesem Thema sich für das Kind verbinden. Wir sehen das Kind zu sehr als Intellektwesen und viel zu wenig als das Trieb- und Sinneswesen, das es wirklich ist. Ursprünglich ist das Interesse des Kindes nicht: zu wissen, sondern: zu sehen und zu tun. Seine Frage: Woher kommen die Kinder? ist oft das Resultat langer gescheiterter Bemühungen, selbst Kinder zu kriegen. Und dieser Wunsch bleibt triebhaft und unbefriedigt bestehen, auch wenn er intellektuell befriedigt ist. Nun will es das alles, was ihm erklärt wurde, auch *sehen*, und würde man ihm etwa auch dies aus unverstandener Kinderpsychologie erfüllen, so würde es notwendigerweise ebenso unbefriedigt bleiben und würde nun alles *tun* wollen. Es muß ein großes Maß seiner Triebe unbefriedigt lassen, auf jeden Fall. Und aus diesem Zwange erwachsen jene Konflikte, die, so entwicklungsnotwendig sie sind, doch nicht abzusehende Schwierigkeiten und zuweilen auch Entgleisungen zur Folge haben. Neurose und Dissozialität sind bloß zwei Formen dafür. Der Drang, zu tun, muß lernen, sich zum Teil durch bloßes Wissen zu befriedigen. Nicht immer gelingt dies; wir haben keine Mittel, es zu erzwingen. Die sexuelle Aufklärung ist dieses Mittel gewiß nicht. Aber sie verhindert wenigstens nicht gewaltsam diese Verwandlung des Triebes, seine Sublimierung in Wißbegier.

Noch manche Überlegung ließe sich anstellen, manche Erfahrung heranziehen, aus denen sich immer wieder zeigen würde, daß die wissenschaftliche Prüfung der sexuellen Aufklärung ihre Bedeutung und Wirksamkeit einschränkt, sie als viel geringer nachweist, als die Pädagogen vermeinen. Nebenbei gesagt, ist das die hauptsächlichste Funktion der Wissenschaft in der Pädagogik, deren weit über die Erfahrung hinausgehenden Wünsche und Hoffnungen auf ein wesentlich reduziertes Maß einzuschränken. Der wirkliche Wert der Aufklärung ist wahrscheinlich ein negativer: Sie schädigt nicht, während die Methode – wenn man das überhaupt eine Methode nennen will –, die Kinder zu belügen, sehr oft einen sicheren Schaden herbeiführt. Darüber hinaus aber wirkt sie kaum, gewiß nicht als Schlüssel zu zentralen Problemen der Erziehung.

Ich möchte nicht mißverstanden werden. Ja, die Kinder sollen, so früh sie nur wollen, die Wahrheit von ihren Eltern und Erziehern erfahren. Nur soll man das nicht in der Überzeugung tun, dadurch etwas unvergleichlich Wichtiges für die Erziehung getan zu haben. Man soll es selbstverständlich tun. Man belügt doch niemanden, oder wenn man dazu genötigt sein sollte, so wird man doch nicht hoffen, für die Lüge besonderes Lob zu verdienen. Am wenigsten wird man Kinder belügen wollen. Der Verkehr mit ihnen ist schwierig genug; man kann es auf keine Weise rechtfertigen, wenn man durch Lügen die Atmosphäre trübt und sich so um wichtige Wirkungsmöglichkeiten bringt. Wer nicht dogmatisch ist, wird zwar zugeben, daß Situationen denkbar sind, in denen eine Unaufrichtigkeit dem Kind gegenüber am Platz ist. Aber man wird einen Fall erst nach genauer Überlegung, nur wenn die Nützlichkeit des Verfahrens außer Zweifel steht, so beurteilen. Die Fragen der Kinder nach dem Woher und Wie der Babys gehören ganz gewiß nicht in diese Kategorie. Die sexuelle Aufklärung ist kein besonderer Kunstgriff, keine eigene Methode mit ihren eigenen guten Folgen und Hoffnungen, sondern ausschließlich Bestandteil, eine konkrete Bewährung des selbstverständlichen Prinzips der allgemeinen Achtung des Kindes und der sich daraus ergebenden Aufrichtigkeit ihm gegenüber.

Und bloß in solchem Zusammenhang hat die Aufklärung jenen eingeschränkten Wert, den man ihr auf Grund des heutigen Standes wissenschaftlicher Erfahrung zusprechen kann. Wenn man in der pädagogischen Literatur die begeisterten Lobpreisungen der Aufklärung liest und zugleich erfährt, daß dieses gepriesene Verfahren im vierzehnten Jahre angewendet und verknüpft werden soll mit erbaulichen Ermahnungen über den sittlichen Ernst der Sexualfrage und mit Warnungen vor Ausschweifungen und geschlechtlicher Ansteckung, dann vermeint man die übertriebene Begeisterung zu verstehen. Denn die Anweisung, wie man und wann man Kindern Mitteilung über die Sexualvorgänge machen soll, scheint doch eine so sachliche Angelegenheit, so sehr eine Frage der Erfahrung, des Abwägens, des Für und Wider zu sein, daß man schwer begreift, was die Fanfaren dabei sollen. Diese müssen doch die Aufmerksamkeit von der Hauptsache ablenken. Aber dies scheint gerade die Absicht zu sein. Indem man eifrig für die sexuelle Aufklärung eintritt, sich und der Menschheit tausendfachen Nutzen von ihr verspricht, hat man der modernen Strömung genug getan und kann alles übrige lassen, wie es ist. Alles übrige: die eigene Stellung zur Sexualität, die »Komplexe« des eigenen Unbewußten und die gesamte Sexualerziehung, braucht man nicht zu revidieren und mit Aufwand seelischer Arbeit neu zu gestalten. Die »sexuelle Aufklärung« erspart diese Arbeitsleistung, man ist also mit Recht von ihr begeistert.

Vielleicht gilt etwas Ähnliches dort, wo die Pädagogik mit leidenschaftlichem Enthusiasmus Methoden bekämpft und verteidigt und ganz große Versprechungen macht. Da heißt es mißtrauisch sein; denn die Erziehung ist eine schwierige, sachliche Angelegenheit. Die Hoffnungen müssen immer an den Erfahrungen erst geprüft werden, ein Verfahren, das allein den Namen wissenschaftlicher Erziehung verdient.

Kinderheim Baumgarten

Bericht über einen ernsthaften Versuch mit neuer Erziehung

Vorwort

Die vorliegende kleine Schrift wendet sich zunächst an solche, die an Verwirklichungsversuchen mit neuer Erziehung Interesse nehmen, also vor allem an Pädagogen. Darum ist ihr Hauptinhalt die sachliche und möglichst konkrete Darstellung der Erfahrungen, die im Kinderheim Baumgarten (Wien XIII, ehemaliges Kriegsspital II) des American Joint Distribution Comittee for jewish warshipers, Vienna branch, gemacht wurden. Dieses wurde im August 1919 gegründet, und war, solange es unter meiner pädagogischen Leitung stand, bis April 1920, die erste jüdische Schulgemeinde, und darum sicherlich von einer gewissen Bedeutung für alle jüdischen Pädagogen. Zugleich aber haben wir manches versucht und erlebt, das in dieser Weise ein einzigartiges Erfahrungsmaterial darstellt und wohl ein Recht hat, einen weiteren Leser- und Beurteilerkreis zu erwarten. Im Kinderheim Baumgarten waren wir bemüht, in Kindergarten, Schule und Heimleben die Erziehungsideen und Unterrichtsgrundsätze Maria Montessoris, Berthold Ottos und Gustav Wynekens zu einer lebendigen Synthese untereinander und mit den Notwendigkeiten zu bringen, die sich aus den Eigenarten der Kinder, der Lehrer und aus den tausenderlei Zufälligkeiten ergeben, die jedem Lebendigen anhaften. Zudem war dieser Versuch meines Wissens der erste, der an der beträchtlichen Zahl von fast 300 proletarischen Kindern beiderlei Geschlechts, des Alters von 3–16 Jahren, im Internats- und Schulbetrieb unternommen wurde. Da ich Leser erwarte, die aus den Ergebnissen unseres Tuns Bestätigung, Korrektur, Ergänzung oder Widerlegung theoretischer Meinungen, Urteile und Vorurteile zu empfangen bereit und imstande sind, soll die Darstellung sich so weit wissenschaftlicher Objektivität befleißigen, als der kurze Raum und das vielfach subjektive Wesen mancher Erziehungsmaßnahme und deren Beurteilung erlaubt.

Leider wird es ganz und gar unvermeidlich sein, zuweilen diese Vorsätze zu durchbrechen. Die Einfügung des Kinderheims in das erhaltende Comittee war von Anfang an so unglücklich, und ist aus allerhand – meist persönlichen – Gründen und Triebkräften so streng beibehalten worden, daß zahllose Störungen der pädagogischen Entwicklung Tag für Tag bemerkbar, und auch unmerklich, einwirkten und Niederschläge anhäuften, die schließlich zu einem scharfen Konflikt zwischen »Pädagogik« und »Verwaltung« führten, dessen Ende die solidarische Kündigung aller irgendwie wesentlich mit der Schule verknüpften Menschen war. Nichts liegt mir ferner als Polemik, die angesichts der Unsachlichkeit und Unzuständigkeit der Gegenpartei nichts anderes als ein Akt sinnlosen Ressentiments wäre. Dennoch muß zusammenfassend auch dies berichtet werden – gewiß so kurz, als dieser Zwischenfall in der pädagogischen Bewegung des heutigen und künftigen Judentums verdient (in Kap. 1 und 8). Denn irgendwo muß eine richtige Darstellung jener Vorgänge (oder besser Vorschiebungen) zu finden sein, damit nicht auch unsere Freunde irre werden an uns, unserem Wollen und Können, wenn wir schweigen, indes der öffentliche Meinungsapparat des Wiener Zionismus klappert, um uns und unsere Ideen durch Herabsetzung unserer Leistungen und Tendenzen zu diskreditieren.

Sanatorium Parsch-Salzburg, Juli 1920

I. Vorgeschichte: Die Schulsiedlung

Unter den ersten Arbeiten, die ich schrieb, nachdem ich mich im Juni 1914 entschlossen hatte, mein bescheidenes, aber doch all mein Tun und Denken in den Rahmen des jüdischen Volkes einzustellen, finden sich detaillierte Entwürfe für eine großzügige, sowohl allen pädagogischen als auch allen jüdischen Bedingungen und Forderungen entsprechende Organisation der Kriegswaisenpflege. Was an Erziehungs-Ethos hinter diesen konkreten Erwägungen stand, wurde bald darauf formuliert und im Juli 1916 in der Zeitschrift »Der Jude« publiziert, als Glosse »Die Kriegswaisen«. Sie stehe hier als Einleitung und Hintergrund für den Erziehungsbericht, den zu geben meine Aufgabe ist.

»In den mährischen Flüchtlingslagern wurden 1000 jüdische Waisenkinder gezählt; 18 000 etwa irren – wörtlich – in den Straßen der Städte und Dörfer Galiziens umher. Aus der Bukowina, aus Polen und Rußland ist noch nichts Genaues bekannt, aber zweifellos, wir müssen die Zahl 20 000 vervielfachen. Kaum vermögen wir uns diese Zahlen vorzustellen; wir haben kein

Organ, das Elend dieser Tausenden nachzufühlen; nur der dumpfe Wunsch steigt auf: Brot, Wohnung, Kleidung, Licht und Lehre muß ihnen werden. So sind Komitees entstanden, die Gelder sammeln; Organisationen wollen Heime bauen; es regen sich Kräfte, diese verlassenen Kinder ›in den Traditionen ihrer Väter und Mütter zu tüchtigen Menschen zu erziehen‹. Und wir dürfen gewiß sein, die vielberühmte jüdische Wohltätigkeit wird sich auch hier, hier erst recht, bewähren. Hunderttausende, vielleicht Millionen werden an kleinen und großen Spenden sich häufen und die primitivste Notdurft wird den jüdischen Waisen gedeckt werden; sie werden ihre physische Erhaltung als Einzelwesen gesichert bekommen.

Keinesfalls mehr. Das sagen wir nicht, um durch Verbreitung übler Laune auch dies Wenige, dies Mindeste zu verhindern, sondern aus der Hoffnung heraus, vielleicht in Einigen die deutliche Einsicht zu erwecken, daß viel mehr unerläßlich nötig ist. Man wird Waisenhäuser bauen. Ein Verein wird wünschenswert finden, daß die Kinder streng jüdischgläubig, ein anderer aus Sorge für ihre materielle Zukunft, daß sie polnisch-assimilatorisch, ein dritter aus Sympathie für das Deutschtum, daß sie deutsch-assimilatorisch erzogen werden. Die eine Gruppe wird Handwerker, die andere Kaufleute, die dritte Lehrer aus ihren Zöglingen machen wollen. In engen Schlafräumen, in überfüllten Klassenzimmern, in Großstädten oder stagnierenden Kleinstädten, mit unzulänglichen, schlecht bezahlten und vergrämten Lehrern werden sie im bekannten Kasernenbetrieb des Waisenhauses die Armeleuteluft, um nichts gesünder und befreiender gemacht durch aufdringliches Mitleid, ein paar Jahre lang einatmen, um sich dann als fremdartige Juden oder als ausgestoßene Anähnler ohne Grundlagen, ohne Stütze, Hilfe und Perspektive in den Strom der Erwerbskonkurrenz hineingeworfen zu sehen. Der Hausierer, der Bettler, der jüdische Proletarier und der Auswanderer – das wird schließlich das gewisse Los der überwiegenden Mehrheit sein. Ein sinnloses Geschick hat sie in frühester Kindheit entwurzelt, ein sinnloses Geschick, Laune, Mitleid oder Ehrgeiz Einzelner, hat ihnen Leben und Brot zum sinnlosen Geschenk gegeben; als Einzelne ohne Sinn, Bedeutung und Aufgabe stehen sie vor der Zukunft, vierfach arm, als Juden, Waisen, Mittellose und wohltätig Beschenkte. Andere werden sich in Familien untergebracht finden, und der wichtigste Zweck, der ihrem Leben gesetzt ist, wird sein, Dankbarkeit zu erweisen. Gehegt, verzärtelt, die einen von diesen, die der Zufall an reiche, kinderlose Leute verschenkte, kümmerlich beengt die anderen, die einer armen kinderreichen Witwe als Notpfennig beschert wurden, werden sie alle aus jeder wahren Gemeinschaft gelöst, als isolierte Wesen heranwachsen. Die jüdische Gemeinschaft wird ihnen repräsentieren der langweilende und kleinliche Religionslehrer oder zweimal im Jahr die inspizierende Schutzdame; das jüdische Schicksal wird ihnen symbolisiert sein durch ihre brutalisierten Eltern und die unbegründete Güte fremder Almosengeber; die jüdische Zukunft wird ihnen erscheinen im matten Licht ihrer eigenen: den ungeschickt in fremde Gemeinsamkeiten Eingefügten bleibt kein Heil, als ihr gemäß die Kanten zu schleifen, die Farben zu dämpfen und im übrigen ein eigenes Schäfchen zu scheren.

Um alles in eins zusammenzufassen: das Problem der Kriegswaisenpflege wird lediglich als ein quantitatives gesehen werden. Wie man bisher hundert erzog, wird man künftig 20 000 erziehen. Zweihundert Waisenhäuser nebeneinander gestellt, wird heißen, die jüdischen Waisenkinder gerettet haben. Daß es so werden wird, fürchten wir. Viele Anzeichen sprechen dafür, keines gibt uns unrecht. Diese Kinder werden in Wahrheit dem Judentum und sich selbst verloren sein, wenn Judentum etwas Wesentlicheres ist, als im Machsor lesen und überdies nicht verstehen können, warum die Anderen einen als Fremden ausstoßen möchten; und wenn der am wenigsten sich selbst gehört, dessen Lebensinhalt er selbst ist und der im übrigen Machtwillen und Geldgier mit Glauben an Adonai zu vereinen vermag.

Aber wird nicht keimhaft jeder dieser 20 000 in irgendeiner Stunde fühlen, daß in seinem eigenen Unglück seine Berufung für die Allgemeinheit liegen könnte? Daß der wohligen Bindungen der Familie verwaist sein, bereit sein heißt zu strengerer, höherer Bindung; daß Waisenjugend ohne Mittler eingefügt in den weiteren, wesensvolleren Kreis der Nation; daß sie, der Nahverwandten beraubt, inniger, unbedingter den Nächstverwandten geweiht ist? Und vielleicht wäre Waisenerziehung, solch flüchtiges Fühlen zum Gedanken zu verfestigen; die Schrulle einer wirren Dämmerstunde zum System zu erweitern; das Empfinden eines einsamen Knaben zum Willen einer Jugendgemeinschaft zu erheben. Vielleicht könnte die Waisenjugend im Zentrum ihres Lebens die Erkenntnis wirkend fühlen, daß sie nicht Opfer einer sinnlosen

Brutalität, sondern der tragischen Verflechtung des jüdischen Volks mit den Fehlern, Verbrechen und Schicksalen fremder Völker wurde. Und daraus käme ihr die Gewißheit, daß sie selbst aufgespart wurde, das Judentum aus dieser Verkettung zu lösen; daß sie ohne die schützende und verschleiernde Atmosphäre der Familie gleichsam nackt in das Leben der Nation gestellt wurde, damit es in ihr zur Unerträglichkeit anwüchse und ihrer eigenen Seele keine Rettung als die allgemeine bliebe; daß sie arm ist, damit durch sie das Volk reich werde, dem sie sein Land erpflügt; daß das Leben ihr geschenkt wurde, um ihm es wieder schenken zu können. Schwerer hatte sie zu leiden als Polen, Deutsche, Russen und Franzosen, weil ihre Eltern Juden waren. Schwerer ist auch ihr Werk. Denn gibt es diese jüdische Nation? Nicht einmal das. Selbst sie ist erst ihre Aufgabe. Hier Bücher mit ewigem Gehalt – dort ein verwaistes Land: und zwischen beiden die verwaiste Jugend, berufen, dieses blühend zu machen und was aus ihm neu auflebt, nach jenen zu gestalten.

Taten, von solchem Willen durchglüht, erwarten wir von der jüdischen Jugend, die irgendein Opfer an Kraft, Gut oder Gesinnung diesem Krieg gebracht hat. Und die Waisenjugend allein, vielleicht am härtesten betroffen, soll ausgeschlossen sein? Ihr allein soll verboten sein, sich freiwillig dem Größeren zu widmen? Und nur darum, weil es für ihre Pfleger näher liegt, einfacher, billiger ist, in ausgefahrenen Gleisen hinzutrotten, weil es leichter, bequemer ist, ein längst untaugliches Erziehungssystem größeren Quantitäten zu adaptieren, als ein von Grund auf Neues zu erschauen und wirklich zu machen? Es ist ein heiliges Recht der Waisenschaft, sinnvoll und bedeutsam in den Prozeß der jüdischen Erneuerung eingegliedert zu werden. Unsere Pflicht ist, dies ihr zu ermöglichen. Wir müsssen ihr Geld und Boden schaffen; wir müssen die Kräfte leihen, die vieltausendköpfige Waisengemeinde nicht als Schule, nicht als Heim, sondern als lebendigen Organismus in der äußeren Begrenzung und in den inneren Lebensbeziehungen aus jener besonderen Aufgabe zu formen. Wir müssen in Palästina die Kinderdörfer und Jugendgemeinden bauen, in denen die Jugend ihre Schönheit und Kraft entfalten, ihre Heimat lieben, die Schicksale des Volkes und der Menschheit kennen und die Zukunft wollen lernt; in denen jüdische Sprache und jüdischer Geist durch sie neu erstehen als Schöpfer und Bildner aller Beziehungen und Formen. Selbstverständlich und stolz verlassen sie erwachsen diesen Kreis, als Bauern, Handwerker, Arbeiter und Kaufleute eigenen Boden vom Volk als Lehen anzunehmen; als Lehrer, Forscher, Künstler, Ärzte und Techniker sein geistiges Gut zu wahren, zu verbreiten und zu vertiefen. – Aber nicht als Einzelne haben wir Almosen zu spenden, als Nation haben wir zu leisten, Steuer für unsere Jugend, Tribut für das Judentum der Zukunft. Ihm dürfen diese Menschen nicht verloren gehen, denn es kann nicht werden, es stirbt unwiederbringlich, wenn ihm nicht die Schar der unbedingt ihm Hingegebenen ersteht. Die Wunde darf ihm nicht geschlagen werden, daß seine vom Schicksal Gezeichneten, ihm Geweihten in allerhand Länder verstreut, an allerhand Kulturen verkauft, unheimlich schnell abtragen, was Jahrhunderte ineinander fügten. Soll jüdische Kultur kein leeres Wort, nicht bloße wehmütige Erinnerung bleiben, so muß, in eine große Gemeinschaft konzentriert, die Jugend erwachsen, die bereit, die gezwungen ist, sie zu neuem Leben zu pflügen, zu denken, zu bilden. Und dessen ist die Waisenschaft vor allen andern fähig. Sie wird die Glücklicheren aufrufen zur Nachfolge.«

Niemals war dieser Aufsatz von mir als literarische Arbeit gedacht worden; vielmehr als Stück eines Tatprogrammes konzipiert, geschrieben und schließlich als Versuch zum Aufruf publiziert worden. Ebensowenig aber war mir unklar, daß niemals das volle Ausmaß der Pläne und Berechnungen, die dahinter standen, würde erfüllt werden können. Sondern es schien mir Pflicht, den widerstrebenden Mächten – der jüdischen Wohltäterei und Beschränktheit und dem Weltkrieg, der inzwischen als zwar bedeutungslosestes, aber lähmendstes Symptom seiner Gewalt mich und alle, die dem Werke hätten dienen können, in Frohne genommen hatte, – soviel an jüdischen Waisenschicksalen abzutrotzen, als uns gegönnt sein mochte. So sehr es aber tatsächlich um diese durch Not und Rettung gleich gefährdeten Kinder ging, handelte es sich doch zugleich um mehr noch: um das jüdische Erziehungswesen überhaupt. Dieses vor Assimilation an alles Überlebte in Europa zu bewahren, ist die absolute Aufgabe für uns sozialistische Erzieher. Die Kriegswaisenerziehung als nächstliegende Forderung des Augenblicks hätte, an einer Stelle schöpferisch gestaltet, um so sicherer als Vorbild und Antrieb der neuen Erziehungsbewegung eintreten können, als mir wenigstens von Anfang an feststand, daß die auf alle Fälle nötigen Millionen vom wohltätigen und nationalen Judentum würden bereitgestellt werden.

Dieser Plan blieb unausgeführt; warum, wird begreifen, wer diese Schrift aufmerksam liest, trotzdem es nicht meine Aufgabe ist, das Schicksal dieser pädagogischen Idee im Zionismus der Diaspora darzustellen. An anderer Stelle werde ich ausführen, was ich von seinen Verwirklichungsmöglichkeiten heute oder in irgendeiner Zukunft meine. Hier aber seien mehr als drei Jahre übergangen und sei mitgeteilt, daß im Februar 1919 der neugegründete Verband für jüdische Jugendfürsorge in Deutschösterreich (dem so gut wie alle bezüglichen Institutionen und Vereine sich angeschlossen hatten) mit Enthusiasmus, wie es im Berichte hieß, als seine erste und wichtigste Aufgabe die Schaffung einer »jüdischen Schulsiedlung« in der Nähe Wiens zur Erziehung von Waisen beschloß.

Um diese Zeit war allen Sachverständigen die Ahnung von dem eingetretenen vollkommenen – oder wie man heute noch furchtsam und unsicher sagt, bevorstehenden – Bankerott der Jugendfürsorge, besonders der jüdischen bedrückend lebendig geworden. Da seitdem die Tatsachen immer deutlicher, deren Erkenntnis und richtige Wertung aber in den genannten Kreisen nicht wesentlich tiefer wurde, kann hier kurz der gegenwärtige Zustand für den vorjährigen geschildert werden. Für den Bankerott des jüdischen Jugendfürsorgewesens sind vor allem bezeichnend: das ungeheure und in nichts gemilderte oder gar gebändigte Anwachsen des Elends auf der einen Seite, und das fast völlige Versiegen aller bisherigen Spendenquellen auf der anderen Seite. Es liegt uns ferne, den wohlhabenden Juden darüber Vorwürfe zu machen, daß sie bei vielhundertprozentiger Steigerung aller Preise, ihres eigenen Ausgabenbudgets und ihrer Einnahmen nicht die adäquate Steigerung ihres wohltätigen Spendenanteils vorgenommen haben, sondern sogar mit dem Bedeuten, daß sie eben Hunderttausende für Steuern abgeben mußten (die Ärmsten!) und nicht wüßten, wieviel ihnen die bevorstehende Vermögensabgabe übrig lassen werde, auch das bisher beigetragene Scherflein verweigern oder verringern, als stünden ihre Angelegenheiten so schlecht, daß sie sich durch eine Abgabe von dem »für die Armen« bestimmten Teil ihres Vermögens einen arbeitslosen Lebensrentenabend sichern müßten. Vorwürfe würden nur schaden; sie verschleierten die wahren Gründe dieses Verhaltens, daß nämlich der Klassenkampf in die jüdische Gasse, in die jüdische Gemeinde eingezogen ist; der Klassenkampf – diesmal und hier deutlich von der »herrschenden

Klasse« ausgehend. Seit die Wohltätigkeitsanstalten bedrängt werden von ostjüdischen Flüchtlingen, leibhaftiger, jüdischer Proletariermasse, verweigert das Bürgertum allen Ernstes jede ernsthafte Abgabe, von dem richtigen Gefühl geleitet, diesen Massen gegenüber nütze keine Spende mehr als Vereinsmitglied (K. 5,–) oder Stifter (goldene Inschrift für K. 1000.-). Diese Massen wollen mehr, maßlos anmaßend mehr; sie wollen das ganze Vermögen, die ganzen Vermögensmöglichkeiten – sonst ist ihnen nicht geholfen. Und zu dieser Säkularisierung ihrer Mittel sind sie keineswegs – und von ihrem Standpunkt aus vielleicht mit Recht – bereit. Ein Weniger aber ist sinnlos, im vollen Gewicht des Wortes. Unvergleichlich sinnloser als vor dem Krieg, weil eine neue psychologische Tatsache hinzukam: Alle Dankbarkeit des Beschenkten hat aufgehört. Die »Armen« nehmen schon, als gebührte es ihnen, nicht als wäre es objektiv grundlose, mitleidvolle Güte des Gebers. Bis zu einem gewissen Grad fühlte der jüdische Schnorrer schon immer so: »Werd ich dem Rotschild die Krone schenken? Wer schenkt mir was?« Aber jetzt ist es wahrhaftig zu viel geworden. Und schließlich, es gibt noch unangenehmere Symptome. Der Vorsitzende des jüdischen Nationalrats in Österreich mußte sich in einer Sitzung dieser Körperschaft wehren gegen die Argumente und Ziele zweier Nationalratsämter, des Erziehungsamtes und des Berufsamtes (Wirtschaftsamtes). »Wir Juden, und wir Nationaljuden insbesondere« – so ungefähr hieß es – »sind zum größten Teil Kaufleute; darum dürfen wir uns nicht selbst ins Gesicht spucken durch das ständige Reden von der nötigen Produktivierung des jüdischen Volkes und seiner Jugend.« Man höre gut hin und man wird verstehen, es ist keine beiläufige Redeblüte eines vermittelnden Politikers, sondern tiefster Ausdruck unserer wirtschaftlichen, politischen und vor allem pädagogisch-kulturellen Paradoxie: Was einzige Rettung für den proletarischen Teil des jüdischen Volkes, also für das Volk wäre, was demnach notwendigerweise Inhalt und Ziel des gesamten Erziehungs- und Fürsorgewesens wäre, davon soll nicht zu viel geredet werden, denn es schädigt die Interessen der vorgeblichen Repräsentanz des ganzen Volkes. Wie soll man da hoffen, wenn schon das Reden schadet, Geld und Hilfe zu erhalten, falls man mehr, also viel gefährlicheres als Reden, unternehmen wollte? Es ist unbezweifelbar – und das Beispiel unseres Kinderheims wird es ganz deutlich am Konkreten zeigen –, je größer das Elend der jüdischen Masse wird, um so weniger wird das jüdische Bürgertum die mindeste Anstrengung machen wollen, zu retten, denn um so klarer wird links und rechts, daß nur dessen völlige Aufhebung das mindeste helfen kann. Die deutschbürgerlichen österreichischen Staatsangehörigen jüdischer Konfession reagieren schon seit längerem durch immer sichtbarere Abstinenz. Die Jüdischnationalen können sich damit nicht begnügen. Sie werden mit Notwendigkeit jede ernsthafte und radikale Fürsorgeinstitution bekämpfen – sie beginnen bereits damit – und ihre Argumente werden sein: »assimilatorisch« und »bolschewistisch«. Nur gutmütige und kurzsichtige Toren können hoffen – was freilich derzeit recht beliebt ist –, daß hier die jüdischnationale Kultusgemeinde helfen, da sie statt der Spenden Steuern bringen wird. Man wird bald sehen, daß die Steuern billiger sein werden als die Spenden waren, und daß mit ihnen übelstes Flickwerk, zur Wahlkampagne zierlich aufgeputzt, geschaffen wird.

Wir[1] argumentierten freilich nicht so, als wir um das Projekt der Schulsiedlung kämpften. Dies wurde uns alles erst am Schicksal dieses Projektes formelhaft klar. Aber es war uns deutlich: man müßte das Jugendfürsorgewerk der passiven Resistenz und Sabotage des jüdischen Bürgertums entreißen, sollte es irgend anderes werden als ein grauenhafter Apparat, der winzige Teile der verelendenden Kindermasse zum Dasein des Händlers und Kleinbürgers rettet, aus Menschenpotentialen, Wähler der jüdischnationalen Partei erzieht. Und das hätte dreierlei Voraussetzungen bedurft: ein organisches, mit eigener Gesetzlichkeit und zum Hauptteil mit eigenen Mitteln sich entwickelndes Schulganzes; eine Institution von imponierender und im gegebenen Fall Hilfe erzwingender Größe; schließlich eine still und unsichtbar im Schatten beliebter und unwiderleglicher Schlagworte produktivierende Erziehung. Konkret: ein großes Landgut, das einmal in Wirtschaft, die Wohn- und Verpflegungsgrundlage für einige tausend Kinder, Jugendliche und Erwachsene bieten könnte; fern genug vom Wiener Judentum, nah genug den Bildungs- und Erziehungsmöglichkeiten der Großstadt; Landwirtschaft, Werkstätten und Schulen zu einem organischen Bildungsganzen vereint, durch Schul-

1 Um diese Zeit war ich längst nicht mehr allein, sondern von teilnehmenden Freunden in so nahem Umgang umgeben, daß nicht mehr zu sagen wäre, was meine, was jeweils ihre Leistung war.

gemeinde, befreite Jugend und gewählte Lehrer zu Autonomie entschlossen und reif. Wir nannten diesen Plan: »Freie jüdische Schulsiedlung«. Dabei war uns unentbehrlich wichtig, untrennbar zum Begriff gehörig – was selbst manchem, der energisch für die Sache eintrat, nie ganz klar geworden ist –, die große Landwirtschaft mit einem breiten System landwirtschaftlicher, gewerblicher und industrieller Lehrwerkstätten; und eine von Grund auf durchgeführte, ernsthafte Schulgemeinde-Verfassung. Jenes vor allem aus zwei Gründen: 1. um die Möglichkeit einer weitgehenden Selbstversorgung sicherzustellen, und 2. um die über die Schulpflicht hinausgewachsenen – also eigentlich erst für alles Geistige erziehungsfähig gewordenen – Kinder in der Siedlung erhalten zu können, und sie trotzdem, gerade dadurch, zu produktiven Berufen heranzubilden; dieses, um den künftigen Gliedern der jüdischen Gemeinschaft Gemeinschaftsgeist und -Willen dauernd zu vermitteln, und um eine für ihr Jugendleben, ihre Ideen, ihre Erziehung wehrhafte Jugend zu erzeugen.

Daß dieser Plan ein gewisses, sogar bis zu Verwirklichungsversuchen reichendes Interesse fand (»Kommission Schulsiedlung« des genannten Verbandes, die Verhandlungen mit Gutsbesitzern führte), verdankt er der Tatsache, ein wirklich diskutables Projekt zu sein. Denn seine materielle Basis ist vorhanden und einleuchtend. Es ist klar, daß die Erziehung und Erhaltung von einigen Tausend Kindern, die ursprünglichen Investitionen abgerechnet, in einer großen Siedlung billiger und verhältnismäßig leichter ist, als in einigen Dutzend Heimen mit je 50 oder 60 Kindern. Was ihn nicht zur Ausführung kommen ließ, war die erwähnte passive Resistenz der Geldgeber, und eine mehr instinktive und dumpfe, als überlegte Ablehnung, die durch alle Begeisterung hindurch sich als lähmende Skepsis und Saumseligkeit bemerkbar machte und ihre unbewußten Hintergründe sicherlich in der geschilderten bürgerlichen Einstellung auch entschlossener Jugendfürsorger findet.

Auf die Gefahr hin, diese Einleitung allen nur allgemein-pädagogisch interessierten Lesern zu lang und langweilig erscheinen zu lassen, muß hier noch zweier Faktoren Erwähnung getan werden, die zum Verständnis der atmosphärischen Lage, wenn man so sagen darf, des kulturellen und politischen Raumes beitragen, in dem sich die Entwicklung der pädagogischen Bewegung im Diaspora-Judentum abspielt, und in der nächsten Zeit abspielen wird.

Die Idee der Schulsiedlung ist national, denn sie bejaht die Zukunft des jüdischen Volkes, Palästina und die jüdische wirtschaftliche Reproduktivierung und kulturelle Wiedergeburt. Dies alles ist ihre Voraussetzung, ohne die sie nicht bestehen, nicht einmal konzipiert werden könnte. Und umgekehrt, wie kann die jüdische Wiedergeburt irgend mehr oder anderes werden, denn eine Wahlparole, ohne die ihr entsprechende Erziehung? Und wir dachten darum, die tragende Unterstützung von den Zionisten und Jüdischnationalen erwarten zu dürfen, um so mehr, als wir uns zutiefst als solche empfinden, und uns bewußt waren, unsere Ideen und Vorschläge einzig aus dieser Zugehörigkeit in der entscheidenden Form und Farbe gefaßt zu haben. Aber es ereignete sich, was uns damals recht bitter erstaunte und was ich heute völlig verstehe: während die assimilatorischen Kreise zustimmend, wenn auch wenig tätig waren, zeigte sich die überwiegende Zahl der maßgebenden zionistischen Personen untätig ohne Zustimmung oder sehr eifrig gegentätig. Man geizte mit Argumenten. Was aber zur Not formuliert werden konnte, war etwa: man sei gegen Zeit- und Arbeitskraft-raubende Phantasmen; man sei gegen alle Erziehungsexperimente; man habe das bisher Übliche mit nationaler Farbe zu unternehmen; man brauche die Assimilanten nicht; man könne das alles allein machen; man werde es auch machen, aber unter Parteikontrolle; die Jugend müsse zum Zionismus der jüdischen Nationalpartei erzogen werden; erst müsse man politisch die Autonomie erhalten; man dürfe die Jugend durch eine sozialistische Erziehung nicht entwurzeln usw. In solchen Reden und in Aufschiebungen von nötigen Beschlüssen erschöpfte sich die Tätigkeit der offiziellen zionistischen Kreise. Auch dies alles ist keineswegs als Vorwurf gegen irgend wen oder zur Kritik irgend jemandes Verhalten gesagt, sondern zur Kritik der kulturellen Funktion dessen, was heute Zionismus in der westlichen Diaspora heißt. Der Streit ist alt in der zionistischen Partei, ob die Schaffung kultureller Tatsachen dem Kampf um deren staatsrechtliche Anerkennung vorausgehen soll; und die bloßen Kämpfer haben die Formel gefunden, beide Bewegungen haben ineinander und zugleich zu verlaufen. Aber so wie sie die Oberhand gewinnen, ist dies Ausflucht, denn was man so Kampf um die Anerkennung des Rechts der jüdischen Nation, ihrer Schule, ihrer Sprache usw. nennt, ist, solange sie keinerlei irgendwie anerkennenswerte kulturelle Leistungen und Schöpfungen an einem Ort aufzuweisen hat, lächerlich, als gelte es, um das Recht zu kämpfen, an den Gasthäusern

»koscher« anbringen zu dürfen; so lange dies nämlich die einzige merkbare Manifestation des Judentums ist. Während aber die Schaffung kultureller Tatsachen, z. B. einer Schulsiedlung, notwendigerweise zum Kampf um die Anerkennung mit gewichtigen Waffen führt, da es in diesem Fall um den Bestand geht, so ist die Organisierung Tausender von Wählern um eine Parole ein gar paradoxer und problematischer Umweg zur Gründung einer Winkelbibliothek, eines Realgymnasiums (mit fraglichem Bildungswerte) und einer Schlosserwerkstätte. Ein Umweg, von dem heute schon sonnenklar ist, daß er überhaupt niemals zum Ziele führt. Denn erstlich erzeugt er eine Gegenauslese der führenden und tätigen Männer. Die Unschöpferischen erhalten bestimmendes Gewicht; die Redner, Agitatoren, Disziplinierten erhalten hauptberufliche Stellen und Ämter, während die Fachleute auf allen Kulturgebieten sich anderen Parteien oder Völkern verkaufen müssen, wollen sie leben und Stunden im Monate ihrer eigenen, der jüdischen Arbeit widmen; der Wahlfonds, die Zeitung verschlingt Unsummen in kulturell unproduktiven Anlagen. Zweitens: Man sagt gerne Gutes von der fruchtbaren Tätigkeit der Abgeordneten, der Gemeinde-, Bezirks-, Armen-, Schulräte, die wenigstens, statt des Ministers für jüdische Angelegenheiten, als vorläufiges Ergebnis der Autonomie-Kämpfe dem Volke geschenkt sind. Ja, sie leisten gute Arbeit: die Wähler sind mit ihnen zufrieden und das muß der Gewählten oberster Maßstab sein. Was aber wollen die Wähler? Die Verteidigung ihrer Interessen. Gewiß, auch jene berühmte Anerkennung, wenn auch nur recht theoretisch; aber vor allem den Schutz ihrer gegenwärtigen wirtschaftlichen, sozialen und allerletztens ihrer kulturellen Bedürfnisse. Und dadurch wird die Partei, deren Leitung den Mandataren anvertraut ist, ja die mit ihnen auch nur in wesentlichem Zusammenhange steht, in ihrer ursprünglich revolutionierenden geistigen Kraft gebrochen. Denn es kommt in kulturellen Dingen gar nicht darauf an, deren allgemeine Anerkennung, ihr Bestandsrecht im allgemeinen zu verteidigen, ja es ist dies schlechterdings unmöglich; sondern es kommt darauf an, welches ihre Inhalte sind, aus welcher sozialen Stimmung, in welcher sozialen Perspektive sie geschaffen werden. Die Mandatare der bürgerlichen und kleinbürgerlichen jüdischen Wählermassen müssen erst entscheiden, ob eine Schöpfung wertvoll genug ist, gefördert, unterstützt, verteidigt oder geschaffen zu werden, ehe sie ihr – ohnehin geringfügiges Teilnehmen – beschließen können. Und sie sind unzuständig, dies zu entscheiden. Sie werden immer, wenn es um irgendwie Wesentliches geht, die falsche Entscheidung treffen. Denn alles, was geschehen muß in jüdisch sozialen und kulturellen Dingen, muß entgegen der Richtung des bewußten Wollens und vermeintlichen Interesses der Wähler geschehen, sie müssen national, kulturell, und als Voraussetzung für beides sozial und kulturell revolutioniert, erzogen werden. Die Mandatare aber dürfen nur tun – in allem Wichtigen –, was in der Richtung jenes falschen Wollens, jenes unklaren, undurchdachten und verschleiernden Interesses liegt. Sie müssen vertreten anstatt zu erziehen. So erfüllt das ungeheure Wachsen des zionistischen Parteileichnams – ein Wachsen durch Apposition wie bei allem Toten – eine wichtige Funktion im Judentum: die Scheidung des jüdischen Volkes nicht mehr in Nationale und in Assimilanten, denn diese Scheidung ist vollzogen (wenn auch an einzelnen Orten der Diaspora noch gewisse Nachwirkungen der früheren Zeit bemerkbar sind) dadurch, daß die einen unentwegt sich taufen, Nichtjuden nennen, und ausschließlich nichtjüdische Arbeit, die anderen aber jüdische Arbeit tun; sondern die Scheidung nach den Prinzipien des jüdischen Lebens, der jüdischen Arbeit, Gesellschaft und Politik. Das imperialistische Europa und die zweite Internationale haben gelernt, die Juden als Volk zu betrachten; die dritte Internationale, was vielleicht in Kürze viel wichtiger sein wird, ist im Begriffe, es zu tun; wir selbst tun es nunmehr ganz und gar. Es hat keinen Sinn mehr, sich als jüdisch-national zu bekennen, wo sich Jude nennen bereits heißt, sich zum jüdischen Volk zählen, in ihm arbeiten, es entwickeln. Und von diesem Augenblick an werden die Trennungen im Judentum, vor allem die sozial-kulturellen, viel wichtiger als dies Bekenntnis zur Einheit. Wir brauchen die Einheitsfront der gemeinsamen Resolution nicht mehr, wo wir den Einheitsakt des gemeinsamen Volkes haben – ob dies nun von dieser oder jener ephemeren Regierung einer sterbenden Klasse, in einem sterbenden Lande anerkannt wird, oder nicht. Der Kampf der inhaltlich geschiedenen Parteien im Judentum ist der lebendigere, zukunftsvollere Beweis unserer Einheit als Volk, als lahme Koalitionen und feige Kompromisse. Man muß aufhören, das Judentum als eine einheitliche Partei im nichtjüdischen Staate zu betrachten; es kann daher nicht genügen, dieser Partei beizutreten, sondern alles kommt darauf an, wo man innerhalb ihrer steht. Die Parteidisziplin muß abgelöst werden von der Verantwortlichkeit vor der Zukunft des Volkes. Und man darf sich vor Einheitsgeschwätz nicht fürchten. Wird einmal wirklich ein allen gemeinsames Interesse verletzt, so werden die Getrennten sich im Augenblick finden. Diese Andeutungen waren nötig, um zu zeigen, in welcher Richtung ein Neudenken der Zusammenhänge von uns jüdischen sozialistischen Erziehern gründlich und unabhängig vorgenommen werden muß, sollen wir wissen, was wir zu erwarten, und was wir zu tun haben. Von hier aus wird das Schicksal unserer Pläne und Versuche, über die in dieser Schrift berichtet wird, nicht als Zufall der persönlichen Konstellation, sondern in ihrem notwendigen, soziologischen, kulturellen Anteil verständlich. Und der Weg zu geschickteren, konsequenteren, fruchtbareren Maßnahmen wird frei.

Das zweite Faktum, von dem hier episodisch eingeschaltet die Rede sein muß, ist das American Joint Comittee, Vienna Branch. Gerade als wir die ersten Verhandlungen mit einer Gutsverwaltung wegen der Gründung der Schulsiedlung führten, erweckte der amerikanische Delegierte des Joint in Wien durch seine Reorganisationsversuche der Vienna Branch Hoffnungen. War bisher die amerikanische Hilfe als Almosen verteilt worden, so sollten jetzt neue, produktivere Wege eingeschlagen werden, in großzügiger Weise Hilfsinstitutionen geschaffen werden, freilich als Hilfe und nicht als Aufbau. Und zwar waren die in Aussicht gestellten – und später auch eingelangten – Mittel mehr als beträchtlich und durchaus genügend, wirkliche Hilfe zu bringen, wenn sie nur sachgemäß, weitsichtig und konsequent verwendet worden wären. Für die Schulsiedlung erhofften wir uns die fehlenden einigen tausend Dollar zu den von mir aufgebrachten mehr als $1^1/_2$ Millionen Kronen für den Investitionsfonds. Und wir bemühten uns bis in die jüngste Zeit (März 1920), dem Amerikanischen Comittee klar zu machen, daß eine produktivere und ökonomischere Verwendung für die ohnehin Kindern und Lehrlingen bestimmten Summen nicht möglich sei, als die Erwerbung und Adaptierung einer genügend großen Landwirtschaft, auf der die betreffenden Fürsorgeinstitutionen konzentriert würden. Man kann nicht einmal sagen, daß das Comittee solchen Vorschlägen ablehnend gegenüber stand. Man war dafür; man sah wenigstens ein, daß dies erwägens- und versuchenswerte Möglichkeit wäre; man wollte es sogar tun – aber es geschah nichts. Und zwar aus einer, über den Einzelfall hinaus bemerkenswerten Tatsache. Es soll vorweg festgestellt werden, daß die weitaus überwiegende Zahl der Comitteemitglieder – es sind etwa 100 – gute und anständige, auf ihrem Gebiet vortreffliche und fähige Menschen sind, die vielleicht selbst eine Ahnung von der Größe ihrer Verantwortung und jedenfalls den Willen haben, mit dem amerikanischen Gelde möglichst Großes und Fruchtbares zu tun; die zum Teil überdies ein recht beträchtliches Gefühl von der Minderwertigkeit dessen, was geschieht, besitzen; es sei auch festgestellt, daß der Direktor und seine Beamtenschaft fleißig sind. Und dennoch muß konstatiert werden: es sind Millionen in gänzlich sinnloser, unfruchtbarer, durchaus schädlicher Weise vertan worden und bloß ein winziger Bruchteil der Mittel ist zufällig und nebenbei mehr gewesen, als Schnorrergeld und Nothilfe für einen kurzen Augenblick. Schuld trägt die grauenhafte Unzulänglichkeit der an diesem Werk beteiligten Menschen. Vor allem der Beamtenschaft. Ich spreche nicht von den menschlichen Qualitäten, für die vielleicht nicht symptomatisch ist die Unbekümmertheit um die Realität, die sich in tausend Imponderabilien des Verkehrstones mit den »Petenten« äußert: sie müssen eine steile, kahle Nebentreppe im Hofe benützen, während die Herrschaften die teppichbelegte Luxustreppe hinaufsteigen; sie müssen stundenlang stehen und warten, angeschnauzt, gestoßen, hin- und hergewiesen, als sehr unbequeme Nebenerscheinung eines im übrigen recht behaglichen Einkommens behandelt. Ich spreche nicht davon, daß es menschlich schlecht stehen muß um eine Beamtenschaft, in deren Klientel durchaus das Gefühl herrscht, und zwar heute noch, nach einem Jahr, daß Protektion nötig sei, um etwas zu erreichen; es stimmt etwas nicht im Menschlichen der Beamtenschaft einer sozialen Institution, wenn die Klienten sich über die Nebengeschäfte der Sekretäre unterhalten, indessen sie auf die Erledigung ihrer Angelegenheiten in langen Reihen warten. Aber man kann von diesen menschlichen Mängeln nicht sprechen, denn diese Symptome sind nicht Beweis dafür, daß die Beamten tatsächlich Geschäfte machen und Protektion dulden oder üben, sondern sie zeigen nur an, daß irgend eine andere Qualität in ihnen fühlbar ist, die solche Gerüchte zuläßt, jahrelang zuläßt. Gewiß ist: als jüdische Beamte sind sie unzulänglich. Nach einem Jahr Tätigkeit des reorganisierten Joint müssen Präsidialmitglieder gestehen: wir haben keine Projekte, wir »wurschteln nur weiter«. Und das ist es: diese Beamten, die einmal

Juristen, Sekretäre allerhand jüdischer Vereine, Redner, Journalisten waren, wissen nichts Inhaltliches für ihr Amt, haben keine Wertungen innerhalb ihres jüdisch-nationalen oder paole-zionistischen Bekenntnisses, es fällt ihnen darum nichts ein, nicht einmal etwas Unschöpferisches, bescheiden Sachliches, gar nichts. Sie erledigen Akten nach der Geschäftsordnung. Und entledigen sich der Menschen und Ideen, indem sie aus ihnen Akten machen. Und das grauenhafteste, in unserem Zusammenhang entscheidende, ist, man könnte vielleicht den einen oder anderen auswechseln, man könnte vielleicht, wenn es schon auf Akten ankommt, Leute finden, die sie sorgfältiger behandeln, pünktlicher, zuverlässiger und liebenswürdiger erledigen – aber wir haben nicht genug solcher, die etwas brauchbareres als Reden zu halten und Leitartikel zu schreiben gelernt haben; solcher, die Einsicht, Willen, Mut besitzen, das Nötige zu schaffen: Institutionen, die uns aus dem heutigen Zustande heraus heben würden. Dies ist die Frucht zwanzigjähriger jüdischer Bewegung. Muß sie nicht an einer inneren Unklarheit, an einem inneren Widerspruch gelitten haben, wenn sie nun, wo sie sich bewähren sollte, in steriler Unzulänglichkeit versandet? Muß nicht irgendwie dieser unheimliche Bann gebrochen werden? Und wie anders, als durch eine Revolte der Jugend und ihrer Erzieher, einer Kette von Revolten, die schließlich zur Revolution der Erziehung führt? Und muß uns hier nicht die Frage zu einer lichten Antwort führen: wer hindert diese Revolten, wer fängt sie ein zu seinen Zwecken, bricht sie, und triumphiert?

II. Einrichtung

Unter denen, die sich, ohne tieferes Verständnis für das Projekt »Freie Schulsiedlung« interessierten, war auch die spätere Leiterin unseres Kinderheims. Sie hatte seit Jahren sich immer wieder einmal mit jüdischen Kindern beschäftigt und einiges vom Standpunkt der üblichen Jugendfürsorge Anerkennenswerte geleistet und durchgeführt. Ihre eigentliche Tätigkeit war und ist aber die persönliche Wohltätigkeit, die sieht was sie tut, die ihren Schützling beschenkt, für ihn selbst wenigstens als Geschenk bemerkbar und die mindestens im unbewußten Hintergrunde als Effekt des Tuns Dankbarkeit erwartet; wäre es auch in der sublimen Form, daß man die deutliche Beglücktheit sehen möchte. Eine Beglücktheit, die letztlich die Wohltäterin nur dann befriedigt, wenn sie von ihrer Gabe oder Tat ausgeht, aber immer einen Rest von Mißstimmung erzeugt, wenn sie von ihr unabhängig auf dem Kindergesicht aufleuchtet. Eine Verhaltensweise, die kultiviert in einer früheren, eben erst vergehenden Periode der jüdischen Gesellschaftsentwicklung sehr schätzenswert gewesen sein mag, und in Zukunft vielleicht auch wieder ihre Stelle haben wird, in unserer heutigen klassenmäßigen Elendslage aber zu grotesken, peinlich berührenden Tantenhaftigkeit mit all ihrer Unmotiviertheit, Unruhe und Unfruchtbarkeit sich verzerrt. Und je ideenloser und unsachlicher die Gutmütigkeit solcher Menschen, um so verzerrter ihre Wirksamkeit; um so unbegreiflicher ihnen selbst ihre Lage, um so geringer ihre subjektive Schuld, aber um so mehr sind sie schädlich – objektiv schuldig –, wenn sie die enge, allzu enge Grenze ihrer Möglichkeiten überschreiten wollen.

Ende Juli 1919 – es war gerade der dritte Versuch, ein geeignetes Objekt für die Schulsiedlung zu kaufen, durch die Zaghaftigkeit des Verbandes für Jugendfürsorge (neuerliche Überweisung an eine zweite Gutachterkommission) gescheitert – teilte mir nun jene Leiterin mit, sie habe fünf Baracken im Baumgartner Kriegsspital erworben und bäte mich, die Leitung der Schulsiedlung zu übernehmen, die dort aufrichten zu lassen ihr Wille sei. Nach längeren Verhandlungen, die von mir mit jenem Mißtrauen geführt wurden, das mir dem Vorschlag gegenüber, in einigen Baracken innerhalb Wiens ohne Landwirtschaft mit 200 bis 300 Kindern eine Schulsiedlung zu machen, nötig schien, von ihr aber mit jenem Entgegenkommen, das meine Bedenken schließlich zerstreute; wurde festgestellt: In Baumgarten wird keine Schulsiedlung, sondern ein eigenartiger Typus Kinderheim geschaffen, der bewußt als Kader für eine künftige größere, vollkommenere und organischere Unternehmung eingerichtet wird. Was meine eigene Stellung angeht, habe ich mir ausbedungen: 1. ich bin der oberste Beamte in der ganzen Unternehmung; alle in Baumgarten tätigen Personen, das pädagogische und Verwaltungspersonal unterstehen ausschließlich mir; sie werden von mir angestellt und von mir entlassen; 2. in allen pädagogischen und organisatorischen Dingen bin ich völlig unabhängig; 3. in finanziellen Dingen unterstehe ich der Leiterin; 4. in wirtschaftlichen Dingen wird sie mir helfend zur Seite stehen, jedoch geschieht alles unter meiner Verantwortung, daher unter meiner Entscheidung; 5. Kinder werden von mir, mit entscheidender Zustimmung der Leiterin, aufgenommen, und nur von mir entlassen. Diese Forderungen wurden von mir gestellt, weil ich überzeugt bin, daß eine Stätte neuer Erziehung nur dann geschaffen werden kann, wenn alle darin lebenden und tätigen Erwachsenen, vom Direktor bis zu den Dienstmädchen, über ihre sachliche Eignung hinaus in ihren menschlichen Qualitäten ein einheitliches, sagen wir mit einem vielleicht mißverständlichen, aber prägnanten Wort, unbürgerliches, gemeinschaftsbildendes Gefüge geben. Überdies ist die neue Erziehungsgesinnung, die wir vertreten, und die sozialistisch ist, d. h. auf Massen ausgeht und Wirtschaft mit einbezieht, charakterisiert durch die Notwendigkeit, sich einen Verwaltungs- und Wirtschaftskörper zu bauen, der bis ins Letzte durch die geistigen Forderungen der Erziehung bestimmt ist. Daher muß der technische und der Verwaltungsapparat ganz und gar untergeordnet sein der pädagogischen Instanz. (Es wird im Verlauf dieses Berichtes noch Gelegenheit sein, auf diese sehr wichtige, bisher völlig vernachlässigte Seite der Erziehungslehre konkret einzugehen). Die Leiterin nahm diese Forderungen an, weil ich sie als unumgängliche Bedingung für meine Mitarbeit stellte und behielt somit die Funktion der Vertretung der Anstalt im Joint, das die nötigen Geldmittel sicherstellte, der Kontrolle der Finanzgebarung und der Mithilfe in den wirtschaftlichen Angelegenheiten.

So konnte ich im Monat August mit meinen Freunden an die Arbeit gehen. Zunächst wurde, nach reiflicher Überlegung der Möglichkeiten des Unternehmens, der folgende Grundriß entworfen und von der Leiterin angenommen. (Ich bringe hier nicht das Originalmanuskript, sondern eine Darstellung, die zugleich die entscheidenden Überlegungen mitenthält.) Wir hatten die Aufgabe, zwei verschiedenen Zielen gerecht zu werden. Erstens sollte in Baumgarten ein gutes jüdisches Kinderheim entstehen; zweitens die Vorbereitung für die Schulsiedlung. Jenes ist bis zu einem gewissen Grad gelungen und wird uns im weiteren Verlauf des Berichtes ausschließlich beschäftigen; dieses ist Plan geblieben, seine Darlegung soll vorausgeschickt werden. Für das pädagogische Gelingen einer großen Schulsiedlung ist entscheidend, ob von Anfang an ein Kern für Freiheit und Verfassung reifer Kinder, ob eine – und wäre es nur kleine – Anzahl von arbeitenden Jugendlichen vorhanden ist, die fähig sind, Verpflichtungen im Schülerausschuß und den Werkstätten auf sich zu nehmen, ob eine Gruppe da ist von Lehrern, die es gelernt haben, persönliche Ambitionen auf Würde und unfehlbare Befehlsgewalt abzulegen und sich mit Kameradschaftsführerschaft zu bescheiden, schließlich ob in dem Ganzen eine leidenschaftliche Arbeitsgesinnung herrscht, die ausgeht von den eigentlich arbeitenden Menschen in der Siedlung. Darum sollte Kinderheim Baumgarten entsprechend den räumlichen Verhältnissen aufgebaut sein aus 60 Knaben und 60 Mädchen des Alters von 6 bis 14 Jahren, für die eine achtstufige Schule dienen sollte; aus etwa 25 männlichen Jugendlichen über 14 Jahren, die in der Tischlerei, Buchbinderei, Schusterei; etwa 25 Mädchen über 14 Jahren, die im Gemüsegarten, Kleinviehhof, Haushalt, Küche, Buchbinderei, Nähstube richtige Lehrzeit absolvieren sollten; Unterrichtskurse, dem Stoff der höheren Schule entsprechend, sollten ihnen die Möglichkeit zu geistiger Ausbildung geben. Die gesamten Verwaltungsdienste und Schwerarbeiten sollten nicht von Dienstmädchen und Dienern, sondern von Chaluzim und Chaluzoth geleistet werden. Die Lehrer sollten nach zwei Prinzipien ausgewählt werden: Erstlich solche, die vorzügliche Didaktiker der neuen Methode sind; zweitens junge Leute, vor allem Hörer des jüdischen Pädagogiums, die mit jüdischer Bildung Kinder- und Jugendführerqualitäten verbinden, und von jenen die Methodik praktisch erlernen sollten, um später als Schulsiedlungslehrer fungieren zu können. Möglichst viele von ihnen sollten in den Baracken wohnen, durch Bibliothek, Musik- und Gesellschaftszimmer sollte ihnen freier Verkehr untereinander und mit Bildungsmöglichkeiten gegeben sein. Die konkreten räumlichen Verhältnisse hätten überdies gestattet, in einer gesonderten Baracke ein Kleinkinderheim für 60 vorschulpflichtige Kinder einzurichten. Dies war der organisatorische Grundriß, von dem wir ausgingen, und der im Laufe der Zeit so mannigfaltige wesentliche Veränderungen erfuhr, daß für die Vorbereitung der Schulsiedlung direkt in Baumgarten nichts geschehen konnte. Zunächst verbot einer der zionistischen Präsidenten des Joint, daß meiner Erziehung männliche Jugendliche über 14 Jahre anvertraut würden; an Kindern und Mädchen sei er nicht interessiert, aber männliche Jugendliche könne er nicht zulassen, denn er wisse, daß sie von mir nicht im Sinne der Partei erzogen würden. Also fielen alle Werkstätten weg (bis auf eine kleine Schulwerkstätte). Dann erklärte das Joint, es könne keine Pädagogiumshörer und freiwilligen Hilfskräfte dulden; ohne Begründung, unzweifelhaft auf Betreiben der Leiterin, die nur Angestellte oder wohltätig Beschenkte in ihrem Bereich verstehen und daher dulden konnte. Es waren zwar bis zur letzten Stunde ebenso wie einige Jugendliche auch solche in Baumgarten, aber gegen die Anordnungen und an eine ruhige, ausbauende Entwicklung ihrer Tätigkeit war nicht zu denken. Jeder Einfluß auf Verwaltungsagenden wurde mir, entgegen aller Vereinbarungen, alsbald verwehrt, und ausschließlich der Leiterin übertragen und es war mir nach wenigen Wochen deutlich geworden, daß es unverantwortlich wäre, dieser Verwaltung Lehrlinge anzugliedern, da sie nur Desorganisation gelernt und eine unwürdige, ja schmähliche Behandlung erfahren hätten. So fielen die auszubildenden Mädchen weg. Der unbequemen Chaluzim entledigte sich die Verwaltung schnellstens und engagierte christliches Personal. Schließlich waren die Verpflegungs-, Gesundheits-, Heiz- und Wohnverhältnisse insbesondere für Erwachsene derart, daß ich nicht den Mut hatte, jemanden einzuladen, geschweige von ihm zu verlangen, er sollte Wohnung in den Baracken nehmen; die Lehrer wohnten daher fast ausnahmslos auswärts, und darum entwickelte sich keinerlei angeregtes und anregendes Gemeinschaftsleben von Erwachsenen an unserer Schule.

Doch nun genug von dem erzählt, was geplant und nicht gelungen war; und endlich berichtet, was positiv geworden ist!

Das Kinderheim Baumgarten besteht aus fünf aneinandergrenzenden, sehr gut erhaltenen betonierten Gipsdielen-Doppelbaracken mit Holzverkleidung im ehemaligen Kriegsspital 2 Wien XIII, Linzerstraße 299; anschließend befinden sich ein großer Spielplatz, zwei Wiesen und ein Stück Obstgarten, zum Komplexe des Kinderheimes gehörig. Die Baracken tragen die Nummern 27, 28, 29, 30, nebeneinander an einer Seite der letzten Barackenstraße stehend, und 17 gegenüber 27 auf der anderen Seite der Straße. Baracke 18 gegenüber 28 war uns leihweise überlassen worden (und diente als Depot). Der Spielplatz erstreckt sich hinter Baracke 27 und 28, eine Wiese hinter 29 und 30, die andere längs Baracke 30, vor ihr sie teilweise umgebend der Obstgarten. Zwischen den Baracken führen breite, von Beeten eingesäumte Straßen; die Straße zwischen Baracke 28 und 29 war von uns umgepflügt und der ganze Raum als Gemüsegarten eingerichtet worden. Die Landschaft, an der Peripherie des Wienerwaldes, ist hügelig und anmutig, kurze Spazierwege führen tief in den Wienerwald hinein. Durch Umbau und Adaptierungen wurde dieser Komplex in folgender Weise eingerichtet: B. 17; Kleinkinderheim, erhielt einen großen Schlafsaal für 60 Kinderbetten, einen Speisesaal zugleich als Tagraum für Bewegungsspiele und vier kleinere Räume für die ruhigen Spiele der Kleinen; drei Krankenzimmer, die ärztliche Ordination, drei Wohnzimmer und allerhand Nebenräume wurden hier untergebracht[2]. B. 27; enthält die Küchen- und Wirtschaftsräume, Verwaltungskanzlei, Nähstube, eine Angestelltenwohnung, den großen Speisesaal und zwei große Säle, die anfangs als Tagräume für die schulpflichtigen Kinder, jetzt als Festsäle benützt werden. B. 28; Baracke der Knaben, enthält einen Schlafsaal mit fünfzig, einen Saal mit zweiunddreißig und einen mit zehn Betten, drei Tagräume (einen größeren, zwei kleinere), eine Wohnung und die Nebenräume. B. 29; Baracke der Mädchen, besteht aus einem Schlafsaal mit fünfzig, einem mit zweiunddreißig, einem mit zehn Betten, einem kleinen Aufenthaltsraum und den Nebenräumen. B. 30; Schule, enthält neun Klassenzimmer, Werkstätte, Lesezimmer, Physikzimmer, Lehrerzimmer, Halle, Archiv, Direktion und meine eigene Wohnung, Nebenräume.

Da niemals ganz eindeutig festzustellen war, in wessen Kompetenz die Einteilung der Räume stand, ergaben sich mancherlei Konflikte mit ungeschickten Lösungen, manche unmotivierte Umzüge und Veränderungen. Zudem wurde jede vernünftige, sachgemäße Einteilung der Räume durch das völlige Versagen der Verwaltung in der Heizungsfrage und durch parteiische Gesichtspunkte bei der Raumeinteilung verhindert. Es war den beteiligten Personen nicht klar zu machen, wie ungeheuer wichtig die Raumfrage für die Pädagogik ist. Daher mußte schließlich so gut wie auf alle erzieherischen Einflüsse verzichtet werden, die sich aus einer guten »Zimmerpolitik« hätten erzielen lassen. Dreierlei haben wir dabei als sehr wichtig erfahren: große Schlafsäle bewähren sich bei Kindern bis zum 12. Lebensjahr durchaus. Man kann unbedenklich deren auch 50 oder 60 in einem Saal vereinigen, wenn jedes der Kinder irgendeinen eigenen Bereich im Schlafsaal oder außerhalb desselben besitzt. Ein Kasten oder auch nur eine Lade, irgendein Kubikmeter muß als des Kindes völlig eigener Raum bezeichnet sein, und muß von ihm verteidigbar gegen alle

---

2 Über dieses Kleinkinderheim wird in dieser Schrift nicht näheres berichtet werden; es stand unter Leitung von Frl. Grete Obernik und nach deren Abreise nach Palästina von Frl. Hella Rosenblum. Es soll darüber und über den Tagesraum, den Schwester Recha Gelb leitete, gesondert berichtet werden.

Angriffspläne der anderen, also sichtbar begrenzt und absperrbar sein. Wir hätten den Kindern viel geistige Not ersparen und ihnen eine raschere und tiefere moralische Entwicklung sichern können, wenn es uns gelungen wäre, von der Verwaltung absperrbare Fächerkästen zu erhalten. Sehr wichtig zeigt sich uns auch, daß die Kinder außerhalb des Schlafsaals die Möglichkeit erhalten, bequem und allein zu sein; dies war ihnen erst im Frühjahr geboten, als sie im Freien sich lagern konnten. Wir haben bei unseren Kindern sehr deutlich das Bedürfnis nach einer gewissen zeitweiligen Absonderung von den anderen bemerken können. Und es ist sehr schädlich, wenn für das Kind die einzige Möglichkeit, diese Situation herzustellen nur dann gegeben ist, wenn es sich in sein Bett kuschelt und die Decke über die Ohren zieht. Es muß Gelegenheit haben, auch im wachen Zustand an einem Sinne und Intellekt anregenden Orte zu träumen. Und Kinder lieben eine gewisse Konstanz im Träumereiort; es muß also in einem Internat eine genügende Anzahl solcher Plätze geben, damit die Kinder einander nicht von ihren Lieblingsplätzchen verjagen müssen. Man muß daher die großen Säle als Tagesaufenthaltsstätten der Kinder vermeiden und das um so mehr, je größer die Schlafsäle sind. Und auf alle Fälle muß jedem Kind ein gleiches Stück versperrbaren Raumes gegeben werden, wo es sein eigener, individueller Herr sein kann. Für die älteren Kinder und die Jugendlichen aber sind Schlafsäle absolut zu vermeiden. Sie leiden unter ihnen sehr stark und sinnlos. Anfangs hatte ich vorgesehen gehabt – und es wäre dies auch leicht durchzuführen gewesen –, die Kinder über 12 oder 13 Jahren in Räumen zu sechs bis zehn, die älteren in Einzelräumen oder zu zweit unterzubringen. Dies war den Knaben bekannt, und sie freuten sich darauf viele Wochen lang, machten Pläne für die Ausschmückung und Gesetze für den Gebrauch – bis ich ihnen die Hoffnung endgültig zerstören mußte. Die älteren Mädchen bezogen gleich in den ersten Tagen eines der Zehnerzimmer, und sofort begannen sie Gedanken, Phantasie und Arbeit an die Einrichtung des Raumes und seine Verschönerung zu wenden. Kurz darauf wurden sie auf wiederholten Befehl der Verwaltung, dessen Zurücknahme ich nur einige Male erreichen konnte, in den großen Schlafsaal verteilt. Ihre Betrübnis und Empörung war ganz außerordentlich und, wie die Verwaltung fand, sinnlos, hysterisch, übertrieben. Wir haben diese Tatsache immer wieder deutlich feststellen können, und sahen auch immer, daß nur dann die kahle Nüchternheit, Unreinlichkeit und Unordnung von den Räumen gänzlich fern gehalten werden konnte, wenn sie jemandem gehörten. Nicht einmal immer dann stellte sich dies Ergebnis ein, aber ausnahmslos nur in diesem Falle.

Am 18. Oktober zogen an 200 Kinder aus dem Flüchtlingsheim in der Engerthstraße in unsere, zum Teil unfertigen Baracken ein. Wenige Tage später kamen an 50 Mädchen aus der Waisen-Heimstätte am Esteplatz. Diese blieben der Grundstock der Baumgartner Kinder. Im Monat November erhielten wir Zuwachs aus dem Nikolsburger Flüchtlingsheim, und die ganze Zeit hindurch traten einzelne Neue zu uns ein. Einzelne traten aus, und ungefähr 100 waren abwechselnd jeweilig im Ausland, in Holland, Italien oder in der Schweiz. Engerthstraße, Esteplatz, Nikolsburg bezeichneten sehr lange ziemlich scharfgetrennte, einander sehr feindselige Lager; und was die Kinder subjektiv als Gegensatz empfanden, bestand auch objektiv als beträchtliche Verschiedenheit des Grades und der Art ihrer Verwahrlosung. Wir haben die Kinder natürlich nur langsam kennen gelernt, indem sich uns ungezählte Einzelerfahrungen und Erlebnisse nach und nach zu einem Ganzen gestalteten. Und es wäre sehr reizvoll, die Struktur der Kinder auch vor dem Leser an Hand des Konkreten schrittweise zu enthüllen. Leider ist dies aber – von der Breite einer solchen Darstellung abgesehen – nicht möglich, da wir erst in den letzten Wochen unseres Baumgartner Aufenthaltes Ruhe und Sammlung fanden, an systematische Beobachtung und Registrierung auch nur ernsthaft zu denken. So muß ich auf Grund meiner und aller Lehrer unsystematischer Notizen und zusammenfassender Erinnerungen berichten.

1. Engerthstraße. Der physische Zustand dieser Kinder war weniger schlimm, als man hätte befürchten können; der Krankenstand war gering, das Untergewicht für Kriegs- und proletarische Verhältnisse durchschnittlich. Freilich hatten die Kinder Kopf-, Kleiderläuse und Ekzeme, doch waren sie, besonders die Mädchen, an ein gewisses Maß von Reinlichkeit – wie es schien – gewöhnt. Oberflächlich betrachtet, schienen sie beinahe erzogen. Dachte man sie sich in reinen und hübschen Kleidern, hätte man sich vorstellen können, in einer gesitteten Gesellschaft zu sein. Sie sagten brav »Küß die Hand« und wenn sie einen Zionisten sahen, sogar »Schalom«; wenn sie etwas wollten, baten sie sehr demütig, sie konnten sogar danken, wenn sie es erhielten; fragte man sie nach

ihrem Befinden, so klagten sie weinend und sehr gesprächig; verlangte man etwas von ihnen in energischem Ton, so taten sie es sofort, sogar unterwürfig: donnerte die Leiterin zum Beispiel »Ruhe«, so wurde es totenstill, – für ein paar Minuten. Einige schienen sogar sehr hilfsbereit, arbeits- und lernfreudig. Die Erziehungsmaßregeln, denen sie bisher unterworfen waren, sind einfach genug mitzuteilen. Taten sie, was ihren Erziehern nicht recht war, so wurden sie angeschrien, beschimpft, geohrfeigt oder bestraft. Die hauptsächlichste Strafe war Entzug der zahlreichen »Vergünstigungen«, die ihnen gegönnt waren, vor allem des Essens, oder Einsperren in ein finsteres Kellerloch. Merkten ihre Erzieher nichts Tadelnswertes, so mochten sie tun, was sie wollten. (Die vorschulpflichtigen Kinder sahen bei uns zum ersten Male Spielzeug!) Angeberei, Schmeichelei, Dienste, »Folgsamkeit« und »Bravsein« wurden belohnt, durch »Protektion«, besseres, reichlicheres Essen, »Vergünstigungen«. Im übrigen ging es dem Personal recht gut. Es hatte besseres Essen, bessere Zimmer, Betten usw. und reichlichen Nebengewinn durch Schleichhandel mit den für die Kinder bestimmten Nahrungsmitteln, Liebesgaben, Kleidern, Wäschestücken, Schuhen, Lehrmitteln, und was dergleichen mehr ist. Die Kinder besuchten die öffentliche Schule. Die Früchte dieser Erziehung haben wir bald deutlich erkannt. Vor allem waren die Kinder zutiefst mißtrauisch; sie glaubten Worten gar nicht, sie glaubten sich von allen Erwachsenen bestohlen, betrogen, belogen, gequält, zurückgesetzt. Sie logen und stahlen skrupellos. Ihre Weltanschauung, ihre Reaktion auf die Welt, war ein überaus ausgeprägter, sehr intelligenter, ganz und gar hemmungsloser Egoismus, der auf einer sehr durchdringenden Kenntnis der für sie bestimmenden Personen aufgebaut war. Sie wußten, daß es in bezug auf die zur Durchsetzung eines Wunsches anzuwendenden Methoden dreierlei Arten Menschen gebe, den einen mußte man vorweinen, den anderen Stiefel putzen, Lasten tragen, Schmeichelworte sagen, von den dritten mußte man sich alles gefallen lassen, dafür konnte man sie hinter ihrem Rücken in allem betrügen. Untereinander waren sie nichts weniger als kameradschaftlich, sie bestahlen, betrogen, verprügelten und quälten einander. Ihr ausschließliches Bedürfnis war physischer Art. Von unbeschreiblicher Wehleidigkeit für sich selber, waren sie brutal gegen andere. Ihre spontane Belustigung war: Kartenspiel, Fußballspiel, Zank, Zerstören von Einrichtungsgegenständen, sinnloser Lärm – oder stundenlanges, völlig inhaltloses

Hindösen auf der Ofenbank. Für anale Hemmungen hatten sie keinerlei Sinn; Beschmutzungen der Aborte, Wege, ja der Betten war ihnen selbstverständlich. Ein großer Teil der affektiven Interessen konzentrierte sich auf die anale Zone, viele hielten sich gerne auf den Aborten auf, sie vergnügten sich dortselbst in Paaren oder Gruppen, sprachen gerne davon. Masturbation, besonders mutuelle, war häufig. Das absolute Zentrum ihres bewußten Seelenlebens war aber zweifellos das Essen. Die Ausnahmen von dieser geschilderten Struktur waren sehr gering, und nur unter den älteren Knaben und vor allem Mädchen, zu finden. Die Zahl der pathologischen Kinder von ausgesprochenem Schwachsinn bis zu leichten Psychopathien war erschreckend.

2. Esteplatz. Diese Mädchen waren physisch nicht nur nicht verwahrlost, sondern sorgfältig gepflegt. Sie hatten als Heimmutter eine sehr sorgsame, aber pathologische Frau; hatten ein Übermaß von unmotivierter Zärtlichkeit und launischer Strenge genossen; waren phantasievoller, mannigfaltiger interessiert, affektiv mehr gebunden, kenntnisreicher und selbst in (immer nur kleinen) Diebstählen und vor allem im Lügen kultivierter, aber fast durchweg mit starken, psychopathischen Zügen. Sie weinten, zankten, zeterten, waren mißvergnügt, launisch, zimperlich, wehleidig in einem Maß und einer Art, die sonst typisch für wohlverzogene Bürgerskinder ist. Es wird von diesen Kindern mehr zu sagen sein, wenn im Konkreten von ihrer Entwicklung die Rede sein wird.

3. Nikolsburg. Der Trupp Kinder, der von diesem Flüchtlingslager ankam, übertraf an Verwahrlosung alles, was uns je bis dahin bekannt geworden war. Schmutzig, zerrissen, ohne Wäsche, mit Läusen und Ekzemen kamen die Kinder. Nur zu essen hatten sie mehr gehabt, als sie bei uns erhielten. Sie äußerten auch: in N. war das Essen viel schlechter und alles war schmutzig, oft hat es gestunken – aber es war doch viel mehr. Durch zwei Tatsachen unterschieden sich die Nikolsburger von den anderen: Sie waren so verprügelt, daß sie verhältnismäßig still, geduckt und leise da saßen und vor sich hin stierten; andererseits waren vollkommene Verbrechertypen unter ihnen. Diese wurden nach ernsten Gerichtsverhandlungen (von denen noch erzählt werden wird) nach Nikolsburg zurückgeschickt.

Im übrigen gilt für die Kinder vom Esteplatz und aus Nikolsburg, was von denen aus der Engerthstraße angedeutet wurde.

Vielleicht genügt das Gesagte, um eine Vorstellung von dem

affektiven und moralischen Zustand der Kinder zu geben, mit denen wir entschlossen waren, von Anfang an und von Grund auf anders zu verfahren, als die bisherigen Erzieher, die ihnen beschert waren. Und ich darf vorwegnehmend feststellen: Nach einem halben Jahr war jede Spur von Verwahrlosung von ihnen weggewischt; sie waren zwar nicht gebildet worden, und sie waren noch nicht erzogen, aber sie waren bildungs- und erziehungsfähig und -willig geworden. Aus drei Haufen von Egoisten ist eine wohlorganisierte Schulgemeinschaft, durchpulst von Liebe, Freundschaft, Gemeingeist, ja selbst von Aufopferung erwachsen. Dies gilt buchstäblich und ernstlich von allen, wenn von etwa einem halben Dutzend psychopathologisch gebliebener Kinder abgesehen werden darf.

III. Kinder und Lehrer

Wenn ich nun schildern soll, wie wir diese sehr wesentliche Veränderung, diesen sehr wesentlichen Fortschritt in der Entwicklung unserer Schüler erzielten – beiläufig: die Tatsache wird von niemandem geleugnet, der die Kinder von den Anfangszeiten her kannte, auch nicht von Verwaltung und Comittee – so ist eine sehr beträchtliche Schwierigkeit zu überwinden, denn wir haben im Grunde nur sehr wenig »getan«. Dies macht den Vertreter der neuen Erziehung so wehrlos gegenüber den anderen, daß es nicht so sehr die einzelnen Maßnahmen sind, die ihn unterscheiden, als vielmehr seine ganze Gesinnung und Einstellung. Er »tut« überhaupt viel weniger, viel später, viel unauffälliger als der andere. Das aber aus einem ehrlichen Gefühl und nicht als pädagogischen Trick, weil er nicht die satte Selbstgewißheit und Selbstsicherheit, weil er nicht die ichverliebte Überschätzung seiner eigenen Person und ihrer Handlungen – weder im Guten noch im Bösen – besitzt, weil ihn vor allem die primäre Affektstellung gegenüber der Kindheit und Jugend unterscheidet.

Man liebt es, in pädagogischen Schriften vom Garten der Kindheit zu sprechen und den Pädagogen dem Gärtner zu vergleichen. Man denkt dabei aber – im Grunde – an nebensächliche Hantierungen des Gärtners, als wären sie seine wichtigsten, ans Beschneiden der Äste, ans Ausgraben und Eingraben, ans Unkrautjäten, an das Veredeln mit dem Messer und der Schere. Man malt sich das Bild eines gar hysterischen Pflegers, der hin und wider rennt, bindet, gießt und schneidet, und der so tut, als machte er die Gräser wachsen und die Blumen blau und rot, die Äpfel reif; und kennt das wahre Bild des beschaulichen Mannes nicht, der all jenes auch tut, aber nebenbei, nicht damit die Pflanzen wachsen, sondern damit sie ein bißchen leichter wachsen und ein klein wenig mehr, wie es ihm gefiele, der aber wesentlich weiß: was sie brauchen, ist Regen, Luft und Erde, und wenn er die nicht schaffen kann, bleibt ihm nur bange Sorge oder Hoffen; dessen wesentliche Funktion ist, durch sorgsame Beobachtung seiner Pfleglinge diese selbst und ihre Bedürfnisse verstehen zu lernen und zu versuchen, ihnen die Bedingungen ihrer Bedürfnisbefriedigung zu schaffen; dies alles aber in Ruhe und Sicherheit, wie sie liebevoll verstehendes Beobachten erzeugt. Denn das wäre doch ein gar wunderlicher Gärtner, den jede Blattlaus oder Raupe ängstigte, und zu Radikalkuren triebe. Der wahre Gärtner sieht sie zwar, aber er weiß, sie gehören dazu oder gefährden höchstens eine Liebhaberei von ihm, und erst Millionen ihrer schädigen seine Pflanzen selbst. So ist des neuen Erziehers Tun viel mehr ein Nichttun, viel mehr Beobachten, Zusehen, Leben, als ein stetes Mahnen, Strafen, Lehren, Fordern, Verbieten, Anfeuern und Belohnen. Und darum ist es uns, die wir solche Erzieher sind, oder wenigstens sein möchten, nicht ganz leicht zu sagen, was wir eigentlich taten; wir würden immer mehr zu erzählen haben, was die Kinder taten. Man hat uns Vorwürfe wegen dieses Verhaltens gemacht, vor allem die Verwaltung, aber auch wir selbst waren oft genug unseres Tuns unsicher und haben unseren Maßnahmen jene gegenübergestellt, die sonst im gleichen Falle angeordnet zu werden pflegen. Wir dürfen heute sagen: im Grundsätzlichen haben wir, hat das Neue in und unter uns recht gehabt. Es war nicht immer einfach, sich selbst dies klar zu machen, umsoweniger, als die Atmosphäre in Baumgarten keineswegs ganz die für selbstverständliches Wachsen neuer Erziehung günstige war. Aber dadurch, daß neben unserer Pädagogik die alte als Vorwurf, Forderung oder Unsicherheit immer nebenherlief, haben wir Notwendigkeit und Möglichkeit zu ständigem Vergleich gehabt. So seien zunächst einige Beispiele für unser abweichendes Verhalten gegeben, konkrete Kleinigkeiten, aber gerade als solche bezeichnend, denn aus Tausenden von ihnen setzt sich das pädagogische Leben zusammen.

Die Kinder machten vom ersten Tage an beträchtlichen Lärm im Speisesaal; sie schrien, rückten mit den Tischen, klapperten mit

Teller und Löffeln, rauften sich, riefen stürmisch nach ihrem Essen, störten die austeilenden Pflegerinnen, und was dergleichen mehr ist. Die alte Pädagogik verlangte, daß dies sofort abgestellt werde. Die neue Pädagogik sagte: Auch wir wollen, daß die Speisestunde ruhiger, konzentrierter, und für die Erwachsenen weniger aufreibend und abstoßend verlaufe; aber wir haben Zeit. Denn wir fragten uns: Wie könnte die Ruhe im Speisesaal hergestellt werden? Der Direktor müßte drohend erklären, er verlange völlige Ruhe, völliges Stillschweigen – bei zwei- bis dreihundert Kindern würde sich auch leises Summen zu einem beträchtlichen Lärm steigern; und die Kinder würden überdies unmöglich die Grenze zwischen gerade noch erträglicher Lautheit und deren Übermaß verstehen und einhalten können – und wenn sie nicht einträte, müßte er Strafen ankündigen und schließlich auch verhängen. Und zuletzt würden vielleicht die Kinder stillschweigend ihre Mahlzeit einnehmen, zur Freude des Direktors, der seine Forderung erfüllt sähe und zur staunenden Bewunderung eines plötzlich eintretenden Gastes. Die Lehrer aber und der Leiter wären wenigstens bei der Mahlzeit gezwungen, statt mit den Kindern zu sein, über ihnen zu stehen und aufzupassen, ob sie nicht mehr als gebührlich lärmen. Und daran änderte sich gar nichts, wenn der Direktor in seiner Rede motiviert hätte, warum er die Ruhe verlange, etwa: die Pflegerinnen könnten sonst ihren Dienst nur schwieriger versehen, die Lehrer seien müd und möchten eine halbe Stunde Stille haben und dergleichen mehr. Die Kinder hörten doch nur das Verbot eines lustvollen Tuns heraus, denn Lehrer und Pflegerinnen und deren Dienst und Wohlbefinden ist ihnen gleichgültig. Wir machten es darum anders. Die Lehrer, unter den Kindern verstreut sitzend, »lärmten« mit, d. h. sie plauderten mit den Nachbarn und lernten so die Kinder kennen. Im übrigen waren wir aufmerksam auf die Bedingungen einer ruhigen und würdigen Ausspeisung. Und wir sahen bald, daß zunächst genügend Teller, Tassen, Löffel da sein mußten, daß rasch und gerecht in einer bestimmten Reihenfolge ausgeteilt werden muß, daß genügend zu essen da sein muß, und so weiter. Was wir dadurch gewannen, daß wir nicht mit »Ordnung« anfingen, zeigt die folgende Stelle aus dem Bericht einer Lehrerin (Frau Gusti Bretter-Mändl): ». . . Beim Essen z. B. wurde wieder gerauft, um den Löffel, wer zuerst Brot bekam usw. Ich nahm mir nie einen Löffel; wenn ich einen bekam, »als Lehrerin«, gab ich ihn den Kindern, mein Brot ebenso usw. –

erst wenn alle alles hatten, begann ich zu essen. Die Kinder schauten mich zuerst verwundert und mißtrauisch an, dann nahmen sie den Löffel mit einer gewissen verschämten Gebärde – das war schon ein großer Fortschritt, sie ahnten schon etwas. Und schließlich kam es soweit, daß keines von mir etwas annehmen wollte und sie sich sogar darin überboten, mir ihren Löffel zu geben. Damit hatte ich gewonnenes Spiel. Wir liebten uns. Da das Essen das Wichtigste in ihrem Leben war, konnte ich sie nur durch mein Verhalten dabei packen. Sie sahen, daß ich wenig aß, sie haben mich überredet zum Essen oder: »heute müssen Sie bei uns essen«. Das war mir der größte Liebesbeweis. Jetzt konnte ich mit dem Unterricht im eigentlichen Sinne beginnen. Ich habe es erfahren, wie unerläßlich es ist, daß der Lehrer mit den Kindern lebe, daß seine Persönlichkeit in jeder praktischen alltäglichen Lage wirke; wenn ich abends und immer hätte bei den Kindern sein können, wäre es noch anders gewesen ...« Und so erging es jedem von uns. Langsam, sehr langsam, aber ebenso merklich entstand Ordnung und Ruhe im Speisesaal, die von einzelnen Punkten, den Plätzen der Lehrer ausgehend, immer größere Kreise zog. Bis dann die Schulgemeinde eine Reihe von Speisesaalgesetzen schuf und musterhaft durchführte, da wurde bereits in den Diskussionen mit vollem Verständnis aller Kinder betont, daß man auch auf die Pflegerinnen Rücksicht nehmen müsse, und daß es sich nicht »gehöre, zu fressen wie die Tiere«. Und wir haben nach drei oder vier Monaten tadelloseste – auch von der Verwaltung anerkannte – Tischordnung gehabt, ohne daß auch nur ein einziges Mal ein verärgertes »Ruhe!« von uns gerufen worden wäre: Ordnung, nicht als zwangsmäßig durchgesetzte und unmotivierte Forderung des Herrn Direktor, der eben die Macht hat, auch dies zu verlangen und zu erzwingen, sondern als Ausdruck einer gesitteter und einsichtsvoller gewordenen Gemeinschaft junger und erwachsener Menschen. Manches war dabei bis zuletzt nicht so gewesen, wie dieser oder jener es gern gewollt hätte; es wäre uns ein Leichtes gewesen, auch dies nach unserem Willen und unserem Niveau durchzusetzen; wir taten es aber nicht, weil uns Formen nur dann einen Sinn haben, wenn sie Ausdruck der Affekte oder Gesinnung sind, und die fortschreitenden Veränderungen der Tischordnung Symptome der fortschreitenden Verfeinerung des sozialen Bewußtseins waren, die zwar weit, aber nicht ans Ende gediehen war, als wir Baumgarten verlassen mußten.

Oder: Die Kinder schrieben auf Tische, Bänke, Türen allerhand Zeichnungen, Worte, Verzierungen. Gewiß, wir waren einig mit der Verwaltung: Das gehört sich nicht in einem guten Kinderheim. Aber wir schimpften und straften nicht; wir verboten es nicht einmal und hatten vielfachen Vorteil davon. Zunächst, die Kinder taten es vor unseren Augen; wir wußten, was sie dachten, wir sahen, wer es tat, wir beobachteten, in welcher Situation. Wir lernten auch jene kennen, die gegen solche sinnlose Zerstörung waren, und unterstützten sie, gaben den Kindern Papier zum Zeichnen, spannten an manche Wände bei den Kleinen Zeichenpapier. Und die Unart hörte langsam auf, so wie die Kinder langsam die Empfindung bekamen, daß sie selbst die Herren im Kinderheim sind, daß die Möbel ihnen gehören, daß sie durch deren Beschädigung niemand anderen ärgern, kränken, schädigen, als sich selbst.

Oder: Eine Gruppe der Knaben spielte in einer maßlosen, exzessiven und übertrieben leidenschaftlichen Art Fußball. Dies war uns aus manchen Gründen wenig recht. Ein mäßiges und kultiviertes Spielen hätten wir noch gebilligt, wenngleich uns andere sportliche Betätigungen von größerem erzieherischen und sozialen Wert zu sein scheinen. Das Ausmaß und die Art, wie unsere Baumgartner Knaben das Spiel betrieben, schien uns doch zu sehr die Gefahr in sich zu schließen, daß die Kinder, die ohnehin nur sehr geringe intellektuelle Interessen besaßen, diese in dem hemmungslosen Bewegungs- und Kampfrausch völlig ertränken würden. Wir hätten natürlich die Benützung des Spielplatzes zeitlich beschränken, wir hätten Überschreitungen bestrafen, wir hätten zu Geländespielen, Dauerlauf und dergleichen zwingen können – und hätten damit jedenfalls eines nicht erzielt, eine Kultivierung des Sports und der Körperpflege, eine Bändigung des Spieltriebs, eine Sublimierung der Kräfte, die hinter Kampf, Roheit, Wetteifer, unbändigem Tollen drängen, und all dies von innen heraus. Wir haben nicht gestraft, nicht geschimpft, nicht gepredigt, sondern eifrig mitgespielt; wir haben uns mit den Knaben gefreut, wenn die Mannschaft des benachbarten Knabenhortes geschlagen war, mit ihnen uns vorgenommen, besser und schöner spielen zu lernen, wenn wir geschlagen wurden. Wir haben dabei freilich den Grundsatz vertreten, daß man richtig, gut, schön und anständig spielen müsse, wenn man es schon überhaupt tue. Im Gruppen- und Einzelgespräch haben wir unsere Meinung natürlich offen gesagt; wir heuchelten keine Begeisterung, wo wir angewidert waren; aber wir sprachen nie in jenem falschen, liebenswürdigen, ermahnenden und scheinbar frei überzeugenwollenden Ton, den fixe Pädagogen gerne anschlagen, wenn sie wissen, geht es so nicht, so werde ich eben zwingen. Sondern unsere Anschauungen wurden wirklich vorgebracht, als eine, zwar abweichende, aber den Kindern gleichberechtigte. Und wir fanden Anhänger. Gerade unter den leidenschaftlichsten Spielern. Freilich sehr spät und langsam. Unsere Zuversicht in die Entwicklungsgesetze der kindlichen Seele wurde gerade in dieser Frage auf eine harte Probe gestellt, um dann um so glänzender gerechtfertigt zu werden. Es ist uns nicht eingefallen, irgendeine Zwangsmaßnahme zu ergreifen oder in der Schulgemeinde eine scheinbar demokratische Entscheidung herbeizuführen, auch dann nicht, als wir sahen, die Kinder bleiben bei ihrer Art selig zu werden und wollen von unseren Spielbeglükkungen nichts wissen. Und dann ging es auf einmal fast sich überstürzend. Sie gründeten einen Fußballklub, und zwar gerade jene, die sich unseren Anschauungen angenähert hatten, spontan, ohne unser Vorwissen; brachten Spielzeit und -art in Regeln und überbrachten mir selbst den Fußball mit der Bitte, ihn nur dem zur Übernahme Berechtigten für die Zeit der festgesetzten Spielstunden zu übergeben; Turnen, Dauerlauf, Geländespiel und ganz zuletzt Leichtathletik wurden reger geübt. Die Mitglieder des Fußballklubs begannen auf guten Ton und vornehmes Spiel zu sehen; der enge Klüngel der Spieler wurde durchbrochen, Fußball begann ein – freilich noch immer sehr bevorzugtes – Glied im System der Spiele und Übungen zu werden, die dem Heim als Ganzem, und nicht einer Horde in ihm zugehörten. Wir haben aber noch mehr gewonnen durch unsere Pädagogik des scheinbaren laissez aller, laissez faire. Die Knaben haben in den mit ihnen spielenden Lehrern sich Führer gewonnen. Und sie haben ein sehr feines Gefühl der Ritterlichkeit erleben und bewähren gelernt, wenn sie auf die geringeren Fußballgeschicklichkeiten eines mitspielenden, sonst geliebten Lehrers, oder einer sehr verehrten Lehrerin Rücksicht nehmen mußten; und diese Ritterlichkeit begann zuletzt sichtbar auch auf die schwächeren Kameraden sich zu beziehen.

Oder: Am zweiten Tag teilte ich mit, daß alle Kinder über neun Jahren unter gewissen Bedingungen Ausgang erhalten könnten. Ich notierte von jedem Kinde, das ausgehen wollte, sein angebliches Alter und das Ziel; und wußte durch Vergleich mit unseren

Daten nach einer halben Stunde, daß die meisten gelogen hatten; sie hatten sich zur Vorsicht um ein paar Jahre älter gemacht, und waren alle »um Brot zur Tante« gegangen. Der von mir unterschriebene Ausgangsschein war die Anweisung an die Verwaltung für Fahrgeld, das nur jene beanspruchen sollten, die gar keines hätten. Keines der Kinder verzichtete auf die wenigen Heller, trotzdem sehr viele verhältnismäßig viel Taschengeld besaßen. Nun hätte ich mich in meiner ganzen direktoralen Machtfülle zeigen sollen – so verlangte die Verwaltung und mein beleidigtes Pädagogengemüt. Ich sagte den Kindern aber bloß, daß die meisten gelogen hätten, und daß dies überflüssig sei, denn sie hätten Anrecht auf Ausgang, einerlei, wohin sie gingen, und wir brauchten die Adresse nur, um für den Fall ihres Ausbleibens zu wissen, wohin wir uns zu wenden hätten. Und augenblicklich wurde die Zahl der Lügen geringer, aber sie glaubten mir nicht recht, und ein paar Mutige führten mich in Versuchung. Einer sagte, er gehe ins Kino, ein anderer, er wolle »so ein bißchen in die Stadt« gehen. Das maßlose Staunen der anwesenden Kinder, als ich einfach dem einen gute Unterhaltung wünschte, und den anderen auf die Kompliziertheit des Stadtanschlusses der Tramway aufmerksam machte, läßt sich nicht beschreiben. Ihre Weltanschauung ging in Brüche, denn sie waren sicher gewesen, nun endlich das Donnerwetter hereinbrechen zu sehen, dessen Fehlen sie seit dem Betreten des Baumgartner Lagers in eine unheimliche, noch nicht dagewesene Situation versetzt hatte, eine Situation, deren völliger Uneinordbarkeit gegenüber »kein Rat blieb, als grenzenlos zu lieben«. In erstaunlicher Kürze hat alles Lügen bei der Ausgangserteilung ganz und gar aufgehört. Und dieser amoralische, aber sehr sachliche und richtige Zustand wurde bald zu einem wahrhaft moralischen, als ich mich, bald nachdem die organische Entwicklung der Schulgemeinde klar sichtbar wurde, dieser meiner letzten Willkürmachtposition entäußerte und die Schulgemeinde Ausgangsordner wählte, und leicht und gerecht auch die finanziellen Probleme, die mit den Ausgängen verknüpft waren, löste. Mit Schaudern hatte die alte Pädagogik erfahren, daß ich Kinobesuch gestatte, und mir bittere Vorwürfe gemacht. Die Leiterin traf einmal zwei Kinder beim Tore und fragte natürlich, wohin sie gehen – denn solche wertlose und unnütze Fragerei gehört zu den Grundsätzen aller Pädagogik, die aus taktlosem Gestammel, wie es sich bei der Begegnung mit Kindern aus der

Verlegenheit und Unfähigkeit, ein natürliches »guten Tag« zu sprechen, ergibt, Lehrsätze macht – die Kinder sagten einfach »ins Kino«, so wie sie es mir gesagt hatten. Die Leiterin »wollte nicht glauben«, daß ich das erlaubt hatte, und verbot es auf alle Fälle von sich aus. Ich konnte, von dieser Pädagogik zur Rede gestellt, nichts anderes als zynisch antworten, ich gehe auch ins Kino; würde zwar gern einmal mit den Kindern über den Wert dieser Anstalt diskutieren, aber dazu sei noch Zeit; vorläufig sei ich froh, daß die Kinder mich nicht mehr belügen, und aus Joe Deebs keine gute Tante machen, die ihnen Brot schenkt. Den Kindern aber erklärte ich (wovon die Verwaltung natürlich verständigt wurde), daß gar niemand ihnen irgendeinen Gang verbieten könne, wenn sie im Besitz des ordnungsgemäßen, von der Schulgemeinde ausgefüllten Ausgangsscheines wären: niemand, weder die Leiterin, noch ich, noch sonst wer. Man begreift, daß solche Vorfälle geeignet waren, Ressentiments in der Seele derer aufzuhäufen, die der Meinung sind, Kinder wären da, um ihre unbewußten Macht- und Wertbedürfnisse anmutig und ungefährlich, überdies mit in Aussicht stehender Generalbelohnung (guter – strenger Pädagoge zu sein) zu befriedigen; und die Schulgemeinden gerne sehen, wenn sie ihnen ihr ohnehin schweres Amt erleichtern, aber hassen, wenn sie an ihre Stelle in allen Autoritätsfragen treten wollen.

Vielleicht genügen diese Konkreta dem Leser als Illustration für unsere allgemeine Einstellung Kindern überhaupt, und den uns anvertrauten Kindern im besonderen gegenüber. Und ich meine, wenn uns etwas gelungen ist, so sicher der neue Ton im Verkehr mit Kindern. Gewiß waren wir nicht alle gleichartig. In den verschiedenen Personen, aus denen sich der Lehrkörper zusammensetzte, waren sehr beträchtlich differente Weltanschauungen und Haltungen, Grundsätze, Einsichten, Erlebniskreise und Formen verkörpert; ein und der andere vermochte auch niemals den Schulmeister ganz abzulegen: wir Erwachsenen haben uns auch viel zu wenig um innere und äußere Einheitlichkeit bemüht, trotzdem war zweifellos das auffallendste Charakteristikum unserer Schule eine wirklich ernsthafte und weitgehende Gestaltung des neuartigen Verkehrs der Erwachsenen (Lehrer) mit den Kindern. Seine allgemeine Formel könnte sein: unbedingte Liebe und Achtung gegenüber den Kindern; rücksichtslose Hemmung aller Macht-, Eitelkeits-, Herrscher-, Erziehergelüste in sich selber. So alt diese Forderung im Grunde, so modern sie heute unter dem Schlagwort des kameradschaftlichen Verhältnisses zwischen Lehrern und Schülern ist, so selten findet man sie auch nur in ihren selbstverständlichen Voraussetzungen verwirklicht. Kriterium dafür wäre zunächst vielleicht ein Negatives: Kameradschaftlichkeit darf nicht heißen, sich auf das Niveau der Kinder begeben, denn in diesem Falle wird der Erwachsene läppisch; und heißt nicht, den Kindern gefallen wollen, denn in diesem Falle wird er heuchlerisch und richtungslos. Sondern der Lehrer muß durchaus bleiben, was er ist; er muß nur so sein, daß ihn einige Kinder lieben können. Und das hat, positiv, zur Voraussetzung, daß er selbst einige der Kinder ganz einfach liebt, und daß er im allgemeinen mit sich selbst, seinem Wollen und Können so weit im Klaren und ausgeglichen ist, um nicht von eines Kindes Wort, Miene, oder Gefühl die Entscheidung über seinen Wert, oder die Erschütterung seines Wertgefühls zu erfahren. Dennoch aber muß er wahrhaft frei sein von der üblichen Überschätzung seines Wertes, die zur fundamentalen Verachtung des kindlichen Zustandes führt. Er muß zu seiner eigenen Kindheit in einem ruhigen, klaren Verhältnis stehen, um nicht sich selbst in den anderen bestrafen, verurteilen, erziehen, d. h. verdrängen zu wollen, – und wenn er schon befangen bleibt im Hochgefühl, was er doch für ein Kerl, wie gescheit und wertvoll er doch sei, so muß er doch lebhaft spüren, daß er genauso angefangen hatte wie dieses Kind vor ihm, und daß es ebensoweit kommen wird, wenn man ihm nur Zeit läßt. Er soll mit seinen Meinungen, Neigungen, Abneigungen, mit seinen Forderungen nicht zurückhalten – die Kinder verlangen es und mißtrauen im anderen Falle – aber nicht so, als wäre sein Meinen und Wollen von dem anderer dadurch unterschieden, daß seiner Äußerung die ihr entsprechende Tat der Kinder auf dem Fuße folgen müßte. Sichere Ruhe, wissende Geduld sind die Grundlagen der Kameradschaftlichkeit, die wir meinen, und die in einer Schule einmal wirklich lebendig, sie von Grund auf umgestalten; sie zu einer schöpferischen pädagogischen Leistung machen, auch wenn in ihr aus irgendwelchen Gründen die beliebten modernen Institutionen Schulgemeinde, Gericht u. dgl. fehlen. Fehlt diese Kameradschaft, so bleiben Schulgemeinde und alle übrigen Einrichtungen elende Stümperei.

Was die richtige Kameradschaft von seiten des Lehrers, ist das Vertrauen von seiten der Kinder. Auch dieser Begriff ist heute sehr beliebt, in einer unerträglich süßlichen und sentimentalen Fassung. Ich glaube die volle Wahrheit zu sagen, wenn ich feststelle: so wie die meisten unserer Lehrer die rechte Kameradschaftlichkeit getroffen haben, so hatten die meisten Kinder das rechte Vertrauen zu ihnen. Dies ging in Etappen vor sich. Wir haben die Kinder in dem bereits geschilderten Zustand übernommen, der noch verschärft war durch ihre Unruhe und Sorge, welch neue Leiden die neue Situation, die neuen Menschen ihnen bringen würden. Ihre bisherigen Pfleger und Erzieher, deren Gesuche um Aufnahme ins neue Kinderheim ich rundweg und allgemein abgeschlagen hatte, waren sehr empört und erzählten den Kindern Schauermärchen über uns und unsere Absichten; die Leiterin hingegen hatte den Kindern vor der Übersiedlung Paradiese in Baumgarten versprochen. Nun sahen sie in der ersten Stunde, daß sie in bezug auf Essen, Wohnen und dergleichen belogen worden waren. Und sie rüsteten sich, nicht auch uns auf den Leim zu klettern, die wir ihnen durch Jugend, Ruhe und Freundlichkeit vom ersten Augenblick an sympathisch waren. Sie trauten uns nicht über den Weg. Als wir zum Mittagessen unter ihnen Platz nahmen, als wir nach ihnen unser Essen bekamen, genau das gleiche, und genau so viel, wie sie selbst, war ihnen das überaus unheimlich: was für neue Schikane ist nun dies ungewöhnliche Verhalten? Und so ging es uns mit jeder Maßnahme, von der wir uns einen Sympathieerfolg versprochen hatten. Zum Glück taten wir nichts, um uns damit Sympathien zu erwerben, sondern weil wir es für richtig hielten. Sonst wäre es uns ergangen wie den Lehrern, die nach unserem Konflikt mit dem Joint das Heim übernahmen. (Ich erinnerte in den letzten Tagen im Privatgespräch einige der neun- bis elfjährigen Knaben, wie mißtrauisch sie uns gegenüber in der Anfangszeit gewesen waren, um sie vor boshaftem Verhalten gegenüber den neuen Lehrern zu warnen. Da sagte einer der Kleineren: Ja, das war doch ganz anders. Das haben wir bald gesehen, daß Ihr lieb mit uns seid. Die Neuen sind ja sehr lieb mit uns, gar nicht streng, aber sie verplaudern sich immer. Was sollte ich so scharfer Menschenkenntnis, so strengem und richtigem pädagogischem Urteil erwidern?) Der erste entscheidende Schritt geschah durch etwas, das uns so selbstverständlich war, daß wir nie daran gedacht hätten, es könnte überhaupt anders getan werden. Wir hielten Wort. Wenn wir etwas versprochen hatten, wurde es ganz selbstverständlich erfüllt, ohne Anspruch auf Dank. Und konnte es nicht geschehen, so entschuldigten wir uns bei den Kindern. Fast jeder von uns erinnert sich, welch ungeheuren Eindruck dies auf die Kinder machte. Es waren meistens nur Kleinigkeiten, aber ihre Summierung durch mehrere Tage hindurch erzeugte bei den Kindern die erste Stufe von Vertrauen. Sie glaubten dem, was wir sagten. Fast drei Monate lang hat dieses Verhältnis keine wesentlichen Fortschritte gemacht. Freilich gab es von den ersten Tagen an einzelne Kinder, die zu einem oder dem andern von uns eine tiefere Neigung gefaßt hatten und diese entwickelten und verfeinerten. Die Zahl dieser Fälle wurde langsam immer größer; mit dem entscheidenden ersten Vertrauen schwand auch den meisten Lehrern gegenüber die aprioristische Feindschaft. Aber im großen und ganzen war das Verhalten der Kinder uns gegenüber recht kühl, mit einem leisen Rest von Mißtrauen. Sie glaubten uns und vor allem der sich indessen entwickelnden Schulgemeinde genug, um im letzten Grunde uns freundlich gegenüber zu stehen. Die breite Sphäre ihres Bewußtseins aber und damit der Inhalt ihres Verkehrs mit uns, war Unzufriedenheit, Wehleidigkeit, Klagen. Ihr eigentliches Gesprächsthema war: Wir haben Hunger; uns ist kalt; wir sind krank; unsere Schuhe sind zerrissen; wir haben keine Taschentücher, Mäntel, Zahnbürsten, Schuhbürsten; wann werden wir endlich nach Holland oder in die Schweiz kommen? Sie betrachteten sich durchaus bloß transenal in Baumgarten. In wenigen Wochen oder Monaten werde das große Glück kommen, das war die zehrende Phantasie so gut wie aller. Keineswegs aber wurde all dies von ihnen geäußert, wie man einem Freund geheimes Leid klagt, sondern aggressiv, feindselig. Manchmal mag jeder von uns einer Art von Verzweiflung nahe gewesen sein, wenn alle seine Liebe und Freundlichkeit keinen andern Widerhall in den meisten Kindern fand, als die oft sehr ungerechten und übertriebenen, fast immer gehässigen, fordernden Klagen. Dazu kam, daß sich die Kinder, sowie sie erfahren hatten, daß wir den Ton, der uns gegenüber angeschlagen wurde, niemals bestraften, ja nur selten erwiderten, uns gegenüber »frech« und »anmaßend«, wie die alte Pädagogik es nannte, jedenfalls aber unfreundlich und unhöflich benahmen. Wem Kameradschaft nur ein pädagogischer Trick war, der hat sie in diesen Monaten völlig verlernt. Den meisten von uns aber war sie Natur und Affektstellung zu den Kindern, darum haben wir mit unserem Ton durchgehalten, da wir ja auch als Körper in Baumgarten geblieben waren. Wir haben sehr deutlich gefühlt, daß die Kinder einfach Recht hatten. Es war viel zu wenig zu essen, es war bitter kalt, die primitivsten Anforderungen an Wäsche, Kleider, Wohnlichkeit, Ausstattung blieben von der Verwaltung lange Zeit völlig unbefriedigt und als sich eine leise Besserung einstellte, hatten wir sie nicht mehr aus psychologischen Gründen nötig. Wir waren in allen diesen Dingen rückhaltlos auf Seiten der Kinder. Gewiß erzählten wir ihnen von den mannigfachen Schwierigkeiten, von der Kriegsnot und dem sozialen Elend, natürlich erzählten wir ihnen von Kindern und Menschen, die es noch schlechter haben, aber im wesentlichen anerkannten wir ihr volles Recht auf physisches Glück. Wir froren ebenso wie sie; wir haben nie in Baumgarten vor den Kindern oder hinter ihrem Rücken bessere oder reichere Kost gehabt; wir haben ihnen aber auch nie vorgelogen, über unsere häuslichen Verhältnisse und sie wußten, daß einige von uns zu Hause nachholten, was sie in Baumgarten versäumten. Selbstverständlich hat dies Verhalten der Kinder – wir hatten nie daran ernsthaft gezweifelt – völlig aufgehört. Dies war ein Umweg, der uns und den Kindern in keiner Weise hätte erspart werden können, ohne das Endergebnis zutiefst zu gefährden. Indem die Kinder wochen-, ja monatelang über ihr aktuelles Elend klagten, haben sie ihr latentes und durch Jahre aufgespeichertes Unglück »abreagiert«, haben sie jene psychischen Wunden gründlich geheilt, die ihnen die Vergangenheit geschlagen hatte und die zur Quelle ihrer Entartung und Verwahrlosung geworden waren. Ein völlig abnormales, unkindliches, selbst pathologisches Affektleben ist in den Prozeß der alters- und geschlechtsmäßigen Verschiebung und Verteilung eingetreten. Die Mittel dieses Heilungsvorganges, seine manifesten Symptome konnten natürlich nur der Sphäre bisherigen bewußten Seeleninhaltes entnommen, nur in den Formen des bisherigen Affektausdruckes sich vollziehen. Während dieser Zeit der Abreaktion begannen ganz leise, unbewußt und unartikuliert, die bisher völlig gehemmten oder falsch (z. B. auf das Essen) fixierten und in dieser Zeit sich lösenden und freigewordenen Affekte neu zu binden, an die Lehrer, an die Freunde, an die Schulgemeinde, die Histadruth, an die Kwuzoth, an das Kinderheim ganz allgemein. Erst als die Masse der Kinder so weit war – man kann geradezu ein Datum nennen: die erste Hälfte Jänner 1920 – entwickelte sich mit größter Schnelligkeit die äußere Sichtbarkeit und die Gestaltung der neuen Affektlage. Nun erst hat das schon seit längerem veränderte Gefühl zu uns, auch seine Inhalte und Formen geändert. Die bisherigen Themen traten völlig in den Hintergrund oder verschwanden. Wurde aber ja von Klagen gesprochen, dann mit der wesentlich verringerten, ihnen an sich adäquaten Affektbesetzung. Die Kinder begannen ihren Lehrern wesentlichere und feinere Dinge zu sagen, die zum Teil durch dieses Sagen erst bewußt wurden, entstanden, sich entfalteten. Und jede »Frechheit« und alles Rüde im Verkehr mit uns schwand völlig. Freilich, die Knaben sind niemals »Schmeichelkatzen« – wie sie selbst es verächtlich nannten – geworden. Sie waren rückhaltlos offen und frisch, als Menschen zu Menschen, mit ungeahnter Wärme und verhaltener Zärtlichkeit. Viele der Kinder sind ritterlich, hingebend, aufmerksam und überhöflich geworden; viele behielten noch ein brummiges und aggressives Oberflächenwesen, das zuweilen von impulsiver Liebe und Zärtlichkeit durchbrochen wurde; viele verbargen vor sich und den anderen nur allzusichtbar hinter überlegener Ironie und Schelmentum die wahre Richtung ihrer Affekte. Im zweiten und dritten Monat nach jenem Stadium, also Ende Feber – Mitte März, war vollständig erreicht, was von jeder Pädagogik als letztes Ziel erstrebt wird und von keiner durch irgendwelche andere Maßnahmen und Mittelchen erreicht werden kann, als durch die richtige Einstellung zu den Kindern und die nötige Geduld: die Kinder hatten ein Affektleben gewonnen und sehr beträchtliche Quantitäten oder freigewordenen Libido an die Lehrer, an das Heim fixiert und begannen, ihr immer reicher werdendes Gefühlsleben auch an die Kameraden zu binden. Ein äußerer, aber sehr deutlicher Gradmesser dieser Entwicklung war ihr Verhalten zu den Auslandsreisen. Anfangs war Holland Stern und Kern all ihres Sehnens; es gab wilde Szenen, wenn eines der Kinder, das für sicher gehofft hatte unterzukommen, abgewiesen wurde; die raffiniertesten Schleichwege wurden skrupellos begangen – auch von solchen, die im übrigen bereits deutliche Ansätze von Rechtsempfinden zeigten – mitgenommen zu werden; die Ausgewählten waren selig, die Zurückbleibenden tief niedergeschlagen, nur von der einen Hoffnung aufrecht gehalten: das nächste Mal. So war es beim ersten Transport im November. Beim zweiten war es noch ähnlich. Immmerhin gab es nicht wenige, die erklärten, durch Schwindel würden sie nicht versuchen mitzukommen, und sie zeigten sich standhaft und recht streng in der Auslegung des Begriffes »Schwindel«. Die Wegfahrenden nahmen oft und lange Abschied; erbaten eine eigene Abschiedsschulgemeinde, waren sehr gewissenhaft und elegisch bei der Übergabe ihrer Ämter; waren sehr interessiert an der vermutlichen Gestaltung der Dinge während ihres Fernseins und freuten sich beim Gedanken an die Rückkehr; die Zurückbleibenden waren keineswegs mehr fassungslos und untröstlich, sie freuten sich, daß sie bleiben konnten, »daß es halt so geworden sei«. Der dritte und vierte Transport sah eine beträchtliche Zahl solcher, die sich absolut weigerten, zur ärztlichen Untersuchung zu gehen, und beinahe niemand wollte weg; ausnahmslos aber war keines der Kinder gekränkt oder betroffen, das abgewiesen wurde.

IV. Die Schulgemeinde

Den Abschnitt, der über unsere allgemeine pädagogische Einstellung handelt, habe ich, ebenso wie die beiden nun folgenden über die Schulgemeinde und die Gemeinschaften (Kwuzoth), breit und ausführlich angelegt, weil auf diesem Gebiet, trotz aller Schwierigkeiten, Schöpferisches und Vortreffliches gelungen ist, wie man es bisher gewiß noch nie an einer jüdischen Schule gesehen hat, das sich aber auch – in dieser einen Hinsicht – wie wir überzeugt sind, den besten Leistungen anreiht, die in der Freien Schulgemeinde Wikkersdorf, in der Hauslehrerschule Berthold Otto und in den sehr wenigen ähnlichen Schulen in Deutschland erreicht wurde. Und ich bin überzeugt, daß es notwendig und fruchtbar ist, der jüdischen Erziehung einen nachhaltigen Impuls in der von uns eingeschlagenen Richtung zu geben.

Palästina wird sozialistisch sein, oder es wird gar nicht sein. Wir glauben so. Aber wir machen uns nicht klar, daß die jüdische Erziehung sozialistisch sein müsse, ehe Palästina es wahrhaft werden kann. Und es gilt dies gewiß nicht für Palästina und das Judentum allein, sondern für den Sozialismus der ganzen Welt. Freilich soll das nicht heißen, daß in der kapitalistischen Welt ein kommunistisches Erziehungswesen geschaffen werden soll und erst mit den in ihm erzogenen Menschen die klassenlose Gesellschaft gebaut werden kann. Es kann dies auch nicht im Entferntesten für das Judentum gewollt oder auch nur gedacht werden; sondern zweifellos wird erst in der Ordnung, die die soziale Revolution bereiten wird, Raum und Luft für jene Erziehung sein, die die neue Ordnung erschaffen, entwickeln, erhalten wird. Wer aber aus dieser Überzeugung heraus zu den pädagogischen Schriften und Berichten, Kongreßdebatten und Jugendbewegungs-Forderungen Sowjetrußlands greift, wird trotz dieser oder jener bestehenden Tatsache, Formulierung oder Wertung, der tiefen Enttäuschung und Besorgnis nicht anders wehren können, als durch die Erkenntnis: Alles fehlt noch zum Mindesten. Die bürgerliche Ideologie, die kapitalistische Psychologie an allen übrigen Orten gebrochen, vernichtet, beiseitegeschafft, zeugt neue Hydrahäupter im Erziehungswesen und droht Herrschertum, Machtgier, Ichbesessenheit, den ganzen wilden und blutigen Imperialismus der Seele im neuen Wirtschafts-, Staats- und Proletkultgewande endgültig zu verewigen. Höre niemand aus diesen Worten Defaitismus der Revolution heraus, sondern Aufruf an uns jüdische Sozialisten. Mit Diktatur des Proletariats oder ohne sie, wenn wirklich eigenartige Bedingungen in unserem Lande es erlauben, Streik oder Pioniertum, England oder Sowjetrußland, das sind nicht die Fragen des Erziehers, das entscheidet für ihn das übrige arbeitende Volk (oder besser, indem wir uns gewöhnen zu sagen, was wir ja doch empfinden und wollen müssen: die arbeitenden Völker) Palästinas – aber unter allen Fahnen wahrhaft sozialistische Menschen im Lande, das ist sein Ruf. Und durch welch waghalsiges Capriccio der Natur soll dieser Mensch, etwa in Urzeugung aus dem seelischen Grundschlamm der eben vergehenden Periode, entstehen, wenn nicht durch eine neue Erziehung? Man bejaht diese Frage gern, ohne sich des weiteren um die damit gesetzte problematische Allmacht der Pädagogik zu kümmern. Was man aber gemeinhin Pädagogik nennt, ist gar nicht fähig, Kinder für die Zeit ihrer Erwachsenheit bewußt und zielgerecht zu beeinflussen. Diese teleologischen Kräfte hat weder die alte noch eine neue Pädagogik. Vielmehr ist es so, daß die heutige Pädagogik ein ideologischen, wunschphantastischen, ethischen und intellektuellen Forderungen entsprechender, oberflächlich in ein System gebrachter Überbau ist über jene affektive Einstellung des Erwachsenen gegenüber Kindern, die denselben seelischen Kräften entspringt, wie unser ganzer heutiger Kultur- und Wirtschaftszustand. Die Kinder wachsen in derselben Seelenluft auf, in der sie als Erwachsene arbeiten, leben, leiden und lieben müssen. Über- und Unterordnung; Willkür, Befehl und Gehorsam; würdevolle Autorität und ergebene Anerkennung; Egoismus, Strafe, Lohn und Rücksichtslosigkeit. In dieser Luft vollzieht sich die Auslese der Affekte, wird die Leidensart zur lieben Gewohnheit, die Herrschensart zur heißesten Wunschtriebfeder, die das Bestehende braucht zu seinem Bestand und durch die das Neue sogleich veraltet, wenn es schon für einen Moment der Weltgeschichte zur Wirklichkeit wurde. Und das genaue Gegenteil all dessen ist die sozialistische Pädagogik. Zwar auch sie ist nicht teleologisch, wenigstens in nächster Zukunft nicht. Aber sie kann, sie muß reale, konkrete sozialistische Tatsachen schaffen, indem sie die Kinder in einem Gemeinwesen aufwachsen läßt, das aus den antiegoistischen Seelenkräften aufgebaut ist, in dem sie mit Erwachsenen zusammen leben, die soziale Menschen sind, in dem sie aufblühen in einer Luft, die jene Auslese der Affekte schafft, aus der die soziale Welt, aus der die Revolution gedacht wurde, aus der sie allein dauernd verwirklicht werden kann. Darum muß unser Kriterium für den Pädagogen vor allen andern Eigenschaften und Fähigkeiten sein, ob er natürlich und unablenkbar jenes Verhalten im Verkehr mit Kindern hat, von dem wir wünschen würden, daß es das Kind, Mann, ja Macht-, Amts-, Würdeinhaber geworden, gegen seine Mitmenschen bewähren möchte. Ich sehe darin eine ganz wichtige Forderung der sozial orientierten Pädagogik, also unserer, die wir Palästina im Geiste des Sozialismus aufbauen wollen.

Schulgemeinde und Kwuzoth sind Instrumente dieser sozialistischen Pädagogik. Und von hier erst bekommen sie ihren Wert. Wie alle Institutionen sind sie an sich im Grunde neutral. Sie können auch vergewaltigt werden, als Mittel zur antisozialen Täuschung. Deshalb sind sie nicht letzte Forderungen. Man kann sich schließlich eine Schule denken, die auch ohne sie eine belangvolle Tatsache würde; und es ist deshalb nicht richtig, zu meinen, weiß Gott wieviel für Erziehung und Sozialismus erreicht wäre, wenn das Programm »Schulgemeinden, Kwuzoth« in jeder Schule durchgeführt würde. Es gilt für sie auch, wenngleich etwas eingeschränkt, was insbesondere von den so oft gehörten Prinzipien der sozialistischen Pädagogik zu sagen ist, von allgemeiner Einheitsschule, Arbeitsunterricht usw. Alles Gefäße, die Gift oder Heiltrunk enthalten können. Freilich, konzipiert wurden alle diese Einrichtungen aus der richtigen Gesinnung, während die anderen aus jener Einstellung erdacht wurden, die es zu bekämpfen gilt. So ist nur nötig, Schulgemeinde, Kwuzoth, Arbeitsunterricht wahrhaft ernst zu nehmen. Aber dies ist eben die Aufgabe, der wahrhafte Ernst, und ihn können nur Erzieher haben, deren Charakterologie, deren Einstellung und Handlungsweise wir genügend geschildert haben. Und es bleibt nur, anknüpfend an einiges im ersten Kapitel angedeutete, hinzuzufügen: es gibt keine Inseln der Seligen in unserer unseligen Welt; man wird solche Erzieher nicht arbeiten lassen, wenn sie versuchen sollten, gemeinsam ein solches Werk zu schaffen; man wird sie zu hindern wissen, denn Vorwände gibt es genug, wo es sich um den Bestand des Bürgertums handelt – und gar des jüdischen. Und um dieses geht es allemal, wenn eine ganze Schule im neuen Erziehungsgeist gestaltet werden soll, einerlei wie sie die ihr organischen, die sie fördernden Einrichtungen nennt oder im Einzelnen aufbaut.

Unsere Schulgemeinde war so ernst, wie nur je eine. Ihre Wirkungen waren darum so tief und ungeahnt. Sie unterscheidet sich in vielen Punkten von den gleichbenannten oder gleichgemeinten Einrichtungen in Wickersdorf, bei Otto, in der George Junior Republic, der Odenwaldschule, den Deutschen Landerziehungsheimen und ähnlichen Anstalten. Dies ist aber keineswegs bewußte Absicht gewesen, sondern wurde so aus ihrer Geschichte. Wir hatten überhaupt nicht etwas ganz Bestimmtes vor. Nur so viel war uns von Anfang an klar, daß die Kinder nicht die willenlosen Objekte unserer Macht, nicht die rechtlosen Opfer unserer Erziehungskünste sein dürften, daß sie selbstverständlich ihre Angelegenheiten selbst würden ordnen müssen. Aber ebenso klar war uns, daß es sinnlos und unrichtig wäre, irgendeine fertige Verfassung zu dekretieren. Es handelte sich ja nicht darum, die Kinder anmutig mit Abstimmungen, Protokollen und Paragraphen zu beschäftigen, sondern ihr Leben, ihr tägliches und das ganze zu gestalten, nach geistigen, sittlichen und sozialen Prinzipien – die sie noch gar nicht hatten, die sie gar nicht verstanden hätten, wenn wir sie ihnen erklärt, die sie bekämpft hätten, wenn sie sie begriffen hätten. So nahmen wir uns vor, auch hier möglichst wenig zu tun, möglichst aufmerksam zu sein und gegebenen Falles ein Organisches und Verständliches zu versuchen. Am zweiten Tag versammelte ich die älteren Kinder (etwa 50) und sagte ihnen mit wenigen Worten, was sie zunächst wissen mußten: daß es in Baumgarten etwas anders sein würde als bisher; es sei ihnen bisher meist nicht gut gegangen; wir wollten uns bemühen, es ihnen so gut als möglich zu machen; Strafen würde ich keine geben; wer ohne sie unverbesserlich sei, würde aus dem Heim entlassen werden. Das Recht sie zu schlagen habe niemand, sie sollten sich sofort bei mir beschweren, wenn dies einmal vorkommen sollte (ich traute dem Personal der Leiterin nicht); wenn ihnen irgend etwas nicht recht sei, so sollten sie es einfach sagen. Hierauf forderte ich sie auf zu fragen und zu sagen, was sie wollten. Ein bißchen schüchtern, aber immer lebhafter beteiligten sie sich nun an der Diskussion. Sie wollten alle hauptsächlich wissen, ob sie hier in die Schule gehen würden, was sie lernen würden, ob es Ausgang geben würde und ob man »gleich hinausgeworfen werden würde«, wenn doch die einzige Strafe der Ausschluß aus dem Heim sei. Bei diesen Reden entstand ein ziemlicher Lärm und eines der älteren Mädchen brüllte, ich möchte den Kindern doch sagen, daß nur eines reden solle. Ich fand das sehr vernünftig und die anderen auch. Man mußte freilich noch öfter darauf zurückkommen. Es waren längst nicht alle Fragen beantwortet, als ich weggehen mußte, und sie waren daher sehr einverstanden, als ich erklärte, ich würde täglich um diese Zeit in dieses Zimmer kommen und es sollten alle da sein, die etwas zu fragen hätten oder die sich sonst dafür interessierten. So kamen wir ein paar Mal hintereinander zusammen. Die Kinder fragten – ausschließlich aus dem engsten Kreise ihrer nächstliegenden Interessen, mit einer heuchlerischen Betonung ihrer Lust, etwas zu lernen – und ich gab ihnen Antwort. Dabei ergab sich zuweilen Gelegenheit, auch eine allgemeine oder eine sozialethische konkrete Frage kurz zu erwähnen, so wenn eins etwas fragte und darauf ein paar riefen: frag doch nicht so dumm! oder eins störte, während die andern lebhaft zuhörten. Daß den Kindern diese Zusammenkünfte irgendwie wichtig waren, zeigte sich, als nach einigen Tagen die Mädchen vom Esteplatz ankamen. Sie waren erst wenige Stunden da, als sie von mir verlangten, ich sollte auch ihnen die »Schule erklären«. Dies ließ sich alles so gut und einfach an, daß ich meinte, es würde sich die Schulgemeinde von selbst aus diesen Zusammenkünften ergeben. Ich bekam aber mit Verwaltungsagenden so viel zu tun (es war unausgesetzt zu verbessern, was die Leiterin nicht nach meinem Wunsch getan hatte), daß die regelmäßige Fortführung dieser sehr zeitraubenden Besprechungen unmöglich wurde und ich mich begnügen mußte, zu den Speisezeiten das zu sagen, was alle anging. Dabei war natürlich Diskussion ausgeschlossen. So mußte ich mich bemühen, ein Vertretersystem, ebenso natürlich und organisch, wie jene Zusammenkünfte Aller, aber weniger zeitraubend und weniger an regelmäßige Zeiten gebunden, zustande zu bringen.

Es herrschte in diesen ersten Tagen und Wochen unbeschreibliche Unordnung in Baumgarten. Bis zu einem gewissen Grad konnte dies nicht anders sein. Vor jeder Schöpfung war das Chaos, und es ist gewiß eine Begabungsprobe für den organisierenden Pädagogen, ob er den Mut zum Chaos hat oder nicht. Aber bei uns war des guten Übels zu viel. Die Übersiedlung des Engerthstraßen-Heimes, auf dessen Inventar wir dringendst angewiesen waren, vollzog sich, von mir völlig unbeeinflußbar, ganz Domäne der Verwaltung, langsam und desolat. Es war nicht wie eine geordnete Übersiedlung, sondern wie das Auffischen von Strandgütern auf einer Insel: Die Möbelwagen brachten durch mehrere Wochen hindurch in unregelmäßigen Abständen einen sinnlosen Haufen von Dingen. Heute kamen Kasten, Tage später die zugehörigen Bretter und Verschlüsse; einmal kamen Laden, ein andermal die zugehörigen Tische. Indes wir sehnlichst auf 10 Betten warteten, kamen 100 Sessel, und wenn wir nach 300 Sesseln uns sehnsüchtig verzehrten, kam eine Kiste Lachs. Zudem waren unsere Baracken nicht fertig; und überdies herrschte das »schöpferische Chaos«. Die Kinder litten natürlich unter dieser Unordnung und sie hatten tausend Wünsche und Beschwerden an uns; wir hatten nicht viel weniger an sie. In Tischgesprächen war ihnen leicht klar gemacht, daß es unfruchtbar und unmöglich sei, wenn jedes sich einzeln an mich wendete, so gerne ich jedes einzeln anzuhören, zu befriedigen oder zu beruhigen wünschte. Und ich überlegte an Hand der sehr konkreten Fälle mit den älteren Knaben, in deren Mitte ich meinen Platz am Speisetisch hatte, wie dem abzuhelfen wäre. Und ich schlug ihnen mehrmals eine Organisation nach Schlafsaal-Zehnerschaften vor. Sie lehnten dies aber ab, teils mit Argumenten, teils aus irgendeinem ihnen unklaren Grund oder Unverständnis. Soviel aber war sicher: Alle wollten endlich Ordnung, und sie waren bereit sie selbst zu schaffen, oder bei ihrer Aufrichtung mitzuhelfen. Sie sahen sehr wohl ein, spontan oder von mir geleitet, wie die technische Ordnung bald hergestellt sein würde, auch ohne sie, wenn nur einmal alles übersiedelt oder angeschafft wäre, was wir brauchten, daß aber die moralische Ordnung von jedem einzelnen abhänge und daß wir Erwachsenen in dieser Beziehung machtlos und darum schuldlos seien, solange wir nicht zu strengen und schmerzhaften Strafen griffen. Einige kannten aus eigenem Erlebnis die Prinzipien der Organisation, sie waren Mitglieder des Fußballklubs Hakoah. Diese schlugen in einem Gespräch vor, man sollte einen »Ausschuß« wählen, sie meinten einen ihrer Kameraden, und dieser würde unter ihnen für Ordnung sorgen und mit mir verkehren; so würde es bald sehr gut werden können. Ich war nun gar nicht in diesem letzteren ihrer Meinung, da aber auch die Kleineren sehr begeistert von dieser Idee waren, sagte ich ihnen, sie sollten es nur so machen, wenn sie es wollten, wir würden ja dann sehen, wie es weiter ginge; ich versuchte aber sie zu überreden, mehrere Ausschußmitglieder zu wählen. Davon aber wollten sie absolut nichts wissen. Vielmehr dürfe es und könne es nur ein einziger sein, der K., wie wir ihn nennen wollen, 15 Jahre alt, ihr Fußballeader. Sie machten Miene, ihn sogleich in Amt und Würden einzusetzen. Davon riet ich ihnen ab, da wir ja doch in diesem Augenblick nur eine kleine Gruppe waren. Ich meinte, die anderen wären vielleicht anderer Meinung und man dürfe sie nicht verkürzen, unter Ausnützung des zufälligen Umstandes, daß sie gerade nicht anwesend seien. Sie waren zwar überzeugt, daß alle mit K. begeistert einverstanden sein würden, waren aber mit einer Wahl im Schlafsaal sehr zufrieden. Tags darauf teilten sie mir feierlich mit, daß die Knabenschlafsäle einstimmig K. zum Schülerausschuß gewählt hatten. Die Wahl war durch Zuruf, besser durch ein allgemeines Gebrüll vorgenommen worden, die Vorschläge einiger, die auf Stimmzettel und eine gewisse pedantische Ordnung des Vorganges hingezielt hatten, waren niedergeschrien worden. Als die Mädchen davon hörten, wollten sie auch einen Ausschuß haben und besprachen die Sache mit Dr. Hilda Geiringer, der Lehrerin, die mit den älteren Mädchen speiste. Unter den Mädchen gab es Opposition: einige wollten keinen Ausschuß haben, es war dies eine Minderheit, aber sie wehrte sich krampfhaft. Die Mehrheit setzte aber sogar eine regelrechte Wahl mit Stimmzettel durch (ohne Beeinflussung durch Dr. G.); die Minderheit war unglücklich, einige weinten, weil sie »wählen mußten«. Dies ging den Nachmittag und Abend lang. Schließlich einigten sich so gut wie alle, zuletzt doch ohne förmliche Wahl, auf Ka. (16 Jahre), die Schwester des K., und B. (15 Jahre), die mir als Schülerausschuß der Mädchen vorgestellt wurden.

Es kann an dieser Stelle schon ein Einwand kurz besprochen werden, der immer wieder der Schulgemeinde entgegengehalten wird und den auch wir oft genug zu hören bekamen. Die Schulgemeinde sei doch nichts anderes als das Übliche: der Lehrer behalte Recht; er suggeriere den Kindern seinen Willen; und es sei gleichgültig, ob sie scheinbar frei handeln, oder ob sie das Gefühl haben, den Willen des Lehrers auszuführen. Vorweg: Es ist natürlich, daß in einem Punkt die neue Erziehung mit der alten identisch ist, beide erreichen zuletzt eine Beeinflussung, ja eine Veränderung des Kindes und müssen dies auch wollen. Die Antinomie zwischen dem berechtigten Willen des Kindes und dem berechtigten Willen des Lehrers löst keine Pädagogik auf, vielmehr besteht sie in dieser Antinomie. Aber es ist ein sehr wesentlicher Unterschied, ob das Resultat ein psychologischer Kompromiß ist, in dem Teile von beiden Gegensätzlichkeiten eine innig und vom Kinde zuletzt freiwillig bejahte Durchdringung eingehen, oder ob es die Vergewaltigung des kindlichen Willens und die Durchsetzung des von ihm abgelehnten erwachsenen Willens ist. Die Schulgemeinde ist die Organisation dieser pädagogischen »Kompromißgesinnung«. Man sieht aus dem Erzählten sehr deutlich: ohne uns wären die Kinder nicht auf die Idee verfallen, selbst Ordnung zu schaffen; ohne uns hätten sie die dazu nötigen Wege nicht betreten, trotzdem sie von ihnen oder von ähnlichen gehört, und teilweise sogar Erlebnis-Erfahrungen hatten. Aber nachdem diese entscheidende Aktivität von uns ausgegangen war, zeigte sich sofort, daß den Kindern sehr deutlich war, was sie nun wollten oder nicht wollten. Gegen meinen Widerstand hätten sie zu dieser Zeit ihren Willen nicht durchsetzen können, sie hätten nicht einmal denken können, es zu verstehen. Da ich aber keinen autoritativen Druck ausübte, nahmen sie meine Anregungen und Wünsche an, aber in einer sehr eigenartigen und allein von ihnen bestimmten Auswahl. Und gerade darauf, auf diese Wahlmöglichkeit, muß es einer psychologisch fundierten Pädagogik ankommen. (Nebenbei gesagt, einer sozialistischen erst recht: denn die gleiche Antinomie besteht im sozialen Leben, und auch in ihm gibt es keine andere befriedigende Lösung, als den Ausgleich der Strömungen in den Teilen der Masse, zwischen Masse und Führer.)

Wie weit das Verhalten der Baumgartner Kinder gegenüber der Anregung, eine Vertretung zu wählen, typisch ist, kann nicht entschieden werden. Daß sich darin aber tatsächlich eine psychische Realität ausdrückte, ist zweifellos und sie läßt sich bis zu einem gewissen Grad auch verstehen. Auf K. waren sie stolz, er gehörte zu einer wichtigen Mannschaft eines berühmten Erwachsenen-Fußballklubs; sie hatten auch Angst vor ihm, er konnte bestrafen und belohnen, denn er hatte die Fähigkeit, Fußball zu spielen und es zu lehren, eine Fähigkeit, die allen imponierte, und die die meisten für sich selbst erwünschten; er wurde von den Knaben in einer primitiven und entstellten Weise – entsprechend der allgemeinen Störung ihrer Liebesart und ihres Liebesmaßes, das sie ihren bisherigen Lebens- und Erziehungsschicksalen verdankten – geliebt: die Identifikation mit ihm, seinen Fähigkeiten, Ansehen usw. war jedem von ihnen ein Stück ihrer Wunschphantasien. Andererseits wäre jeder, besonders von den Älteren, gerne Schülerausschuß geworden, denn sie apperzipierten meinen Vorschlag mit ihrer Weltanschauung und waren überzeugt, daß diese Funktion ihrem Träger mannigfaltige, sehr reale Vorteile bringen würde. Zugleich aber stellten sie sich vor, daß mit dieser Funktion ebenso, oder fast ebenso, reale Nachteile verknüpft sein würden, denn sie dachten sich anfangs den Schülerausschuß als eine Art Spitzel von mir, der früher oder später bei seinen Kameraden in Verruf kommen würde. So vollzog sich in ihnen unbewußt, jedenfalls unartikulierbar, etwa der Gedankengang: es können nur wenige gewählt werden; ich habe wenig Chancen, so gerne ich es auch werden möchte, übrigens möchte ich es auch nicht; wem soll ich es nun gönnen, dem X., Y. oder Z.? Die Wahl ist unvollziehbar schwer; denn immer noch lieber wäre mir, ich bin es, als X., Y. oder Z. Nur K. gegenüber galt ein anderes Gefühl: ihm gönn' ich es, denn er ist ja doch ein Stück von mir, von meinem Phantasie-, Wunsch-, Ideal-Ich. Wenn er es ist, so bin ich es in meiner Phantasie auch. Und die Nachteile gönne ich ihm auch; warum ist er auch ein so guter Spieler, wo ich es nicht halb so kann. Man sieht, es waren wichtige Affekte, die hinter der Ablehnung einer Mehrzahl von Vertretern standen und hinter der Wahl des K. Und der Erzieher ist ein Stümper, der nicht versteht, hinter welcher kindlichen Äußerung Affekte stehen, und meint, wahllos die Äußerungen verwerfen zu können, wo es doch darauf ankommt, die Affekte zu entwickeln, d. h. zunächst ihnen Recht zu lassen, damit sie faßbar, entwicklungsfähig werden. Bei den Mädchen waren andere Motivationen vorhanden, daher eine andere Reaktion. Es führte zu weit und wäre Aufgabe einer wissenschaftlichen Untersuchung und nicht eines Berichtes, dem nachzugehen. Es genüge nach dem Gesagten darauf hinzuweisen, daß zwischen Suggestion und Suggestion, zwischen Willensdurchsetzung und Willensdurchsetzung denn doch recht wesentliche menschliche und pädagogische Unterschiede bestehen, die nur Blindheit und beschränkte Selbstgewiß-

ohne Beteiligung der Kinder, jedenfalls aber mit ihrem vollen Verständnis: Wir würden alle wöchentlich am gleichen Tage zusammenkommen, und das würde Schulgemeinde heißen. Wenn einer irgend etwas nicht in Ordnung fände, so würde er es in dieser Zusammenkunft sagen. Wir würden es uns alle zusammen überlegen und uns aufschreiben, wie es gemacht werden müsse, oder was verboten sei. Und das würde ein Gesetz heißen. Diese Gesetze werden im Speisesaal angeschlagen. Die Gesetze muß jeder einhalten. Damit dies geschieht, werden für jedes Gesetz Ordner gewählt. Folgt einer dem Gesetz nicht, so wird er beim Ausschuß angezeigt. Der Ausschuß macht ein Gericht, das bestraft die Gesetzesübertreter. Wenn jemand sich zu beklagen hat, so zeigt er es beim Gericht an, auch wenn kein Gesetz darüber gemacht wurde. Man beschloß nun sehr begeistert, mit der neuen Ordnung augenblicklich anzufangen; und entsprechend dem allgemeinen brennenden Interesse der Kinder wurde zunächst ein Speisesaalgesetz geschaffen, die Ordner unter Lärm und Jubel gewählt und das neue Gesetz sofort beim Nachtmahl durchgeführt.

Ähnlich verlief auch die 2. und 3. Schulgemeinde. Es sprach fast niemand außer mir, so sehr ich mich bemühte, den Kindern die Zunge zu lösen. Ihre Meinung äußerten sie durch Zwischenrufe, Lärm, Klatschen, Geschrei. Die Gesetze wurden von mir – freilich nach ausführlicher Besprechung mit dem Ausschuß, zuweilen auf seine Initiative – vorgeschlagen. Die Leitung der Versammlung hatte ich. Diese Schulgemeinden waren mehr Unterrichtsstunden in Bürgerkunde, Moral, Anstand, als Verwaltungssitzungen. Es mußten den Kindern zahlreiche Ausdrücke und Begriffe: Tagesordnung, Abstimmung, Antrag usw. erklärt, es mußten ihnen an ihrem Verhalten und dessen Folgen die nötigsten parlamentarischen Regeln demonstriert, erklärt, eingeschärft werden. Trotzdem, oder eben deshalb, hatten die in dieser Zeit verfaßten Gesetze einen anderen psycho-ökonomischen und erzieherischen Wert, als wenn sie ohne Schulgemeinde einfach als mein Diktat im Speisesaal publiziert worden wären. Die Protokolle der ersten fünf Schulgemeinden sind leider verloren gegangen. Von dem der zweiten besitze ich eine, von mir stilistisch ein wenig veränderte Abschrift, sie stehe hier als Konkretisierung des Gesagten und noch zu Sagenden:

Gesetze der zweiten Schulgemeinde. 29. X. 1919

I. Schlafsaalordnung:
1. Um 1/2 7 Uhr wird geweckt. 2. Alle müssen sofort aufstehen. 3. Jeder schlägt gleich nach dem Aufstehen die Dekken zurück; zieht das Leintuch ab. 4. Wer neben dem Ventilationsgriff liegt, hat ihn nach dem Abziehen des Leintuchs zu öffnen. 5. Hierauf folgt das Waschen und Anziehen. 6. Dann hat jeder sein Leintuch aufzulegen und abzuspannen; das 2. Leintuch zu legen, die Decken zu machen. 7. Wer mit diesen Arbeiten fertig ist, geht sofort in den Speisesaal zum Frühstück. 8. Um 1/2 8 Uhr ist Frühstück und der Speisesaal wird gesperrt. Wer später kommt, erhält keinen Kaffee, sondern bloß Brot und dies erst zum 2. Frühstück. 9. Abends haben die Kleinen um 1/2 8 Uhr in den Schlafsaal zu gehen und sich sofort zu waschen und niederzulegen. 10. Die Größeren kommen um 1/2 9 Uhr in den Schlafsaal und ziehen sich leise aus, waschen sich, legen sich still nieder, um die Kleinen nicht zu wecken. 11. Um 9 Uhr werden die Lichter gelöscht; es hat nun völlige Ruhe zu herrschen. 12. Zur Durchführung dieses Gesetzes werden in allen Schlafsälen Ordner gewählt und zwar: in B. 28 im großen Knaben-Schlafsaal vier; im kleinen Knaben-Schlafsaal einer; in B. 29, den 3 Mädchen-Schlafsälen, drei.

II. Das Ballspielen in den Räumen ist streng verboten.

III. Wer eine Fensterscheibe zerschlägt, muß sie zahlen. Wer nicht genug Geld dazu hat, muß es durch Arbeiten im Kinderheim verdienen.

IV. Es ist strenge verboten, die Krankenzimmer ohne Erlaubnis der Oberschwester zu betreten.

V. Es ist verboten, den Unterricht zu stören.

VI. Das Speisesaal-Gesetz wird ergänzt: Jeder bleibt solange beim Tisch sitzen bis alle aufgegessen haben, dann stehen alle zugleich auf.

VII. Jeder muß pünktlich in die Schulstunde kommen. Wer dagegen verstößt, wird bestraft. Zur Durchführung dieses Gesetzes wird in jeder Klasse ein Ordner bestellt.

VIII. Zur Verteilung der Ausgangsscheine und des Fahrgeldes werden ein Ausgangsordner und eine Ausgangsordnerin und deren Stellvertreter gewählt.

IX. Es wird ein Postmeister gewählt, der den Postkasten zu leeren hat, die Briefe zu frankieren und aufzugeben, die ankommende Post zu verteilen.

X. Es wird ein Untersuchungsrichter gewählt, der Anklagen entgegennimmt, Zeugen verhört und das Material für das Gericht vorbereitet.

XI. Gewählt wurden:

1. Als Speisesaal-Ordner: . . .
   Als deren Stellvertreter: . . .
   Als Türsteher: . . .
   Als Läuter: . . .
2. Als Schlafsaal-Ordner: . . .
3. Als Ausgangs-Ordner: . . .
   Als dessen Stellvertreter: . . .
4. Als Postmeister: . . .
5. Als Untersuchungsrichter: . . .
6. Als Schriftführer der Schulgemeinde und des Gerichtes: . . .

XII. Der Schülerausschuß: . . . bleibt im Amte.

Einige Tage nach der ersten Schulgemeinde erschien eine Kundmachung, vom Schülerausschuß unterfertigt, auf dem schwarzen Brett im Speisesaal, daß zur ersten Gerichtsverhandlung die und die als Angeklagte, Kläger und Zeugen zu erscheinen hätten. Ich glaube, daß kein Kind fehlte, sogar die allerkleinsten waren da, ließen sich nicht hinausweisen, und so blieben sie. Alles war sehr gespannt, aber doch mit einer bemerkbaren Beimengung von Heiterkeit und Ironie. Die Angeklagten mußten eine eigene Bank beziehen; das war ihnen gar nicht recht. Sie waren mit dem sehr heiteren Gefühl eingetreten: was kann mir geschehen? und nun begann es gleich mit einer Schikane; aber ihr Heiterkeitsausdruck wurde durch die aufsteigende Verlegenheit nur vermehrt. Dann erschien der Gerichtshof: der Schülerausschuß, der Schriftführer der Schulgemeinde mit einem schmalen Aktenbündel unter dem Arm, und ich als Vorsitzender. Ich verlas die Namen der Angeklagten; einige waren nicht erschienen. Der Schülerausschuß war mit mir der Meinung, daß diese Fälle sofort behandelt werden sollten, und so, als ob die Angeklagten anwesend wären. Die Kläger wurden aufgerufen, sie sagten, was sie vorzubringen hatten; der Angeklagte, der ebenfalls vor dem Tische stand – falls er erschienen war –, wurde gefragt, was er darauf zu erwidern wisse; die Versammlung wurde hierauf aufgefordert, Zeugen zu nennen. Jeder Zeuge sagte sein Sprüchlein. Der Angeklagte durfte sich setzen. Nachdem alle Fälle so durchgegangen waren, zog sich der Gerichtshof ohne den Schriftführer zurück. Nun besprachen wir jeden einzelnen Fall, erwogen, ob der Angeklagte schuldig ist, ob er auch bestraft werden soll, und wie. Bei Meinungsverschiedenheit stimmten wir ab; ich gab meine Stimme zuletzt ab, die Mehrheit entschied. In den allermeisten Fällen aber waren wir nach kurzer Besprechung einig. Der Gerichtshof kehrte wieder zurück. Es stellte sich lautlose Stille her; der Vorsitzende verkündete die Urteile, wo es nötig war mit Erklärungen und Motivierungen. So war die erste Gerichtsverhandlung verlaufen, und die späteren unterschieden sich von dieser in ihrem äußeren Verlauf sehr wenig. In der zweiten Schulgemeinde wurde ein Untersuchungsrichter gewählt, später erhielt er zu seiner Unterstützung einen Stellvertreter. Bei diesen allein durften Klagen eingereicht werden, sie nahmen die Klage protokollarisch auf, verhörten den Angeklagten, den Kläger und die von beiden angegebenen Zeugen; legten für jeden Fall einen Akt an, bewahrten die Corpora delicti auf; bei Lappalien wirkten sie auf Zurückziehung der Klage. Diese Akten erhielt der Schülerausschuß vor der Gerichtsverhandlung mit den Vorbestrafungen zur Einsicht. Der Untersuchungsrichter war dann auch Schriftführer und wurde zu der Urteilsbesprechung ohne Stimmrecht zugelassen. Bald wurden Vorladungen geschrieben und durch den Postmeister, später durch einen eigenen gewählten Ordner, den Gerichtsdiener, noch später gegen schriftliche Bestätigung des Empfängers, ausgetragen. Im Februar tauchte unter den Mitgliedern einer Kwuzah der Zweifel auf, ob es richtig sei, dem Schülerausschuß, der als Überwachungsorgan aller Ordner direkt oder indirekt der eigentliche Kläger, besser der Staatsanwalt war, zugleich das Richteramt zu überlassen, und die Schulgemeinde, der dies vorgetragen wurde, entschied sich für die Wahl von Geschworenen. Diese gaben ihre Stimme auf Zetteln ohne Namensunterschrift dem Untersuchungsrichter nach Abschluß des öffentlichen Verhörs für jeden einzelnen Fall ab. Sie hatten ja oder nein zu schreiben und das hieß »zu bestrafen« oder »unbestraft zu lassen«. Und an dieses Urteil war der Schülerausschuß bei der Verhängung der Strafe gebunden. Bei der Urteilsverlesung wurde das Stimmenverhältnis des Geschworenenurteils mit der

Strafe, Motivierung usw., verlesen.

Nach der Verlesung der Urteile der ersten Gerichtssitzung erhob sich aus dem Publikum ein ungeheurer Lärm. Die während der Verhandlung immer mehr angewachsene Erregung suchte einen Ausdruck, man näherte sich den Ausschußmitgliedern sehr drohend: das gibt es nicht! Wir haben einen Ausschuß, damit er uns hilft! Das ist eine Gemeinheit! Wir lassen uns von Euch nicht bestrafen! Ausgangsentzug darf überhaupt keine Strafe sein! usw. Es gab eine richtige kleine Revolte. Was war geschehen? Die Kinder hatten plötzlich gesehen, daß die Schulgemeinde kein Scherz mit schöner Rede des Direktors, lustigen Abstimmungen und Wahlen sei, sondern daß sie im Begriff war, ins Leben jedes Einzelnen einzugreifen, daß sie Forderungen stellte. Die Verurteilten waren ruhig, ja geradezu zufrieden mit ihrer Strafe – wir werden davon noch zu sprechen haben –, aber die anderen sahen zu lebhaft, was ihnen bevorstand, denn daß sie früher oder später, sicher nicht sehr spät, auch da vor dem Richtertisch stehen würden, war ihnen klar, es war doch ohnehin nur ein Zufall, daß sie nicht schon heute dastanden, denn es waren lauter typische Delikte verhandelt worden. Sie wollten das Gericht und die Schulgemeinde nicht, der Direktor und die Lehrer sollten Ordnung machen und strafen.

Es waren nur wenige, die den Mut hatten, wirklich zu revoltieren, aber ihr stummer Anhang war nicht klein. Die Ordner waren alle für die Schulgemeinde und auch sie hatten einen beträchtlichen Anhang. Dies ist um so beachtenswerter, als die Ordner schon am ersten Tag ihrer Amtswaltung erfahren hatten, daß sie selbst keine Vorteile für sich aus dem Amt würden ziehen können. Sie waren tatsächlich durch ihr Amt sehr wesentlich verändert worden.
Freilich, sie übten ihre Funktion in rechtem Rüpel- und Feldwebelton aus, aber keiner hat sie für sich mißbraucht. Durch ihr Mandat wurden sie fanatische Anhänger der Ordnung und Gerechtigkeit. Diese Wandlung war sofort zu merken. Ich berief am Abend nach der ersten Schulgemeinde die Ordner und den Ausschuß zu einer Besprechung. Sie kamen sehr heiter, zu Streichen aufgelegt und mit egoistischen Hoffnungen; wir sprachen nun von der Bedeutung ihrer verschiedenen Funktionen und von ihren Pflichten im allgemeinen. So gut wie alle verließen das Zimmer in großem Ernst; sie empfanden, daß sie zu keinem läppischen, und anfangs vielleicht sogar lustigen Spiel, sondern zu einer Aufgabe und zu Verantwortung berufen wurden. Man hat Fälle gesehen, daß ein

oder der andere sagte: heute will ich mir noch eine doppelte Portion erschwindeln, von morgen an bin ich Ordner. Und das war für alle eine sehr schwere Entsagung. Es sind auch während der ganzen folgenden Zeit Anklagen wegen Amtsverletzungen fast nie vorgekommen, und die zwei oder drei mir erinnerlichen Fälle wurden strenge bestraft.

Die Revolutionäre sahen nach Gesprächen mit mir, dem Ausschuß und den Ordnern ein, daß sie unrecht hatten. Es wurde aber zugestanden, daß sich viele über den Sinn der ganzen Einrichtung nicht im klaren gewesen waren, und daß sie daher unter falschen Voraussetzungen gewählt hatten. Die zweite Schulgemeinde brachte mit dieser Motivierung Neuwahlen. Es gab dabei nur wenige Veränderungen, aber die Wahl wurde mit viel größerem Ernst und Verständnis vorgenommen. Die abgesetzten Ordner gehörten erstaunlicherweise weiter zu den Disziplinierten, sie machten keine Schwierigkeiten, sondern halfen vielmehr. Sie arbeiteten für die Wiedererlangung des verlorenen Vertrauensmandats. Damit endete der einzige ernstliche Widerstand gegen die Schulgemeinde. Sie war in kurzem ganz und gar eingebürgert, assimilierte sich neu Eintretende mit erstaunlicher Schnelligkeit und war so sehr im Seelenleben der Kinder verwurzelt, daß diese von tiefer Trauer und Ratlosigkeit befallen wurden, als diese Institution bei unserem Weggange aus Baumgarten aufgelöst werden mußte.

Natürlich ist es nicht möglich, die weitere Entwicklung der Schulgemeinde ebenso ausführlich zu erzählen, wie die Vorgänge in ihren ersten Tagen. Nur in großen Zügen sei berichtet, wie die Vertiefung der Schulgemeinde selbst und ihrer seelischen, sittlichen Wirkung verursacht und verursachend zugleich, mit der allgemeinen affektiven Entwicklung der Kinder parallel ging. Man kann drei Phasen dieser Entwicklung der Schulgemeinde unterscheiden:

Der erste Monat; vier bis fünf Schulgemeinden. Es waren im Grunde eigenartige Unterrichtsstunden, Anschauungsunterricht in sozialem Leben. Alle Initiative war bei mir; Debatten gab es keine. Alle Gesetze, wie während dieser Phase gemacht wurden, haben die Kinder später wieder von sich aus eingebracht, so als wären sie noch nicht in der Schulgemeinde behandelt gewesen, was beweist, daß sie später eine andere Vorstellung von der Schulgemeinde bekommen hatten, und sie die ersten Gesetze als in ganz anderer Weise entstanden empfanden. Der Schülerausschuß und die Gemeinde hatten keine Autorität, nur ich; und auch die Ordner und Gesetze wirkten indirekt – durch mich – autoritativ. Dennoch gab es Ansätze zu Neuem: meine Anträge wurden überstimmt, wenn sie der Mehrheit zu unbequem waren, oder ihrem Rechtsempfinden, ihrem sozialen Gefühl widersprachen; hie und da äußerte auch eines der Kinder, oft gerade von den Jüngsten, eine eigene Meinung; und kurz vor dem Schalom, mit dem ich die Verhandlungen zu beschließen pflegte, oder auch gleich danach, schrien einige durcheinander ihre Anträge aus. Aber im Ganzen war die Gemeinde eine zwar sehr aufmerksame und oft erschütterte, doch völlig passive Zuhörerschaft meiner Vorträge.

Dann kam eine Veränderung, die plötzlich einsetzte und einen ungefähr zwei Monate lang, bis Mitte Januar, währenden stationären Zustand schuf. Die Beteiligung war sehr rege. Immer mehr Kinder nahmen an den Verhandlungen Anteil, zum Teil freilich sehr untergeordnet, manche Vorschläge gingen von ihnen aus, die meisten Gesetze wurden während der Schulgemeinde verändert, ehe sie angenommen wurden; die Kinder hatten durchaus – und mit Recht – das Gefühl, daß sie die Gesetze machten. Ausschuß und Ordner gewannen an Autorität. Der Ausschuß – indessen vergrößert und wegen der Abreise seiner ersten Mitglieder nach Holland, neugewählt, aus vier Knaben (13–16 Jahre) und einem Mädchen (15 Jahre) bestehend – wurde regsamer, ergriff vielfach die Initiative, seine Sitzungen wurden immer mehr ernsthafte, sachliche Besprechungen, an denen alle teilnahmen, und die alle vorher und nachher beschäftigten. Die Zahl der Gesetze ist beträchtlich, die in dieser Zeit geschaffen wurden. In ihrer Gesamtheit ordnen sie das ganze Leben der Kinder: Speisesaal-, Schlafsaalordnung, Lesezimmer und Bibliothek, die Einteilung der Räume, der Tagesordnung; Spiel und Lernen, Schulbesuch, Ausgang, die Pflichten und Rechte der Ordner, Schotrim, Kwuzoth, dies war der Umkreis der Schulgemeinde-Verhandlungen. Einige typische Gesetze mögen dies illustrieren: Das Schreiben auf den Wänden, auf den Tischen und überhaupt auf Hausgeräten ist verboten. – Niemand darf die Öfen beheizen, oder sie berühren, nur der gewählte Heizer hat während der Schulstunden Holz im Ofen aufzulegen. – In sämtlichen Räumen ist das Ausspucken auf den Fußboden verboten. Äpfelschalen und sonstige Abfälle sind nur in die Mistkiste oder den Papierkorb zu werfen. Usw. Oder: Es ist verboten, außerhalb der Klosette die Notdurft zu verrichten. Die

Klosette müssen rein gehalten werden; wer dieselben beschmutzt, wird mit vierwöchentlichem Ausgangsentzug bestraft. Oder: Jeder hat pünktlich um 8 in der Schule zu sein. Oder: Wer dreimal ohne Entschuldigung vom Unterricht fern bleibt, wird mit zwei Wochen Ausgangsentzug bestraft. – Wenn ein Schüler in der Unterrichtsstunde vom Lehrer angesprochen wird, haben die anderen Schüler zu schweigen. – Wer zu spät in die Schule kommt, wird bestraft. – In den Klassenzimmern und Aufenthaltsräumen haben die Kappen abgenommen zu werden. Oder: Die Histadruth[3] haschotrim hat das Recht, alle die im Heime verpflegt sind, bei Verlassen des Heimes zu untersuchen. Den Machris und die Schotrim darf niemand beleidigen, wenn sie im Dienste sind. Die Schotrim haben zu schauen, daß am Abend alles in Ordnung ist, und während des Turnens dürfen sie nicht gestört werden. – Die Schotrim haben eine Gemeindedurchsuchung zu machen und alles Geschirr, das nicht den Kindern gehört, wegzunehmen, und es der Küche zu retournieren. – Pfeifen zu tragen ist nur den Schotrim gestattet. Oder: Wenn nach einer Zeit der Eigentümer eines verlorenen Gegenstandes sich nicht meldet, gehört der verlorene Gegenstand der Schulgemeinde. – Sämtliche Jugendliche im Heime gehören zur Schulgemeinde und haben sich demnach den Anordnungen der Schulgemeinde zu fügen. – Es wurde beschlossen, ein Ersuchen an die Verwaltung zu richten, daß Fräulein F. weiter als Pflegeschwester verbleiben möge. Diese Zusammenstellung von zusammenhängenden Bestimmungen, die nach und nach je nach Bedürfnis und Einsicht gemacht worden waren, genügen vielleicht als Beispiele, obzwar sie bei Weitem nicht erschöpfend sind. Gerade auf die interessantesten Bestimmungen mußte verzichtet werden, weil sie komplizierte Erläuterungen verlangten. Die publizierten Gesetze waren den Kindern sehr wohl bekannt, und wurden im großen und ganzen eingehalten. Es war Ordnung geworden. Eine Ordnung, die vielleicht in allem Äußeren nicht vollkommener, aber gewiß auch nicht geringer war, als sie durch Präfekten, Diktatur, Schimpfen, Schläge u. dergl. wäre zu erreichen gewesen.

Trotzdem blieb die Schulgemeinde unbefriedigend. Zunächst für uns. Wir waren aus der Jugendbewegung gekommen, so schwebten uns – uns selbst nicht klar bewußt – junge Menschen vor, deren

3 Siehe Kapitel VI

Debatten und unbedingte Ethik, geistiges Niveau und hinreißende Sittlichkeit. Demgegenüber waren unsere Schulgemeinden dürr, matt, dürftig. Wenn wir an Schulgemeinden dachten, so meinten wir Selbstbestimmung der Jugend, und es brauchte eine ganze Weile, bis wir uns durch die von den Kindern geschaffenen Tatsachen davon belehren ließen, daß es in unserem Falle auf die Selbstverwaltung der Kinder ankam; und bis wir sahen, daß die Kinderschulgemeinde etwas anderes sei, als die Gemeindeversammlung in der Jugendbewegung, daß für diese gerade der adäquate Ausdruck und die schöpferische Form war, was bei jener befremdend und verwirrend gewirkt hätte. Nur unserer zuwartenden und beobachtenden pädagogischen Haltung haben wir es zu verdanken, daß wir diese Belehrung von den Kindern erhalten konnten, und daß wir nicht etwas organisch Wachsendes durch ihm fremde Beimengung und Eingriff gestört haben. Aber weil die Schulgemeinde zu dieser Zeit noch nicht tätiger Verwaltungsapparat war, waren auch die Kinder nicht ganz von ihr befriedigt. Sie konnten das nicht anders äußern, als durch eine gewisse, langsam zunehmende Flauheit. Gerade, als die Debatten schon recht lebhaft waren, kam es vor, daß ein Gesetz wiederholt gegeben werden mußte, weil es gänzlich unberücksichtigt geblieben war. Die Schulgemeinde war eine kurze Weile in Gefahr, ein Debattierklub zu werden. Der Ausschuß und die Ordner hatten nichts, oder nur sehr wenig zu arbeiten. Sie hatten zu schauen, zu hören, zu reden, aber Körper und Arme blieben unbeschäftigt. Daher wurde zum Ersatz lauter geschrien, als nötig und nützlich war, und unter Umständen auch geprügelt, was natürlich das Ansehen der Ordner nicht erhöhte. Andererseits wurden die wenigen wirklichen Arbeiten mit inadäquater Energie getan: Protokolle schreiben, Stühle rücken, Aufsperren, Läuten, Post austragen u. dergl. waren heißersehnte Tätigkeiten. Dadurch kam aber etwas Spielerisches in die Arbeit der Schulgemeinde-Funktionäre; oder besser, es begann sich die Gefahr dessen fühlbar zu machen.

Die Kinder selbst überwanden diesen Zustand und führten die Schulgemeinde in die dritte Phase – wir verstanden gar nicht, was im Tieferen vorging, wie bereits bemerkt. Es tauchten ganz neuartige Vorschläge auf: man solle ein Tischgebet einführen; Sabbath solle festlicher gefeiert werden, als bisher: man solle mehr Schachspiele und Matadorbaukästen anschaffen, und dafür Kartenspielen unter allen Umständen verbieten; auch die Jugendlichen dürfen nicht rauchen; die Kinder sollen in Pflegschaften eingeteilt werden und alle Älteren Pfleger von einigen Jüngeren werden; die Erwachsenen wurden streng kontrolliert, ob sie auch die Gesetze der Schulgemeinde einhalten, sie wurden vor Gericht zitiert; es gab heiße Debatten über die Mädchen, über die Histadruth. Allüberall wurden Ansätze und Anläufe bemerkbar, nach der technischen Ordnung auch die moralische herzustellen, nicht nur den Lärm, sondern sich selbst zu beherrschen, und zu bändigen. Das meiste von all dem blieb Ansatz, denn dem Bürgertum und seiner faulen Pädagogik wurde gar unheimlich bei diesem Erwachen einer neuen Welt, die gleich in ihren ersten Symptomen richtig bewertet wurde als »bolschewistisch«. Denn wahrlich, was die Kinder hier zu erleben und zu erfinden begannen, war der Sozialismus, war jenes neue Gemeinschaftsgefühl, das irgendeinmal als Terror alle Ichgeilheit, alle Macht- und Selbstgierigen auf Erden vernichten oder sublimieren wird. So hat sich all dies nur wenige Wochen lang entfalten dürfen. Die aufkeimende Sittlichkeit hat zunächst die äußere Ordnung sehr gefördert. Sie wurde mit neuem Ernst in Angriff genommen, und hat von da an jedenfalls alle Resultate weit überflügelt, die bei andern Methoden hätten erzielt werden können. Der größere Ernst fand aber auch neue, größere Aufgaben. Die Kinder begannen, sich wirklich in die Verwaltung einzumengen. Sie fragten, was mit dem übrig bleibenden Essen geschehe, und legten eine Liste derer an, die keinerlei Essenszubußen von Verwandten erhielten, und erfanden ein vollkommen gerechtes System, diesen turnusweise Doppelportionen auszuteilen. Dieselben Kinder, die noch vor wenigen Wochen keinen anderen Gedanken hatten, als sich möglichst viel Essen zu erschwindeln, und die tobsüchtig erschienen, wenn des Nachbarn Brotschnitte etwas dicker war als die eigene, gaben ihren Kameraden Doppelportionen und waren zufrieden beim Gedanken, daß sie selbst ja beim nächsten Ausgang bei einer Tante nach Herzenslust würden essen können. Der Schülerausschuß nahm die Verteilung gewisser Wäschesorten in die Hand; es wurde eine Darlehnskasse von ihm gegründet; ein Kaufladen für allerhand Kleinigkeiten und Leckereien wurde auf gemeinnütziger Basis eingerichtet; die geplante Einrichtung eines großen Postamtes im Tagraum beschäftigte insbesondere die Phantasie der Kleineren und der handwerklich Interessierten; ein vortreffliches Gartenbaugesetz wurde ausgearbeitet, angenommen und durchgeführt; die erste gedruckte Nummer der Schulgemeinde-Zeitschrift »Kinderheim Baumgarten« erschien, uns allen völlig überraschend; Theater- und Konzertbesuch wurde in gerechter Weise geregelt; und manches dergleichen mehr wurde allermeistens völlig spontan vom Ausschuß oder den Kindern in der Schulgemeinde eingeleitet und durchgeführt. Das Vielfache aber wurde phantasiert und geplant und ein Teil davon hätte sicherlich noch seine Verwirklichung gefunden. Das Wichtigste von allem, was hierher gehört, waren aber die beträchtlichen Ansätze zu einer allgemeinen Arbeitspflicht. Die sehr interessante Entwicklung dieser Gesinnung und Idee wird im nächsten Abschnitt angedeutet werden. Hier sei nur bemerkt, daß im letzten Monat unserer Wirksamkeit die Kinder, die wir arbeitsscheu und faul übernommen hatten, ganz allgemein den Wunsch zeigten, alle fürs Heim nötigen Arbeiten, die schweren, schmutzigen und langweiligen inbegriffen, selbst zu übernehmen, und daß sie sich eine Organisation wünschten und manche sie auch ausdachten, die sie dazu zwingen, anleiten und leiten würde. Was ihnen dabei vorschwebte, war mehr oder weniger bewußt die volle Selbstverwaltung und darüber hinaus die Selbstwirtschaft der Kinder. Natürlich nicht ohne Erwachsene, sondern im Gegenteil mit ihnen, aber nicht mit Kreaturen wie manche der Angestellten und Beamten des »Am. Joint, Abteilung Baumgarten« es waren, sondern mit geliebten Kameradschaftsführern und Lehrern. Manche Arbeiten hätten auf alle Fälle Erwachsene erfordert, bei richtiger Auswahl wären diese aber einfach Kameraden der Kinder gewesen, vollberechtigte Mitglieder der Schulgemeinde, wie wir es an einzelnen Beispielen völlig klaglos verwirklicht hatten. Schwester Judith war die Seele der Mädchenbaracke; der Elektrotechniker begann eine Kwuzah um sich zu sammeln, einer der als Diener tätigen zwei Chaluzim, die man nicht fortgeschickt, sondern nur kujoniert hatte, erhielt eine wesentliche Funktion in der Schulgemeinde, der andere war beliebtester Erzähler und Musikant im Kindergarten, wenn ihm eine freie Stunde blieb, alle vier waren Mitglieder meiner Kwuzah und sind jetzt in Palästina.

Solche Pläne fanden bei der Verwaltung den heftigsten Widerstand; trotzdem es sich immer nur um konkrete Einzelheiten handelte, denn den Plan als Ganzen hätte man den betreffenden Personen gar nicht mitteilen können, sie hätten ihn einfach nicht verstanden und den Vortragenden für verrückt gehalten. Die Verwaltung fühlte aber schon bei den Einzelforderungen, daß sie überflüssig und unmöglich werden würde; und das Joint in seiner würdevollen Behäbigkeit war zu träge, die Sache auch nur zu überlegen; man fand es nicht für nötig anläßlich des wegen dieser Frage ausgebrochenen Konfliktes zwischen der Verwaltung und der Pädagogik, deren maßgebende Persönlichkeiten, also z. B. mich, auch nur einzuvernehmen. Man beruhigte sich bei der Ausflucht, ich wolle eben die ganze Macht an mich reißen, und man könne mir, der ich zwar ein sehr bedeutender Pädagoge sei, aber ein sehr schlechter Organisator (merkwürdig, als die selben Leute meiner als Erziehungsreferenten der zionistischen Parteileitung überdrüssig waren, sagten sie es genau umgekehrt), nicht die Verwaltung über 100 000 Kronen monatlich anvertrauen; in Worten Hunderttausend Kronen! Was offenbar dreihundertdreiunddreißig Mal mehr ist als dreihundert Kinder. Und das ist wahr, wenn ich schon ein bedeutender Pädagoge bin, bin ich doch kein dreihundertdreiunddreißig Mal so guter Verwalter.

Der schrille Mißton, der an dieser Stelle soeben den ruhigen Verlauf der Darstellung unterbrach, ist das getreue Abbild dessen, der uns während der ganzen Baumgartner Tätigkeit leise begleitend, in dieser Phase laut und vernehmlich, umpfiff. Auch die Kinder hörten ihn; wir haben ihnen bis ganz zuletzt nichts von unseren Kämpfen gesagt, aber sie sahen sie, sie selber hatten bei der Durchsetzung ihrer Pläne, bei der Entwicklung der Schulgemeinde mit denselben Hindernissen zu kämpfen wie wir. Und gerade dies hat vielleicht sehr dazu beigetragen, die Schulgemeinde zu fördern und zu festigen. Die letzten Tage in Baumgarten, so traurig sie waren, so verbrecherisch die Indolenz derer ist, die sie herbeiführten, waren nicht nur Abschluß, sondern Höhepunkt. Die Haltung der Kinder bei der freiwilligen Suspendierung und der späteren Auflösung der Schulgemeinde, ihr klarer Begriff davon, was wesentlich für diese Institution ist, ihr sicheres Erkennen und Ablehnen aller Verwässerungen, Surrogate und Vergewaltigungen, die ihnen zugemutet wurden, zeigt, welches Maß von Gemeinschaftsgefühl, schulbürgerlicher, sozialistischer Affekt- und Intellektsbildung, welchen Grad von Aufrechtheit, Selbstbewußtsein und Stolz die Schulgemeinde in ihnen erweckt, erzogen und gestaltet hatte.

All dies über die Schulgemeinde Gesagte gilt in erster Linie für die Altersklassen 11–16 etwa. Die Jüngeren nahmen zwar interessiert an allen Schulgemeinden und ihren Forderungen teil, wenn auch vielleicht ihr Hauptinteresse mehr den Aktualitäten und den Sensationen gehörte: Wahlen, Mitteilungen, Abstimmungen, als den grundsätzlichen Fragen und der steten Entwicklung, aber ich glaube, es war doch deutlich, daß sie von ihr weniger erzieherisch ergriffen wurden als die Älteren. Sie verdanken manche Entfaltung ihres Seins der Schulgemeinde, aber die umstürzende Verwandlung ihrer Rechts-, Gemeinschafts-, Pflichtgefühle und Anschauungen haben sie vom Gericht erfahren, das wieder den Älteren, gewiß nicht Farce und Spielerei, aber doch nicht ganz ernstes Erleben war. Die Wirkung des Gerichtes war uns selbst ganz unerwartet. Wir dachten es nur als vorübergehende Einrichtung, und im Grunde als einen Versuch, der aus der Verlegenheit geboren, oder besser übernommen wurde; es war uns nichts Geschickteres, nichts Originelleres eingefallen. Wir fürchteten von ihm Angeberei und Feindschaft unter den Kindern. Dies erwies sich aber als gänzlich unrichtig. In den ersten zwei oder drei Verhandlungen waren einige Anklagen und Zeugenaussagen gewesen, die man vielleicht als böswillige Angeberei hätte bezeichnen können; sie wurden aber strenge bestraft und kamen nie wieder vor. Mir ist kein einziger Fall erinnerlich, daß Feindschaft unter den Parteien oder gegen die Richter und Zeugen aus der Gerichtsverhandlung entstanden wäre. Die allermeisten Anklagen sind übrigens, in der ersten Zeit, so gut wie am Ende, nicht von Privatklägern ausgegangen, sondern vom Ausschuß und den Ordnern, die zur Anklage verpflichtet waren, die auch keine andere Möglichkeit hatten, Gesetzesübertretern beizukommen. Und ich halte das für ein sehr ansprechendes Symptom, daß die Ordner immer mehr und mehr die Selbstjustiz aufgaben, und in jedem Fall sich ans Gericht wendeten. So gut wie niemals wurden die Ordner wegen einer Anzeige von ihren Kameraden, auch nicht vom Angeklagten, befeindet, wohl aber gab es in der ersten Zeit, als die Ordner recht roh und selbstherrlich waren und sich noch fürchteten, vor Gericht zu »petzen«, manche Mißstimmung. Der Brief einer angehenden Lehrerin, die im letzten Baumgartner Monat (während meines Krankenurlaubs) sehr viel mit den Kindern beisammen war, die Entwicklung der Einrichtungen aber nicht mit angesehen hat, stehe hier als ein relativ objektives Zeugnis:

»... und da sah ich es plötzlich schon vor mir, so den Ansatz zu etwas ganz Großem, Wunderschönem! Ich erinnere mich, welchen Eindruck die erste Gerichtsverhandlung auf mich machte. Eine

Sache, die so leicht in Gschaftigmacherei, Angebertum und, weil von Kindern, Lächerlichkeit ausarten könnte, war hier so etwas Natürliches und Selbstverständliches, als wäre es die einfachste Sache der Welt, daß Kinder sich ihre eigenen Gesetze geben und selbst Strafen zuerteilen, wenn sie dieselben nicht befolgen. Und was das Wunderbarste daran ist, daß sie sich auch diesen Strafen mit einer Selbstverständlichkeit und ohne Murren unterwerfen und sie auf sich nehmen, ohne daß es nötig wäre zu Machtmitteln zu greifen (die in diesem Falle ja eigentlich gar nicht existieren), um die Strafen durchzuführen. Ich sah z. B. den S., einen sehr fleißigen Jungen, welcher sich einen wunderschönen Garten angelegt hatte und noch in drei anderen Gärten mitarbeitete, wie er vier Tage hindurch erst nach allen andern zum Essen ging, weil er sich einen Tee erschwindelt hatte. Wie er sich beschämt an der Wand entlang drückte, als alle zum Essen gingen, und dann geduldig wartete (und er hatte sicher großen Hunger), bis alle fertig waren, und er hineindurfte. Und solche Sachen sah ich häufig. Selbstverständlich auch die Kehrseite, daß jedes dritte Wort mancher Kinder war: »ich zeig' dich an«. Aber die das so oft sagten, waren meist die Feigsten und taten's nie, so daß die Fälle, die vor Gericht kamen, meist wirklich immer wichtige waren. Auch beobachtete ich etwas sehr Merkwürdiges: daß der Angeklagte den Kläger nie haßte; es gab selbstverständlich häufig Tränen, aber trotz der Strafe waren sie nicht böse aufeinander, auch nicht auf die Zeugen, Richter und Geschworenen, wie ihnen überhaupt das Gericht gar nichts Schreckliches war, und die Strafen eine selbstverständliche Abbüßung eines begangenen Unrechts, welches sie auch meistens von vornherein eingestanden. Leugnen gab's sehr selten, und falsche Zeugenaussagen oder Verleumdung habe ich überhaupt nicht erlebt. Ich schreibe Ihnen das alles, weil es einen so ungeheuren Eindruck auf mich machte, und weil ich in der Zeit dort war, in der Sie fort waren, und ich glaube, daß es für Sie, da ich nicht die Entwicklung erlebte, sondern schon in etwas Bestehendes kam, Wert hat zu erfahren, welche Wirkung es auf mich machte. Schulgemeinden habe ich nur zwei erlebt. Sie waren unwesentlich, doch eben das Ganze war so etwas Großes, daß es mich wirklich überwältigt hat. Daß z. B. die Kinder zu mir kamen und mir erzählten: »Heute haben wir Rechnen bei der Frau Dr. Geiringer gehabt, es war wunderschön!« Ich konnte mich Zeit meines Lebens nicht an eine Rechenstunde erinnern, von der ich das hätte sagen können. Oder daß bei Gericht ein Kind die Strafe bekam, es dürfe dreimal die Unterrichtsstunde der Dr. Geiringer nicht besuchen! Natürlich habe ich oft auch von den Kindern Klagen gehört, sie lernten zu wenig (die meisten Kinder hatten einen riesigen Wissensdrang), Kinder hätten gestört und die Stunde sei abgebrochen worden, und die Lehrerin hätte sich mit ihnen auf die Wiese gesetzt, oder so. Das waren aber meist Kinder, die noch kurz draußen waren, und denen das zu neu war. Auch sollten sie sich bis zu einem bestimmten Termin auf eine öffentliche Prüfung vorbereiten und mußten auf diese Weise wirklich fürchten, zu kurz zu kommen . . .«

In den ersten Monaten war das Gericht durchwegs mit typischen Delikten befaßt, Neben kleineren und größeren Ordnungs- und Gesetzesübertretungen, waren es vor allem Raufereien der Kinder untereinander – übrigens kamen nur solche zur Anzeige, bei denen es tüchtig Prügel gesetzt hatte; Ehrenbeleidigungsklagen waren sehr selten – Diebstähle und »Schwindeleien beim Essen«. Für die Verbesserung des Verkehrstones hat das Gericht nichts getan; hier wirkten die Kwuzoth. Aber die Diebstähle und das Schwindeln hörten vollständig auf, letzteres freilich erst nach recht langer Zeit, und ganz und gar erst, als es gelungen war, die Verwaltung zu einer gewissen Vermehrung des Essens zu bewegen. Anfangs war für die Kinder Diebstahl nur das Entwenden eines Gegenstandes, der einen individuellen Besitzer und einen bestimmten Wert hatte, und der irgendwie in Verwahrung gewesen war. Nur langsam entwickelte sich in ihnen das Gefühl dafür, daß auch Kämme, Hefte, Menageschalen, ja selbst Holz und Papier, die offen dalagen, und dem Heim, oder auch niemandem gehörten, nicht angeeignet, nicht zerstört oder verschwendet werden dürften, sondern an ihrem Platz liegen zu bleiben hätten, oder beim Fundamt abgegeben werden müßten. Das Schwindeln empfanden sie als ihr gutes Recht, ja sie waren stolz darauf, wenn es ihnen gelungen war, zwei oder mehr Portionen zu erwischen. Auch hier entwickelten sich ihre Gefühle und Anschauungen recht langsam und es dauerte eine ganze Weile, ehe alle eingesehen hatten, daß es auch dann Recht sei, anzuklagen und zu verurteilen, wenn der Täter sich verteidigen konnte: ich habe es ja nicht verlangt, die Schwester stellte mir die zweite Suppe hin, und da habe ich nicht gesagt, daß ich schon eine hatte.

Die Strafen waren wenig mannigfaltig, und eigentlich sehr

wenig schmerzhaft: Verwarnung, Pranger (Anschrift am schwarzen Brett), Konfiskation, Ersatz, Ausgangsentzug, Spielverbot, als Letzter Essen, Verbot, eine bestimmte Unterrichtsstunde zu besuchen. Ausschluß aus der Schulgemeinde für kurze Zeit; zweimal wurde allgemeiner Boykott verhängt und durchgeführt; dreimal wurde auf Ausschluß aus dem Heim erkannt, und zweimal auch vollzogen. Im Grunde waren diese Strafen an sich unwirksam; und es ist gar kein Zweifel, daß die wenigsten Angst vor Strafen hatten; sondern sie hatten Angst vor der Verurteilung. Trotzdem empfanden sie es als völlig in Ordnung, daß sie verurteilt wurden, daher wurde fast nie gelogen, die allermeisten gestanden bereits dem Untersuchungsrichter, oft mehr als er wußte und vermuten konnte. Nach jeder Gerichtssitzung wurde, vor allem bei den Kleineren, die wirkende Katharsis bei allen den Agierenden und den Zuschauern deutlich empfunden. In jedem typischen Fall wurde nicht nur der Angeklagte, sondern auch alle Anwesenden, ja die ganze Schule mit verurteilt, und ein dumpfes Gefühl davon hatte der Angeklagte und wehrte sich daher fast nie gegen den Urteilsspruch. Dazu kam, daß durch die Öffentlichkeit des Verfahrens vollkommen in allen Zuhörern die Illusion hergestellt war, daß sie selbst den Angeklagten, und mit ihm sich selbst bestraften. Manche Gerichtssitzung erhielt dadurch auch für uns Erwachsene etwas wahrhaft Erschütterndes. Nicht allein, daß man – wenn es erlaubt ist, so zu sprechen – leibhaftig in den Kindern das Gute wachsen, Antlitz, Stimme, Gang erfassen sah, die Atmosphäre war nach jeder gelungenen Gerichtsverhandlung wie gereinigt durch ein paar Blitzschläge. Es wäre sehr wichtig und interessant, eine psychologische Aufhellung dieser Wirkung des Gerichtes zu geben, ich muß mir dies aber aus manchen Gründen versagen. Es muß genügen, wenn ich andeutend sage, daß das Gericht für die Kinder das wichtigste Mittel war, die ihrem Alter sehr natürliche Wertung, Bewältigung und Ordnung ihrer Triebansprüche zu geben. Das Gericht war für sie das innere Gegenstück zur Schulgemeinde: Ordnung in ihrem Seelenleben, wenn jene Ordnung in ihren äußeren Beziehungen herstellte. Bei mancher Gerichtsverhandlung verstand man das Theater der Antike und Schillers »moralische Anstalt«. Rein äußerlich schon war viel »Theater« bei unserem Gericht, und wir brauchten Zeit, um das zu verstehen. Die Wahrheit zu sagen, wir hätten es gerne anders gehabt, aber wir ließen die Kinder anfangs gewähren, ohne sie zu verstehen, wenn die Stühle in Theaterordnung gebracht wurden, der Gerichtstisch wie eine Bühne hergerichtet wurde, die Kinder während dieser Vorbereitungen vor der Saaltüre warten mußten, endlich von den Ordnern eingelassen wurden, und jedes seinen ihm bestimmten und von ihm eifersüchtig bewachten Platz einnahm, und erst, wenn alles ruhig dasaß, der Gerichtshof erschien, und dann recht formenhaft die Verhandlung sich abspielte. Es war für sie wirklich Tragödie im griechischen Sinne; sie verließen sie gereinigt und geläutert, weil sie ihr eigenes Triebleben im Angeklagten bestraft hatten.

V. Die Gemeinschaften

An mehreren Stellen mußte erwähnt werden, daß wir die Kinder als sehr energische und sehr kluge, aber als ebenso rücksichtslose Egoisten übernommen hatten. Es wurde erzählt, wie sich dieses Charakterbild der Kinder langsam, in gewissen Etappen veränderte, und daß wir in der Schule gewiß keine reinen Engel der Menschenliebe, aber immerhin Kinder, die Liebe kennen und bewähren, zurückgelassen haben. War früher jedem nur er selbst Objekt fürsorglicher und inniger Liebe gewesen, so hatte schließlich fast jedes Kind außerdem einen der Erwachsenen, einige Kameraden und etwas sehr Zusammengesetztes und Unklares, es mag nun Schulgemeinde, Histadruth oder Kwuzah heißen, jedenfalls etwas Überpersönliches und Soziales, an das ein gut Stück positiver Affekte gebunden war, dem mancher selbstlose Gedanke, manche aufopfernde Tat und vor allem eine Fülle von Liebe galt.

Soll dieser Zustand und die Veränderungen, die zu ihm geführt haben, demjenigen verständlich gemacht werden, der ihn nicht mit angesehen hat, so bedarf es einer kleinen eingeschobenen allgemeinen Bemerkung. Die neue Erziehung, von der in dieser Schrift die Rede ist, läßt sich von einem Standpunkt aus als sozialistische bezeichnen, von einem andern würde sie die wissenschaftliche heißen müssen. Und zwar bezeichnen beide Worte nicht einen erreichten Zustand, sondern eine Richtung. Der neue Erzieher unterscheidet sich auch darin sehr wesentlich vom alten, daß er mit kritischer Beobachtung seine eigenen Maßregeln, ihre Wirksamkeit oder Nutzlosigkeit ebenso beobachtet wie das spontane Wachsen und Sich-Entwickeln der Kinder. Da sich ihm gleicherweise aus kulturellen wie aus pädagogischen Gründen die Überzeugung davon gebildet hat, daß jene Lehre, die unter dem schönen Namen Pädagogik in etlichen zehntausend Büchern abgehandelt wird, falsch, mindestens nicht genug richtig ist, sucht er nach neuen festen Prinzipien seines Meinens und Verhaltens. Neue Prinzipien, die er von vornherein nicht auf dem schwankenden Grund aufbauen möchte, der bisher das Luftgebäude der Erziehungslehre trug: das unkontrollierte Meinen von – und wären es noch so geniale – Philosophen und Ethikern, sondern auf die gesicherten Ergebnisse wissenschaftlicher Forschung über das Kind, den Jugendlichen, den Erzieher und die Erziehungsmaßnahmen. Dabei findet er sich aber in einer überaus mißlichen Lage. Er ist wie einer, der statt einer morschen Holzbrücke einen Eisenbau über den Fluß legen sollte, aber keinerlei wirkliche Kenntnisse von der Natur des Eisens, seiner Tragfähigkeit, seinen Konstruktionsfähigkeiten, seiner Dauerhaftigkeit hätte. Denn die mancherlei wissenschaftlichen Erkenntnisse, die wir über das Kind und die Pädagogik von der – noch sehr jungen und unsicheren – Kinderpsychologie und experimentellen Pädagogik besitzen, beziehen sich fast ausschließlich, wenigstens gerade dort, wo sie reich und gesichert sind, auf das intellektuelle Leben des Kindes und auf den Unterricht. Die eigentliche Erziehung aber, die wir sozialistischen jüdischen Erzieher zu leisten haben, und die auch uns jungen Leuten in Baumgarten aufgetragen war, ist Bildung der Affekte und Triebe. Wir hätten daher völlig im Dunkeln bleiben müssen, wenn wir nicht in der Freudschen Psychologie, der einzigen, die ernsthaft, grundlegend und empirisch die Trieb- und Affektlehre behandelt, einen Führer gehabt hätten, der uns wenigstens mit Blitzlichtern streckenweise und auf Minuten die völlige Gedankenfinsternis soweit erhellt hätte, daß wir nicht ganz darauf verzichten mußten, unser instinktives pädagogisches Tun und Nichttun – es bleibt instinktiv, auch wenn es hier eine sehr verehrungswürdige Tradition der guten, neuen Erziehungseinstellung gibt, die durch Namen wie Plato, Fichte, Tolstoj, Wyneken, Otto, Montessori, Hall angedeutet sei, da alle diese nicht-wissenschaftliche Erzieher, oder erste Bahnbrecher des wissenschaftlichen Tuns in der Erziehung sind – mit einiger Empirie in Einklang zu bringen, an ihr zu richten und zu kontrollieren. Es haben sich dabei die aus ganz anderen Realitäten geschöpften Lehren der Psychoanalyse so wunderbar an den Tatsachen bewährt, die uns vor Augen gestanden haben, daß auch die Zweifler und Gegner unter uns zur unumstößlichen Einsicht gelangt sind: keine neue Erziehung ist möglich ohne Aufbau auf den Grundlagen der Freudschen Psychologie. Wenn ich nun von der Entwicklung des Gemeinschaftslebens, und wäre es auch nur so kurz als es der Rahmen dieser Schrift gebietet und so oberflächlich als unsere kurze Beobachtungszeit erzwingt, spreche, so kann das nicht geschehen, ohne die Tatsachen unter dem Gesichtswinkel der psychoanalytischen Erkenntnisse zu ordnen. Und dies führt einen schweren Nachteil mit sich. Die Psychoanalyse ist eine Wissenschaft, d. h., sie hat ihre Voraussetzungen, ihre Methode und ihre Nomenklatur, die nur dem wirklich verständlich sein können, der sie gründlich studiert hat. Dies ist bei den wenigsten Lesern zu erwarten. Dennoch seien auf den folgenden Seiten einige Sätze in »psychoanalytischer Sprache« niedergeschrieben. Vielleicht sind sie dem Erzieher, der sie nicht versteht, Anlaß, sich das Verständnis zu erwerben, anstatt die Ergebnisse abzulehnen.

Wir können nun versuchen zu formulieren, was den Kindern von Anfang an fehlte und was ihnen trotz aller kindhaften Lieblichkeit das Gesicht des Verkrampften, Boshaften, Geschlagenen, Gemeinen gab: sie waren alle ohne Eltern, im psychologischen Sinn, sie hatten keine oder nur sehr schwache und vorübergehende Fixierung ihrer infantilen Libido an ihre Eltern, die Urbilder aller späteren Liebesobjekte, vorgenommen. Ihre Libido war fast ganz und gar narzistisch geblieben, die Ichtriebe, den Egoismus dicht umspinnend, ihn zu der ganzen Triebmacht steigernd, die sonst verteilt ist auf Ich und Du. Obgleich sie dem Alter nach längst aus der analen, sado-masochistischen infantilen Periode hinausgewachsen waren, waren diese Partialtriebe schlecht oder gar nicht verdrängt und lebten sich ungehemmt oder nur wenig geschwächt in ihrem ganzen Verhalten zur Außenwelt aus. Für geistige Interessen war demnach keine Kraft zur Sublimierung frei. Das Ich war arm an Inhalten, ausgefüllt von primitiven Bedürfnissen. Wenn sonst die Libido weitgehend alle Lebensäußerungen bestimmt, vom Ich her gestaltet, war es bei ihnen umgekehrt; sie liebten sogar in der Form des Hassens, der Überwältigung. Dabei war eine sehr merkwürdige Spaltung eingetreten, dem Erwachsenen und der Welt gegenüber waren sie masochistisch eingestellt, mit übrigens sehr schwachen Objektfixierungen, (auf die geringste Veränderung oder Beleidigung antworteten sie mit völliger Abziehung von Libido, mit halluzinatorischer Wunscherfüllung). Den Kindern gegenüber waren sie schrankenlos sadistisch. Kinder solcher Konstitution sind unerziehbar. Die Erziehbarkeit reicht gerade soweit, als die Übertragung reicht, also soweit, als die Außenwelt insbesondere der Erzieher libidinös besetzt wird. Ich habe schon erzählt, wie dieser Zustand langsam eintrat, wie die Kinder von ihrer pathologischen Struktur geheilt wurden. Die Schulgemeinde hat dabei eine sehr wichtige Rolle gespielt: sie erweiterte zunächst das Ich jedes einzelnen zu einer Art Gesamt-Ich, dem nun die narzistischen Energien zugeführt werden konnten, wobei sich die Verknüpfung von Ichtrieben und Libido lokkern mußte, und ein Betrag der letzteren frei wurde für Objektbesetzungen. Es ist bezeichnend: während es keine individuellen Ehrenbeleidigungsfälle vor Gericht gab, wurde Beleidigung der Schulgemeinde angezeigt und strenge bestraft. Das Gericht bot den sadomasochistischen Trieben neue, edlere Objekte und zwang zu Verdrängungen und Sublimierungen; und die leidenschaftliche Art, mit der die Kinder begannen »Ordnung« zu machen, war die erste sehr gut gelungene, allgemeine Sublimierung dieser Komponente.

Aber das Gesamt-Ich »Schulgemeinde« war zu groß, zu mannigfaltig, zu heterogen zusammengesetzt, als daß alle seine Teile gleichmäßig hätten besetzt werden können, d. h., daß auf dem Umwege der erweiterten Selbstliebe alle Teilglieder der Schulgemeinde, all ihr Besitz mit Fremdliebe hätte erfaßt werden können. Hier setzte nun die Wirksamkeit der Kwuzoth (Kameradschaften) ein.

Wir hatten zuletzt die folgenden Kwuzoth: 1. die Histadruth Haschotrim, den Wächterbund, aus mehr als 20 Knaben bestehend; 2. die Histadruth Haawodah, den Arbeitsbund, dem die älteren Mädchen angehörten; 3. die Kwuzah Achwah, Brüderlichkeit, aus 12 Knaben und Mädchen bestehend; 4. die Kwuzah Ahawah, Liebe, aus 10 Knaben gebildet; 5. die Mädchen der Bar. 29, die sich um Schwester Judith sammelten; 6. die älteren Knaben und Mädchen, Jugendlichen und Pädagogiumshörer, die wöchentlich ein- bis zweimal abends sich in meinem Zimmer um mich versammelten; 7. eine Gruppe von vier bis fünf kleinen Mädchen, die sich um eine Elfjährige gruppierten; schließlich Ansätze zu Kwuzoth, die sich mehrfach bildeten, deren Entwicklung aber durch unseren Abgang jäh unterbrochen wurde.

Von all diesen Gruppierungen war die älteste, best organisierte, und zweifellos für die ganze Schule bedeutendste die Histadruth

Haschotrim. Ihr »Manhig« (Führer) Wilhelm Hoffer hat sie in einer gründlichen, wissenschaftlichen Monographie beschrieben, die demnächst erscheinen wird; ich kann mich also ohne Sorge dem Zwang fügen, in dieser Schrift nur das Nötigste und Oberflächliche kurz zu berühren. Die Histadruth ist entstanden, wie alles, was in Baumgarten wesentlich war, durch ein inniges und langsames Zusammenwachsen unserer Absichten und der Wünsche der Kinder. Von Anfang an wollten wir eine gut disziplinierte, kleine Gruppe der Knaben bilden, die für Bewachung, schwerere Hilfsarbeiten in der Verwaltung, für Botengänge, Aufsicht und dergl. zur Verfügung stünde. Natürlich hätte dies bloß der äußere Rahmen sein sollen und dürfen. Wir überlegten zuweilen, wie das zu »machen« wäre, und kamen zum Ergebnis, zu warten, höchstens einmal zu gegebener Stunde mit dem einen oder dem anderen von einer solchen Institution zu sprechen. Und das geschah auch zuweilen. Wenn ich z. B. abends mit einigen an dem Ofen saß und sie zwischen Singen und Plaudern äußerten, dies oder jenes solle ihnen angeschafft werden, so sagte ich manchmal, das wäre wohl schön, sie sollten es sich doch selber machen. Und so ähnlich verfuhren auch die anderen Lehrer. Aber es wurde nichts. Es kam von einer ganz anderen Seite. Es war eine Turnerriege gegründet worden. Der Andrang war sehr groß, besonders von den Kleinen, da wünschten die Größeren und im Turnen bereits von früher Geübten eine eigene, eine Vorturnriege. Diese wurde gleich eingerichtet. Indessen war die Schulbaracke fertig gebaut worden. Die Kinder brannten damals darauf, in ihr Unterricht zu erhalten. Die wenigen Arbeitskräfte, die uns zur Verfügung standen, waren überlastet und die Einrichtung und Übersiedlung hätte längere Zeit gedauert. Da beschlossen die Vorturner, die Sache selbst und sofort in die Hand zu nehmen. Die Arbeit wurde gemeinsam überlegt, eingeteilt und durchgeführt. Sie war nicht leicht und wurde von ihnen klaglos geleistet. Es gefiel ihnen sehr. Und aus den Gesprächen dieses und des folgenden Tages entstand unter den Arbeitenden die Idee eines »freien Hilfsbataillons«. Einer meinte, daß ihnen besondere Ehre gebühre, weil sie diese Arbeit allein geleistet hätten. Und das war entscheidend. Die Affekte waren durchgebrochen und hatten ein Ziel gefunden. In wenigen Tagen wurden die Grundeinrichtungen geschaffen (und zwar von den Kindern und zwei Erwachsenen), die im wesentlichen bis auf heute bestehen blieben: der hebräische Name, die Abzeichen (blauweißes Band, Pfeife mit Schnur; Taschenlampe für den Führer); eine Art militärischer Disziplin, Ehr- und Korpsgeist, Romantik, Arbeiten und Übungen. Zwei Manhigim, Führer, Wilhelm Hoffer und Gerhard Fuchs, wurden gewählt, ein Schreiber B., 15 Jahre alt. Jeden Abend wird der Dienst eingeteilt. Einer übernimmt das Amt des Machris, des Rufers; er läutet die Tagwache und die wichtigen Stunden; führt die Patrouillen, die abends, wenn die anderen schon schlafen, ums Lager streifen und Lichter auslöschen, Türen und Fenster schließen und dergl.; er hat acht auf die unseren Grund verlassenden Personen, visitiert ihr Gepäck, beobachtet sie, begleitet Gäste und gibt ihnen Auskunft. Sein Dienstabzeichen ist außer der Armbinde und Pfeife ein Stock. Unter seinem Kommando steht eine kleine Bereitschaft. Übersiedlungen, Botengänge und dergl. werden ebenfalls abends eingeteilt. Vom Manhig wird geheim ein Buch der Leistungen geführt, man unterscheidet Leistungen, Werke, Taten. Belohnungen gibt es keine; nur Samstag abends wird das Buch der Leistungen vor versammelter Histadruth verlesen. Die Kinder selbst führten die Bezeichnung ein: »Leistungen mit gutem Ton«, »Leistungen mit schlechtem Ton«. Es entsteht ein sehr starkes Solidaritätsgefühl, der Begriff einer Ehre der Histadruth: wer vor Gericht bestraft wird, wird überdies auf bestimmte Zeit aus der Histadruth ausgeschlossen, die allabendliche Zusammenkunft zum »Befehl« dient auch als internes Gericht des Bundes. (Natürlich straft nicht der Manhig, sondern die Gesamtheit der Schotrim. Man darf überhaupt beim Wort »Befehl« nicht an Militär denken. Von dieser Institution wurde, außer manchen Bezeichnungen, nichts als stramme, aber freiwillige Disziplin, Geländeübungen, Turnen, von den Schotrim Exerzieren genannt, übernommen.) Bald gab es Neuaufnahmen, bei denen sehr penibel vorgegangen wurde. Später wurde ein zweiter Zug eingerichtet, in den die Probe-Schotrim eingereiht wurden, und in dem sie ein paar Probewochen zu absolvieren hatten. Das Ansehen, das die Histadruth genoß, war außerordentlich; sie waren solange die eigentlichen Träger der Heimordnung und des Heimgeistes, bis die Schulgemeinde sich zu der geschilderten Höhe entwickelt hatte, dann traten die Schotrim ihr und den andern Kwuzoth gegenüber mehr in den Hintergrund, aber sie hatten den Hauptanteil an jener Entwicklung und waren bis zur letzten Stunde von Bedeutung. Die Schotrim zeigten, was Pflichterfüllung ist und schufen den Begriff »Ehre zu arbeiten«. Von diesen psychologischen Kräften, die in ihr entstanden und über sie hinaus auf die ganze Schule wirkten, abgesehen, muß gesagt werden, daß sie auch objektiv sehr wertvolle Dienste leistete.

Aber die Histadruth war viel mehr als eine Arbeitsvereinigung, sie war durchpulst von Freundschaft und Liebe und das war ihre affektive, ihre pädagogische Leistung, zunächst wurde auch sie zu einem wichtigen Mittel der Sublimierung von sado-masochistischen Triebanteilen. Die ursprüngliche »Blutrünstigkeit« der Geländespiele verfeinerte sich nach und nach – nicht bei allen und nicht bei allen gleich schnell und gleich tief – im Streben nach körperlicher Tüchtigkeit, Geistesgegenwart, Geschicklichkeit, Beobachtungsgabe u. dergl. Der Machtbesitz wurde nach und nach und zwar sehr deutlich zu einer schönen Art Ritterlichkeit. Freilich gerade in dieser Beziehung haben wir das Schlußresultat nicht mehr gesehen; denn erst im letzten Monat begannen die Sublimierungen umfänglich und deutlich zu werden. Noch wichtiger ist aber vielleicht die Tatsache, daß sich ein sehr deutliches Gesamt-Ich »Histadruth« bildete, dem ein großer Betrag narzistischer Libido zugeführt wurde, die hier im engeren Rahmen zu einer sehr tiefen Fixierung an die Teile des Gesamt-Ichs führte, an die Manhigim und an die Chawerim-Kameraden. Damit war starke homoerotische Freundschaft und Übertragung an Erwachsene gelungen. Die homoerotische Komponente spielte nicht nur in der Histadruth, sondern im ganzen Leben der Kinder eine bedeutende Rolle. Offenbar geht der Weg vom Ich zum Du sehr oft über den Freund, in dem noch ein gut Stück des eigenen Ich geliebt wird; aber im Unterschied zum Narzißmus doch schon an einer Individualität außer dem Ich. Diese Tatsache hat bei uns zu mancherlei Kämpfen zwischen Knaben und Mädchen geführt, bei denen die Knaben ausnahmslos, wenigstens primär, die aktiven, aggressiven, waren. Sie haben oft verlangt, daß die Mädchen aus diesem oder jenem Raum, bei der und jener Gelegenheit, ja selbst aus dem Heim überhaupt ausgeschlossen werden. Die Mädchen waren dabei stets in der Verteidigung; manchmal führten sie sie offensiv. Diese Kämpfe waren zweifellos mit der Zeit sehr viel stärker geworden und hätten sehr fruchtbar auf die affektive Entwicklung eingewirkt.

Die Eroberung des Du war ganz allgemein jene pädagogische Funktion, die die Kwuzoth in engem Rahmen leisteten. Ihre

Geschichte und ihre Tätigkeit ist nicht gleichartig. Nur darin waren alle gleich: äußerlich bestanden sie aus einigen wenigen Kindern und je einem Erwachsenen als Führer (bis auf den merkwürdigen Bund der kleinen Mädchen, der in seiner affektiven, homoerotischen Struktur ein volles Gegenstück, ja ein Protest gegen die Schotrim war); äußerlich waren die Formen bei allen die gleichen: man kam regelmäßig zusammen und besprach alle möglichen Fragen, las auch zusammen dies oder jenes Buch, sprach Hebräisch, sang und spielte. So lernten die Kinder die Grundlagen des sozialen Seins in ihrer kleinen Kwuzah: die Liebe zum Chawer Mensch, Liebe, die rational keinen andern Grund hat als den, er gehört in meine Kwuzah, und die die egoistische Wurzel jeder Liebe zwar noch deutlich zeigt, aber schon über sie hinausweist.

Aus dem Leben in den Kwuzoth seien hier ein paar Einzelzüge, die aus den Berichten der Führer (hauptsächlich von Joel Fuss und Jizchak Mendelssohn) entnommen sind, als Beispiel, Illustration und Beleg mitgeteilt:

»... seit der letzten Besprechung der Roschei-Kwuzah (Kameradschafts-Führer) habe ich in dieser Hinsicht wichtige Erfahrungen gemacht. Anfangs ging ich von dem Bestreben aus, den Kindern gewisse Kenntnisse auf dem Gebiet der jüdischen Geschichte beizubringen oder sie durch Geschichten-Erzählen und Singen zu unterhalten und zu belehren. Jetzt habe ich in das Zentrum der Sichoth (Zusammenkünfte) das wirkliche Leben der Kinder gestellt und es entwickelte sich eine Reihe von Sichoth, die schon darum interessant und fruchtbar waren, weil sie von der Wirklichkeit handelten. Ich erklärte ihnen, daß die Kwuzah der einzige Ort ist, wo man Geheimnisse erzählen kann, wo man sich berät, und bin auch mit dem Beispiel vorangegangen ... Als wichtigster Gegenstand der Besprechungen gilt das Verhalten der Kinder (unserer Kwuzah) untereinander. Alle Streitigkeiten, die während des Tages vorkamen, wurden abends besprochen ... Wir sprachen auch oft über die Zukunft Palästinas, über Genossenschaften, Sozialismus, und über Kunst ... Es hilft einer dem anderen auf ganz brüderliche Weise. Ja, es herrscht sogar eine Art Kwuzah-Chauvinismus, der vorläufig meiner Meinung nach nicht schadet ... Wer der Kwuzah beitreten will, muß sich einer strengen Probewoche unterziehen, in der er mit allen Kameraden gut leben muß, denn bei der Abstimmung über seine endgültige Aufnahme darf niemand dagegen sein ... Wir haben auch eine eigene

Sparkasse, in der bereits 35 Kr. sind ... Da aber ein Fußball 300 Kr. kostet, haben wir beschlossen, durch Arbeit im Heim (Werkstatt und Steine ausheben) diesen Betrag zu verdienen ...«

»... Nach der Lektüre der Erzählung ›Der Löwe‹ von Nordau entwickelte sich eine regelrechte Diskussion, die zwei Stunden dauerte und an der alle ohne Ausnahme teilnahmen. Sie kamen zur einstimmigen Feststellung, daß der freie Wille das höchste im Leben sei ... Wir sprachen öfter von Religion ... öfter über Palästina, und alle erklärten begeistert, wenn sie groß werden, würden sie nach Palästina als Erdarbeiter gehen ... Nach einer Besprechung über Arbeit, Privateigentum, Krieg und Philanthropie wurde beschlossen, sich an die Schulgemeinde mit der Mitteilung zu wenden, wir wollten nichts umsonst haben, und würden von nun an im Heim arbeiten ...«

»... Wir kamen dazu, unsere Kwuzah als ›Geheimbund‹ zu erklären; so sagten es die Kinder, denn im Geheimbund darf man alle Geheimnisse von sich und den anderen erzählen ... Unter den Kindern war ein 9jähriges Mädchen J. L., die durch ihren 11jährigen Freund H. in die Kwuzah kam, ich dachte mir, H. mache es nur aus Mitleid, um sie vor Angriffen anderer Kinder zu schützen. Denn sie konnte sich mit den Kindern nur schlecht vertragen. Bei uns wurde sie aber einstimmig aufgenommen. Ich glaube mehr ihm zu Liebe, den sie sehr gern hatten, als ihr. Sie hatte auch zu wenig Verständnis für unsere Angelegenheiten. So war die J. bei uns ungefähr zwei Monate, als sie nach Holland fuhr. Einmal bemerkte ich, wie H. eine Karte bekam; ich fragte ihn, von wem sie sei, er errötete und wollte mir die Karte nicht zeigen. Erst nach längerem Bitten zeigte er mir die Karte von der J., seiner Freundin. Ich bat ihn, mir von dieser Freundschaft Näheres zu erzählen, ich versprach auch strengste Diskretion, aber umsonst. Ich erklärte ihm, daß es für ihn gut wäre, bei einer älteren Person in dieser Angelegenheit Rat zu holen, er schwieg und ging fort, kam aber nach einer Weile zurück. Ich bemerkte gleich, daß er mit der Absicht, sich mir anzuvertrauen, zurückkam. Er erzählte mir, daß er die J. vor einem Jahre, am ersten Tag gleich als er sie erblickte, lieb bekam. Er erklärte sich ihr durch ihren Bruder (mit dem er wie mit einem eigenen Bruder lebt), und als sie ›ja‹ sagte, sprach er mit ihr oft über ihre Zukunft, ging mit ihr jeden Abend spazieren, kurz, er betrachtete sie als seine Braut. ›Nicht nur deshalb, weil sie schön ist, sondern alles an ihr gefällt mir.‹ ›Sie ist eben wie ein Weib sein soll.‹ ›Ich muß dir sagen, die Schönheit hat mich auch ein bisserl gereizt.‹ – – ›No, was sagst Du dazu? Ich bin ein gemeiner Kerl‹. ›Ich sag Dir aber, entweder ich heirate die oder gar keine.‹ Ungefähr so sprach der junge ›Liebhaber‹ zu mir. Er vertraute sich mir nur deshalb, um mein Urteil darüber zu hören. Ich aber konnte nichts anderes als diese Kinderliebe billigen . . .«

». . . wir haben auch Feindschaft in unserer Kwuzah. Ich will einen Fall hervorheben, der charakteristisch ist. Schon bei der Bildung der Kwuzah kamen zufällig Salomon und Gustav in die Kwuzah, ohne daß ich darauf geachtet hätte, daß sie seit mehr als einem Jahre miteinander bös sind. Erst später bemerkte ich, daß sie miteinander nicht verkehren; ich suchte sie bei jeder Gelegenheit zu einer Aussöhnung zu bringen, aber beide leisteten heftigen Widerstand. Besonders Salomon, der mir die Ursache des Bösewerdens erklärte. Und zwar: Gustav hätte ihn bei einer Familie vertratscht. Es kam noch hinzu, daß Salomon von Natur aus sehr ehrgeizig ist, so verharrte er standhaft trotz aller Mühe bei seinem Bössein. Feindliche Gefühle hatte er keine mehr. Bei Gustav war es natürlich leichter. Er fühlte sich innerlich schuldig, konnte sich aber nicht so weit erniedrigen, seinen Gegner um Verzeihung zu bitten. Eines Tages kam ein neuer Chawer in die Kwuzah, diesem fiel es ein, die Versöhnung herbeizuführen. Er erzählte mir von seinem Vorhaben, ich riet ihm davon ab. Als ich aber eine Stunde später zum Essen kam, da sitzen die ehemaligen Feinde Arm in Arm. Ich fragte, wie es dazu kam, es wurde mir erzählt, daß Salomon dem Gustav zuerst die Hand gereicht hatte . . .«

Die Kwuzoth erzeugen eine pädagogische und soziale Schwierigkeit, die durch sie selbst nicht leicht überwunden werden kann. Es stellt sich nämlich, wenigstens andeutungsweise, ein Zustand her, der ein Analogon in primitiveren Gesellschaftszuständen der Menschheit hat. Die Kwuzoth stehen einander in gewissem Sinn und Maß feindlich gegenüber. Wenn in ihnen Gemeinschaftsgefühl und Liebe bereits einen ziemlich hohen Entwicklungsgrad erreicht haben, so sind die Beziehungen zwischen ihnen doch noch sehr wenig kultiviert. Die Genossen der Kwuzah stehen füreinander ein, bringen füreinander Opfer, es herrscht in ihnen eine Art sozialer Ethik; diese gilt aber nicht für die Fremden, sie sind »Gojim«, »Barbaroi« und stehen außerhalb des Sittengesetzes. Bei uns war dieser Entwicklung durch die alle zusammenfassende Schulgemeinde die Spitze abgebrochen. Sie war aber dennoch deutlich, wenn z. B. die Genossen einer Kwuzah das Schwindeln beim Essen eine Zeitlang für erlaubt erklärten, falls nicht jeder für sich, sondern für die Kwuzah schwindelte; wenn die Schotrim und andere Gruppen immer wieder Räume für sich verlangten, die die andern nicht betreten dürften, und dergleichen mehr. Hier nützt natürlich kein Predigen, denn das Entscheidende ist dabei nicht die intellektuell-logische Inkonsequenz des sittlichen Menschen, sondern die in diesem Zustand sich ausdrückende Entwicklungsstufe der Triebe und der Affekte. Die narzistische Besetzung ist noch nicht weit genug von ihrem Ursprung, dem eigenen Ich, vorgeschritten, sie hat noch nicht zur Verallgemeinerung »Mensch« sich sublimiert, sondern sie hält noch bei den narzistisch-homoerotisch besetzten Chawerim. Wir haben aus mancherlei Gründen die Überwindung dieses Zustandes nicht deutlich beobachten können, aber ich glaube doch sagen zu können, daß insbesondere eine Einrichtung in dieser Richtung eine wichtige Funktion im System der neuen Erziehung spielen wird: die Feste.

Es gab in Baumgarten viermal richtige Festtage: Geburtstag der Leiterin, Channukah, Purim und Pessach. Channukah und Pessach wurden offiziell und zwar von der Verwaltung gefeiert; auch unter unserer Mitwirkung, weil wir uns dem nicht entziehen konnten, aber im Geschmack der Verwaltung, und mit den Kindern als Objekte, als Akteure und als Zuschauer, freilich als Zuschauer zweiten Ranges, denn eigentlich war das Ganze für die P. T. honorabilen Gäste gemacht. Potemkinsche Dörfer: Sauberkeit, wohlige Wärme, gute Kleider, reichliches Essen; viel Blauweiß, Magen David, hebräische Dressur in Freiheit vorgeführt, kurz jüdischnational bis in die Tischdecken (die noch am gleichen Abend ins Magazin verschwanden und trotz der Bitten der Kinder erst am nächsten Festtag wieder aufgelegt wurden). Aber sogar diese Feste waren durch die Lust der Kinder, zu agieren, in *eine* große, frohe, sich zeigende und schauende Gemeinschaft zu verschmelzen, nicht ganz um ihren Wert zu bringen. Was aber solche Gesamtheitsfeste sein könnten, zeigten die zwei spontanen Tage, das Geburtstagsfest – bei dem übrigens die Huldigung nur die Gelegenheit war, die die durchbrechenden Affekte sich nicht rauben ließen – und Purim. Diese fieberhafte, ernste, leidenschaftliche und schöpferische Tätigkeit der gesamten Schule, in *einem* Ziel verbunden, und am Festtage in *einem* Affekt kulminierend! An diesen Fest- und Vorbereitungstagen spürte man mit äußerster Lebhaftigkeit: hier ist *eine* Schule; da waren fast die Individualitäten der Kinder und Gruppen aufgegangen im gemeinsamen Tun und Erleben. Noch ein halb Dutzend solcher Gestaltungen, und Baumgarten hätte einen Stil gehabt, einen jüdischen, sozialistischen, kindlich-jugendlichen – was der jüdischen Jugendbewegung in 20 Jahren nicht gelungen ist. Es ist die Schuld der Verständnislosigkeit der Verwaltung, daß wir nicht häufiger solche Ereignisse zulassen oder anregen konnten. Die psychologische Wirkung solcher Feste ist noch kaum untersucht, aber mir will scheinen, daß sie nicht schwer verständlich ist; sie dürften ihren wesentlichen Wert daher bekommen, daß sie narzistische Gesamtheits-Akte sind und so dem verhältnismäßig affektarmen Gesamt-Ich der Schule neue starke Quantitäten und Besetzungen zuführen. Dies ließ sich deutlich an den »internen Festen« mit Sang und Tanz beobachten, die besonders von den kleineren Mädchen oft und lebhaft gefeiert wurden.

VI. Der Unterricht

Bisher war die Rede von jenen Gebieten unserer Erziehungstätigkeit, auf denen wir mehr oder weniger deutliche Erfolge aufzuweisen haben, auf denen uns manches gelungen ist, das künftighin im jüdischen Erziehungswesen wird berücksichtigt werden müssen, und das für die Pädagogik überhaupt, wenigstens als Bestätigung, einen gewissen Wert beanspruchen kann. In den nunmehr folgenden zwei Abschnitten, die den Unterricht und die jüdische Erziehung behandeln, habe ich die Aufgabe, über völlig Unfertiges zu berichten. Es geschieht dies einmal aus dem Gefühl der Verpflichtung heraus, einigermaßen vollständig zu erzählen, andererseits weil ich meine, daß auch aus dem Unfertigen oder selbst Mißlungenen eine und die andere Erfahrung gezogen werden kann.

Hätte ich in allen Stücken völlig unabhängig, von keinerlei Rücksichten bestimmt, an keinerlei Tatsachen in Kindern und Lehrern gebunden, unser Heim einrichten können, so hätte es in ihm keinerlei »Schule« gegeben. Die Kinder hätten genau das, gerade dann und genau soviel gelernt, als sich aus dem ständigen Verkehr zwischen ihnen und uns Erwachsenen für sie ergeben hätte. Zwei Momente waren aber von Anfang an entscheidend, so daß dieser mein Wunsch auch nicht eine Stunde lang, auch für mich selbst nicht, zu ernsthafter Erwägung stand. 1. Niemand konnte wissen, wie lange die Kinder oder einzelne von ihnen bei uns bleiben würden, und wir vermochten die Verantwortung für die Schwierigkeiten nicht zu übernehmen, die sich nach radikaler Durchsetzung meines Wunsches beim Übergang in eine andere Schule zweifellos haben würden. 2. Manche unserer Lehrer und gerade die didaktisch Erfahrenen, wirkten nur nebenberuflich an unserer Schule – das Joint konnte sich nicht entschließen, eine bürokratische Formalität zu überwinden und die Lehrer nicht für je einen Monat, sondern für ein Jahr zu engagieren. So stand von vornherein fest: wir würden eine »Schule« haben, die einen Lehrplan und bis zu einem gewissen Grad sogar einen Stundenplan einhalten würde. Als Lehrplan legten wir den der neugegründeten d.-ö. Staatserziehungsanstalten zu Grunde; richteten demnach eine achtklassige Einheitsschule, deren Unterstufe den ersten 4 Volksschulklassen, deren Mittelstufe den ersten 4 Jahrgängen der Staatserziehungsanstalten entsprach, ein. Wir kürzten die meisten Gegenstände in ihrer staatlich festgesetzten Stundenzahl, was wir ohne weiteres wegen der kleineren Klassen, die sich bei uns ergaben, und bei Einführung eines Systems von Doppelstunden tun konnten, und gewannen so Zeit für Werkstätten-Arbeit, Hebräisch und Jüdische Geschichte. Da wir ja nun einmal mit Lehrplan und fester Stundeneinteilung zu rechnen hatten, versuchten einige von uns wenigstens statt der Klassen »Kurse« durchzusetzten. Nach mehreren Diskussionen in der Lehrerkonferenz und einigen Versuchen zeigte sich schließlich, daß wir doch Klassen bekommen hatten und von allen »Kurs«-Plänen oder gar freien Unterrichtsvorsätzen bloß das eine übrig geblieben war, daß einzelne Schüler je nach ihren Fähigkeiten, in verschiedenen Gegenständen verschiedenen Klassen angehörten, und daß die Kinder ganz allgemein nicht nach dem letzten Schulzeugnis, sondern nach ihren relativen Fähigkeiten in Klassen zusammengefaßt waren. Unsere Schule unterschied sich demnach in ihrer äußeren Organisation in nichts von den üblichen Schulen, wenn man von den an sich geringfügigen Differenzen im Lehrplan absieht.

In der inneren Schulorganisation allerdings war unsere Schule recht eigenartig. Hier, ehe ich von den dabei gemachten Erfahrungen sprechen kann, muß einiges aus dem ersten Monat unserer Unterrichtstätigkeit erzählt werden, als die Baracke 30 noch im

Bau war, ein Teil der Lehrer noch nicht eingetreten war, es noch keinerlei Bücher, Lehrmittel, ja nicht einmal genügend Hefte und Bleistifte gab, also auch rein äußerlich von »Schule« noch nicht gesprochen werden konnte. Wir teilten die Kinder nach Alter und bisherigem Schulbesuch in 3 bis 4 Gruppen, bestimmten für jede von einem Tag auf den anderen Zeit und Ort der Lernstunden und sorgten dafür, daß sich pünktlich bei jeder Gruppe ein Lehrer einfand. So saßen 10 bis 30 Kinder um ein paar Tische, oder auch auf ihnen, frei um den Lehrer gruppiert, der gewöhnlich die Stunde mit der Frage begann: »Was wollen wir jetzt besprechen?« Die Kinder waren nach Überwindung der ersten Scheu, des ersten Erstaunens sehr begeistert, fragten sehr viel, sprachen lebhaft und »lernten« dabei viel. Wir aber sahen mit Erstaunen, daß sie die öffentliche Schule beinahe vergeblich besucht hatten, sie wußten buchstäblich nichts, wenigstens nichts gründlich, zusammenhängend, anschaulich. Nur Worte, Formeln, Definitionen, kurze Geschichten u. dergl. vermochten sie gedächtnismäßig zu reproduzieren. Wir wußten zwar, daß dieser freie Unterricht nicht lange würde anhalten dürfen, daß wir bald zu regelmäßigem, lehrplangerechtem Unterricht würden übergehen müssen – die Kinder wußten dies auch –, aber es war soviel Schwung und Begeisterung in diesen Unterrichtsstunden vor allem bei den älteren Kindern, daß wir hoffen durften, das Interim würde fruchtbare und dauernde Wirkungen in den Kindern erzeugen und so der spätere regelmäßige Unterricht in der Schulbaracke nachhaltig von der neugewonnenen Lerneinstellung und -Gesinnung beeinflußt sein. Dies war aber leider ein Irrtum. Schon nach wenigen Tagen begannen die Kinder immer nachdrücklicher eine »richtige« Schule zu verlangen. Diese Forderung nahm immer heftigere Formen an und wirkte auch auf den Unterricht zurück. Zwar bei einigen Lehrern blieb er lebendig wie nur je; aber bei den meisten wurden die Stunden matt und voll offener Resistenz. Wir wußten uns dies nicht recht zu erklären. Und die Meinungen waren – und blieben über diesen Punkt bis zuletzt – geteilt. Die einen schoben die Schuld der Methode zu, sie sagten, man dürfe nicht zu radikal sein, diese Kinder brauchten noch strenge Disziplin, Autorität und Lernzwang, kurz eine »Schule«; die anderen waren geneigt, die Kinder für schuldig zu erklären, sie für Ausbünde von Verwahrlosung, Uninteressiertheit u. dergl. zu halten. Auf jeden Fall hat dieses unseren Unterrichtsidealen völlig ablehnende, ja feindliche

Gegenüberstehen der Kinder unser aller Arbeitslust in Unterrichtsdingen eine Weile sehr gelähmt, und wir haben, statt die Interimszeit fruchtbar zu machen, »fortgewurschtelt« mit der Hoffnung, durch die Übersiedlung in Baracke 30 würde alles besser werden. Diejenigen von uns, denen die Anerkennung eines Lehr- und Stundenplans schon ein schwer zu rechtfertigender Kompromiß schien, waren mit Resignation entschlossen, in den neuen Schulräumen noch viel weitergehende Konzessionen an die übliche Schule zu machen, da es ja die Kinder nicht anders haben wollten.

So schlecht unser Gewissen war, als wir uns anschickten, den Kindern eine »richtige Schule« einzurichten, so meinten wir doch nur einem peripheren Stück unserer Überzeugungen zu Gunsten eines unumstößlichen Grundsatzes zu entsagen, denn schließlich taten wir eben, was die Kinder wollten. Rückschauend freilich, kann ich nicht umhin, den sicheren Eindruck festzuhalten, daß wir weder die Kinder, noch uns selbst richtig verstanden hatten und daß wir in dieser Sache vielleicht den einzigen wirklichen, grundsätzlichen Fehler gemacht haben. Ich glaube, wir haben den Kindern nicht ohne Hintergedanken nachgegeben, nicht so, wie wir ja in hundert anderen Fällen, in den Angelegenheiten der Schulgemeinde, des Gerichts, der Histadruth, usw. den Kindern ihren Willen ließen und dabei recht taten, sondern wir wollten sie bestrafen. Wir waren ungeduldig und beleidigt. Wenn wir sagten: die Kinder wollen es so, so mögen sie es haben, so war darin ein sehr übler Schulmeisterton. Wir hatten die Kinder beglücken wollen und sie lohnten uns mit Undank und Auflehnung. Dazu kam noch eines. Wir hatten die Überzeugung, daß in den neuen Schulen, die uns Beispiel und Ideal waren, nirgends ein gleichmäßig vollkommenes Schul- und Heimleben besteht, im allgemeinen ist eines von beiden bis zu einem gewissen Grad vernachlässigt. Wir hofften, es würde uns gelingen, auf beiden Gebieten gleich umsichtig und vielleicht beispielgebend zu wirken – und schon in den ersten Wochen mußten wir erleben, daß – usw. Kurz, es passierte uns hier das eine wirklich, was gerade uns nie hätte begegnen dürfen, wir waren durch die Wirkungen eines Versuchs gekränkt anstatt belehrt, wir wurden nervös anstatt beobachtend, wir wurden gedankenlos nachahmend anstatt schöpferisch. Der Grundsatz, den Kindern ihren Willen zu lassen und ihn zu achten, hat eine scharfe Grenze, die nicht überschritten werden darf: Man muß auch seinen eigenen Willen behalten und darf sich so wenig von den Kindern zwingen lassen zu tun, was man nicht will, wie man Kinder nicht zu etwas zwingen darf, das ihnen durchaus fremd und ungemäß ist.

Was nun wollten die Kinder, wenn sie nach einer »richtigen Schule« riefen? Zunächst, es kam ihnen nicht auf Kenntnisse, Wissen und Bildung an, denn daß sie auch in den chaotischen Zuständen des ersten Monats etwas lernten, ja mehr, leichter und Interessanteres als in der Schule, wußten sie. Und überdies hatten die allermeisten überhaupt keine Interessen auf den Schulgebieten. Sie wollten im Grunde nichts wissen. Ein Unterricht aber, wie er uns vorschwebte und wie er etwa in Berthold Ottos Schule in Groß-Lichterfelde-Berlin erteilt wird, beruht ganz und gar auf der spontanen Wißbegier der Kinder. Diese war bei unseren Kindern aber anfangs gar nicht vorhanden. Sie kam erst langsam, als ihr affektives Leben so weit lebendig und geordnet war, um Beträge von affektivem Interesse für geistige Dinge frei zu haben. Vor allem war der Wunsch der Kinder nach einer richtigen Schule ein leicht formulierbarer Ausdruck für ihre allgemeine Unzufriedenheit. Sie wußten gar bald, daß wir etwas Unerhörtes von ihnen verlangten. In ihrem bisherigen Leben waren sie vier oder fünf Stunden täglich unter strenger äußerer Disziplin gestanden, für die sie sich auf ihre Weise durch Unterrichtsstörung, durch Auslachen, Verspotten, Ärgern der Lehrer hatten entschädigen können. Im übrigen aber waren sie gänzlich frei gewesen; zwar äußerlich eingeengt durch allerhand Gebote und Verbote, die zu umgehen doppelt süß war, schmerzlich berührt von allerhand Strafen, Launen, Grausamkeiten, für die ihnen aber hundert kleine Rache-Möglichkeiten blieben. In Wahrheit, psychologisch, affektiv, ethisch – wenn man so will – hatte man von ihnen nichts gefordert, waren sie völlig frei gewesen. Bei uns war es ganz anders; genau umgekehrt; hier waren sie äußerlich frei, sogar, ja vor allem, in der Schule, aber sie fühlten von den ersten Tagen an, man fordere von ihnen innerlich sehr viel, jedenfalls sehr viel mehr als sie zu geben damals bereit oder im Stande waren. Ich habe gezeigt, daß sie recht bald sich dazu bereiteten und in Stand setzten, aber anfangs mögen sie von tiefer, dumpfer Ratlosigkeit befallen gewesen sein. Und da sie auf einem Gebiet besonders deutlich bezeichnen konnten, was ihnen fehlte, warfen sie sich darauf mit Energie. Und dies war jene Forderung nach der Schule, von der wir hier reden.

Dazu kam bei den Älteren ein soziales, bei den Jüngeren ein

psychologisches Motiv. Es war den Älteren nicht wichtig viel zu wissen, wohl aber waren sie sehr erpicht darauf, viele Klassen zu absolvieren. Sie hatten eine unklare aber sehr hartnäckige Vorstellung davon, daß nur die Absolvierung möglichst hoher Schulen, sie in ihrer Erwachsenheit vor ähnlichen Schicksalen bewahren würde, wie jene waren, die sie als Juden, Waisen und Flüchtlinge in der Kindheit zu erleiden hatten. Die Privatschule schien ihnen nicht genügend Garantien zu bieten für den erhofften sozialen Aufstieg. Zuletzt hatten wohl die meisten diese kleinbürgerlichen Ideale gegen wahrhaft sozialistische und nationale vertauscht, sie hatten den Wunsch, als Arbeiter nach Palästina zu gehen, aber in den ersten Monaten lag hier ein sehr starker Teil ihres libidinösen Egoismus verankert. Dies gilt auch für die Jüngeren; aber ich glaube bei ihnen war noch ein anderes Motiv sehr wichtig, das überhaupt bei der Organisation des Unterrichts nachdenklich beobachtet zu werden verdient. Für die Jüngeren – als Grenze nach oben kann hier ungefähr das zehnte Lebensjahr angenommen werden – hat das Lernen in der Schule, das Lernen an sich mit Zwang, Disziplin, Aufgaben, und wären es auch unverstandene Anforderungen, das Lernen von Worten, Formeln, Zahlen, kurz gerade das sogenannte mechanische Lernen, eine besondere psychologische Funktion. In diesem Alter ist der frühkindliche Charakter bereit, sich grundlegend zu verändern. In der Freudschen Psychologie werden diese zwischen die frühe Infantilität und die Pubertät eingeschobenen drei bis fünf Jahre die Latenzperiode genannt. In ihr treten innere Hemmungen gegen das bisherige Trieb- und Affektleben auf, die vom Kinde deutlich wahrgenommen werden, aber an sich zu schwach zu sein pflegen, um sich radikal durchzusetzen; sie brauchen der Hilfe von außen, gleichgerichteter Tendenzen der Erziehung, der von den Erwachsenen vertretenen kulturellen Forderungen. Es setzt in diesen Jahren ein innerer Kampf im Kinde ein, in dem die Unterdrückung des bisherigen ungehemmten Trieblebens gewissermaßen als Aufgabe vom Bewußtsein empfunden wird. Ein Kampf, bei dem gerade den intellektuellen Funktionen eine besondere Rolle zufällt. Nun waren unsere Kinder zwar wenig zu Verdrängungen und Hemmungen geneigt, trotzdem aber äußerte sich auch in ihnen die altersgemäße Einstellung. Sie wollten den moralischen Zwang; aber bloß dort, wo sie ihn bisher gewohnt waren, zu erfahren, dort, wo er weniger radikal, weniger einschneidend ins Triebleben ausgeübt wird: im

Intellektuellen. Als die Schulgemeinde und die Kwuzoth die verdrängende Funktion wahrhaft übernommen hatten, mäßigte sich auch der Wunsch nach einer strengen Schule beträchtlich, dennoch blieb er andeutungsweise bestehen und wie mir scheint mit Recht. Die Unterrichtsorganisation müßte diese psychische Tatsache auch in irgendeiner Weise berücksichtigen, wenngleich es völlig falsch wäre, so zu verfahren, wie es beim gegenwärtigen Stande des Schulwesens tatsächlich geschieht, die moralischen Forderungen auf den Unterricht zu konzentrieren und das übrige Leben, das wichtigere und auch für die Entwicklung des Intellektes entscheidende, den Kindern frei zu lassen.

Rückschauend läßt sich nunmehr sagen: hätten wir diese Motive der Kinder klar erschaut, so hätte uns keinerlei Nervosität befallen und mit Ruhe hätten wir der Entwicklung zusehen können; dort, wo es sich aber um altersgerechte Forderungen und Wünsche der Kinder handelte, hätten wir versucht, Formen zu schaffen, die psychologisch richtig und zulänglich sind. Ich habe schon bemerkt, worin die Gründe für unser Versagen gelegen haben mögen. Wir dachten daher: da wir es ja aus äußeren Gründen tun müssen, und da es überdies die Kinder so wollen, so richten wir äußerlich eine »richtige Schule« ein; in den inneren Angelegenheiten, also insbesondere in der Schuldisziplin, wollten und konnten wir nicht nachahmend vorgehen. Und dies war, da nun schon einmal ein falscher Weg beschritten wurde, ein zwar notwendiger, aber neuerlicher und zudem doppelter Fehler. Denn erstlich kann die unnatürliche, widerpsychologische, antipädagogische äußere Schulorganisation ohne ebensolche innere Einrichtungen, ohne autoritative Disziplin, ohne individuellen Zwang (vom Lehrer und in letzter Instanz vom Schuldirektor ausgeübt) gar nicht aufrecht erhalten werden. Das starre System des Lehrplans, der Stundeneinteilung, der Klassen, der Klassen- und Fachlehrer verlangt absolut eine starre Disziplin; Schulgemeinde, Klassenordner und dergleichen werden in diesem Schulsystem zur Farce oder dies Schulsystem bricht an ihnen zusammen. Dies muß man sich völlig klar machen. Die übliche Schulorganisation erwächst aus keinen kindlichen oder kindgemäßen Bedingungen, sondern sie ist von Erwachsenen und nicht einmal von Pädagogen, sondern letzten Endes von Politikern und Juristen, zwar aus sehr gutem Instinkt, aber nicht aus dem der neuen Erziehung, zwar zu einem sehr klaren Zweck, aber nicht zu dem der Erziehung sozialer Menschen geschaffen. Die Schulgemeinde ist ihr völliges Gegenteil; und es ist schlechterdings unmöglich, daß diese jene schütze, erhalte, durchführe. Schulgemeinde oder »Schule«. Beides miteinander ist undenkbar. Und da wir selbstverständlich die Schulgemeinde wollten, so wurde, was Schule bei uns war, bis zu einem gewissen Grade leere Fassade, darum noch häßlicher als sie ohnehin auch dann ist, wenn sie immerhin ein geschlossenes und in ihrer Konsequenz imponierendes Ganzes darstellt. Und zweitens war auf diese Weise den Kindern erst recht nicht entgegengekommen. Was sie entbehrt hatten, war ja nicht der Lehrplan und auch nicht die Stundeneinteilung usw. an sich, sondern was sowohl ihre sozialen als ihre psychologischen Motive wollten, war eben die Schuldisziplin. Und die haben wir ihnen zum Glück bis ans Ende – zuletzt mit ihrem vollen Verständnis und Einverständnis – verweigert.

In bezug auf die Schuldisziplin unterschied sich unsere Schule also recht wesentlich von den anderen. Die einzelnen Lehrer hatten völlige Freiheit sich mit dem eingegangenen Kompromiß abzufinden, wie es ihrer Persönlichkeit und ihren Anschauungen entsprach. Es war daher der innere Verlauf des Schullebens, des Lebens in Baracke 30, in den einzelnen Klassenzimmern einigermaßen verschieden. Einige Lehrer brachten das schwere Werk zustande, trotz der ungünstigen Situation einen innerlich freien Unterricht zu führen; anderen gelang dies weniger gut und ab und zu sahen sie kein anderes Mittel die schulmäßigen Anforderungen durchzusetzen, als Rückfall in die autoritative Methode. Da wurde auch einmal geschrien, eine Strafe selbstherrlich verhängt, oder dergleichen. Sonst aber galt als Regel: wer am Unterricht nicht teilnehmen will, bleibt ihm fern, oder entfernt sich aus ihm; wer den Unterricht stört, wird aus dem Zimmer gewiesen; wer ohne Entschuldigung dreimal vom Unterricht fernbleibt (oder aus ihm entfernt wurde), kommt vor Gericht. Soweit es die Stundeneinteilung, die Verteilung des Lehrstoffes auf Fächer und Fachlehrer oder die Anforderungen des Lehrplanes erlaubten, entschieden jeweils die Kinder, was in der Stunde gelernt werden sollte und wann das Thema gewechselt wurde. Klagen der Lehrer kamen vors Gericht. Noten, wichtige Prüfungen, Sitzordnung, Ordnungsstrafen (Draußenstehen, Abschreiben) und einen Komment oder Ritus für Fragen der Kinder (Aufzeigen u. dgl.) gab es nicht. Verbindliche Aufgaben wurden nur in Ausnahmefällen gegeben.

Ehe ich nun von dem Unterricht als solchem und seinen Erfolgen spreche, muß ich leider noch ein Charakteristikum unserer Schule erwähnen, aber diesmal eines, das wir in keiner Weise rechtfertigen können, dessen Verantwortung wir auch jenen zuschieben müssen, denen wir es verdankten. Einzigartig war an unserer Schule die Unordnung. Beispiellos, aber hoffentlich nicht beispielgebend. Reinlichkeit, Pünktlichkeit, Wärme und Licht, das waren Dinge, für die die Verwaltung Energie oder auch nur Verständnis bloß an hohen Inspektionsfeiertagen, zulängliche Räume, Gegenstände, Kasten, Papierkörbe, Klosette-Dinge, für die sie es niemals hatte. Es gab keinen Schultag, an dem in allen Räumen zur rechten Zeit genügend lange und genügend warm geheizt gewesen wäre. Wir waren zu jeder Konzession bereit: Zusammenlegen der Klassen, Verkürzung des Unterrichts usw. Wir baten, bettelten, drohten, forderten, man möge uns vierzehn, acht, zwei Tage vorher verständigen, wenn das Heizmaterial ausgehe; man erklärte, beteuerte, schwor, wir hätten Kohlen für drei Wochen – und nach zwölf Stunden schon gab es kein Holz, oder keine Zündhölzchen, oder kein Unterzündpapier! Das war täglich so, zuweilen zweimal täglich. Wir haben zwei Monate lang keine gehende Uhr in den 5 Baracken gehabt – außer unseren Taschenuhren – und die übrigen sechs Monate nicht eine Stunde lang genügend viel und übereinstimmende Uhren. Wir haben nie die Anschaffung von genügend Kohlenkübeln, Papierkörben, nie von Spucknäpfen erlebt. Wir haben nie erreicht, daß regelmäßig Papier in die Klosette gegeben wurde. Wir konnten nicht erreichen, daß unsere Kasten alle nötigen Fächer, alle nötigen Schlüssel erhielten. Wir haben nie ... kurz die Verwaltung hat das ihrige mit Hingebung und Aufopferung getan, aber wir hielten es nicht für nötig, die Kinder zu Reinlichkeit, Pünktlichkeit und Ordnung zu erziehen, bzw. unsere pädagogischen Prinzipien vermochten dies nicht: so diktierte die Leiterin später einem Journalisten für die Wiener Morgenzeitung. Es ist richtig, wir haben unsere pädagogischen Prinzipien auch der Verwaltung gegenüber angewandt (Freundlichkeit, Geduld und Ruhe), und darum haben wir bei der Verwaltung nichts erreicht. Unsere Nachfolger verwenden ihre pädagogischen Prinzipien nur bei den Kindern (Ohrfeigen, Hungerstrafen, Brüllen), hoffentlich erzielen sie wenigstens bei der Verwaltung etwas.

Es gibt kein Mittel, die einzelnen Sätze so fest miteinander zu verlöten, daß kein beliebiger Rezensent sie nach seinen bösen oder beschränkten Absichten auseinanderreißen könnte. Darum sind wir gewärtig, demnächst zu lesen, daß Dr. Bernfeld selbst eingestehen muß, daß seine pädagogischen Prinzipien jämmerlichen Schiffbruch erlitten haben, und sie werden noch stolz sein, meine eigenen Worte dabei zu zitieren. Aber wenigstens dem gutwilligen Leser sei es ausdrücklich hergesetzt: Alle meine Kritik an unserer Schule sagt nicht, daß in ihr die Kinder nichts oder auch nur wenig gelernt hätten, sagt nicht, daß die neue Erziehung im Unterricht versagt, sondern vielmehr: unsere Schule war keine neue, weil sie zu viel Elemente der alten enthielt, aber sie war auch keine alte, weil sie zu wesentliche Elemente der neuen in sich hatte und darum war sie anfangs für uns ebenso unbefriedigend wie sie es für die Lobredner der alten gewesen wäre. Im Laufe der Zeit wurde sie immer mehr eine neue, immer befriedigender für uns, weil sie ihr Altertum immer mehr abstreifte, aber wir verließen das Heim, noch ehe schlackenlos das Neue dastand. Wir haben also die Erfolge sich nur ansetzen, aber noch nicht reifen gesehen. Aber all dies, verbunden mit einigem, was noch zu sagen sein wird, bestätigt gerade an unseren Fehlern, an unserem Mißerfolg, daß die anderen Unrecht hatten.

»... Ich hatte für meine Klasse Rechenbücher und Lesebücher bekommen, die nicht alle gleich waren. Ich komme mit dem Stoß Bücher ins Klassenzimmer und lege ihn aufs Fenster. Ich sage Ihnen, daß sie jedes ein Buch bekommen werden, ich werde es ihnen geben. ›Aber vor allem Ruhe und auf die Plätze.‹ Unmöglich, das zu erreichen. Ich beginne trotzdem die Rechenbücher unter allgemeiner Aufregung zu verteilen, jeder will zuerst ein Buch bekommen, alle schreien durcheinander. Zwei vergleichen ihre Bücher, sie sind nicht gleich, der eine wirft mir das Buch zurück: So eines brauch ich nicht. Ein anderer nimmt es auf; einer bekommt ein zerrissenes Buch, wirft es fort. Nun stellt sich heraus, daß um zwei Bücher zu wenig sind. Die beiden Benachteiligten schreien und schimpfen: ›ja, immer nur Ausnahmen, ich weiß schon, Ausnahmen‹. Dies war eine stereotype Redensart, die sich die Kinder wahrscheinlich mit Recht gebildet hatten und die sie jetzt sinnlos verwendeten, da sie sich nicht auskannten; das war ihnen aber nicht klarzumachen. Heute kann ich konstatieren, daß dieses Wort ›Ausnahme‹ vollständig verschwunden ist. – Ich wollte die Rechenbücher austeilen lassen und bat die Kinder, die beiden, die keines hatten, einstweilen hineinschauen zu lassen. Das war unmöglich, überall wurden sie weggejagt, jeder legte die Hand auf sein

Buch, damit man ihm nur ja nicht hineinschaue. Plötzlich erhob einer die Stimme: wir wollen die Lesebücher. Das wurde sofort aufgenommen. An Rechnen war nicht mehr zu denken; wie sehr ich mich bemühte, sie schrien mit unglaublicher Ausdauer nach den Lesebüchern. Es ist bemerkenswert, daß die Kinder imstande waren, buchstäblich eine ganze Stunde hindurch einen Satz, ein Wort zu rufen; z. B. wenn ich einem Kinde den Bleistift fortgenommen hatte, zu rufen, alle 3 bis 4 Minuten: ›meinen Bleistift, ich will meinen Bleistift‹, oder ›mir ist kalt‹, was sehr ansteckend wirkte. In dieser Stunde wurde meine Stimme überschrien, zwei holten sich selbst die Bücher, gaben sie natürlich nicht mehr her; ich war erledigt. Die Kinder stürzten auf den Stoß, prügelten und rauften sich um jedes Buch, obzwar genug da waren, weinten über jeden Hieb, warfen zerrissene Bücher beleidigt und trotzend fort – die Klasse bot ein erschreckendes Bild, ein Durcheinander von Bänken, Kindern, Raufenden, ein großes Geschrei – ich ging aus der Klasse. Sie rauften eine Zeitlang weiter, dann gingen sie weg. Nach kurzer Zeit kam ich in das Zimmer und fand die Bücher achtlos herumliegen – fast keiner wollte sie behalten . . .«

So schildert Frau Gusti Bretter-Mändl, die Lehrerin der dritten Klasse der Kleineren ihre Eindrücke von den ersten Schultagen in Baracke 30.

»Warum ist es mir in meiner übrigen Praxis schon so oft gelungen, Kinder für ein Gehörtes, Geschautes, ›Gelerntes‹ auf Stunden, ja Tage hinaus so zu interessieren, daß ich ihnen einfach nicht mehr nachkommen konnte in der Befriedigung ihres Wissensdurstes? Wie oft konnte ich – anderenorts – sehen, daß Kinder aus der Lebendigkeit des Unterrichts heraus, das eben ›Gelernte‹ in ihrer phantasievollen Weise kindisch weiterspinnen, daß sie z. B. ganz spontan ›Entdeckung von Amerika‹, ›Ritterspiele‹ u. dergl. veranstalten. Einen – ganz unaufgefordert – mit Zeichnungen, Aufsätzen und Anfragen überschwemmen! Die Baumgartner haben das nie getan: ich konnte sie nur selten dazu bringen, eine kleine schriftliche Arbeit außerhalb der Schule zu machen. Ihre Spiele, freien Beschäftigungen, Gespräche, ihr Interessenkreis blieben immer auf dem gleichen Tiefstand: Karten, Domino, Schach mit dem dazugehörigen widerlichen, ererbten Spielgebaren ihrer Väter, – hindösen, faulenzen, ›wann komme ich nach Holland . . .‹«

In diese Worte faßt Käthe Neumann, die Lehrerin der 4. Klasse der Kleineren, ihren Gesamteindruck über die Kinder dieses

Alters. Und beide Darstellungen sind durchaus treffend; die erste freilich nur für die ersten Tage, die zweite aber für die ersten Monate unserer Wirksamkeit, beide allerdings in dieser Schärfe nur für die Kinder der dritten und vierten Klasse, also für einen sehr geringen Bruchteil der ganzen Schülerschaft. Die egoistische Wildheit ist mit der Zeit gänzlich geschwunden, aus den Schulklassen ebenso wie aus dem ganzen Heimleben. Und es ist kein Zweifel, daß dies einzig und allein unseren pädagogischen Prinzipien zu danken ist. Gewiß, bei Anwendung der alten Methoden wäre es undenkbar gewesen, daß sich jemals solche Szenen wie die eben geschilderten in den geheiligten Schulräumen, in Gegenwart des Stellvertreters der rächenden Gottheit, der Lehrperson, abgespielt hätten. Sondern es hätte in der Schule die übliche Ruhe geherrscht – die Ruhe des Friedhofs der kindlichen Seele. Aber die Kinder waren nicht innerlich verwandelt, sondern nur äußerlich unterdrückt worden. Es lag nahe, auf solche Vorfälle, die sich ähnlich am Anfang zuweilen in allen Klassen abspielten, hinzuweisen und mit den Zuständen in den öffentlichen Schulen vergleichend, zu sagen: Seht ihr, so nützen Kinder die Freiheit, die man ihnen gibt. Und es lag ebenso nahe zu folgern, die Schuldisziplin mache die Kinder »besser«, die freie Erziehung lasse sie verwildern. Nur haben solche Einredner vergessen, daß die Schuldisziplin nur so lange wirkt, als sie aufrechterhalten ist, daß sie nicht nachhält und daß man in den üblichen Schulen überhaupt keine Kinder vor sich hat, sondern künstliche Präparate, »Schüler«, Ergebnisse eines ganz bestimmten Schulstubenluftdrucks, die sogleich in den Naturzustand zurückkehren, wenn dieser Druck sich vermindert oder verändert. Durch die freie Disziplin sind unsere Kinder noch weniger schlecht geworden, als sie durch das starre System besser geworden wären. Sie zeigten sich nur so, wie sie eben waren, *auch* in der Schule. Freilich ein ungewohnter Anblick. Und als es zivilisierter in unseren Klassen zuzugehen begann, da wußten wir, daß sich die Kinder verändert hatten und nicht der Luftdruck.

Der Lehrer und Erzieher alten Schlages gibt sich selten Rechenschaft darüber, was er wirklich innerlich im Kinde erreicht, und was nur den Schein dessen durch ein bestimmtes erzwungenes oder geheucheltes Verhalten des Kindes erzeugt. Es ist dies die Lebenslüge der Pädagogik, ohne die sie nicht bestehen könnte, auf die im Grunde die heutige Schule aufgebaut ist. Man vergegenwärtige sich einen Augenblick lang die Situation in der Schule. Die Kinder sitzen still und ruhig, den Blick auf den redenden Lehrer gerichtet; er stellt eine Frage an sie und lebhaft hebt ein halbes Dutzend die Hand; der Aufgerufene steht respektvoll auf und spricht lebhaft, laut, in tadellosem Deutsch und ganzen Sätzen. Sind das nicht die instinktiven Ausdrucksbewegungen der Aufmerksamkeit, des Interesses, der lebhaften Anteilnahme? Muß der Lehrer nicht mit dem Gefühl nach Hause gehen, die Kinder liebten ihn, wären sehr interessiert gewesen und hätten etwas gelernt? Und doch, es kann auch ganz anders gewesen sein. Sie hatten ihn angesehen – weil er sonst strafte, und dabei innerlich die Fußballwiese geschaut; sie hatten still und ruhig gesessen, – weil es sonst Strafe gäbe, aber innerlich war der Körper nicht von Aufmerksamkeit gestrafft, sondern schlaff vor unnatürlicher Lage; sie hatten lebhaft aufgezeigt, weil sie endlich die Erlaubnis hatten, irgend etwas zu tun; sie hatten in ganzen Sätzen gesprochen, weil kein Affekt, kein Einfall ihre sprachmotorischen Funktionen störte; sie hatten tadelloses Deutsch gesprochen (und nicht wie ihnen der Schnabel gewachsen ist), weil sie innerlich die ganze Sache nichts anging. Und nun unsere Schulstunden zu Ende unserer Tätigkeit. Vor allem man konnte nie wissen, wie es werden würde. Manchmal lautlose Ruhe, angehaltener Atem, die Kinder in verschiedenen Stellungen, als wären sie mitten in bewegtem Regen gebannt geblieben durch ein Wort oder eine Sache. Aber nur ein paar Minuten lang und nun springt der oder jener sichtlich ab mit seinem Interesse, er rührt sich, setzt sich zurecht. Der Lehrer spricht und einer unterbricht ihn, sagt etwas, fragt etwas, zuweilen sehr weit hergeholt. Die anderen reden drein, es gibt ein kleines Durcheinander, das sehr schnell entwirrt. Aber es kann auch anders werden; es kann auch eine Minute, fünf, ja zehn Minuten dauern, daß sie gegeneinander reden, daß man abkommt vom Thema und gewiß keine Feder zu Boden fallen hören könnte. Ja es ist sogar möglich, daß zwei plötzlich aufspringen im Durcheinander zur Tafel laufen, um sich zu überzeugen. Aber dann wird es wieder recht still und sie hören einander oder dem Lehrer zu. Nur einer oder der andere ist unbefriedigt oder müde und tut nicht mit; er nimmt ein Buch und liest; oder er schreibt und zeichnet in sein Heft. Bis dann wieder ein Ding kommt, wo sie alle gebannt lauschen. Es kann sein, wie es der Besucher vielleicht glaubt, daß hier einfach Unaufmerksamkeit, Respektlosigkeit, Uninteressiertheit sich ausdrückt. Es kann aber auch sein, daß so natürliches Verhalten innerlich lernender Kinder sich abspielt. Das eine so gut wie das andere, in unserem Unterricht so gut wie im alten, kann von außen nicht entschieden werden, oder bloß subjektiv. Hier entscheidet die Zeit. Sind es Erlebnisse gewesen, die hinter dieser oder jener äußeren Ausdrucksform von Stunde zu Stunde sich in der Psyche des Kindes niederlegten, dann wird der Augenblick einmal kommen, wo sie, stündlich unsichtbar und unkontrollierbar angewachsen, in irgendeiner Weise sichtbar sich in die Außenwelt auswirken werden. Die allgemeine, die typische seelische Verhaltensweise des Kindes in der Atmosphäre des Zwanges kann gut illustriert werden durch eine kleine Szene, die sich in Baumgarten kurz nach unserem Abgange abspielte. Eine der neuengagierten Lehrpersonen tritt in den Speisesaal. Simon schrillt auf einer Pfeife, die anderen tun es ihm nach. Der Lehrer nimmt ihnen mit Gewalt die Pfeifen ab. Die Kinder sind still vor Wut. Da gellt ein Pfiff durch den Saal; Chajim zieht zwei Finger aus seinem Mund und sagt: Die Finger werden Sie mir nicht wegnehmen, Herr Lehrer! – So ist es: still zu sitzen kann man sie zwingen, aber etwas zu denken nicht! Und da gibt es denn doch zu überlegen: wir haben die Kinder aus der öffentlichen Schule übernommen. Sie hatten jahrelang das ganze Registerspiel der Pädagogik an sich ziehen lassen – und wußten, begriffen und verstanden einfach nichts. Gewiß, man darf nicht sagen, daß daran die Schule Schuld sei, denn es kann gar nicht geleugnet werden, daß andere Kinder nach gleich langer Schulzeit viel mehr wissen und begreifen, sich für viel mehr interessieren (übrigens war dies natürlich auch nicht bei allen Kindern gleich; einige, aber sehr wenige, waren den übrigen weit voraus). Aber trotz der Schule waren unsere Kinder eben so geblieben. Das ist unbestreitbar. Und ebenso unbestreitbar ist, daß sie nach einem halben Jahr sehr kompromißvoller und unzulänglicher, aber doch neuer Erziehung, durchwegs zu normalem, altersgemäßen geistigem Interesse, und zu einer beträchtlichen Anzahl wirklicher Begriffe in allen Schulfächern, zu reichlichen Kenntnissen in einigen Fächern, gelangt waren. Es ist für uns alle kein Zweifel gewesen, daß ein weiteres halbes Jahr wirklich genügt hätte, den Durchschnitt unserer Schüler weit über das Niveau der üblichen Schülerdurchschnitte zu heben. Freilich eines hat uns unverhältnismäßig gestört und verdient angemerkt zu werden. Ich habe erwähnt, daß wir eine Anzahl ausgesprochen pathologischer Naturen unter uns hatten.

Im ganzen Heimleben störten sie recht wenig, wenn sie selbst auch nur wenig ohne besondere Methoden – und diese anzuwenden, blieb uns erst in den letzten Wochen Zeit und Möglichkeit – gebessert werden konnten. Aber in der Schule waren sie von höchster Gefährlichkeit für die anderen; ihre Unkonzentriertheit, Interesselosigkeit, Sprunghaftigkeit, Aggressivität, Ruhelosigkeit – je nachdem – wirkten sichtlich ansteckend; und wir konnten dies nie richtig und anhaltend paralysieren. Auch die vier Kinder, die allein von unserer bewußten Lauheit in der Kontrolle des Schulbesuches ausgiebig Gebrauch machten, waren solche schwere Psychopathen. Sie waren die einzigen wirklichen Schulstürzer.

Unsere Absicht, der Didaktik eine besondere, systematische, wissenschaftlich fundierte Aufmerksamkeit zu widmen, konnte leider nur andeutungsweise ausgeführt werden. Ernsthafte, wenn auch nur tastende und unzulängliche Versuche wurden mit dem Rechenunterricht in der Unterstufe[4], mit dem Bibelunterricht[4] in der Unterstufe, mit dem Mathematik-Unterricht in der Oberstufe, mit dem Unterricht in »Staatsbürgerkunde«[4] an der Oberstufe angestellt. Im ganzen wären die Methoden, die wir teils bewußt, teils instinktiv verwendeten, durch das Bestreben: weg vom Wort zum Begriff und zur Sache zu bezeichnen. Nur wenige Worte seien diesem Gegenstand gewidmet, der seine klassischen Grundlagen in den Schriften Ottos und des Arbeitsschulkreises gefunden hat. Ich zitiere auszugsweise aus den Berichten von Dr. Hilda Geiringer, die sich vor allem im Sinne Berthold Ottos sehr erfolgreich bemühte, einige Stellen, um konkrete Bilder vom Unterricht zu geben.

»... In Mathematik an der Oberstufe gab ich immer, wenn ein Gebiet durchgesprochen war, ›Aufsätze‹ darüber. Teils schrieben die Kinder diese ohne Hilfe ganz wie die gewöhnlichen Aufsätze, teils so, daß wir sie in der Stunde gemeinsam verfaßten, wobei aber sowohl der Gedankengang des ganzen Aufsatzes als auch die Formulierung jedes einzelnen Satzes von den Kindern stammte; meine Tätigkeit war kritisch und ablehnend (indirekt, indem ich den Fehler ad absurdum führte, oder einfach durch andere Kinder korrigieren ließ). Solche Aufsätze schrieben die Kinder in ihre

---

4 Darüber ausführlicher zu sprechen, werden die experimentierenden Lehrer Wilhelm Hoffer und Gerhard Fuchs hoffentlich demnächst an anderer Stelle Gelegenheit haben.

Mathematischen Hefte und ich schrieb in meinem Notizbuch mit ... Ein Beispiel, das ein gewisses Interesse auch deshalb bot, weil ich mich selbst wunderte, zu welcher Klarheit dieses nicht einfache Gebiet bei den Kindern gelangte. *Die Zahlensysteme* sei diesen Aufsätzen entnommen: ›Es gibt verschiedene Zahlensysteme, römische, arabische, ägyptische usw. Ein Unterschied zwischen dem arabischen und römischen Zahlensystem ist, daß wir im römischen Zahlensystem die Zahlen 5, 10, 50, 100, 500, 1000 nur mit einem Buchstaben anschreiben (V, X, L, C, D, M), aber im arabischen Zahlensystem zu diesen Zahlen viele Ziffern nötig haben.‹ (Hier interessant, wie sich die Meinung der Kinder gegen mich durchsetzte; ich wollte durchaus darauf hinaus, die Vorteile des arabischen Systems herauszuarbeiten; sie ließen aber nicht locker, da ihnen der von ihnen hier hervorgehobene ›Vorteil‹ einen starken Eindruck machte. Die Resultante meiner und ihrer Bestrebungen stellt der folgende Satz des Textes dar.) ›Nur diesen einen Vorteil besitzt das römische Zahlensystem. Im römischen Zahlensystem brauchen wir bei einer großen Zahl immer neue Zeichen oder sehr viele von den alten Zeichen. Aber im arabischen Zahlensystem können wir auch die größte Zahl mit 10 oder weniger Ziffern anschreiben. Nur müssen wir im arabischen Zahlensysteme genau den Stellenwert jeder einzelnen Ziffer beachten. Im Zehnersystem gibt es 10 Ziffern: 0, 1, 2, 3, 4, 5, 6, 7, 8, 9. Wenn wir eine große Zahl anschreiben wollen, schauen wir, wieviel Einer, Zehner, Hunderter, Tausender usw. sind. Wir schreiben dann die Einer an die erste Stelle, die Zehner an die zweite Stelle, die Hunderter an die dritte Stelle usw., das nennt man Stellenwert bestimmen. Im Fünfersystem z. B. kann man die Zahlen 5, 25, 125, 625 usw. mit den Zehnern, Hundertern, Tausendern usw. vergleichen. Im Fünfersystem stehen also die Einer an der ersten Stelle, die Fünfer an der zweiten Stelle, die Fünfundzwanziger an der dritten Stelle, und die Hundertfünfundzwanziger an der vierten Stelle usw. Wenn wir z. B. im Fünfersystem zwei Zahlen addieren wollen und wir eine Ziffer über 5 bekommen, so schreiben wir das über 5 an und einen Fünfer zählen wir weiter, z. B.

$$
\begin{array}{rl}
\text{Zehnersystem:} & 25 + 36 = 61 \\
\text{Fünfersystem:} & 100 \\
 & \underline{121} \\
 & 221 \\
\text{Zehnersystem:} & 29 + 28 = 57 \\
\text{Fünfersystem:} & 104 \\
 & \underline{103} \\
 & 212
\end{array}
$$

Ebenso ist es in allen anderen Stellenwertsystemen.‹ Bei diesem Kapitel brachten mir die Kinder richtige sachgemäße Einfälle, die mir z. B. von Erwachsenen nicht gebracht worden waren; z. B. fragte ich, was zu tun sei, wenn man etwa ein Zwölfersystem konstruieren wolle, worauf mir sofort geantwortet wurde, daß da für ›elf‹ und ›zwölf‹ zwei neue Schriftzeichen zu erfinden seien. Ferner wurde die Erfindung der zum Zählen in den fremden Systemen nötigen Namen sofort mühelos geleistet, wobei sehr hübsche zweckmäßige Vorschläge gebracht wurden. Ich selbst hatte über all das immer vor der Stunde oder am Schulweg nachdenken müssen, da das ja kein Schulstoff ist und es zeigte sich, daß die Kinder durchaus ähnlich reagierten wie ich, dieselben Schwierigkeiten empfanden, dieselben Einfälle hatten und aus denselben Gründen wie ich annahmen oder verwarfen (nur alles viel langsamer als ich). Erwachsene, die ich in solchen Fällen, um mich zu informieren, fragte, reagierten fast immer schwerfälliger, ungeschickter als die Kinder. Noch ein Beispiel eines derartigen Aufsatzes. ›*Proportionalität.* Die Proportionalität wird eingeteilt in direkte und indirekte‹ (hier wurde mir z. B. der Schulausdruck ›invers‹ hartnäckig abgelehnt). ›2 Sachen sind direkt proportional, wenn die eine Größe wächst und abnimmt und die andere Größe dann auch wächst und abnimmt. Z. B.: Soviel Menschen, soviel Verbrauch. Indirekt proportional ist das, wenn die eine Größe abnimmt und die andere zunimmt, oder umgekehrt. (Mehr Arbeiter, weniger Zeit)‹ . . . Ich zeige Dinge herum und sage ihnen, daß man immer ordentlich auf meine Frage antworten soll. ›Was ist das?‹ ›Eine Tasche‹, ich zeige auf eine andere Tasche und als feststeht, daß die eine groß und die andere klein ist, zeige ich auf eine längliche und eine breite, und ein Kind sagt, daß die eine lotrecht und die andere waagrecht sei; darauf frage ich, was lotrecht ist und bekomme die verschiedensten Antworten. Einer zeigt auf seine Uhr mit Kette als auf ein Lot, ich frage, was da nun lotrecht sei, ›die Kette‹. Ich lasse den Arm mit der Uhr heben und senken und zeige, daß der Winkel sich ändert, aber das Lot immer lotrecht ist; man sagt mir, daß waagrecht (der waagrechte Arm) das ist, was mit dem Lot einen rechten Winkel bildet, schief das, was einen spitzen Winkel bildet. Einer sagt, ›schief ist, was weder lotrecht noch waagrecht ist‹, bei waagrecht sagt aber dieser, ›waagrecht ist, wenn ich den Arm ausstrecke‹; ich frage, ob nach oben, nach unten, zur Seite. Sie sehen, daß selbst diese Angabe nicht genügt und daß noch etwas dazugesagt werden muß, bis einer sagt, daß der Arm so ausgestreckt werden muß, daß er einen rechten Winkel mit dem Lot bildet (dem Körper); wir üben die Richtungen am Körper, zeigen, daß der Körper die verschiedensten Lagen haben kann und benennen genaue Richtung und Lage jedes Gliedes und dabei die Körperteile ... Dann zeige ich das Papiermesser, benenne Griff und Schneide, nenne das Perlmutter; dann zeige ich einen Würfel, wir suchen den Durchmesser des Quadrats; dabei sehen wir, daß es auf die Lage nicht ankommt, wohl aber auf die vier rechten Winkel. Da fängt einer an mit ›m^2‹; man zeigt, daß der cm^2 nichts mit Quadrat zu tun hat; der M. findet die Ausmaßregel, zeichnet Rechtecke von $3 \cdot 4 = 6 \cdot 2 = 1 \cdot 12$ und jubelt über das Wunder, daß die ›doch alle gleich groß sind‹, und daß das dann gleich viel kostet, gleich viel Frucht trägt etc ... Das reine Zeigen der Gegenstände hat allerdings zum wenigsten interessiert ... M. ist ungewöhnlich mathematisch begabt, jede Stunde brachte neue Überraschungen, er wollte immer 3 und 4 Stunden rechnen. Einmal war eine Rechenwut, sie wollten das Problem der Kreisberechnung erklärt haben und ich ließ Messungen ausführen und gab dann eine Näherungsmethode, die annähernd den richtigen Wert für π ergab. F. verstand den nicht einfachen Gedankengang meiner Lösung des Problems so großartig und wiederholte ihn in freier Rede mir und den andern so, daß ich aus dem Staunen nicht herauskam. Aber auch H., langsamer und solider, arbeitete sehr gut. N. war sehr langsam und furchtbar wehleidig und verknautscht, er hatte aber ein so glückseliges Leuchten, wenn er mal was verstanden hatte ... Als wir in dieser Zeit auf dringendes Bitten der Kinder den ganzen Vormittag durch drei Tage nur Mathematik gemacht hatten, kam am vierten Tag ein Sturm des Widerwillens gegen Mathematik. Es wurde Geschichte verlangt, die sie sonst nicht mochten; ich ging einen Tag nicht hinein. Nach zwei

Tagen war dann der normale Lerneifer wieder da ... Ich borgte ihm (M) für zwei Tage einen schönen und wertvollen Rechenschieber mit Pennalen; M. war in diesen Tagen von einer verklärten, in sich geschlossenen Innigkeit und Seligkeit, daß es jedem auffiel, aß und schlief mit dem Rechenschieber, brachte es zu einiger Gewandtheit und Verständnis, fast ohne Anleitung. Ich zeigte ihnen auch viele mathematische Spiele, auch arithmetische und geometrische Reihen. Wenn ich mal nachmittags da war, kamen immer der M. und die F. (oft auch andere, diese aber immer) zu mir und wir sprachen miteinander, saßen im Gras, rechneten, sprachen oder schauten in den Himmel. M. war unersättlich mathematisch orientiert, ähnlich war's mit der G. – Wir sprachen damals auch viel und schön über den Mars, anläßlich der Gerüchte in den Zeitungen, über die telegraphischen Nachrichten. Viele Stunden. Wir lasen auch Zeitungsberichte, die ich aber ihnen immer erst übersetzen mußte; sie fragten mich oft, woher das kommt, daß man das, was im Buch stehe, nicht verstehe, wenn es dann aber einer erzähle, verstehe man es gleich. Wir hielten damals einige so hübsche Gespräche über den Mars, über das Unendliche, über Kreisberechnung und alles mögliche andere, daß ich sie aufschreiben wollte, kam aber aus Zeitmangel über Notizen nicht hinaus. Natürlich besprach ich auch das mit ihnen. Es war mir immer das Natürlichste, sie völlig als gleichgestellt und mitverantwortlich zu behandeln. Besonders eigenartig war es, als M. sich *Ahrens* ›Unterhaltungsmathematik‹ kaufte, und ich, da ich diese Scherze, Aufsitzer, Kunststücke selbst nicht kannte, völlig gemeinsam mit ihm lernte, unaufhörlich selbst versuchend, nicht verstehend, vor mich hingrübelnd, ihn fragend ›wie ist das, glaubst du‹, ›hast du das schon verstanden, ich noch nicht ...‹ oder am nächsten Tage, wenn mir was eingefallen war, kam ich zu ihm und sagte etwa: ›Du, das, was wir gestern nicht verstanden haben, das mit dem magischen Quadrat, das hab' ich mir nachher noch überlegt, das ist so und so ...‹ oder er erschien: ›Bitte, Frau Doktor, ich habe dieses und dieses gestern gemacht. Haben Sie es auch schon versucht?‹ Bezeichnenderweise verlor ich auf die Art nicht bei ihm an Autorität, obgleich ich unaufhörlich Dinge nicht wußte, nicht verstand, viele Fragen nicht löste usw. ... Einmal kam ich in eine Rechenstunde, da erklärte M., er möchte heute so gerne nicht rechnen, sondern mir seine Lebensgeschichte aufschreiben, alles, was mit ihm geschehen war. Er schrieb dann voll Eifer eine lange Arbeit, die ich zu lesen empfehle, über die sehr viel zu sagen wäre ... Einmal folgendes: O. wird von den Kindern hinausgewiesen, mit der Begründung, das Gericht habe ihn wegen Stundenstörung bei Dr. Kluger damit bestraft, drei Stunden lang in meine Stunden nicht kommen zu dürfen. Er bittet sehr, bleiben zu dürfen, trotzt, sagt, er gehe nicht hinaus, einige Kinder haben Mitleid, andere bestehen auf dem Gesetz, als auch ich ihn mit Berufung auf das Gesetz hinausweise, geht er bitterlich weinend hinaus. Am nächsten Tage empfängt er mich strahlend, er habe gefragt, ob man die Stunde von 10 bis 1/2 12 als zwei Stunden rechnen würde und der Ausschuß habe es bejaht, jetzt würde er heute noch von 9 bis 10 draußen bleiben und dann ist es schon vorbei, er hätte solche Angst gehabt, es würde drei Tage dauern ...«

Bei unseren Bemühungen, die Kinder vom Worte zur Sache, vom Reden zum Tun zu führen, haben wir immer die gleiche Erfahrung gemacht, ob es sich nun um arbeitsschulmäßige Details im allgemeinen Unterricht, ob es sich um physikalische Arbeiten, um Zeichnen, Modellieren, Basteln, um handwerkliche Tätigkeit in der Werkstätte oder um reale Arbeit beim Gartenbau handelte: anfangs waren so gut wie alle in passiver Resistenz; sie wollten nicht, sie hatten keinerlei Beziehung zu dieser Tätigkeit, und wochenlang war daher bloß der Lehrer arbeitend, die Kinder sahen zu, oder nicht einmal das. Aber langsam begann dieser oder jener teilzunehmen, stürzte sich bald intensiv und andauernd in die Arbeit; er fand diesen oder jenen Nachahmer, und schließlich waren die allermeisten dabei. Diejenigen, die eifrig und lang mittaten, haben es zu sehr brauchbaren Leistungen gebracht. Und zu gewissen Fähigkeiten waren alle gelangt. Am Zeichenunterricht, der von Zwei Ciček-Schülerinnen (Mely Masaryk und Trude Hammerschlag), in seinem Sinn geführt wurde, nahmen nach zwei oder drei Monaten alle sehr interessiert teil, und es ist manche originelle und kindgemäße Arbeit abgeliefert worden. Die Werkstätte, in der wochenlang nur zwei oder drei arbeiteten, begann viel zu klein zu werden und eine gewisse Vertrautheit mit Papp- und Holzarbeiten gewann jedes Kind. Manche machten bereits Spielzeug für sich und den Kindergarten; der größte Teil des physikalischen und geometrischen Lehrmittelbedarfes wurde von einigen anderen geliefert; Schultaschen, Schächtelchen für Zahnpulver, Kästchen, Sparkassen, Schachteln für allerhand Zwecke, wurden in beträchtlicher Zahl und zeitweilig geradezu im Fabriksbetrieb (arbeitsteilig, zum größten Vergnügen der Kinder) hergestellt. Es war sehr deutlich, daß eines unseren Kindern entscheidend war für den Wert, den sie ihrer Arbeit beilegten, und also für das Interesse, das sie ihr zuwandten: ob sie sinnvoll war. Mancher Plan wurde von uns und von den Kindern erwogen, die Arbeit mehr ins Zentrum des Heimes zu stellen, sie aus dem Unterricht zu befreien und sie mitten ins Leben zu stellen. Manches wurde auch versucht und begonnen. Die Verwaltung zog aber jene Schranke, die nicht übersteigbar war: die beschränkte Verständnislosigkeit des bürgerlichen Menschen, für den Arbeit im letzten Grunde, trotz aller schönen Worte, das ist, wovon er befreit sein möchte. Wir mußten die Kinder vor den Auswirkungen dieser Gesinnung schützen und konnten daher nicht das ganze Heim als Arbeitsraum und Arbeitsding erklären. Aber es muß mit Nachdruck und Freude festgestellt werden: in den Kindern war sehr schnell und sehr intensiv die richtige Einstellung, das richtige Interesse gewachsen. Es hätte, um aus Baumgarten eine werktätige Gemeinschaft zu machen, nichts bedurft – nur eine andere Verwaltung.

Gerade der sozialistische Erzieher legt großes Gewicht auf den Arbeitsunterricht; und die Prinzipien und die Methode der Arbeitsschule stehen im Mittelpunkt aller sozialistischen Erziehungsforderungen. Und dies ist so völlig in Ordnung. Aber dennoch muß der Erzieher sich ganz klar machen, daß die Arbeitsschule und der Arbeitsunterricht zu wenig sind, daß sie Übergang darstellen, der bald überwunden werden muß. Unsere Kinder haben uns energisch darauf hingewiesen. Sie wollten keine Arbeitsschule, sondern Arbeitsleben in ihrer kindgemäßen Gemeinschaft, in ihrer Schulgemeinde.

Noch vieles wäre vom Unterricht zu erzählen, viel Konkretes, das Bestätigung für anderwärts Getanes, Vermutetes oder Bestrittenes böte; viel Problematisches, das sich uns aufdrängte, und das wir nicht überwanden. Aber es muß dies unterlassen werden. Der Bericht über ein einzelnes pädagogisches Ereignis und noch dazu über das sehr anspruchslose, das Kinderheim Baumgarten hieß, muß ein Ende finden.

VII. Die jüdischen Inhalte

Unser Kinderheim war ein jüdisches. Das war von Anfang an und ausnahmslos allen Beteiligten, den Kindern und den Erwachsenen klar. Fraglich war nur, was das bedeute, was daraus folge, wie es bemerklich werden sollte. Um vom Einfachsten zuerst zu sprechen: alle Kinder, alle Lehrer und ein Teil des Verwaltungspersonals waren Juden und zwar solche, denen es nicht gefallen konnte, über diese Tatsache irgendwie im Zweifel zu sein. Und von der ersten Stunde an hießen wir auch in der Umgebung nicht das amerikanische Kinderheim – trotzdem sich unsere äußere Politik begreifliche Mühe gegeben hat, diese Tatsache bekanntzumachen – sondern das jüdische. Manchen schien nun alles weitere auch so einfach. Wir jüdisches Kinderheim sollten uns nun auch als solches bekennen und »musterhaft in Freud und Qual« dem jüdischen Namen Ehre machen. Und die Verwaltung »bekannte« sich: womöglich sollten recht viele Magen-Dawid angebracht, viel Blau-Weiß innen und außen verwendet und Herzl-Bilder aufgehängt werden. Es sollte recht sauber sein, damit man sehe, daß auch ein jüdisches Kinderheim – leider, man hat nicht viel gesehen davon! – ordentlich ... die Kinder sollten wenig lärmen, brav, höflich und dankbar sein, damit man sehe, daß auch jüdische Kinder ... Die Kinder sollten Gartenbau betreiben, damit sie zeigten, daß auch ... Die Feste sollten gefeiert werden, und man würde auch den Vizebürgermeister dazu einladen, damit ... Und natürlich recht viel Hebräisch, denn wir Juden haben auch unsere Sprache ... Und natürlich den Kindern viel von Palästina erzählen, denn es ist unser Land usw. usw. Kurz jüdisch-fromm, jüdisch-fröhlich, jüdisch-frei. Und das war nicht die Privatweltanschauung der Verwaltung. Das ist allgemein zionistisch. Der einzige, der hier tiefer sah, war Dr. Chajes. Das muß einmal festgestellt werden.

Es war bitter nötig tiefer zu schauen. Die Kinder zwangen dazu. Es waren so gut wie lauter Ostjuden; zum Teil östlichste Judenkinder. Von den Chaluzim und den Pädagogiumshörern abgesehen, waren aber die jugendlichen Bewohner Baumgartens in ihrer Stellung zum Judentum sehr merkwürdig strukturiert. Drei oder vier waren Schomrim, ein halbes Dutzend der Buben waren leidenschaftliche Anhänger der Hakoah – Wiener jüdischer Fußballklub – drei oder vier waren orthodox. Alle anderen – Assimilanten. Aber Assimilanten merkwürdiger Art. Keines nannte sich Polin oder Pole. Einige der älteren Mädchen sprachen anfangs miteinander polnisch; dies hörten die Kinder sehr ungern, es war ihnen die Sprache der Pogromisten, und zwar ganz instinktiv. Und nachdem ich einige Male eine diesbezügliche Bemerkung gemacht hatte, war diese Sprachenfrage erledigt. Kaum eines der Kinder nannte sich einen Deutschen – nur die Mädchen vom Esteplatz hielten sich zum Teil für Wienerinnen, im Gegensatz zu den Galizischen, obzwar auch sie beinahe alle aus dem Osten waren –, aber es war ihnen klar, daß im Grunde Deutsch ihre Sprache sei, nicht ihre Muttersprache, aber die Sprache ihrer Zukunft. Ja, sie waren in dieser Beziehung recht empfindlich: vielen war nicht beizubringen, daß sie ein entsetzliches Kauderwelsch redeten, sie behaupteten, deutsch könnten sie, in dem Ton, wie es etwa ihre deutschen Kameraden in der öffentlichen Schule gesagt haben mochten. Sie wußten, daß sie Juden sind, und die meisten hatten keine Theorie der Assimilation – aber es war ihnen sehr unangenehm, daß sie Juden sind, daß man sie als solche erkennt. Sie litten darunter, ja es gab welche, die diese Tatsache haßten. Sie fühlten sich wegen ihres Judentums minderwertig gegenüber den anderen; bei manchen war dies fast krankhaft. Nichts war ihnen gefühlsmäßig so problematisch wie dies. Keine Spur von selbstsicherer Verwurzeltheit; sie wollten zwar nicht bewußt und theoretisch Deutsche werden, aber sie zeigten alle Symptome des Ihr-Judentum-Versteckens, alle Symptome des sich Bemühens, zu werden und zu sein wie die anderen. Wenn all dies nicht auf den ersten Blick gesehen wurde, so lag das daran, daß sie im Heim unter sich waren, daß die Judenfrage dort nicht gestellt war. Aber man mußte mit ihnen nur in der Straßenbahn fahren, man mußte mit ihnen nur über diese Dinge eindringlich reden, so wurde es klar. Und überdies dauerte es keine zwei Monate und sie waren in dieser Beziehung recht wesentlich verändert. Dazu kam noch: sie hatten im Durchschnitt keinerlei jüdische Kenntnisse; wenigstens keine, die ihnen als intellektuelle und affektive Anknüpfungspunkte erschienen wären. Mit Josef hörten ihre jüdischen Geschichtskenntnisse auf; mit ein paar Segenssprüchen, Gebeten, rituellen und völkischen Gebräuchen, Meinungen, Urteilen, Worten war ihr übriges jüdisches Wissen erschöpft. Vom Zionismus, von Palästina, von der jüdischen Bewegung wußten die wenigsten mehr und anders als ganz vage und uninteressiert. Noch zwei, drei

Jahre jüdische Flüchtlingsfürsorge, und sie wären »Assimilanten« geworden.

Aber es gab auch ganz andere Symptome, die zeigen konnten, daß mit dem Gesagten die jüdische Situation in den Kindern ganz falsch gezeichnet ist. Sie war wesentlich komplizierter. Einiges als Beispiel und zur Darstellung dessen: In den ersten Tagen sagten wir den Kindern, ihre bisherigen Pflegepersonen würden nicht nach Baumgarten kommen, oder nur dann hier bleiben, wenn sie die Kinder anständig behandelten. Bald darauf interpellierte mich der kurz vorher gewählte Schülerausschuß im Namen der Knaben, ob Frl. A., die sich seit gestern in Baumgarten aufhalte, und die von allen gehaßt sei, hier bleiben würde. Ich erklärte: auf keinen Fall. Die Leiterin aber erzählte anderen Kindern, Frl. A. sei von ihr aufgenommen. Nun gab es einen verhaltenen Sturm der Entrüstung und Wut, dessen Folge mehrfache Beschimpfungen des Frl. A. durch »führende Persönlichkeiten« unter den Kindern war. Ein lebhaftes, ja leidenschaftliches Gespräch, das die Knaben hierauf mit mir führten, ergab, daß Frl. A. sie vor einem Jahr als polnische Juden beschimpft hätte, sie, die selbst ein Flüchtling aus Galizien sei; daß sie für die pogromistischen Polen eingetreten sei. Frl. A. leugnete; die Leiterin nannte die Kinder Lügner und Verleumder – aber Frl. A. verließ am selben Tag Baumgarten, weil ich mich damals noch auf meinen Vertrag berufen konnte, als ich erklärte, sie könne hier nicht aufgenommen werden. Die Knaben atmeten auf und sagten: so müsse es auch in einem jüdischen Kinderheim sein, da wäre kein Platz für solche, die die Juden beschimpfen. Oder: Es war bei Tisch davon die Rede, ob alle Lehrer Juden seien; nämlich, sie hätten es schon gehört, daß hier ein jüdisches Heim sei, zionistisch, und ob sie würden beten dürfen, ob es bei Tisch eine »Broche« geben würde, ob der Schabbes geheiligt würde, und ob es hier überhaupt so sein würde wie zu Hause, wie früher usw.; alles mit beglückter Lebhaftigkeit gesprochen. Oder: sie verlangten stürmisch von Anfang an Hebräisch-Unterricht, ohne sich freilich klar zu sein, warum eigentlich. Weil sie ja nun endlich wirklich in einem jüdischen Heim seien. Und schließlich: die Freitag-Abend-Feiern, wie unzulänglich sie auch waren, hat kaum eines der Kinder ohne einen Schimmer der Ergriffenheit erlebt.

Ich scheine in einem schweren Widerspruch verfangen: und doch, gerade so war es. Beides lebte in den Kindern. Jedes in einer anderen Seelenschicht. Tief zu unterst, bei den meisten schon recht verblaßt, verschüttet, unbewußt geworden, als Bestandteil der verkümmerten, verdrängten Affektsphäre, die mit »früher«, »zu Hause«, »als die Eltern noch lebten«, »als wir noch in Galizien waren« zusammenhing: das Jüdische, als das selbstverständlich Bejahte der Zeit, wo noch liebende und geliebte Personen sie umgaben; darüber, bei manchen bereits wuchernd, bei vielen sich eben ansetzend, als Bestandteil der bewußten, egoistischen gegenwärtigen Affektsphäre, aus der das Jetzt »Engerthstraße«, »Nikolsburg« und alles Elend, alle Not in der liebeleeren Seelenwüste sich aufbaute: das Assimilatorische – um es mit diesem mißdeuteten Wort zu nennen. Die Kinder waren unterwegs, menschlich antisozial – national antijüdisch zu werden: weil niemand sie erzog nach den »neuen Prinzipien«, d. h. niemand ihnen Liebe und Geliebtwerden bot. Und da war nur eine Möglichkeit: durchzudringen zur verschütteten Sphäre, aber nicht mit Worten, Erklärungen und Ermahnungen. Da hilft kein Erwachsenen-, Erzieher- und Wohltätertantenhochmut mit vorgehängtem blauweißen Dawidschild und einem jovialen Schalom. Da nützen und wirken keinerlei Mittelchen. Sondern da steht die große Alternative jeder Erziehung und Bildung, von der nur ein Wagen und Hoffen bleibt. Werden die Menschen, die in der neuen Umgebung der Kinder sind, die Reste des verschütteten Affektlebens an sich knüpfen können? Das heißt, werden sie die Kinder so lieben und von ihnen so geliebt werden, daß die neuen Affekte ähnlich den vergessenen sind, daß in ihnen wieder die erste Kinderliebe aufwachen kann, daß sie an sie anknüpfen können? Nur wenn dies gelingt – aber dies Gelingen kann nicht vorausbedacht, erzwungen, es kann nur erhofft und gewagt werden –, ist zugleich das Jüdische mit zu retten. Und es ist in Baumgarten gelungen. So sehr gelungen, daß nicht einmal die flachköpfigen Schelt- und Prügelpädagogen, die jetzt dort »Ordnung machen, wie das Dienstmädchen auf dem Schreibtisch des Gelehrten«, es bei den Älteren werden mehr zerstören können. Darum dieses rapide Wiedergewinnen der jüdischen Affektpositionen durch die Kinder, darum dieses rasche Wegwischen der assimilatorischen Oberschicht, wie wir es erlebten; so schnell sich entwickelnd, daß nicht einmal alle von uns Zeit hatten, die Oberschicht näher zu sehen.

Die Grundlage, die affektive Basis, für eine jüdische Schule war somit geschaffen. Es galt auf ihr aufzubauen, ihr Inhalte zu geben, damit sie in Form sich ausdrücken könnten. Die nötigen Inhalte sind dreierlei Art: die Vergangenheit des Volkes, die Gegenwart des Volkes und das Jüdische in der eigenen Seele. Für alle diese Gruppen gibt es zwei Arten der Übermittlung. Man kann sie in eigenen Unterrichtsstunden unterrichten und man kann sie am jeweils gegebenen Material bewußtmachen oder mitteilen. Zweifellos ist es der zweite Weg allein, der unseren Anschauungen entsprochen hätte. Aber er war für uns aus zwei Gründen nur eine Strecke weit gangbar. Es fehlte an allen dinglichen Voraussetzungen: Bücher zur Vorbereitung des Lehrers, Lektüre für die Kinder, Bilder und Sachmaterial. Man hört solche Klagen oft genug und nichts geschieht ihnen abzuhelfen. Offenbar hat man noch nie im modernen jüdischen Schulwesen eine Anstalt gehabt, die wirklich mit Ernst und Tiefe an ihre Aufgabe gedacht hätte, sonst hätte die geistige Not der Kinder und der Lehrer mindestens Versuche dieses so überaus Nötigen gezeitigt. Wir selbst waren im Begriffe solche Erst-Versuche zu machen und hätten ein zweites Jahr in Baumgarten nicht mehr in so völliger Mittellosigkeit begonnen. Von dem am weitesten Gediehenen, das hierher gehört, sei einiges erwähnt: Der Werkstätte, dem werktätigen Wollen der Kinder, den mannigfachen Zweigen des Arbeitsunterrichtes, wollten wir die ersehnte Sinnlichkeit geben, indem wir in einer Art Spielzeugfabrik einen Teil all dessen vereinigen wollten. Ein Plan, der überdies eine Möglichkeit gegeben hätte, auch einen Künstler und einen Werkmeister organisch mit unserer Schule zu verknüpfen. Unsere Spielzeugfabrik hätte nämlich Neues, eben unser Spielzeug, unsere Lehrmittel, geschaffen. Es ist aber kein Zweifel, daß sie über den Rahmen des Kinderheims hinaus wirksam geworden wäre. Ferner arbeiteten einige von uns an einer Kinderbibel in deutscher Sprache, kindgemäß erzählt, aber wahrhaft kindgemäß, an den Kindern erprobt, unter Zugrundelegung ihrer eigenen Erzählungen, nicht im bekannten Ton: »Für unser Herzenskind«, der läppisch und nicht altersgerecht ist, kindgemäß illustriert, ebenfalls an den Kindern erprobt und unter Benützung ihrer z. T. unvergleichlich wertvollen Darstellungen zu biblischen Themen aus dem Zeichenunterricht. Ich hoffe, daß es gelingen wird, den beiden Lehrern (Wilhelm Hoffer und Mely Masaryk), die damit befaßt waren, auch jetzt noch die Möglichkeit zu geben, ihre Arbeit demnächst zu vollenden. Und schließlich Texte für Theater und Pantomimen. Nicht weniger als dieser sachliche Mangel hinderte uns der persönliche. Nicht alle unsere Lehrer hatten die kenntnismäßige Voraussetzung für solchen Unterricht, wie er uns vorschwebte. Gewiß taten alle, was in ihrem Vermögen lag, um den Unterricht im Außerjüdischen durch selbstverständliche Verknüpfung mit jüdischen Inhalten zu tingieren. Wir sahen aber bald, daß es besser ist, keine solchen Versuche zu erzwingen – so sehr dieselben freilich nach dem üblichen zionistischen Geschmack wären – und Naturgeschichte, Geschichte, Geographie und Deutsch bleiben zu lassen was sie sind, wenn nicht im Lehrer selbst die organischen Verknüpfungen und Perspektiven vorhanden sind. Darum haben wir nur bei einigen Lehrern Stunden gehabt, in denen etwa unvermittelt aus der d.-ö. Staatsbürgerkunde ein Stück Prophetengeschichte, die Geographie Nordafrikas der unermeßliche Erdenhintergund für jüdisches Werden und Leiden wurde, die deutsche Literatur gesehen war durch ein, selbstverständlich, und darum auch vielleicht gar nicht deutlich als solches erkanntes, jüdisches Auge.

So mußte der spezielle jüdische Unterricht zu ersetzen versuchen, was der allgemeine nur mangelhaft leistete. Er erfolgte bei uns in zwei Fächern, in Bibel und jüdischer Geschichte und in einer Art ethnischem Kursus, der keinen Namen hatte. Die drei obengenannten Gebiete flossen dabei mehr oder weniger in eins zusammen. Für die Kleineren war die Bibel die einzige Substanz, an der ihnen jüdische Vergangenheit und Kultur lebendig zu machen versucht wurde. Und es hat sich uns in der Erfahrung durchaus bestätigt, daß die Bibel das Buch schlechthin für Kinder ist. Ich meine, daß sie alles enthält, was dem Kinde an Phantasie, Affekt und Wissenswertem gemäß ist, daß die Weltanschauung der erzählenden Bücher, ihr affektiver Hintergund, selbst ihre Darstellungsweise und Poesie, kindgemäß ist – freilich nicht nur kindgemäß. Und man könnte sich eine Schule denken, in der statt der Fülle seichter oder auch tiefer Märchen, Legenden, Jugendschriften die Bibel die einzige immer wieder gelesene, immer wieder erzählte, immer wieder dargestellte Lektüre wäre. Dies hätte freilich zur Voraussetzung eine Bibelausgabe, die im einfachen Wortsinn den Kindern verständlich wäre (und die etwa auch die in der Bibel unterdrückten Sagenkreise und Fassungen mitberücksichtigte). Wir versuchten es mit den verschiedensten Übersetzungen. Was nützt aber alles, wenn die Kinder nicht wissen, was ein Vogt ist, nicht wissen, was eine Witwe ist! So haben wir uns später entschlossen die Bibel nicht vorzulesen, sondern zu erzählen. Dies geschah in eigenen Bibelstunden, im Deutschunterricht und an den Freitag-Abend-Feiern. Was die Bibel für die Kleinen war, hätte die jüdische Geschichte für die Großen sein sollen. Aber es zeigte sich, daß ihnen die Bibel unbekannt war. So wurde auch für sie die Bibellektüre zum hauptsächlichsten Inhalt der jüdischen Geschichtsstunden und mancher Deutschstunde. Die Vorlesung am Freitagabend hatten sie mit den Jüngeren gemeinsam. Für die Kleineren (bis zum 10. Jahr etwa) war das Erzählende, die Fabel, das Wesentliche dieses Unterrichts; für die Größeren (bis zu 15 Jahren etwa) waren es die Personen, Gestalten, Schicksale. Pragmatische Geschichte, also eigentliche Historie, fand nur bei den Ältesten Interesse und Verständnis und wurde auch nur ihnen gegeben.

Alle diese Kenntnisse aber, auch wenn sie affektgetränkt wären, genügen nicht für den Begriff einer jüdischen Bildung, auch dann nicht, wenn man darunter lediglich ein intellektuelles Phänomen verstände. Man könnte mit dem Wort jüdische Gegenwartskunde die Inhalte decken, die wir hier meinen. Eine klare Vorstellung vom sozialen Aufbau des Judentums, seinen Entwicklungstendenzen in die Zukunft; eine Ahnung, mindestens, vom kulturellen Zustand und seinen Möglichkeiten; Palästina, die jüdische Politik, all dies ist nötig den Kindern, oder in seiner Gänze wenigstens den Jugendlichen lebendig zu machen, zur Wertung zu bringen. Wir haben dies versucht in den Kwuzoth, in Einzelbesprechungen und schließlich auch in den Geschichtsstunden. Aber solche Betrachtungsweise und diese Inhalte sind nicht isoliert zu geben, sondern sie müssen in ihrem Zusammenhang mit den politischen und sozialen Problemen zur Sprache, Klärung und Wertung gebracht werden. Die älteren Kinder, insbesondere die Knaben, hatten ein sehr lebhaftes und spontanes Interesse an diesen Fragen. Wir lasen mit ihnen die Zeitung und führten im jüdischen Unterricht und außerhalb seiner manches Gespräch über Berufsschichtung, Wirtschaft der Juden, über ihre kulturelle, gesellschaftliche Lage, über Antisemitismus, die Politik des Judentums, Zionismus, Palästina, alles im Zusammenhang mit den allgemeinen Fragen, und ausgehend von der Kinder eigenen Erlebnissen in Baumgarten und anderswo, sie mit diesen Realitäten das Fremde und Ferne apperzipieren lassend. Vor der nahen Gefahr, von den Kindern nicht verstanden zu werden, waren wir geschützt; denn wir hielten keine Vorträge, sondern unterredeten uns in des Wortes strengstem Sinn mit ihnen.

Vom dritten genannten Gebiet jüdischer Inhalte kann ich nicht hoffen, in den wenigen Zeilen, die mir hier zu Gebote stehen, jenem Klares und Förderndes zu sagen, der nicht ähnliche Gedanken verwirklicht oder gehabt hat. Kinder haben im allgemeinen ein beträchtliches Interesse für die Beobachtung und Erklärung seelischer Erscheinungen. Eine Erfahrung, auf die Berthold Otto nicht müde wird hinzuweisen und die wir bei unseren Kindern bestätigen konnten. Wir haben oft, vor allem mit den Älteren, über all das gesprochen, was in Geist und Seele des Menschen vorgeht, wenn er denkt, fühlt, will, handelt, träumt. Und dies ist der richtige Weg, um das Verständnis für tausend Dinge und Beziehungen des sozialen, kulturellen, politischen und nationalen Geschehens freizumachen. Es gehört dies, da es sich um jüdische Menschen handelt, die so sehen lernen und an denen so zu sehen ist, zum jüdischen Unterricht, aber ich muß mir es versagen, diese Behauptung näher zu begründen und ihre allgemeine Bedeutung für die jüdische und jede Erziehung zu erörtern. Nur an zwei Tatsachen aus dem Baumgartner-Leben sei erinnert. Alle Sabbatvormittage versammelten sich die meisten Kinder von etwa 10 Jahren aufwärts – es geschah dies völlig freiwillig – zur Unterrichtsstunde, die ihnen der sonst bei uns nicht tätige Dr. J. Obermann hielt; und mit lebhafter Teilnahme, nicht selten mit Erschütterung der Kinder, wurde da der wie mir scheint erstmalige Versuch gemacht, »jüdische Religion« psychologisch und didaktisch zugänglich zu lehren: Religion als Selbstbeobachtung, Erklärung, Weiterung und Wertung der sittlichen und religiösen seelischen Phänomene, wie sie primitiv und angedeutet in jedem Kinde sich vollziehen. Es ist zu hoffen, daß Dr. Obermann Gelegenheit gegeben sein wird, seine Versuche fortzusetzen und zu einer wirklichen Didaktik des »Religionsunterrichts« auszubauen. An den Freitag-Abenden hatte zwischen Bibelvorlesung und Gesang und Scherz eine Ansprache ihre Stelle, an der, meistens von mir, in ähnlichem Sinn, gewöhnlich in Anknüpfung an konkrete Geschehnisse des Schullebens, Imponderabilien des seelischen, des sozialen Lebens der Kinder, ethisch gewertet, besprochen wurden. Manche grundsätzliche und spezielle Bemerkung von Fr. W. Foersters »Jugendlehre« half dabei; aber ich habe den Eindruck, als wären diese Ansprachen weder mir noch den anderen in zulänglicher

Weise gelungen.

Inhalte müssen Formen werden. Eine Schule kann nicht dadurch jüdisch werden, daß sie auch jüdische Inhalte vermittelt, sie muß es in ihrer Gestalt sein. Von hier aus ergibt sich ein Problem, das in der westlichen Diaspora vielleicht überhaupt nicht zu lösen sein wird, jedenfalls bei uns nicht gelöst wurde. Durch zwei Faktoren kann eine Jugendgemeinschaft, und das ist eine Schule oder sie ist überhaupt nichts Wesentliches, in den groben äußeren Gestaltungseigenartigkeiten zur jüdischen Erscheinung werden. Durch die hebräische Sprache (übrigens in einem gewissen Sinn auch durch die jiddische) und durch jüdische Rhythmen und Symbole. In dieser Beziehung haben Sabbatfeier, die Feste, ja selbst Besonderheiten der Tracht und der Verkehrsformen, schließlich selbst Blau-Weiß und Magen-Dawid ihren spezifischen Wert, Rang und Platz. Nur darauf kommt es aber an – und ganz entscheidend –, ob diese Formen und Symbole Ausdruck lebendigen Fühlens und Verhaltens sind. Es ist erzieherisch höchst gefährlich, hier von außen nach innen wirken zu wollen, also Formen und Symbole einzuführen, und wäre es auch in der Hoffnung, daß sie nach innen Einstellungen, Gefühle und Verhaltungsweisen erzeugen würden. Gerade dieser überaus problematische und gefährliche Weg wird aber im zionistischen Erziehungswesen ganz allgemein gegangen. Wir haben ihn vermieden. Und ich glaube, gerade darum hätte sich Stil in Baumgarten entwickelt, kindlich-jugendlicher und jüdischer, wenn ihm nur Zeit geworden wäre zu wachsen.

Der hebräische Sprachunterricht könnte, seinen Möglichkeiten nach, viel mehr sein als grobe äußere Form, als Rahmen des Jüdischen. Er kann bildend für die innere Form der Schule, des Lebens in ihr werden. Er kann zugleich weitester und tiefster Inhalte-Vermittler, ja -Schöpfer sein. Bei uns war es nicht so. Die Kinder lernten Hebräisch; viel und im allgemeinen gern; sie haben auch genügend gelernt, und es wäre der Augenblick abzusehen gewesen, in dem von den Kindern aus das Hebräische hätte Umgangssprache werden können. Und das ist viel. Aber an der Aufgabe gemessen, die gerade diesem Unterricht an einer jüdischen Schule zukommt, viel zu wenig. Das Hebräische war bei uns fast völlig »Schul«-sache. Darum war seine seelische Bedeutung gering. Die beiden Lehrer des Hebräischen müssen leider als die am meisten atrophierten, blutleersten Organe unseres Lehrkörpers bezeichnet werden. So gewissenhaft ihr Tun, so unermüdlich ihr

Eifer, – gerade sie, die menschlich die Mittelpunkte hätten sein sollen, waren als neue Erzieher gänzlich unzulänglich. Sie wußten es ganz und gar nicht anders, als daß man »unterrichte«, und zwar zu seiner Stunde, in seiner Klasse. Außerunterrichtliche Beziehungen fanden sie zu den Kindern wenig oder auch gar nicht. So wurde den Kindern keine andere Leidenschaft für Hebräisch, kein anderer seelisch-affektiver Motor, als eben die berühmte Katze zu geben vermag, die auf den Tisch oder das Fenster springt und die Milch des Knaben Moscheh, Dawid oder Schimon trinkt, als der Hund, der bellt, der Vogel, der einen Schnabel hat, während die Mutter mit dem Kinde singt. Und es blieb ihnen ein ewiges Rätsel, warum die Kuh wo ist? im Kuhstall, und nicht gerade auf der Wiese. Und wären nicht die Wirkungen des anderen Unterrichtes, wären nicht die Freitag-Abend-Feiern, Kwuzoth, Histadruth und Feste gewesen, so hätte die Schule gewiß nicht einen Funken jüdischen Geistes bewahrt und entfacht. Weil aber unsere Erziehung auf den Affekt gebaut ist, auf seine Erkenntnis und seine Gestaltung, so ist, trotz aller Mängel und Unzulänglichkeiten unserer Erziehung, ein Stück Judentum in jedem Kinde frei geworden, das so leicht keine künftigen Erlebnisse wieder zuschütten, es sei denn, sie zerstörten zugleich alles in den Kindern so wunderbar und dennoch selbstverständlich aufgeblühte Menschliche.

VIII. Von unserer Verwaltung und einer Heim-Verwaltung überhaupt

Wer bis hierher gelesen hat und weiß, daß wir trotzdem vom Joint als unfähige Erzieher betrachtet, wenigstens so behandelt wurden, muß meinen, daß ich schöngefärbt, wenn nicht gelogen habe. Darum sei, zugleich aus den im Vorwort gesagten Gründen, ganz kurz erzählt, warum und wie wir unsere Arbeit in Baumgarten verlassen und sie und die Kinder Prügelpädagogen der schlimmsten Sorte überlassen mußten.

In Joint-Kreisen wird die Sache so zurechtgelegt, wenigstens lautete so der Bericht eines Herrn an die Unterrichtskommission des Jüdischen Nationalrates: Die Lehrer hatten die Karre verfahren, und um sich aus der Affäre zu ziehen, verfaßten sie ein endloses Memorandum voll kleinlicher Forderungen. Das Joint durfte sich diesen Ton nicht gefallen lassen und lehnte das Memorandum ab. Die Lehrer kündigten und wollten so schnell als möglich Baumgarten verlassen. Dies wurde ihnen gewährt. Dazu kommen noch spezielle Bemerkungen über mich, die ich nicht reproduziere, da ich sie nicht polemisch zu behandeln beabsichtige, und über Herrn Hoffer, meinen Stellvertreter nach meiner Erkrankung, der unerfahren und erzradikal sei. Anfangs wurde betont, daß die Kinder moralisch sehr gefördert wurden, jetzt hat man dies auch vergessen, aber »keine Disziplin, keine Ordnung, kein ordentlicher Unterricht.«

Wir sehen die Sache anders. Und zwar so:

Zunächst fühlen wir uns von der Leiterin des Kinderheims und dem Direktor des Joint irregeführt, um kein stärkeres Wort zu gebrauchen. Ich habe auf S. 110 die Bedingungen bereits genannt, die mir von der Leiterin im Namen des Joint, in Gegenwart seines Direktors zugestanden und mehrfach mündlich versichert wurden. Auf die formelle schriftliche Bestätigung habe ich monatelang gedrungen. Ohne Erfolg. Daß die Begründungen dieses Ausbleibens, die mir von beiden Personen, die beide Exponenten des Joint sind, gegeben wurden, so waren, daß ich an der meritorischen Unverändertheit nicht zweifeln konnte, beweist, daß ich die Arbeit begann und zwar mit Wissen beider, in einer Art, die jenen Vertrag zur absoluten Voraussetzung hatte. Ich habe erst später einsehen gelernt, daß der Direktor des Joint alles vergißt, was der Freund der Leiterin versprach und weiß: der Freund der Leiterin hat keine Erinnerung an die Stunden, wo er Direktor des Joint ist. Der Leiterin sei zugestanden, daß es nicht böser Wille bei ihr ist, der mich irreführen wollte, sondern eine seltsame Unklarheit über das, was wirklich und das, was ihre eigene Phantasie ist, ein überaus mangelhaftes Gedächtnis, verbunden mit lebhafter Phantasie, zu alledem der liebenswürdige weibliche Zug zur Intrige, Geheimniskrämerei und Ähnlichem; und schließlich, ich glaube gern, daß sie einfach Angst oder Scham hatte, mir zu gestehen, wie jeweils alles wirklich stand. Und gewiß alles mit den besten Absichten.

Also: einen Monat ungefähr nach dem Einzug der Kinder in Baumgarten, am Tage vor dem Eintreffen des Verwalters, mache ich aus einer zufälligen Bemerkung der Leiterin die überraschende Entdeckung, daß alles bisher Abgemachte gar nicht abgemacht, sondern nur erwogen gewesen sei und zwar mit dem Ergebnis, daß es nicht abgemacht werden dürfe. Ich sei von nun an lediglich

Direktor der Schule, der Verwalter sei mir beigeordnet, usw. usw. Trotzdem ich indessen reichlich erfahren hatte, was die vom Joint als souveräne Leiterin des Kinderheims eingesetzte Dame unter Verwaltung verstehe und wie sie wirtschafte und organisiere, schien mir doch ein Versuch möglich, auch unter den neuen Bedingungen, das durchzusetzen, was nötig sei. Meine persönlichen Beziehungen zur Leiterin ließen mich sie von eigentlicher Schuld freisprechen, und ich meinte, sie werde genug Einsicht in die engen Grenzen ihres Könnens haben, um den Menschen mit größeren Fähigkeiten neidlos und freiwillig den Wirkungskreis in der Realität einzuräumen, der ihnen formal vorenthalten war. Es gelang mir nicht ohne Mühe und bittere Mißverständnisse, die Lehrerschaft und unsere Freunde unter dem Verwaltungspersonal zum Bleiben zu bewegen. Sie hatten einen sehr deutlichen Eindruck von der völligen Unzulänglichkeit der Leiterin. Während ich aber dem Joint als Körperschaft noch mehr mißtraute als seiner Referentin, hatten sie vom Joint und seiner Interesselosigkeit keinerlei Kenntnis; wohl aber war es der Kinderheimleiterin gelungen, durch unmotiviertes und taktloses Benehmen sich reichlich Antipathien unter den Lehrern zu erwerben.

Wir blieben und machten einen Versuch mit der neuen Ordnung. Nach zwei Monaten des Zuwartens war jedermann klar, daß es in allen wesentlichen Dingen nun noch viel schlechter geworden sei, als es von Anfang gewesen war, obzwar in einigen Angelegenheiten etwas mehr Ordnung geworden war. Uns war völlig deutlich geworden, daß die Leitung des Kinderheims in ihren Prinzipien und in ihren Personen nicht allein an sich als Verwaltung und Wirtschaft unzulänglich, ja schlecht sei, sondern daß insbesondere ein Fortführen unserer Pädagogik unmöglich sei. Durch zahllose Interventionen bei den Joint-Präsidialmitgliedern und ihren Sekretären war mir ganz klar geworden, daß diese kein Interesse an unseren Forderungen nahmen und unseren Klagen keinen Glauben schenkten; daß sie persönlich zwar von der Unfähigkeit der Leiterin überzeugt waren, aber keine Neigung hatten, etwas gegen sie, das zugleich für uns gewesen wäre, zu unternehmen. Niemand von uns aber wollte in diesem Augenblick alle bisherige Arbeit als vergebliche betrachten, niemand glaubte mehr an Hilfe vom Joint, wir machten daher noch einen friedlichen Versuch. Ich schrieb – denn mündliche Verhandlungen hatten sich als völlig zwecklos erwiesen – in meinem eigenen Namen an die Leiterin einen ausführlichen, eindringlichen und ultimativen Brief, in dem ich die Abstellung einiger krasser Übelstände in der Verwaltung verlangte, und eine Bedenk- und Wartefrist von vier Wochen mir freihielt. Drei Wochen verstrichen ohne die mindeste Besserung. Ich war entschlossen, am 1. März zu kündigen, in der sicheren Voraussetzung, daß die übrigen Lehrer sich mir anschließen würden – als mein Gesundheitszustand unaufschiebbar Urlaub verlangte.

Als mein Stellvertreter wurde im Einvernehmen mit der Leiterin und dem Jointpräsidium Herr Wilhelm Hoffer bestellt. Er war von mir angewiesen, die Agenden so reibungslos als möglich zu führen und einen Bruch mit der Verwaltung so lange hinauszuschieben, als nur irgend möglich. Und hat es in diesem Sinne aufopfernd getan. Ich erkläre nach genauer Kenntnis aller Vorgänge, daß alle gegenteiligen Behauptungen Lüge sind. Meine Freunde haben sich so strikt und tadellos in diesem Sinne benommen, daß ihr Memorandum der Leiterin in höchstem Maße überraschend kam, sie hatte gar nicht gemerkt, daß sie nicht das volle Einverständnis meiner Freunde für ihr Verhalten gefunden hatte. Hatte die Verwaltung vor mir Angst gehabt, d. h. hatte ich es jederzeit vermocht, allerdings in aufreibendem Kampf, Details in meinem Sinn durchzusetzen, und wurden die schlimmsten Dummheiten, Verantwortungslosigkeiten, Intrigen und Quertreibereien stets hinter meinem Rücken gemacht, so schien man Herrn Hoffer gegenüber sich nicht mehr genötigt zu sehen, solche Umwege zu beschreiten und die Zustände wurden unerträglich und hoffnungslos. Besonders die Weiterungen, die sich wegen der Art der Pessachfeier, die von der Verwaltung arrangiert wurde, und wegen einiger krasser Vorfälle, anläßlich einer Inspektion durch das Joint ereigneten, veranlaßten die Lehrerschaft zu einem energischen Schritt. Ich konnte, da ich vom 20. Februar bis heute niemals irgendeine Information von seiten des Joint oder der Verwaltung bekam, nichts anderes tun, als meinen Freunden in diesem Konflikt mein volles Vertrauen auszusprechen und ihnen anheimzustellen, zu tun, was sie im Konkreten für richtig hielten. Sie entschlossen sich hierauf (Anfang April) zur Absendung eines ausführlichen Memorandums, dessen wesentlicher Inhalt hier mitgeteilt sei:

»Die unterzeichneten, im Kinderheim Baumgarten tätigen Lehrer und pädagogischen Hilfskräfte gestatten sich das folgende Memorandum an das Präsidium des A. J. D. C. zu richten, da die hierorts bestehenden Verhältnisse nach unser aller Überzeugung eine fruchtbare pädagogische Wirkung ausschließen und wir einen letzten Versuch zu einer grundsätzlichen Änderung der Situation nicht unterlassen wollen, ehe wir uns entschließen, unsere gegenwärtige Beschäftigung zu verlassen.

Das Kinderheim Baumgarten entbehrt derzeit der einheitlichen Organisation dadurch, daß die Leitung der verwaltungstechnischen und pädagogischen Angelegenheiten einander gleichgestellten Personen (Dr. Siegfried Bernfeld und Artur Riem) obliegt. Entsprechend dieser organisatorischen Zweiteilung im Kinderheim selbst, sind diese beiden Personen auch verschiedenen ehrenamtlichen Funktionen des J. C. unterstellt und verantwortlich. Aus dieser unzulänglichen Kompetenzabgrenzung folgt mit Notwendigkeit:

1. Der Mangel an planmäßiger und geordneter Arbeit, welcher sich zum Bedauern aller im Kinderheim Tätigen immer stärker fühlbar macht.

2. Die Unmöglichkeit der einheitlichen Gestaltung der Lebensbedingungen, der Erziehung und des Unterrichts der Kinder, da einerseits der pädagogische Leiter, Dr. Bernfeld, in pädagogischer Hinsicht dem »mit der pädagogischen Oberaufsicht betrauten« Herrn Oberrabbiner Dr. Chajes ausschließlich unterstellt sein sollte, andererseits aber mit der ehrenamtlichen Leitung des gesamten Kinderheimes Frau Erna Patak vom Präsidium des J. C. betraut ist.

Zum Verständnis der gegenwärtigen Lage scheint es uns nötig, ein wenig zurückzugreifen. Wir stellen fest ... [folgt eine kurze Darstellung des oben gegebenen Sachverhaltes bei meiner und der Lehrer Anstellung.]

Die von uns und von jedem Pädagogen vertretene Anschauung, daß in einer Erziehungsinstitution die Trennung der Leitung von Pädagogik und Verwaltung unmöglich sei, hat sich praktisch bestätigt. Es liegt im Wesen jeder wirklichen Erziehungsinstitution, daß in ihr nur Erwachsene tätig sein dürfen, die einheitliche pädagogische Anschauungen haben, um die Atmosphäre schaffen zu können, die jede Erziehungsinstitution braucht, insbesondere aber eine, die auf solchen Grundlagen beruht, wie die unsere ...

Man kann auch nicht sagen, hier höre Pädagogik auf und beginne Verwaltung, oder umgekehrt. Wohin gehört dann Schlafsaal-, Speisesaalordnung, Kleidung, Nahrung, Körperpflege usw., die die Verwaltung für sich reklamiert, die aber der Pädagoge, dessen Pädagogik sich nicht auf vier oder fünf Unterrichtsstunden beschränkt, nicht einem unpädagogisch vorgehenden, alle seine Bemühungen zunichte machenden Menschen übergeben kann? Oder kann die Ordnung in Schlaf- und Speisesaal, die Körperpflege, die Art, in welcher all dies gehandhabt wird, wirklich dem Pädagogen gleichgültig sein? Kann es z. B. der Pädagoge dulden, daß Schwestern, die der pädagogischen Leitung nicht unterstellt sind, vollkommen unpädagogisch vorgehen und sogar Kinder schlagen, ohne daß es ihm möglich ist, dem abzuhelfen? Oder können in einer Erziehungsinstitution fünf Stunden des Tages den durchdachten pädagogischen Anschauungen, die übrige Zeit aber der Willkür und Laune des Verwaltungspersonals überlassen sein?

In unserem besonderen Falle haben wir außer dieser prinzipiellen Feststellung noch folgende spezielle Dinge auszusetzen, die unseren ganzen Bestrebungen immer wieder hindernd in den Weg treten.

1. Der größte Teil aller groben und manuellen Arbeit wird im Kinderheim von Nichtjuden verrichtet (dieser sozial und pädagogisch unhaltbare Zustand folgt zum größten Teil aus der unangemessenen Bezahlung von K. 120.- monatlich bei nicht sonderlich reichlicher und guter Kost). Es fehlt der Verwaltung jedes Verständnis dafür, daß man Rechte geben muß und nicht Almosen, wie z. B. in der ständig zu Reibungen führenden Frage der Lebensmittelzubußen; Versprechungen – Dienstkleider, Wäschegeld usw. – werden als nicht systemisiert nur mangelhaft gehalten. Schließlich sei noch erwähnt, daß die von den Angestellten gewählten Vertrauensleute (prov. Betriebsrat), als sie, unter Hinweis auf die unerträgliche Lage der Dienstmädchen bei Frau Patak wegen Erhöhung der Gehälter vorsprachen, zurechtgewiesen wurden, sie mögen sich nur um ihre eigentlichen Aufgaben kümmern und nicht um Dinge, die sie nichts angingen.

Alle unsere Bemühungen, die Kinder zu manueller Arbeit zu erziehen und ihnen die eingewurzelte Arbeitsscheu zu benehmen, werden durch diese Geringschätzung der »niedrigen Arbeit«, durch die Behandlung derer, die sie verrichten, durch fast ausschließliche Verwendung von Nichtjuden zu ihr, völlig vereitelt.

2. Den Kinderpflegerinnen, die sich in ähnlicher ökonomisch unerträglicher Lage befinden, wird in gänzlich falsch angebrachter Sparsamkeit eine Arbeitslast aufgebürdet, die sie entweder zu schlechter Ausführung zwingt, oder ihre Erkrankung verursacht.

... (Folgt die Aufzählung einiger hierher gehöriger Übelstände.)

3. Eine zureichende Hygiene im Kinderheim wurde dadurch unmöglich gemacht, daß ... (folgt eine kurze Zusammenstellung der hierher gehörenden, z. T. in dieser Schrift mehrfach angedeuteten Massenübelstände).

Solche und noch viele andere Schwierigkeiten haben Erkrankungen des pädagogischen Personals hervorgerufen, die auf unsere eigentlichste Arbeit zerstörend wirkten. ... (Folgt Nachweis von fünf Fällen.)

Nach Darlegung der bestehenden Mißstände erlauben wir uns, dem Präsidium des J. C. folgende Vorschläge zur Sanierung des Kinderheimes zu unterbreiten:

1. Es wird an Stelle der bisherigen ehrenamtlichen Leitung ein hauptberuflicher, dem Präsidium des J. C. allein verantwortlicher Leiter eingesetzt. Ihm ist das gesamte pädagogische und verwaltungstechnische Personal unterstellt. Der Leiter berichtet regelmäßig unmittelbar dem Präsidium und erhält unmittelbar von demselben seine Weisungen. Der Leiter ist ein pädagogisch als auch organisatorisch fähiger Mensch, der bei vollster Würdigung aller in organisatorischer und verwaltungstechnischer Hinsicht getroffenen notwendigen Anordnungen, bei welchen er sich mit dem Verwalter berät, auch pädagogisches Verständnis hat und darum jeder Gegensatz von Pädagogik und Verwaltung von vornherein ausgeschaltet erscheint.

2.–6. (Enthält Vorschläge für die Einordnung dieses Leiters in finanziellen und Personal-Angelegenheiten in das Joint.)

Auf Grund unserer Darlegung über die Sanierungsvorschläge und auf Grund der gegenwärtigen Verhältnisse fordern wir:

Dr. Siegfried Bernfeld wird der dem Präsidium des A. J. D. C. allein verantwortliche Leiter des gesamten Kinderheims Baumgarten mit den in unseren Vorschlägen punktweise angeführten Machtvollkommenheiten.

Wir zweifeln nicht, daß das Präsidium des J. C. sich unseren Darlegungen nicht verschließen wird ... (usw.) Andernfalls sind wir leider außer Stande, diese Arbeit fortzusetzen ... (usw.)«

Ich erhielt eine Abschrift des eingesandten Memorandums und war mit dessen Inhalt bis auf einen Punkt einverstanden. Es schien mir immer noch möglich, der Leiterin eine Stellung im organisatorischen Bau des Kinderheims einzuräumen. Dem Joint schrieb ich, dies andeutend, daß ohne diese Lehrer auf keinen Fall die

Möglichkeit für mich bestehen würde, im Kinderheim zu arbeiten und bat, ausführlich motiviert, um gründliche Erwägung der Sache und um Zuziehung meiner Person zu den Verhandlungen. Eine Antwort erhielt ich nicht, eine Einladung zu einer Sitzung ebensowenig. Vor der anberaumten Sitzung in dieser Angelegenheit erschien in der Wiener Morgenzeitung ein Artikel von Bruno Frei über das Kinderheim, der neben allerhand unverdienten, ja nachweisbar lügenhaften Lobessprüchen für die Verwaltung, allerhand ebenso unverdiente, schiefe, zum Teil nachweisbar lügenhafte Bemerkungen gegen die »Pädagogik« enthielt. Die ganze Diktion und Tendenz, eine Anzahl tragender intimer Details legten den Verdacht nahe, daß der Artikel von der Leiterin des Kinderheimes bestellt, selbst teilweise diktiert war. Ich wartete eine Richtigstellung von seiten der Verwaltung ab; sie erschien nicht. Ich schrieb an die Leiterin; sie antwortete nicht. Für mich war der Sachverhalt klar – er wurde mir ein paar Wochen später in einem Gespräch mit der Leiterin des Kinderheims von ihr durch Schweigen und Verlegenheit eingestanden – und somit meine Stellung für eventuelle Verhandlungen im Sinne meiner Freunde entschieden. Es fanden aber keine Verhandlungen statt, sondern das Joint reagierte in dieser für das Schicksal von 300 Kindern entscheidenden Frage mit folgendem Wisch:

»An Herrn Willi Hoffer, Wien XIII, Linzerstraße 299.

Wir teilen Ihnen mit, daß das Präsidium in der Sitzung vom 13. d. M. beschlossen hat, Ihren Vorschlag, Herrn Dr. Siegfried Bernfeld als dem Präsidium des A. J. D. C. allein verantwortlichen Leiter des gesamten Kinderheimes Baumgarten mit den in Ihren Vorschlägen angeführten Machtvollkommenheiten zu bestellen, abzulehnen. (Folgt Unterschrift.)«

Die Lehrer kündigten sofort korporativ. Und baten um schnellste Ernennung ihrer Nachfolger, um diesen ihren Dienst übergeben zu können. Es sei das anmaßende Dokument impotenten Bürokratismus wörtlich hergesetzt, das eine Antwort auf dieses mündlich und schriftlich vorgebrachte, im Interesse der Kinder sehr berechtigte Begehren der Lehrerkonferenz war:

»An die Lehrerschaft des Kinderheimes Baumgarten,
Herrn Willy Hoffer zuhanden! Wien.

Ihre Zuschriften vom 15. d. M. wurden dem Präsidium vorgelegt und hat dasselbe sein Einverständnis erklärt, Ihrem in den eingangs erwähnten Zuschriften sowie der Leiterin des Heimes,

Frau Patak gegenüber geäußertem Wunsche, möglichst schnell den Dienst im Kinderheime aufzugeben, Folge zu geben.

Es besteht sohin seitens des Präsidiums kein Anstand, daß Ihre Tätigkeit in unserem Kinderheime schon morgen, den 17. d. M., eingestellt werde und wird hiebei als selbstverständlich angenommen, daß jede wie immer geartete Einmengung in den Betrieb wie der Verkehr mit den Kindern Ihrerseits gänzlich unterlassen wird. (Folgt Unterschrift.)«

Tags darauf verließen die Unterzeichner des Memorandums die Anstalt, die Kinder in einem beispiellosen Zustand von Trauer, Schmerz und Ratlosigkeit zurücklassend. Hierauf folgten noch einige Handlungen des Joint, der Verwaltung und ihrer Kreaturen, deren dokumentarischen Niederschlag ich besitze und nicht anders als durch die Worte: niedrige Bosheit und Gemeinheit bezeichnen kann.

Dies ist der äußere Rahmen unseres Konfliktes mit der Verwaltung. Und es erübrigt nur noch mit einigen Worten auf die tieferen Gründe einzugehen, näher zu sagen, was wir an der Verwaltung so bemängelten, daß uns jede weitere Zusammenarbeit gänzlich unmöglich werden konnte. Vom Comitte zu sprechen, ist dabei überflüssig. Es genügte darauf hinzuweisen, was im 1. Kap. über das Joint erwähnt wurde und festzustellen, daß es überhaupt kein positives Interesse nahm; daß man zu faul oder zu beschränkt war, sich ernsthaft mit der pädagogischen Angelegenheit zu befassen.

Vorweg sei zugestanden: theoretisch ließe sich eine noch schlechtere Verwaltung für ein Kinderheim erdenken als es die Baumgartner war. Es gab zu essen, anfangs sehr wenig, niemals ganz ausreichend, aber schließlich doch zu jeder Mahlzeit etwas. Es gab Kleidungsstücke für die Kinder, niemals genügend viele, niemals ausreichend warme, niemals die nötige Anzahl der nötigen Größen; aber immerhin, die Kinder liefen nicht unbekleidet. Es gab Wäsche: zuletzt hatten sogar die meisten Knaben eine Unterhose, einige Mädchen zwei Hemden und nur selten mußte mehr als ein Kind täglich im Bette bleiben, weil es keine Strümpfe, Wäsche, wenigstens keine reine oder unzerrissene hatte. Nach zweieinhalb Monaten gab es kaum mehr Kleiderläuse und Kopfläuse, sondern bloß noch Wanzen, sie sind geblieben bis heute, usw.; kurz die Verwaltung hat tatsächlich recht: es war nicht so schlimm. Freilich ohne ihr Zutun war es nicht so schlimm. Es gibt nämlich in ihr

Ressort fallende Bedürfnisse, die sich jedenfalls befriedigen, auf irgendeine Weise und in irgendeinem Maße. Man hat noch nie gehört, daß ein Kinderheim von 300 Kindern verhungert oder nackt geblieben wäre. Gewisse Folgen bestimmter Tatsachen treten automatisch ein. Und gerade soweit hat unsere Verwaltung auch funktioniert. Um der Wahrheit völlig und gänzlich zu geben was ihr gebührt, sogar über dies allerprimitivste hinaus, wurde Einiges von der Verwaltung geleistet und es gab selbst einige, freilich sehr wenige und unbedeutende Aufgaben, in denen das Nötige nur bis zu einem erträglichen Maß vernachlässigt wurde. Um aber ganz wahrhaft zu sein, muß dies eben Zugestandene doch wieder nicht unwesentlich eingeschränkt werden durch zwei Tatsachen: 1. Wir Lehrer haben in unserem Bekanntenkreis gesammelt und außer allerhand Wollsachen, Wäschestücken, Spielsachen, Bücher usw. in wenigen Tagen fast 50 000 Kronen gesammelt und z. T. für Dinge ausgegeben, die Sache der Verwaltung gewesen wären. (Das Joint hat diese Sammlung als seinen Ruf schädigend verboten, aber keine anderen Konsequenzen daraus gezogen.) 2. Wir haben unermüdlich gefordert und getreten und auf diese Weise doch einiges erzwungen, was ohne das auch noch unterblieben wäre.

Die Verwaltung war einfach schlecht; unbeschreiblich schlecht. Sie war (und ist) das Gegenbeispiel jeder vernünftigen Organisation. Es gab bis zuletzt kein brauchbares Inventar des Vorhandenen, keine Übersicht über den einmaligen Bedarf, keine annähernd richtige Aufstellung des regelmäßigen Bedarfs. Es gab keinen organisierten Einkauf, keine irgendwie vernünftig geordnete Verteilung. Es wurde ganz und gar gewirtschaftet wie in einem schlecht geführten Einzelhaushalt. Die Hausfrau bemerkt zufällig, daß ein paar Gläser oder eine Kohlenkiste, ein Kamm oder ein halbes Dutzend Taschentücher fehlen. Bei ihrem nächsten Spaziergang fällt ihr vor einer Auslage ein Teil davon ein, sie kauft von dem Eingefallenen einiges, das gerade billig ist, und noch dazu einiges Unnütze, weil es gerade billig ist und man es vielleicht brauchen kann; kommt nach Hause und nimmt sich vor, das nächste Mal an dieses oder jenes nicht zu vergessen. Ohne Übertreibung, so wurde in Baumgarten verwaltet: es fehlen 80 Teller und 300 Zahnbürsten, die Leiterin brachte 2 Dutzend Zahnbürsten; nun fehlten nur noch 276 Zahnbürsten und 80 Teller; schließlich brachte sie 30 Teller und noch zwei Dutzend Zahnbürsten. Damit war für eine Zeit dieser Teil der Bedürfnisse erledigt. Jede Mahnung wurde mit

Entrüstung abgewiesen: ich habe ja massenhaft Zahnbürsten und Teller gekauft – und die nächste Woche galt dem Erwerb von 10 statt 30 Papierkörben usw. Von einem Budget kann natürlich bei solcher Verwaltung keine Rede sein. Von irgendeinem Plan für den Ausbau des Heimes, für seine Entwicklung, noch viel weniger. Und von Grundlagen für erziehliche Maßnahmen noch weniger. Ein Beispiel für tausend: Noch einmal die leidigen Zahnbürsten. Die Verwaltung verlangt Zahnpflege – weil es ihr so eingefallen war –, die Ärztin verlangt das gleiche; Lehrer, Pflegerinnen dringen darauf, die Kinder sehen es ein und beschließen enthusiastisch die Zahnpflege. Und es dauert zwei Monate (!!) bis wirklich fast genügend Becher, Bürsten, Schächtelchen für das Zahnpulver, dieses selbst, vorhanden, und über den Waschtischen die Bretter befestigt sind, auf denen diese Utensilien aufgestellt werden können. Und dies wäre bis heute nicht, wenn nicht alle in Verzweiflung schließlich zur Selbsthilfe geschritten wären: die Ärztin eigenhändig auf jede Bürste den Namen des Kindes geschrieben hätte, der Mathematik-Lehrer mit einigen Kindern die Bretter aus der Tischlerei geholt, zugesägt und angenagelt hätte, wenn nicht die Lehrer aus dem von ihnen gesammelten Geld sie gekauft und die Kinder der Kwuzah Achwah die Schächtelchen fabriziert hätten aus dem Pappendeckel, den eine Lehrerin gespendet hatte.

An dieser Stelle muß ein Mißverständnis verhindert werden. Wäre die Leiterin des Kinderheimes um dieses völlig unbekümmert ihren Vergnügungen nachgegangen, hätte der Verwalter seine Pflichten vernachlässigt, wäre die Verwaltung untätig gewesen, so hätte dies gewiß nicht als die beste Organisation einer Schulgemeinde hingestellt werden können, aber wir hätten darum Baumgarten nicht verlassen, sondern Kinder und Lehrer hätten frisch zugegriffen und alles Nötigste vielleicht nicht zulänglicher als es ohnehin wurde, aber mit allen kulturellen und pädagogischen Möglichkeiten getan. Wir haben niemals die Verwaltung der Untätigkeit geziehen. Sie war sehr geschäftig und tat darin das Mögliche; aber dies ihr Mögliche war für uns nicht einmal das Allermindeste. Nicht einmal die Unzulänglichkeiten der Verwaltung waren das Entscheidende. Wir und die Kinder mit uns hätten gerne alle Unzulänglichkeiten soweit gemildert, gebessert und ergänzt als unsere Möglichkeiten gereicht hätten, und es wäre hier nicht zu fragen, wieviel das gewesen wäre, es hätte bei solcher Konstellation für die Pädagogik, für Verfassung und Wert der ganzen pädagogischen Institution, eben das hinreichen müssen, was wir alle, Lehrer, Kinder, Verwaltung in inniger Zusammenarbeit zustande gebracht hätten.

Aber Joint und Verwaltung wachten eifersüchtig auf die strenge Einhaltung der Kompetenzen. Da sie aber keinen Sinn für die organisatorischen Voraussetzungen solcher Kompetenzen hatten, kam es schließlich zu bewußter und eingestandener Sabotierung der Pädagogik durch die Verwaltung. Der Gegenstand ist für jede sozialistische Schule wichtig genug, um eine prinzipielle Erörterung zu gestatten.

Eine sozialistische Schule ist die Vorwegnahme des, freilich kindgemäß gestalteten, Gemeinschaftslebens der sozialistischen Zukunft. Es lebt in ihr heute schon an einem bestimmten engen Ort, was – so hoffen wir – in seinem wesentlichen Gehalt einmal Lebensform der Menschheit sein wird. Solche Vorwegnahme bleibt immer unzulänglich in ihrer Intensität, weil an konkrete unzulängliche Menschen gebunden; damit hat man sich irgendwie abzufinden. Sie darf aber unter keinen Umständen unzulänglich sein im Umfang: alles was zur Schule gehört, muß unter diesem inneren Gesetz der Schule stehen, muß in ihrem Ton erklingen. Alles, das Gespräch über die Frage: wozu lebe ich? in der Kwuzah genau so wie die Verteilung der Taschentücher und die Reinigung der Gänge. Für die Erfüllung dieser Forderung gibt es nur eine ideale, nur eine selbstverständliche Lösung. Die Menschen, die letztlich ja die »Verwaltung« ausmachen, dürfen in ihrem menschlichen Wert, in ihrer Einstellung zu den sozialen Dingen, in ihrer Affektstellung zu den Kindern in nichts von den Lehrern unterschieden sein. Es gilt für sie restlos, ob sie nun die Kassa führen, ob sie kochen, nähen, Fenster putzen oder sonst »arbeiten«, was im 3. Kap. vom Lehrer ausgeführt wurde.

Und so waren die Menschen nicht, die in Baumgarten die Verwaltung führten. Unter dem Verwaltungspersonal gab es ein Dienstmädchen, das bei Diebstählen – schwerster Art – von den Kindern ertappt wurde und dessen Entlassung nicht durchzusetzen war, weil sie – jedes Schimpfen, das ihr widerfuhr, widerspruchslos hinnahm, weil sie, wie es hieß, »sonst« sehr »brav« ist! Es gab eine Pflegerin, gegen die unter vielem anderen von einem Neunjährigen die folgende Anklage schriftlich dem Untersuchungsrichter eingereicht wurde: »Schwester Y. trägt Erdäpfel unter der Schürze, zwei Portionen. Ich frage: Schwester Y., was sind das für

Erdäpfel? Kommt sie und sagt mir ins Ohr: ›Leck mich am Arsch.‹« Die Verwaltung war mit ihr zufrieden und entließ eine überaus fähige und von den Kindern sehr geliebte Pflegerin, unter einem läppischen Vorwand; zwei andere wurden so lange durch allerhand minuziöse Schikanen geplagt, bis sie gingen, usw. Es war zuletzt durch sehr sinnreiche Vorwände und mit der Methode der hinterhältigen Nadelstiche erreicht, daß bis auf ganz wenige Ausnahmen, Ausnahmen, die nur dem Heroismus – es wird nicht übertrieben – dieser zwei oder vielleicht drei Menschen zu danken sind, das gesamte Verwaltungspersonal aus minderwertigen Menschen bestand, die nur zwei Eigenschaften hatten: sie waren der Verwaltung für den Posten dankbar und sie verstanden nicht im Entferntesten, was wir wollten, konnten also nichts anderes als uns schaden, selbst wenn sie sich redliche Mühe gaben, uns zu Gefallen zu sein. Uns blieb nichts anderes als das Joint vor eine Wahl zu stellen. Und es hat gewählt. Ohne Sachkenntnis, ohne Prüfung, ohne Überlegung und dennoch vom richtigen Instinkt geleitet. Denn wir sind gefährlich.

Man könnte nun sagen, und wir selbst haben es uns oft und lang genug gesagt, daß ideale Lösungen zu den ganz seltenen Fällen gehören, und daß es außer der idealen Konstruktion der Beziehungen zwischen Verwaltung und Pädagogik auch eine davon in einigen Punkten verschiedene, trotzdem gerade noch erträgliche geben müßte. Man kann auch mit Recht darauf hinweisen, daß auch nicht alle Lehrer den höchsten, nicht einmal hohen Anforderungen entsprachen, und dennoch die pädagogische Leistung als Ganzes nicht durchaus schlecht war. Wir anerkennen solche Einwände restlos. Um so lieber als ein gewisses Sich-Bescheiden mehr als praktischer und vernünftiger Kompromiß ist, nämlich in einem gewissen Sinne zu den Prinzipien sozialistischer Pädagogik gehört. Eine Pädagogik, die geeignet sein will, die ganze Jugend des Volkes, letztlich die der ganzen Menschheit nach ihrer Erkenntnis zu erziehen, muß notwendigerweise eine andere Stellung zur Personenfrage haben als eine, die von einer bestimmten Erzieherpersönlichkeit ausgeht und letztlich nichts anderes will, als daß sie eine Schule als individuelles Kunstwerk schaffe, zwar mit der Hoffnung, es würden sich mehr solcher Persönlichkeiten im Volk finden und daher mehrere solche Schulen in ihm geben, aber doch von solchen Hoffnungen prinzipiell unabhängig. Geniale Menschen gibt es nur wenige; und unter den Erziehern insbesondere. Eine sozialistische Erziehungslehre muß daher Wege und Formen finden, die eine annähernd zulängliche Erziehung garantieren, auch wenn diese Großen ganz fehlen, und überall dort, wo sie nicht leben. Daß solche Einrichtungen möglich sind, hat unser Versuch unwiderleglich gelehrt. Keiner von uns könnte Anspruch darauf erheben, mehr zu sein oder zu können, als durchschnittlichen Fähigkeiten j e d e s Erziehers möglich wäre. Die Eigenschaften und Einstellungen, die den neuen Erzieher als zulänglich charakterisieren, sind entweder von jedem Menschen erwerbbar, oder sie gehören zu einem Typus, der häufig genug ist, um einen beträchtlichen Teil des Bedarfes an pädagogisch Tätigen aus ihm zu decken. Und diese keineswegs überspannten oder utopischen Forderungen nach menschlichem und Erzieherwert, in einem Teil des Lehrerkollegiums lebendig, reichen hin, um bei gewissen Einrichtungen der Schule, die alle darauf zielen, dem menschlich und pädagogisch Zulänglichsten die breiteste und tiefste Wirkung auf die Kinder durch einen organischen Ausleseprozeß zu sichern, ein gewiß nicht vollkommenes, aber doch als Basis für weitere Entwicklung befriedigendes Erziehungswesen zu schaffen.

Das gleiche gilt für die Verwaltung einer sozialistischen Schule. Es können hier sogar noch weiter reichende Einschränkungen ohne Gefährdung des Ganzen zugelassen werden. Aber diese Herabsetzung des menschlichen und pädagogischen Maßes bei der Auslese des Verwaltungspersonals ist an einige wenige, aber unerläßliche Bedingungen geknüpft: 1. Die Verwaltung müßte klar und ausnahmslos der entscheidenden Kontrolle des Lehrerkollegiums oder dessen Repräsentanten unterstellt sein. Eine Kontrolle, die nach zwei Richtungen hin auszuüben wäre. Die Verwaltung als Ganzes und jede einzelne ihrer Einrichtungen und Maßnahmen müssen den pädagogischen Zwecken angepaßt, sie fördernd, mindestens aber nicht schädigend sein. Den menschlichen, sozialistischen, pädagogischen Geist der Schule nachhaltig störende Personen müssen entlassen werden. 2. Die Verwaltung an sich muß gut sein; wahrhafte Organisation: zuverlässig, sicher, dauernd, geräuschlos, ohne überflüssigen Aufwand und zweckmäßig funktionierend. 3. Die Arbeit jeder Art muß sichtbar und unsichtbar jene Würdigung erfahren, die in einer Arbeitsschule, in einer Institution, die zur Arbeit erziehen soll, gänzlich selbstverständlich ist. Und das heißt konkret, die arbeitenden Menschen müssen würdig behandelt werden, nicht angeschrien, beschimpft, von oben herab usw., und sie müssen Mitbestimmungsrecht besitzen.

Die Baumgartner Verwaltung war das Gegenteil zu allen diesen Mindestforderungen, Strich für Strich. Sie stellte die Lehrer unter ihre Kontrolle, verlangte direkt oder indirekt die Anpassung der pädagogischen Maßnahmen an ihre, ach wie knarrende und tückische Maschine. Um zu jedem Punkt aus vielen Beispielen eines herauszuheben. Die Schulgemeinde konnte niemals den so dringend nötigen einzigen dazu geeigneten Amtsraum erhalten, weil eine Angestellte der Verwaltung bei der Leiterin Protest erhob, daß neben ihrer Wohnung sich ein Parteienverkehr entwickeln würde. Mißliebige Mitglieder des Lehrkörpers konnten zwar nicht entlassen werden, aber es wurde versucht, sie hinauszuekeln, ihre Wohnungen wurden nicht aufgeräumt, die Holzration wurde ihnen entzogen usw. In zwei Fällen siegte die Verwaltung. Die Baumgartner Verwaltung an sich war von Grund auf schlecht, desorganisiert, reibungsvoll, absolut unzuverlässig. Es gab keinerlei Dienstvorschriften, niemand wußte, was seine verantwortliche Pflicht sei und jeder wurde für alles zur Verantwortung gezogen. Niemand hatte bestimmte Arbeits- und Erholungszeiten, niemand wußte, wem er zu gehorchen und wem er zu befehlen habe. Und nun gar die Würdigung der Arbeit. Die Löhne waren unbeschreiblich niedrig bei unbeschränkter Arbeitszeit; Nahrungszubußen, von den Angestellten verlangt, von der Schulgemeinde spontan zugestanden, wurden heute bewilligt und morgen entzogen, von der Leiterin zugesagt und vom Verwalter bestritten, von der Küche nach Belieben verteilt, oder auch vom Verwalter bewilligt, von der Leiterin bestritten, oder auch von beiden bewilligt, von der Küche verweigert, oder von jenen verweigert und von der Küche gegeben. Es wurde in rüdestem Ton mit den Angestellten verkehrt; sinnlos tyrannisch heute, ebenso sinnlos gütig morgen; erst eben als Mitarbeiter an einer sozialen Institution und gleich darauf als niedrige Arbeiter in einem industriellen Betrieb geachtet. Von Mitbestimmungsrecht war keine Rede. Der Versuch eines Betriebsrates wurde gründlich zerstört. Und alles dies mit unerträglichem Ton der Verschleierung, mit patriarchalischen, ja mit brüderlichen Gesten und lauernder Machtgier und Eitelkeit dahinter.

Genug von diesem Unerfreulichen. Der Leser begreift, was die ganze Zeit an aufreibendem Kampf hinter unserer pädagogischen Tätigkeit stand, und versteht, warum wir schließlich einen letzten Versuch machen mußten; er weiß wie dieser beantwortet wurde, warum es danach ein Zurück für uns nicht mehr gab. Vielleicht hätten wir trotzdem unserem innersten Wunsche folgen und bei den Kindern, die uns sehr lieb geworden waren, von denen wir uns fast ebenso schwer trennten wie sie von uns, bleiben können, vielleicht hätten wir ihnen trotz alledem die bitterschlimme Zeit, die für sie einbrach, noch eine Weile lang verschieben können. Wir durften aber nicht. Denn unser Bleiben und Gehen war allmählich aus unserem privaten Entscheidungsbereich in einen allgemeinen gerückt worden. Wie mannigfaltige Anzeichen lehrten, wäre über kurz oder lang Baumgarten zu einer gewissen pädagogischen Beachtung, Bedeutung gekommen. Und wir durften nicht sich ereignen lassen, daß der erste ernsthafte Versuch mit neuer Erziehung im Judentum behaftet sei mit unverantwortlichen und von uns in keiner Weise gestaltbaren, unserem Einflußkreis völlig entzogenen, wesentlichen Fehlern weittragender Art. Es war nicht mehr die Frage nach unseren persönlichen Neigungen und Wünschen, nach unserer Liebe und unserer Verzweiflung. Es war nicht einmal mehr die Frage nach dem Schicksal dieser dreihundert Kinder. Die Kinder werden lernen dies zu verstehen, und sollten einige das Gefühl haben, daß wir sie »verlassen« haben, sie werden einmal begreifen und dankend verstehen, daß sie »Opfer« waren, einmal in ihrem Leben nicht Opferobjekte eines sinnlosen Schicksals, sondern Opfersubjekte eines Kampfes um eine große Idee. Und wir – wir wissen, daß unsere Aufgabe und unser Los ist, immer wieder unversehens vom Objektiven ergriffen zu werden, das jede Rücksicht auf unseres Ichs Wünsche und Leiden auslöscht.

Über die allgemeinste Wirkung der Strafe

Dem Brauch der pädagogischen und juristischen Theoretiker, die Strafe in der Erziehung und in der Gesellschaft als zwei wesensverschiedene Dinge anzusehen, sei in den nachstehenden Bemerkungen nicht gefolgt. Alles pädagogische Tun spielt sich innerhalb einer bestimmten Gesellschaft ab, und auf das Kind wirken nicht nur die Erziehungsstrafen, die der Pädagoge verhängt, sondern auch das System der Rechtsstrafen, dem die Erwachsenen, die Erzieher inbegriffen, selbst unterworfen sind.

Die Rechtsstrafe wird bekanntlich nach Meinung ihrer Theoretiker durch die Zwecke der Besserung, der Verhütung und der allgemeinen Abschreckung (sog. Generalprevention) gerechtfertigt. Dem steht das ernstlich kaum bestreitbare Faktum gegenüber, daß Besserung und Verhütung in Wirklichkeit nicht erreicht werden und daß die Abschreckung nur sehr unsicher bestimmbar ist. Da aber die Vorstellung nicht leicht erträglich ist, daß eine so bedeutende und in das Schicksal von Millionen Menschen so tief eingreifende Institution zwecklos oder zweckwidrig sein könnte, wird sich der Gedanke einstellen: die wirklichen Zwecke seien »dahinterliegend«. Tatsächlich gibt es eine Reihe verschiedener Auffassungen, die in diese Richtung weisen. Auch die Psychoanalyse hat in diesem Sinn zur Diskussion dieser Frage beigetragen. Sie weist darauf hin, daß der Zweck, den die Strafe wirklich erfüllt, in der Befriedigung von Trieben und unbewußten Wünschen liegt[1].

Die Frage nach dem Zweck der Rechtsstrafen – wie überhaupt sozialer Institutionen – hat gewisse Schwierigkeiten. Sie setzt nämlich voraus, daß das Rechtswesen oder Strafwesen, weil es uns als ein einheitliches Ganzes imponiert, auch einen einheitlichen Zweck haben müßte; in Wirklichkeit aber ist das heutige Strafwesen historisch geworden und daher ein vielfältig geschichtetes Gebilde, in dem Zwecke verschiedenen Niveaus einander durchdringen. So hatte z. B. die Zwangsarbeit, wie sie heute im Zucht-

1 Siehe neben Reik, Geständniszwang und Strafbedürfnis (Wien 1925), die Aufsätze von Alexander, Staub und Fromm im Sonderheft »Kriminologie« der »Imago« 1931 (XVII. Jahrgang, Heft 2).

haus besteht, zur Zeit ihrer Entstehung einen klaren, bestimmten Zweck: Im Interesse der landesfürstlichen Kasse die Arbeitskraft der Strafgefangenen für Festungsarbeiten und dgl. auszunützen. Beim Wegfallen dieses Zweckes erfolgte aber keineswegs auch die Aufhebung der Zwangsarbeitsinstitution, sondern sie besteht heute noch mit anderen, u. zw. sehr viel unklareren Zwecken. So mannigfaltig auch die Zwecke sein mögen, aus denen eine einheitliche soziale Institution entstand; besteht sie einmal, dann übt sie Wirkungen aus, die wissenschaftlich leichter zu bestimmen sind als jene Zwecke. Gewöhnlich läßt sich auch eine allgemeinste Wirkung angeben, die von dem Ganzen einer Institution, unserenfalls also des Strafwesens, ausgeht. Es empfiehlt sich also, die Frage nach *dem* Zweck der Strafe, durch die nach ihrer unvermeidlichen Wirkung zu ersetzen.

Von Karl dem Großen berichtet die Fabel über die Schulvisitation, daß er die Kinder ohne Ansehen der Geburt nach ihren Leistungen in Gute und Böse schied und zu seiner Rechten und Linken aufstellte. In dieser Legende scheint mir die allgemeinste Wirkung jedes Strafwesens deutlich ausgedrückt. Es teilt die Menschen in zwei Klassen: in Brave und Schlimme, Gute und Böse, Wohlanständige und Verbrecher, Ehrliche und Unehrliche, Vorbestrafte und Tadellose. Diese Wirkung ist banal und selbstverständlich, aber darin erweist sich ihre Allgemeinheit. Der Gestrafte ist diffamiert; Strafe ist eine *Schande*. Soweit angedrohte Strafen abschreckende Wirkungen haben, also Menschen Verzichte ertragen, um nicht von der Strafe ereilt zu werden, geht diese Wirkung nicht in erster Linie von den Leiden und Einschränkungen des Strafvollzuges, sondern von dieser Diffamierung aus. Nicht als ob etwa die körperlichen und psychischen Leiden des Strafgefangenen gering wären: aber die Leiden des Strafvollzuges lernt erst der Abgestrafte kennen. Die anderen haben von ihnen gewöhnlich nur eine sehr unklare und milde Vorstellung. Auch Psychoanalysen fördern nur sehr selten Phantasien zu Tage, in denen die Furcht vor den Strafleiden eine abschreckende Rolle spielt. Wenn dies in einzelnen Fällen doch geschieht, so handelt es sich regelmäßig um Menschen, die lustvolle Affekte an den Gedanken der Strafe binden. Soweit das Strafsystem Furcht erzeugt, die abschreckend und hemmend wirkt, haftet sie vor allem an der Diffamierung und Schande in der Familie, bei den Berufskollegen und bei den Nachbarn. Sie hat den Charakter oder den Inhalt der

»sozialen Angst«, wie man zu sagen pflegt[2].

Daß in diesem präziseren Sinn vom Strafsystem Abschreckungswirkungen ausgehen, kann als gesichert angesehen werden. Aber zwei Momente warnen uns, sie als seine allgemeinste Wirkung anzusehen.

1) Es ist sehr auffallend, daß die Menschen, die ja doch ihren Trieben nach alle kriminell sind, sich bewußt so wenig in Versuchung fühlen und daher verhältnismäßig selten soziale Angst erleben. Jenes Verhalten, das Straffreiheit sichert, ist offenbar durch Mechanismen garantiert, die auch das Erlebnis der Versuchung und das der sozialen Angst weitgehend ersparen lassen. Das trifft auch für soziale Orte zu, an denen die geforderten Verzichte außerordentlich schwere sind (z. B. zum Teil selbst an dem sozialen Ort der Tantalussituation[3]).

2) Noch beachtlicher ist, daß wir gerade bei Straffälligen akute soziale Angst häufig vor und nach der Tat finden. Die soziale Angst schützt keineswegs vor der Strafe, hemmt durchaus nicht ganz allgemein jene Handlungen, die eine hohe Strafchance besitzen. Sie scheint vielmehr charakteristisch für jene Personen zu sein, die sich an der Peripherie der Klasse der »Ehrlichen« befinden. Wie überall, scheint auch hier die Angst Symptom einer mißglückten oder mißglückenden Bewältigung der Triebansprüche zu sein.

Die geglückte Bewältigung macht sich durch keinen lärmenden Affekt bemerkbar. Aber unter gewissen Bedingungen wird er doch deutlich erlebt. »Gott sei Dank, daß ich nicht bin wie diese da« empfindet der Angehörige der Klasse der »Ehrlichen« angesichts des bestraften »Unehrlichen«. Der Affekt, dessen Ausdruck u. a. jener Ausspruch ist, wäre als sozialer Stolz zu bezeichnen. Er ist das positive Gegenstück zur sozialen Angst und steht im normalen Fall an ihrer Stelle. Er wird genährt durch den bloßen Bestand eines Strafsystems, durch die Existenz einer Klasse von »Unehrlichen«. »Ehrliche« gibt es nur, wenn die Schächer sichtbar sind. In früheren Zeiten gab etwa der öffentliche Richtplatz dem Ehrlichen Gelegenheit, den Affekt des sozialen Stolzes zu erleben;

---

2 Doch sollte dieser Terminus nicht vergessen lassen, daß es sich um eine der Realität adäquate Angst, also um eigentliche Furcht handeln kann.

3 Bernfeld, Der soziale Ort. Imago, XVI (1930) und Die Tantalussituation, Imago, XVII (1931). Vgl. ausgew. Schriften, Bd. 2, S. 209—224, 329—345.

heute bietet sie ihm nicht minder die Gerichtssaalspalte in der Tageszeitung. Schadenfreude, Rache, sadistische Regungen und gegebenenfalls andere Triebansprüche gehen in die Befriedigung, die dieser Affekt gewährt, ein. (Darüber ist in der psychoanalytischen Literatur manches Material gesammelt.) Man kann auch nicht bezweifeln, daß regelmäßig Anteile verdrängter und sublimierter infantiler Aggressionstriebe an seinem Aufbau mitwirken. Aber die narzißtische Natur dieses Affektes darf nicht übersehen werden, und seine Geschichte kann bis in die narzißtischen Befriedigungen der frühesten Kindheit zurück verfolgt werden[4].

Dieser Affekt ist exquisit sozialer Natur: Er verbindet die Menschen, die ihn erleben; er schließt sie eng zusammen und läßt sie einen Ring gegenüber den »Missetätern« bilden, die aus der Klasse der »Angesehenen« ausgestoßen werden. Wie der große Kaiser selbst, scheidet er die Guten von den Bösen. Der Affekt des sozialen Stolzes, der natürlich mannigfaltiger, hier nicht beachteter, Formen und Inhalte fähig ist, ist eines der Vehikel für jene Identifizierungen, deren gundlegende Rolle bei der Abgrenzung von Gruppen innerhalb der Gesellschaft F r e u d so eindrucksvoll nachgewiesen hat[5].

Ein probater Satz der Kinderpädagogik lehrt, daß Belohnung wirksamer sei als Drohung; daß Lustprämien Verzichte erleichtern. Es mag sein, daß er ähnlich auch für die Erwachsenen gilt. Der Stolzaffekt kann als Kompensation für die Verzichte eintreten, die das Recht von jedem fordert; er wirkt dann sicherer als der Angstaffekt. Aber man darf seine Wirksamkeit nicht überschätzen; denn jedenfalls reicht er nicht aus, die Verbrechen allgemein zu verhüten. Er geht wahrscheinlich als wichtiges Moment in die mannigfaltigen Motive ein, die Menschen zu Verzichten bereit machen können. Er äußert sich dann etwa als weiter nicht begründbare Maxime: »Dies unterlasse ich, weil m a n d a s n i c h t t u t.« Jedoch, ob ein Rechtssystem Folgsamkeit findet, hängt von sehr vielen Faktoren ab; ob und wie dabei dieser und jener Affekt regulierend mitwirkt, wäre nur durch eine spezielle

---

4 Über die Verbindung des narzißtischen Affektes »Stolz« mit dem Bemächtigungsdrang siehe B e r n f e l d , Psychologie des Säuglings, Wien 1925.

5 F r e u d , Massenpsychologie und Ich-Analyse (Ges. Schr. Bd. XII). (Ges. Werke, Bd. XIII, Ffm 1967[5])

Untersuchung zu erheben. Worauf ich hier hingegen nachdrücklich hinweisen will, ist: daß jedes Strafsystem die Entwicklung des sozialen Stolzes und der Identifizierungen, die er stiftet, fördert. Auch wenn das Strafsystem weder Besserung noch Verhütung und nur wenig Abschreckung erzielt, auch dann besteht diese seine allgemeinste Wirkung. Die automatische Folge, möchte man sagen, jeglicher Abstrafung ist: daß alle nicht Gestraften eine narzißtische Befriedigung, eine soziale Rangerhöhung erleben können und jedenfalls ein Teil von ihnen sie auch wirklich erlebt. Diese Folge ist sicherer als die Abschreckung. Keineswegs aber sagt dies, daß all die »Braven« nun um dieses Affektes willen auch in Zukunft brav bleiben werden.

Die allgemeinste Wirkung, die jedes Strafsystem allein schon durch seine Existenz hat, ist demnach, daß es die Menschen in zwei Klassen sondert, in eine diffamierte, verachtete und in eine wertvolle und angesehene Klasse. Es strukturiert die Gesellschaft in einer ganz besonderen Weise. Jede Gesellschaft, und insbesondere unsere heutige, ist ein vielfach gegliedertes Gebilde. Für die historische Entwicklung der Gesellschaft und auch für die »Libido-Ökonomie« jedes einzelnen ist jene Gliederung von entscheidender Bedeutung, die als ökonomische Klassenschichtung (Proletariat, Kleinbürgertum und Bürgertum) bekannt ist. Man kann diese ökonomische Gliederung mit gutem Recht die reale Struktur der Gesellschaft nennen. Demgegenüber wäre die Klasseinteilung, die sich durch das Strafsystem herstellt, eine ideale (ideologische) zu nennen; sie überdeckt die reale Stuktur der Gesellschaft und strukturiert sie »moralisch« – ohne Ansehen der Geburt, des Vermögens usw. – in »Gute und Böse«. Die moralische Struktur überdeckt nicht nur die reale, sondern sie verdeckt sie sogar. Die ökonomische Gliederung bleibt verborgen, während sich die moralische durch den Rechts- und Strafapparat des Staates überaus lebhaft bemerkbar macht: Vom Gefängnis bis zum Schupo auf der Straße, vom Reichsgerichtspalast bis zum Anwaltsschild, von der Telephonnummer »Überfallkommando« bis zum Gerichtssaalbericht. Von diesem Apparat, als einem Zwangsapparat, gehen natürlich auch Drohungen aus[6], aber ganz allgemein wird jeder,

---

6 Über diese Seite des Strafsystems siehe Fromm, Zur Psychologie des Verbrechers, »Imago« XVII (1931) Heft 2, und Fromm, Der Staat als Erzieher, Zeitschrift f. psa. Päd. IV (1930).

der »ein gutes Gewissen« hat, allein schon durch seine sichtbare Existenz in die Klasse der Guten eingereiht, die Bösen werden von seiner Klasse abgesondert; man kann diese Einreihung mit dem Affekt der Befriedigung und des sozialen Stolzes erleben. Der Apparat gliedert jeden ohne sein Zutun in die moralische Struktur der Gesellschaft ein, so sicher, daß es nicht geringer intellektueller Anstrengungen bedarf, um zu prüfen, ob diese Einordnung auch eine – an irgend einem Maßstab gemessen – »gerechte« ist.

Für die wissenschaftliche Betrachtung der pädagogischen Strafen kommt diese allgemeinste Wirkung der Strafe sehr in Frage. Die moralische Struktur der Gesellschaft wird von der Pädagogik jedenfalls, welches Wertsystem immer sie vertrete, bewußt zu ihrer Grundlage gemacht. Aber darüber hinaus tradiert sie sich »von selbst«, indem die Erwachsenen ihre Affekte und also auch gegebenenfalls sozialen Stolz und soziale Angst dem Kind nachdrücklich wahrnehmbar machen[7]. Welche Form immer der pädagogischen Strafe gegeben wird, mit welchem Erfolg immer, die allgemeinste Wirkung jeder Strafe tritt bei den Kindern ein. Es wird durch die Strafe zwar bekanntlich nicht immer erreicht, daß die Kinder die Anforderungen erfüllen, die an sie gestellt werden; auch die Androhung beträchtlicher Leiden garantiert dies Ziel keineswegs. Aber die Gliederung der Menschen in die zwei Klassen der Braven (Nicht-Gestraften) und der Schlimmen (Gestraften) erleben die Kinder unzweifelhaft, und zwar in Verbindung mit intensiven Affekten der Angst, Scham, Isoliertheit, Ungeliebtheit einerseits, des Geliebtseins, Geborgenseins, der narzißtischen Befriedigung, des Stolzes, des Wertes andererseits. Der Aufbau des Über-Ichs, die Entwicklung des Schuldgefühles wird so wesentlich an der moralischen Struktur der Gesellschaft orientiert. Eine Besonderheit dieser Tradierung ist nicht unwichtig: in der Regel gehören für das Kind die Eltern selbstverständlich in die Klasse der Braven. Bravsein und Nicht-gestraft-werden kann, und wird es oft, mit Groß-sein, Vater-und-Mutter-ähnlich-sein identisch werden. Die tiefe Bedeutung, zu der das Erlebnis des sozialen Stolzes beim Erwachsenen gedeihen kann, wird aus dieser infantilen Quelle gespeist. In der Regel setzt das Kind ebenso Gestraft-werden gleich mit Kind-sein. Da für die früheste Kindheit sich die

---

7 Zum Thema: Wirksamkeit der Tradition, auch jenseits der Pädagogik, siehe Bernfeld, »Trieb und Tradition«, Leipzig 1930.

meisten Strafanlässe aus der Sexualität ergeben, in der späteren Kindheit mit ihr, vielfach unbewußt, verknüpft sind, gewinnt die Strafe oft die Bedeutung einer Kastration. Beim Erwachsenen mengt sich daher nicht selten in die soziale Furcht (Angst) ein Beitrag von Kastrationsangst mit den bekannten Wirkungen. Die Erziehung – welche Art von Strafen immer sie verwende – erreicht nicht nur die Tradierung der jeweiligen moralischen Struktur der gegebenen Gesellschaft, sondern indem sie dem sozialen Stolz und der sozialen Furcht Beiträge aus der infantilen Libido beimengt, wird die moralische Struktur der Gesellschaft im Über-Ich verinnerlicht, fest verankert und so ihre Lebensdauer verlängert, selbst wenn die soziale Entwicklung nach der Änderung einer veralteten Struktur drängt.

Angemerkt sei: diese Wirkung der Strafe haftet auch an solchen pädagogischen Maßnahmen, die man gewöhnlich nicht Strafen nennt. In der modernen Pädagogik wird vielfach eine Erziehung ohne Strafen gefordert; gemeint ist, ohne die bisher üblichen Formen der Strafe. Diese Pädagogen hoffen, daß alle Ziele, die bisher trotz der Strafen nur mangelhaft erreicht wurden, durch neue Mittel besser erfüllt würden. Aber auf die Einteilung der Menschen oder der Kinder in Gute und Böse, einerlei wie sie diese Klassen benennen mögen, wollen und können auch sie nicht verzichten. Nicht minder gilt dies für die Formel: »Nicht Strafen, sondern Lob und Belohnung!« Wenn dieser Formel Folge geleistet wird, übt das »Nichtbeloben« dieselbe allgemeinste Wirkung aus, die in anderem pädagogischen Milieu die Strafe hat.

2. TEIL: JUGENDFÜRSORGE UND ANSTALTSERZIEHUNG

Die Formen der Disziplin in Erziehungsanstalten

So verschiedenartig die Zwecke von Erziehungsanstalten (Heilpädagogium, Waisenhaus, Fürsorgeerziehungsanstalt, Schulheim usw.) und daher Aufbau und Struktur unterschiedlicher Anstalten sein mögen, haben sie doch alle ein gemeinsames Problem, das Familie, Schule und anderen Erziehungsstätten nicht ganz in dieser Weise zukommt: die Aufrechterhaltung der Ordnung in der Anstalt, die Führung der Disziplin. Diese Frage ist noch ganz im Fluß. Die Anhänger der alten Methode sind von den Befürwortern der Selbstverwaltung, Schulgemeinde – oder wie sich die Systeme dieses neuen Typs nennen mögen – noch keineswegs überzeugt worden. Noch stehen neue Versuche gegen alte Erfahrungen; zu einer eindeutigen Lösung ist diese Frage noch keineswegs gelangt. Es bedarf darum vielleicht nicht besonderer Rechtfertigung, wenn ich im folgenden versuche, Ergebnisse wissenschaftlicher Bemühungen um dieses Thema zusammenzustellen. Freilich handelt es sich hier nicht ausschließlich um Fragen der Psychologie des Kindes und seiner Entwicklung. Sondern ein höchst kompliziertes Phänomen, in dem das psychische Verhalten des normalen und pathologischen Kindes nur *einen Faktor* darstellt, soll wissenschaftlicher Analyse zugänglich gemacht werden (wie ich sehe zum ersten Mal). Wie soll die Disziplin in Erziehungsanstalten geführt werden? Die Antwort hierauf kann nicht durch eine bloße psychologische Untersuchung gefunden werden, denn sie ist keineswegs – wie noch zu zeigen sein wird – von der Psyche des Kindes allein bedingt. Um uns ihr zu nähern, sei zunächst die Deskription der Fakten gegeben. Wie ist die Disziplin in Erziehungsanstalten tatsächlich beschaffen? Welche Aufgabe wird der Disziplin gestellt, was verlangt man von ihr, was muß sie leisten? An diese Deskription der Zwecke, die der Disziplin gesetzt werden, und der Mittel, die zu ihrer Erreichung verwendet werden (der Formen der Disziplin), gesetzt werden, und der Mittel, die zu ihrer Erreichung verwendet werden (der kann sich dann die erziehungswissenschaftliche Aufgabe anschließen: die Rationalität (Zweckmäßigkeit) dieser Mittel zu diesen Zwecken zu prüfen. Aus dem Versuch solcher

Prüfung erst wird klarwerden, welche psychologischen, welche soziologischen Erkenntnisse herangezogen oder gewonnen werden müssen.

Die Disziplin in Erziehungsanstalten ist nicht das Resultat rationaler Erwägungen; nicht aus den Zwecken und aus den Gegebenheiten wurde eine geeignete Bewältigungsform der Aufgabe Disziplin gestaltet; sondern man verwendete, als man sich vor den neuartigen Problemen, die eine Erziehungsanstalt bietet, sah, die anderwärts üblichen Methoden mit jenen Modifikationen, die jeweils nötig erschienen. Es gibt daher kein in jeder Hinsicht eigenartiges soziales Gebilde, das Disziplinform der Erziehungsanstalten heißen könnte, sondern Modifikationen und Kombinationen einer Reihe von Vorbildern. Die Vorbilder sind anderen Erziehungsstätten, dem Haushalt, der Schule, oder anderen Anstalten, der Kaserne, dem industriellen Betrieb, dem demokratischen Verwaltungsapparat (Parlament) entnommen; (unter Vernachlässigung der weniger wichtigen Vorbilder: Kloster, Spital, Gefängnis).

Beschreiben wir zunächst die Vorbilder, so ergeben sich die folgenden Grundformen.

1. Der Haushalt (Familielle Disziplinform)

Die Aufgabe, die dem Kind gestellt ist, heißt Wohlverhalten. Es hat alles zu tun, was Gefallen und alles zu unterlassen, was Mißfallen der Autoritäten erregt. Ein Bruchteil hiervon ist in Regeln dem Kind bekannt. Doch wird auch nur ein Bruchteil dieser Regeln unverbrüchlich immer dieselben Folgen haben. Mindestens die Promptheit, Dauer, Intensität, Affektbegleitung der Folgen – als Belohnungen oder Strafen – wird im allgemeinen recht bemerkbaren Schwankungen unterliegen. Die allermeisten Verhaltensanweisungen werden nur teilweise als Gebote oder Verbote bekanntgemacht. Sehr viele werden vom Kind durch verallgemeinernde Empirie gefunden. Die Gebote (inklusive Verbote) der Autoritätspersonen sind deren eigene Wünsche. Das Wort ist, dieser Deskription entsprechend, ohne jegliche Wertung gemeint. Ob die Wünsche, »berechtigt« sind oder nicht, bleibt hier irrelevant. Sie können berechtigt sein a) als sozial gegebene Notwendigkeiten, die dem Belieben des Gebietenden entzogen sind, z. B. alle jene Gebote, die aus der finanziellen Lage (inklusive den Arbeitsbedingungen) der Familie stammen; b) als Selbstverständlichkeiten, die als solche dem Gebietenden, entsprechend seinem Milieu, als notwendig erscheinen, z. B. daß Kinder abends zeitig ins Bett zu gehen haben, was italienischen Eltern z. B. nicht notwendig erscheint; c) als notwendige Schutzmaßregeln, z. B. Verbot, aufs offene Fenster zu steigen; d) als Gebote, die pädagogischen Absichten entspringen. Das wesentliche ist, daß für die formalen Qualitäten des Verbotes völlig gleichgültig ist, ob und wem es »berechtigt« erscheint; es genügt völlig, daß es eben ein Wunsch des Gebietenden ist, den er vermöge seines Autoritätsanspruches in Gebot verwandelt. Man könne darum die familielle Disziplin eine Willkürherrschaft nennen. Doch dürfte nicht vergessen werden, daß drei Tatsachen ihren freien Willkürcharakter sehr wesentlich einschränken. 1. Sie ist sehr stark an Traditionen gebunden, an Familientraditionen und in noch weiterem Maße an die Wertungen, Anschauungen, Maßregeln des Milieus, in dem die Familie lebt, oder in das zu gelangen sie trachtet. 2. Die Wünsche der Erwachsenen, die sich auf ihre Kinder beziehen, sind zum großen Teil typische, aus bewußten und unbewußten psychischen Schichten zwangsläufig determiniert. 3. Die Erwachsenen sind nicht selten (und oft in beträchtlichem Maß) affektiv selbst von den Kindern abhängig, indem sie sie lieben und von hier aus zu starken Verzichten auf »unberechtigte« Wünsche, wenigstens zeitweilig, geneigt. Aber es bleibt doch immerhin ein gar nicht geringer Rest rein individuell willkürlicher Gebote, aus individuellen Wünschen stammend. Die familielle Disziplin hat Raum für höchst sonderbare Gebote und Verbote. Die Folgsamkeit des Kindes ist in erster Linie dadurch bedingt, daß es 1. affektiv abhängig ist von Beifalls-(Liebe) und Mißfallensäußerungen (Lieblosigkeit) der Autoritätspersonen. Dieses Motiv wird unterstützt 2. durch Einsicht a) als Verständnis des Verlangten, b) als Zustimmung zu dem Verlangten als »berechtigt«; 3. durch seine physische Abhängigkeit (schmerzhafte Strafen, physische Nachteile bei Sorglosigkeit, Uninteressiertheit der Autoritätspersonen). Im Konfliktfalle stehen auf der einen Seite die autoritären Ansprüche auf Folgsamkeit, deren letzte Legitimierungsursache die Tatsache ist, daß diese Ansprüche von den Wünschen eines Erwachsenen getragen sind. Auf der anderen Seite steht der Wille des Kindes, das sich diesem Anspruch widersetzt, die Folgsamkeit verweigert. Jeder Konflikt innerhalb der familiellen Disziplin ist auf solchen Konflikt zwischen zwei – beiderseits – subjektiven einander widersprechenden Wunschrichtungen reduzierbar. Doch ist dieser Sachverhalt nicht immer deutlich zu erkennen, weil es sich häufig auf einer, nicht selten auf beiden Seiten um allgemeines Mißfallen, um Unzufriedenheit handelt, die sich erst einen – verschobenen – konkreten Fall zur Eröffnung des Konfliktes suchen muß. Anstatt eines Konfliktes um präzisierte Gebote, entsteht dann eine – ein- oder beiderseitige – affektive Einstellung, die sich irgendwie, meist lange nachwirkend, äußert. Es handelt sich also nicht im wesentlichen um Folgsamkeit gegen gewisse Gebote, sondern um allgemeines Wohlgefallen, das das Kind dem Erwachsenen erregen soll. Tut es dies nicht, so wird es »Strafe« erfahren, entweder völlig so, als hätte es ein Gebot übertreten, oder indem sich das Mißfallen in einer dem Kind unangenehmen Weise äußert. Ob das Kind »folgsam« war, also alles ihm Mögliche getan hat oder nicht, kann dabei gleichgültig sein. In der Regel wird der Erwachsene aus einem Mißfallen ein Gebot formulieren, das zwar mit allgemeinem Geltungsanspruch auftritt, aber sogleich ungültig wird, wenn das Mißfallen schwindet. Z. B.: das Kind stört durch Lärm, erregt Mißfallen, ohne gegen ein bisher geäußertes Verbot zu verstoßen. »Man darf nicht Lärm machen!« kann die Antwort des Erwachsenen sein; aber am nächsten Tage oder bei einem anderen Kind wird der Lärm ertragen, und das Verbot gilt nicht mehr. Sehr häufig gehört zu dem Wohlverhalten, daß das Kind den Erwachsenen Liebe erweise oder zeige. Die Autoritätsansprüche sind vielfach zugleich Liebesansprüche, und daher verletzbar ohne Verstoß, befriedigbar ohne Erfüllung der Gebote und Verbote. Die Folgsamkeit des Kindes ist ganz allgemein der Ausdruck seiner Liebeseinstellung, wird also verweigert oder gewährt aus Motiven der aktuellen Liebessituationen. Absolut bezeichnend für die familielle Disziplin ist diese Durchdringung *aller* disziplinären Prozesse mit affektiven Momenten. Die Familie ist ein komplizierter Bau gegenseitiger Liebes(Haß)beziehungen. Alle Vorgänge in ihr sind daher von einer Komponente rein affektiver Abläufe begleitet, getragen. Alle disziplinären Konflikte sind zugleich mindestens auf einer Seite, der des Kindes, Liebeskonflikte. Die Lösung aller Konflikte findet daher weitgehend nicht rational statt. Zahlreiche Konflikte werden auch überhaupt nicht gelöst, sondern sie bleiben, gelegentlich durch Jahre oder auch auf Lebzeiten, in Schwebe, häufig die Lösung späterer Konflikte in irgend einem Sinn beeinflussend. *Konflikte innerhalb der familiellen Disziplin können ungelöst bleiben und sich in affektive Einstellungen* – oft unbewußte – *verwandeln*. Die Paar-Natur der Konflikte ist, abgesehen von den eben genannten bloßen Verschleierungen, nur in seltenen Fällen tatsächlich nicht vorhanden. Es gibt Verstöße, bzw. Ansprüche, die sich gegen die Gesamtfamilie, ihr Interesse, ihre Tradition usw. richten. Aber auf seiten des Kindes werden solche Konflikte doch allermeist als zwischen ihm und einem konkreten Partner, bzw. deren mehreren, erlebt oder intendiert; auf seiten der Erwachsenen mit starker Betonung der persönlichen Note von den autoritären Personen vertreten. Die Lösung der Konflikte geschieht entweder durch Folgsamkeit, bzw. Versöhnung oder durch (evtl. teilweises oder zeitweiliges) Aufgeben von Ansprüchen seitens der Erwachsenen. Es gibt allemal (freilich nicht in der Regel manifest, aber gelegentlich, mindestens einseitig, sehr zugespitzt) Sieger und Besiegte. Das rationale Kompromiß ist die verhältnismäßig seltene Lösungsform, die ihrer Natur nach nur auf eingeschränkten Gebieten, nämlich auf dem präzis formulierter, rational prüfbarer Gebote, statthat (z. B.: die Schlafenszeit nach Willen des Erwachsenen um 8 Uhr, nach Willen des Kindes um 9 Uhr, wird auf $^{1}/_{2}9$ angesetzt). In der Regel wird der Besiegte *einen* Anteil des Konfliktes, den affektiven, als, im oben geschilderten Sinn, ungelösten Konflikt in Schwebe erhalten, z. B. zu Ressentimentbildungen neigen und so augenblicklich mit unbestimmtem Termin neue Konflikte vorbereiten. Die Mittel, mittels deren die Lösung der Konflikte herbeigeführt wird, sind a) physischer Schmerz und Genuß; b) Mißfallensäußerungen (letzten Endes Liebeszufuhr oder deren In-Hoffnung-Stellung); c) Erweckung spezieller Affekte, z. B. Schuldgefühl, Gewissen, Mitleid, Stolz, Macht usw. (Auf dem Boden der Freudschen Libidotheorie läßt sich eine Unifizierung dieser 3 Kategorien herbeiführen als Liebesentzug, Versagung und Liebeszufuhr, Befriedigung). Der Natur der Partner nach sind die Mittel (a) physischer Schmerz und Genuß, eher Mittel des Erwachsenen als des Kindes. Doch sind als atypische Fälle durchaus beachtenswert jene, in denen dies sich umgekehrt verhält; wobei der Schmerz an der Grenze des Normalen steht, z. B. wenn der Sohn in der Pubertät durch physische Gewalttätigkeiten die Mutter beherrscht, ein neurotisches, etwa phobisches Kind alle Erwachsenen der Familie physisch beeinträchtigt (etwa ihnen vorschreibt, ein Zimmer tagelang nicht zu verlassen), oder wenn schließlich ein Jugendlicher zur Lösung eines Konfliktes Mord an Erwachsenen, Eltern, ausführt. Genuß ist viel regelmäßiger ein Mittel auch des Kindes, von der Gewährung sexueller Genüsse (etwa bei der Inzestausübung; Kind-Gouvernante) bis zu den sublimierten, aber noch als physisch bezeichnenden Freuden der Zärtlichkeit, die das Kind zu gewähren vermag und zur Lösung von Konflikten bewußt oder unbewußt verwendet. In der Verwendung dieser Mittel (a) sind die Erwachsenen traditional, milieugemäß und entsprechend ihrer gesamtpsychischen Situation (insbesondere der unbewußten Vorgänge) typisch eingeschränkt. Doch sind die atypischen Vorfälle – bis zu Kindesmord und Inzest – nicht vernachlässigbar. Erwähnt sei, daß natürlich nicht jede Ausübung der physischen Gewalt des Erwachsenen als »Disziplinarbetätigung« aufgefaßt werden darf. Doch sind die Grenzen zwischen rein affektiven und »disziplinaren« Konflikten in der familiellen Disziplinform gänzlich unscharf, beide – wesentlich – miteinander verschlungen. Die Rangordnung der Autoritätsansprüche der Erwachsenen schafft in der Regel auch eine Art Disziplin der Erwachsenen in der Familie. Dennoch ist diese – auch bei sehr scharfer Ausbildung – von der der Kinder so prinzipiell in den meisten Hinsichten geschieden, daß für die familielle Disziplinform geradezu charakteristisch ist, sie beziehe sich nur auf die Kinder. Immerhin sind einzelne Erwachsene typisch, andere gelegentlich, den Kindern disziplinär sehr nahegestellt, z. B. Hausangestellte in patriarchalisch geleiteten Familien, die Mutter in der Gewalt des ungehemmt herrschsüchtigen und physisch brutalen Gatten.

2. Die Kaserne (Militärische Disziplinform)

Die Aufgabe des Soldaten ist keineswegs, durch folgsames Wohlverhalten das subjektive Gefallen der Autoritätsperson zu erregen, sondern der präzise, unbedingte Gehorsam gegenüber präzisierten Befehlen von Vorgesetzten, d. h. zur Befehlsgebung überhaupt Berechtigten. Die Kaserne ist in allem Wesentlichen der volle Gegensatz zum Haushalt; sie ist eine vollendet rationalisierte Organisation. Dies gilt natürlich bloß für die Norm. Empirisch wird diese Norm in verschiedene Grade und Umfang durch irrationales Verhalten, insbesondere affektiver Natur, durchbrochen. Für die normgemäße militärische Disziplin ist – meistens im vollen Gegensatz zur familiellen – charakteristisch: Durch den obersten – formalen – Grundsatz des militärischen Gehorsams ist das Verhalten der Soldaten genau bestimmt. Sie haben j e d e m Befehl genau und prompt zu gehorchen. Hiermit ist für jeden Spezial- und Sonderfall eine eindeutige Verhaltensregel gegeben. Darüber hinaus aber ist für eine ganze Anzahl praktisch relevanter Verhaltensweisen durch Befehl spezielle Anweisung gegeben. Die Gebote und Verbote sind jedem Soldaten durch eigene Befehle (Reglements) bekannt, wenigstens bekanntgegeben. Die Folgsamkeit der Soldaten ist gewährleistet durch 1. und letzten Endes physische Einschränkungen, Leiden, schließlich Gefährdung des Lebens; 2. wird sie gesichert und erleichtert durch a) Folgsamkeitsprämien, die physische und psychische Genußchancen, Erleichterungen enthalten; b) durch mannigfaltige affektive Momente, die teils ideologisch (als Patriotismus, Standesbewußtsein z. B.), teils erotisch (Kameradschafts-, Führerliebe) erlebt werden (und libidotheoretisch als befriedigende Verwertung zielabgelenkter, sublimierter Libido zu verstehen sind). Die Unfolgsamkeit hat dementsprechend Furcht vor den zu erwartenden Beeinträchtigungen und Angst aus den libidinösen Quellen zur Folge, die ein sehr hohes Maß erreichen können, und um deren Vermeidung willen allein schon der Regel nach die Unfolgsamkeit eingeschränkt wird. Die Vereidigung der Soldaten ist eine solche Sicherung, die mit religiösen Gewissensqualen als Additivum zu den gesagten Sicherungen rechnet. Doch gehören all diese Erleichterungen der Folgsamkeit nicht unbedingt zur militärischen Disziplin. Sie kommt prinzipiell auch ohne sie aus, wenn sie vor der Handhabung der letzten Mittel (Tötung) nicht zurückschreckt. Sie ist eine Zwangsherrschaft. Während in der familiellen Disziplin das Kind viele Mittel hat, die Autorität zu beeinflussen, auch wenn es unfolgsam war (daher Willkürherrschaft), kann der Soldat n u r durch Gehorsam die Folgen des Disziplinbruchs vermeiden. Je weniger die äußersten Mittel angewendet werden sollen, um so mehr werden die ideologischen oder erotischen Bindungen ausgebaut. (Die militärische Disziplin wird dann zur m i l i t a r i s t i s c h e n.) Die Autoritätsansprüche sind präzise formuliert; in gesetzlichen Reglements usw. ist ihre Ordnung so getroffen, daß die Befehlsgewalten vor allem nach der Quantität der zum Gehorsam Verpflichteten gestuft sind, vom Gefreiten etwa zum Kommandierenden General. Die Befehlsgewalt ist eine absolute, aber doch funktionell eingeengt; im Dienst kann der Gefreite einen Unteroffizier kommandieren. Doch hier ist die Stelle, an der die militärische Disziplin aufhören kann, streng rationalen Prinzipien zu folgen, wo Schikanen, individuelle Wünsche, selbst Perversionen, jedenfalls affektive Tendenzen in den rationalen Apparat eindringen können und aller Erfahrung nach auch eindringen. Empirisch spielen die irrationalen Durchbrüche, also die militaristische Form, eine so bedeutende Rolle, daß gerade sie das auffälligste Charakteristikum der militärischen Disziplin zu sein pflegen, z. B. die Strammheit, der rüde Verkehrston, die außerdienstlichen Autoritätsansprüche. Aber der Norm nach ist die militärische Disziplin rational und funktionell. Für unseren Zusammenhang jedoch ist wichtig, daß die für die Pädagogik vorbildhafte Realität einen irrationalen Faktor in ihrer Disziplinform notwendig braucht, (da sie auf die Todesstrafe ganz und auf physische Schmerzen weitgehend verzichten muß) und ihn in dem ständischen Charakter der Armee vorgebildet findet. – Maßgebend für die Gewinnung eines Autoritätsanspruches ist der Befehl eines Vorgesetzten. Man wird zum Unteroffizier, Offizier usw. ernannt, d. h. von einem Vorgesetzten zu dieser Rangstelle befohlen. Wenn auch diese Ernennungsbefehle – wie alle Befehle – gewissen Reglements folgen, so sind sie doch als Befehle gültig und nicht unbedingt durch Folgsamkeit, Alter usw. erzwingbar. Die Befehle, die der einzelne Befehlshaber erteilt, sind normgemäß nie seine »Wünsche«, sondern – der Idee nach – ausschließlich bestenfalls sinngemäße, wenn auch nicht wortgetreue, Weiterleitungen erhaltener Befehle. Lediglich die Befehle des Oberstkommandierenden – im Prinzip der einzige Befehl des einzigen Befehlshabers – sind originale Schöpfungen, demnach seine Wünsche; doch sind diese an Notwendigkeiten, Gegebenheiten weitgehend orientiert (ohne daß hiermit nur sachliche Gegebenheiten, etwa die Anforderungen des Krieges gemeint sein müssen; die Stimmung eines Parlaments ist eine eben solche Gegebenheit). Die militärische Disziplin ist daher ganz und gar keine Willkürherrschaft; der Norm nach. Die oben bezeichneten Gründe sind dafür verantwortlich, daß sie in allen außerdienstlichen Belangen Willkürherrschaft auch der untersten Ränge neben und in sich tragen kann und in den für die Pädagogik vorbildlichen militaristischen Formen tendenzgemäß auch weitgehend enthält. Im Konfliktfall steht auf der einen Seite ein formuliertes Gesetz (Befehl), auf der anderen Seite der Ungehorsam der Soldaten, dieser sei psychisch motiviert wie immer. Selbst wo es sich klar um einen Konflikt zwischen zwei Individuen, ihren Wünschen, handelt, ist der Konflikt nur lösbar, wenn er in einen Gesetzesbruch uminterpretierbar ist. Alle anderen Konflikte stehen außerhalb der militärischen Disziplin als Privatangelegenheiten der Partner. Der Norm nach sind solche Privatkonflikte, etwa solche libidinöser Natur, auch zwischen verschiedenrangigen Partnern ohne Konsequenzen innerhalb der militärischen Disziplin möglich. De facto wird solch ungelöster Konflikt sich in affektive Einstellung verwandeln, die den Befehlshaber im individuellen Spielraum der Befehlsgewalt zu ungunsten, gelegentlich zugunsten des Untergebenen beeinflußt. Alle Konflikte sind prinzipiell lösbar, eigentlich bereits mit ihrem Entstehen gelöst. Sie haben die Bestrafung der Untergebenen zur Folge, die entweder für typische Vergehen auf Vorrat normiert ist oder mittels einer höheren Befehlsgewalt bestimmt wird. Eine andere Lösung von Konflikten, etwa Kompromisse oder die familielle Form, ist im Prinzip unmöglich. Sämtliche Angehörigen des Verbandes, mit Ausnahme eines Oberstkommandierenden (evtl. eines Kollegiums solcher) sind der gleichen formalen Disziplin unterworfen. Die inhaltlichen Differenzen sind gesetzlich formuliert oder werden mittelst der Befehlsgewalt gesetzt. Für die militärische Disziplin ist keineswegs wesentlich, was an ihr imponiert: die körperliche Exerzierzucht, die patriotisch-ideologischen Elemente und der »rauhe Kriegston« der Befehlsgebung. All das ist militaristische Färbung und entspricht lediglich den ökonomisch-politischen Interessen, denen die Armee in den meisten Staaten, insbesondere in imperialistischen, dient.

3. Der Staat. Die Republik. Das Parlament (Demokratisch-bürokratische Disziplinform)

Sie ist – was das Vorbild angeht – weniger eine Disziplin (Regierungsform) als vielmehr eine Verwaltungsweise. Ich spreche jedoch im Interesse des zu erörternden Themas von demokratischer Disziplin. Selbstverständlich behandle ich ausschließlich jene Fakten, die für unser Thema von Belang sind. – Die demokratische Disziplin ist im Gegensatz zur familiellen rational, wenn auch keineswegs so weitgehend wie die militärische. Die Aufgabe, die sie dem Bürger stellt, ist sowohl Wohlverhalten als auch Gehorsam. Jedoch handelt es sich nicht darum, das Wohlgefallen eines einzelnen zu erringen, und nicht darum, einem einzelnen Befehlshaber präzise und blind zu gehorchen. Sondern verlangt ist a) Legalität = Fügsamkeit gegenüber Gesetzen und Behörden und b) Anstand = Fügsamkeit gegenüber Konventionen, Traditionen, Ideologien. Niemand hat Anspruch auf allgemeine Befehlsgewalt. Die Befehlsgewalten sind einzelnen Personen, u. zw. entweder in einem gesetzlich bzw. traditionell-konventionell oder durch die ökonomische Machtstellung begrenzten Umfang und Geltungsbereich zugeteilt. Die Zuteilung erfolgt durch die Majorität – in idealeinfachen Fällen. Desgleichen werden die gesetzlich formulierten Bestandteile der Anforderungen an den Bürger von der Majorität bestimmt. Da die Majoritäten sich nach den Problemen der »Disziplin« bilden, ist bis zu einem beträchtlichen Grade die Formulierung der legalen Forderungen bereits ein Ausgleich, Kompromiß von Interessen und Wünschen. (Wohlgemerkt, bloß im idealeinfachen Fall, der nicht durch außerdemokratische Macht kompliziert wäre.) Die Legalität des Gehorsams gegen Gesetze wird von der Majorität durch weitestgehende Einschränkungen der ökonomischen Basis, des sozialen Ansehens, der Lebensführung, der physischen Integrität bis zur Todesstrafe gesichert. Der Konflikt wird wie in der militärischen Disziplin – allemal zu einem Konflikt zwischen »Gesetzen und Verbrechern« und wird gelöst durch die gesetzmäßige Bestrafung – Beeinträchtigung der Unfolgsamen. Doch wird Art und Ausmaß der Bestrafung in einem Verfahren gefunden – nicht wie bei der militärischen und familiellen Disziplin gesetzt – bei dem der Angeklagte in einem, zuweilen sehr beträchtlichen, gewissen Ausmaß mitwirkt, so daß die Lösung des Konfliktes, auch wenn sie als Bestrafung gefunden wird, Raum für mannigfaltige Grade des Ausgleichs, Kompromisses bietet. Der Anstand wird gesichert, da wir von dem Institut der Lynchjustiz als niemals pädagogisch vorbildlich völlig absehen können, ausschließlich durch soziale, physisch-psychische Beeinträchtigungen (verminderte Gesellschaftsfähigkeit, Verruf, Boykott), die indirekt auf ökonomische, also auf physische Beeinträchtigung hinwirken können. Der Konflikt ist hier, ähnlich wie bei Verstößen gegen die Familientradition, konkret zwischen Einzelindividuen. Dem Unfolgsamen stehen regelmäßig eine Anzahl von Mitteln zur Verfügung, die Beeinträchtigungen zu vermindern, gelegentlich sie zu verhindern. Seine Mitwirkung ist selten völlig ausgeschlossen. Auf beiden Seiten wirken affektive Faktoren sehr reichlich, wenn auch nicht so ausnahmslos wie bei der familiellen Disziplin mit. Der legale Konflikt hingegen ist der Idee nach in seiner Lösung völlig rationalisiert, de facto – eben durch die prinzipielle Mitwirkung des Unfolgsamen – weitgehenden Beeinflussungen der Lösung durch affektive Einstellungen zugänglich. Wesentlich für die demokratische Disziplin ist die bürokratische, die behördliche Sicherung der Legalität durch Gericht, Polizei, Verwaltungsämter. Der Beamte hat keine Autorität, die über seine Amtskompetenzen und -funktion hinausginge. Es ist durchaus jederzeit deutlich, daß der Konflikt zwischen dem Individuum und den Gesetzen (im weitesten Sinn des Wortes) spielt, und der Beamte nur ein beauftragtes Organ der D e m o k r a t i e ist. Da aber auch in der Tätigkeit des Beamten ein reichlicher individueller Spielraum vorhanden ist, gibt es eine Macht der einzelnen Amtsperson und des Bürokraten-(Beamten-)standes, die zu einer Konkretisierung des Konfliktes – wie in der familiellen und militärischen Disziplin – und einer affektiven Beeinflussung seiner Lösung führt. Doch untersteht der Beamte – im Prinzip – einer kontrollierenden Instanz (z. B. dem Parlament), an der, wenn auch in praxi nur sehr indirekt, jeder Bürger, also auch der »Unfolgsame« mitwirkt. Das hat die Folge, daß allgemein der Beamte a) zu strengerer Legalität, b) wo die Möglichkeit hierzu besteht, also im affektiven Spielraum, zu Konfliktlösungen, die dem Bürger günstiger sind, gedrängt wird, als etwa der Befehlshaber in der militärischen Disziplin; daß aber diejenigen Schichten der Bevölkerung, die der kontrollierenden Instanz näher sind, die Beamtenschaft und den einzelnen Beamten mindestens innerhalb des affektiven Spielraums zu Lösungen veranlassen, die für sie persönlich oder ständisch unverhältnismäßig günstig sind. Der Idee der Demokratie liegt die Teilhaberschaft jedes Bürgers an der Gesetzgebung und der Kontrolle der Bürokratie zugrunde. Ideell fordert die demokratische Disziplin die Folgsamkeit gegenüber selbstgegebenen Gesetzen. Doch gilt das bloß für die »reine« Demokratie. Während das Kind in der familiellen, der Soldat in der militärischen Disziplin Geboten unterworfen ist, an deren Zustandekommen er nicht beteiligt war (Heteronomie), ist der Bürger in der Demokratie Geboten unterworfen, die unter seiner Beteiligung (Autonomie) zustande kamen, – wenn auch bloß als Kompromiß zwischen seinen und den fremden Wünschen. In der familiellen Disziplin steht das Kind nicht eigentlich Geboten, sondern Personen gegenüber; in der militärischen der Soldat nicht Personen, sondern Geboten, die von befohlenen Befehlshabern getragen werden. In der demokratischen steht der Bürger seinen »eigenen« Geboten gegenüber, die von Beamten vertreten werden, welche er selbst bestimmt hat und kontrolliert. Die Folgsamkeit des Bürgers ist durch rationale Motive (Vermeidung gesetzlicher Beeinträchtigungen) und durch irrationale (Abhängigkeit von der öffentlichen Meinung) garantiert.

4. Die Werkstatt und Fabrik (Industrielle Disziplin)

Sie ist entweder (im Kleinbetrieb) der familiellen oder (im Großbetrieb) der militärischen Disziplin überaus ähnlich. Doch geht sie in beiden Fällen über das dort erreichte Maß von Rationalität hinaus und ersetzt die letzten physischen Gewaltmittel durch das Faktum und die Folgen des ökonomischen Interesses, der ökonomischen Abhängigkeit und ist kontrolliert (und beeinflußt) von den »disziplinären« Verhältnissen des Staates, in dem sie sich abspielen, also, als Vorbild heutiger Pädagogik, der demokratischen Disziplin. Dies gilt für sie viel weitgehender als für die familielle Disziplin, die hauptsächlich bloß durch einige Schutzgesetze in bezug auf die Anwendung der äußersten physischen Gewaltmittel und weitgehender als für die militärische Disziplin, die sogar ihr eigenes Recht hat und nur für dessen Gesamtheit und die obersten Befehlshaber bis zu einem gewissen Grade und unter gewissen Bedingungen der Kontrolle der Demokratie unterstellt ist. Doch sind diese komplizierten Verhältnisse für den Vorbildcharakter der Disziplinformen irrelevant.

5. Die Schule (Didaktische Disziplin)

Diese Disziplinform ist selbst ein höchst verwickeltes, weitgehend nicht rationales Gemenge der familiellen und militärischen Disziplin. Doch enthält sie ein Sonderelement, das zwar empirisch eine geringe Rolle spielt gegenüber dem überwiegenden Gewicht der Faktoren, aber gerade für unseren Zweck einer scharfen Hervorhebung würdig ist. Die Aufgabe des Schulkindes ist neben der, allgemein das Wohlgefallen des Lehrers zu erregen, und der, seinen Befehlen, als Befehlen eben, zu gehorchen, auch noch, eine bestimmte Leistung zu vollbringen: Es hat eine Reihe von Dingen zu können und zu wissen. Den Inhalt dieser Leistung bestimmt der Lehrer; hierin aber sehr weitgehend, ja prinzipiell, von der vorgesetzten Behörde abhängig. Die Unfolgsamkeit in bezug auf diese Leistung wird mit schlechten Noten, schließlich mit einer Verlängerung der Schullaufbahnzeit bzw. mit ihrem Abbruch bestraft, also letzten Endes mit ökonomischer und sozialer Beeinträchtigung. Insoweit ist die didaktische Disziplin rational. Dem Schulkind ist im Grunde jeder Weg gestattet, der ihm belieben mag, um die geforderte Leistung zu erwerben; die didaktische Disziplin ist auf die Erreichung der Leistung rational eingestellt. Doch kommen hier schon prinzipiell eine Reihe von Einschränkungen in Betracht. 1. Das beurteilungsfreie Verhalten des Kindes wird insoweit zum Gegenstand didaktischer Disziplin, als es a) die Leistungserfüllung der anderen Schulkinder, b) die Leistungserfüllung des Lehrers, sowohl sein Unterrichten als sein Prüfen stört. Konsequenterweise wird Unfolgsamkeit gegen diesen Teil der Schulpflicht ebenso wie Leistungsunfolgsamkeit mit schlechten Noten bestraft, und zwar entweder durch entsprechende Verschlechterung der Leistungswertung oder durch Klassifizierung in einem »eigenen« Fach: Schulverhalten, Betragen. 2. Nicht nur nach ihrem Inhalt ist die Leistung bestimmt formuliert gefordert, sondern auch die formalen Qualitäten werden normiert, mittelst deren die Leistung vollzogen werden muß, also etwa genügt es nicht immer, die geforderten Kenntnisse im Rechnen z. B. nachzuweisen, sondern es wird verlangt, daß diese Kenntnisse durch »Aufmerken« in der Schulstunde erworben wurden. 3. Fordert die Schule eine Anzahl bestimmt normierter Verhaltungsweisen, die z. T. weder mit den geforderten Leistungen noch auch mit dem Aneignen der Leistungen an sich verbunden sind, z. B. das Sitzen auf Holzbänken vor Pulten, die Einreihung von gleichaltrigen Kindern nach dem Alphabet ihrer Familiennamen in bestimmte Klassen (A–L Klasse a; M–Z Klasse b). So wenig eine Reihe dieser Forderungen rational in bezug auf die geforderten Wissensleistungen sind, so sind sie doch eindeutig formulierte Normen vom Charakter des Gesetzes oder Befehls. Die Folgsamkeit gegenüber diesen Geboten wird nicht gewährleistet durch die ökonomische Beeinträchtigung, die mit ihr in einigen Jahren nach dem Disziplinbruch – als Auswirkung der schlechten Noten – verknüpft sein wird, weil diese Zusammenhänge dem Schulkind meistens unwichtig oder unglaubhaft sind. Sondern a) durch Interesse an der geforderten Leistung; b) durch Interesse am Lehrer

(Liebe, Verehrung); c) durch konkurrierendes Interesse an den Mitschülern, soweit gute Noten in einer Schulklasse soziales Ansehen zu verleihen vermögen; d) durch die Folgen, welche schlechte Noten innerhalb der familiellen Disziplin herbeiführen. Neben den schlechten Noten – die innerhalb der didaktischen Disziplin im engeren Sinne des Wortes an sich nur die Rolle einer Leistungs-Bewertung spielen und erst durch die eben genannten Motive zu Strafen werden – kommt als Strafe der Ausschluß der Unfolgsamen aus der Klasse, Schule, als Entfernung eines funktionell Störenden in Betracht. Was subjektiv bloß insoweit eine »Strafe« ist, als der Betroffene damit eine Beeinträchtigung verbindet, objektiv gleichfalls des Strafcharakters entbehrt, lediglich eine Schutzmaßnahme einer in ihrer gewollten Betätigung gestörten Gruppe, bzw. eines hierzu mächtigen Funktionärs ist. Strafen im eigentlichen Sinne des Wortes kennt die didaktische Disziplin überhaupt nicht, soweit sie in engerem Sinn als rationale Regelung des Nachweises und des Erwerbs von Leistungen gedacht ist. Doch ist der empirische Schulbetrieb nur zum allergeringsten Teil didaktische Disziplin in diesem Sinn, sein weitaus überwiegender Anteil ist von familieller und militärischer Disziplinform in verschiedensten Mischungsverhältnissen gemengt.

In keiner Erziehungs-Anstalt ist bloß eines dieser Vorbilder wirksam; in keiner gelangen die Vorbilder ohne Modifikationen zur Verwirklichung. Für die industrielle und didaktische Form ist dies schon deshalb selbstverständlich, weil sie nur für einzelne Zweige der in der Anstalt bedeutsamen Disziplinaufgaben in Betracht kommen. Die meisten Anstalten besitzen Disziplin, die aus einer Mischung der familiellen und militärischen Formen besteht. Dort wo Bestrebungen der Reformpädagogen, die auf die Schülerselbstverwaltung oder Schulgemeinde zielen, ausreichend Boden gewannen, ist der Mischung aus diesen beiden Formen noch ein größeres oder geringeres Maß der demokratischen Form beigemengt. Aber auch jene Anstalten, die prinzipiell die demokratische Form eingeführt haben, sind genötigt, mehr Elemente aus der familiellen oder militärischen oder aus beiden in größerem Maße hinzuzufügen, als beim Vorbild der demokratischen Form ohnehin der Fall ist. Am ehesten ist noch die militärische Form als Anstaltsdisziplin rein verwirklicht.

Die Notwendigkeit von Modifikationen ergibt sich, 1. weil die

Anstalt und ihre Leiter in ein System von Verantwortlichkeiten eingereiht sind, das die autonome Ausbildung der Disziplin, wie es für Haushalt und Parlament gilt, verhindert. Der Anstaltsleiter ist einer – der Regel nach demokratisch-bürokratischen – Disziplin eingefügt, die ihn verhindert a) in dem Maße, das dem Haushaltungsvorstand gegeben ist, seinen eigenen Wünschen Gebotskraft zu geben, b) dem Willen der Majorität der Schüler in dem Maße, das für die Demokratie bezeichnend ist, Gebotskraft zu geben. Bis zu einem gewissen Grade hat er die Befehle eines vorgesetzten Befehlshabers – oder einer im gleichen Sinn wirkenden demokratischen Behörde – durchzuführen. Den Kindern gegenüber ist der Anstaltsleiter ein befohlener Befehlshaber; die Behörden verlangen von ihm, daß die Kinder gewisse Gebote einhalten. Jede Anstaltsdisziplin wird daher sehr leicht ihre Disziplinform durch einen Einschlag militärischer Disziplinform färben, um so leichter, wenn keine starken Motive wirksam sind, die diesen Einschlag auf ein Minimum reduzieren möchten. 2. Die familielle Disziplin ist nur in solchen Anstalten – rein – möglich, die eine sehr geringe Anzahl von Kindern beherbergen; die demokratische Disziplin ist um so weniger rein, um so uneigentlicher durchführbar, je geringer die Zahl der Teilnehmer ist. Wobei es noch überdies auf die Altersschichtung der Zöglinge sehr ankommt, indem die familielle Disziplin um so eher ihre Charakteristika verliert, als die unterworfenen Kinder nahezu gleichaltrig sind, die demokratische mit Kindern unter 6 Jahren etwa gar nicht, mit solchen unter 10 Jahren nur sehr unvollkommen durchführbar ist. Die militärische Disziplin ist im Prinzip mit jeder Zahl, aber nur mit stärkeren familiellen Einschlägen bei Kindern bis zu 6 Jahren etwa verwendbar. So ist im wesentlichen die frühe Kindheit an familielle Disziplin gebunden; und jedes Kind frühen Alters wird auch in Anstalten mit strenger militärischer Disziplin Modifikationen erzwingen. 3. Es fehlt den Anstalten ganz allgemein das Recht zur Ausübung äußerster physischer Gewalt. Die Anstalt pflegt hierin selbst noch weitergehend eingeschränkt zu sein als der Haushalt (selbstverständlich weitergehend als Kaserne und Parlament; weder die Todesstrafe, noch die langwährende Freiheitsberaubung, nicht einmal die ökonomischen Folgen sind Mittel, deren sich die Anstaltsdisziplin bedienen kann). Andererseits sind der Regel nach in ihr die Kinder seltener, weniger und anders in Liebesabhängigkeit an die Erwachsenen gebunden als im Haushalt. Es fehlen ihr diese affektiven

Kräfte, und dies ist ein empfindlicher Mangel für die Durchführbarkeit der familiellen Disziplin, die in der Anstalt im Maße der Verschlingung der Disziplinarkonflikte mit Liebeskonflikten in der Regel weit hinter dem Haushalt zurückbleibt und daher leicht zur Hineinziehung von Bestandteilen der militärischen Disziplin führt. Das Fehlen der äußersten Gewaltmittel hat hingegen in der militärischen Disziplinform zur Folge, daß die Strafen, da sie ihrer äußersten Spitze beraubt sind, soweit sie gegeben werden dürfen, möglichst schmerzlich gestaltet werden, bzw. das ideologische Moment, der militaristisch-ständische Charakter, stark in den Vordergrund geschoben wird. In der demokratischen Disziplinform werden aus diesem selben Grunde die traditionellen Momente systematisch gestärkt, und die Autorität einzelner Personen durchbricht die Rationalität sehr wesentlich. 4. Das völlige Fehlen des wirtschaftlichen Faktors oder dessen Isolierung aus der Anstalts-Disziplin, hat für deren demokratische Form zur Folge, daß sie – ihres eigentlichen Sinnes geradezu beraubt – den teilweisen oder völligen Übergang in die familielle oder militärische Form, evtl. unter Beibehaltung demokratisch-bürokratischer Institutionen (Wahlen z. B.) sehr leicht, auch unbemerkt, vollzieht. Dies wird sogar regelmäßig der Fall sein, wenn nicht mächtige Interessen diesen Übergang bewußt und zielgerecht verhindern, einerlei ob dies die ideologischen Interessen des Anstaltsleiters oder eines Teils der Schülerschaft sind. Es entstehen so häufig Scheininstitutionen, die den wirklichen Charakter der Disziplinform verschleiern. Es ist dies neben den Vermischungen der Formen die wichtigste Modifikation an den Vorbildern, die in der Anstaltsdisziplin tatsächlich statthat. Es kann jede Form eine Fassade von Institutionen jeder anderen Form erhalten. Wenn z. B. der Anstaltsleiter für jeden Schlafsaal einen Präfekten ernennt, der innerhalb des Schlafsaals unbeschränkte Herrschgewalt hat, so ist das ein Akt militärischer Disziplin – auch dann, wenn als demokratische Fassade dieser Präfekt, unter dem bestimmenden Einfluß des Anstaltsleiters, gewählt wird. Denn keineswegs ist der Wahlgang für das Wesen der demokratischen Disziplin bezeichnend, sondern der Beamtencharakter des gewählten Funktionärs mit Kompetenzabgrenzung und Kontrolle durch die Wählerschaft. Der genannte Präfekt kann aber auch ein Bestandteil familieller Disziplin sein und der Offizierscharakter – und vielleicht auch -ton – bloß die Fassade militärischer Disziplin sein, wenn nämlich seine Herrschmethode ohne rationale

Durcharbeitung lediglich in der Durchsetzung subjektiver Wünsche in bezug auf das Wohlverhalten der Untergebenen besteht und die gleiche Beziehung zwischen dem Anstaltsleiter und seinem Präfekten besteht. Ebenso ist der Name Heimvater für sich noch kein Stück familieller Disziplin, vielmehr häufig genug Fassade von militärischer Disziplin. Die Tatsache der Scheinformen – überaus weit verbreitet – ergibt eine sehr beträchtliche Schwierigkeit für die pädagogische Bewertung der einzelnen Disziplinformen, verlangt dabei besondere Betonung und Ausarbeitung in jeder konkreten Deskription.

Es liegt nicht im Plan dieses Bruchstückes einer erziehungswissenschaftlichen Analyse, die mannigfaltigen Spezialfälle zu schildern; das wäre nur an Beispielen möglich und würde einen recht beträchtlichen Umfang beanspruchen. Hier handelt es sich bloß um eine generelle Übersicht der vorhandenen Formen. Und zwar sind vermutlich alle konkreten Fälle auf ein bestimmtes Mischungsverhältnis (+ Fassadenbildung) der genannten Vorbilder und ihrer Modifikationen reduzierbar. Diese theoretische und daher schematische Untersuchung findet ihre Rechtfertigung darin, daß sie uns in den Stand setzen soll, die Formen der Disziplin auf ihre Tauglichkeit für Anstalten zu werten. Solche Wertung ist natürlich das Ziel einer erziehungswissenschaftlichen Überlegung. Das Kriterium dieser Wertung ist die Rationalität einer Disziplinform in bezug auf das ihr gesetzte Ziel. Welche Disziplinform ist am besten geeignet, ein gesetztes Ziel zu erreichen? Angewandt wurden diese oder ähnliche Disziplinformen seit je in der Absicht, gewisse pädagogische Zwecke zu erreichen. Auch ein gewisses Maß von – außerwissenschaftlichem – Raisonnement wurde zur Rechtfertigung der geübten Methoden verwendet. Doch kann man nicht behaupten, daß das Pro und Contra immer sehr schlüssig gewesen sei, indem meistens die Argumente philosophischen, politischen, weltanschaulichen, affektiven Sphären und Einstellungen entnommen wurden. Als Wissenschaft kann die Pädagogik, auf die Erziehung angewandt, kaum eine andere Funktion haben, als jede Wissenschaft gegenüber ihrer Anwendung auf eine Praxis: die Rationalisierung des praktischen Verfahrens anzustreben, dessen Rationalität zu erhöhen. Die Pädagogik (als Wissenschaft) ist die Rationalisierungsinstanz der Erziehung (der Pädagogie, wie man die Erziehung als Praxis nennen könnte).

Prüfen wir die Rationalität der geschilderten Disziplinformen, so müssen wir uns vorweg hüten, die Rationalität der Vorbilder mit der ihrer Anwendung zu verwechseln. Gewiß ist das Parlament ein hochwertiger, die Kaserne ein höchstwertig rationaler und rationeller Betrieb, darum aber muß es deren Anwendung in der Erziehungsanstalt noch lange nicht sein. Denn Kaserne und Parlament sind rationell in bezug auf ihre Zwecke und die Kosten – Aufwand im weitesten Sinne des Wortes – ihrer Mittel. Erziehungsanstalten haben aber weitgehend andere Zwecke und Kosten. Bei der gedachten Prüfung der Rationalität gehen wir am besten von den nächstliegenden Zwecken aus, wenn sie auch im Sinne der philosophischen Pädagogik keineswegs als Ziel der Erziehung zu werten wären. Hierbei ist natürlich festzuhalten, daß die familielle Disziplin, als Willkür- und Liebesherrschaft prinzipiell irrational, die militärische und demokratische prinzipiell rational gerichtet ist.

Jede quantitativ beträchtliche Zahl von Zöglingen drängt zur rationalen Disziplin. Entscheidend hierfür ist aber, ebenso wie für die spezielle Wahl unter den rationalen Formen: die Verantwortlichkeit der Autoritäten nach Maß und Inhalt. Denn die familielle und demokratische Disziplin ist, jede in anderer Art, jeweils in verschiedenem Maße, aber prinzipiell autonom. Die militärische Disziplin kann – ihrem Wesen nach – heteronom sein; es braucht nur jemand als Höchstkommandierender Befehlsgewalt über den bisherigen Oberstkommandierenden zu gewinnen. Die militärische Disziplin ist sozusagen gliederhaft, die familielle und demokratische organisch; jene ist offen, diese sind geschlossen. Die familielle Disziplin ist nur soweit vorhanden, im reinen Fall, als der Hausvater selbständig wertet, wobei er de facto stark traditional gebunden ist; die demokratische ist rein nur soweit vorhanden, als die »Schulgemeinde« selbständig wertet. Der Anstaltsleiter kann daher eine dieser beiden Disziplinformen nur dann, nur insoweit durchführen, als er nicht einer übergeordneten Instanz (heute: einer vorgesetzten Behörde) verantwortlich ist für die Erreichung gewisser Ziele, die – bei entsprechender Zahl der Zöglinge – familiell nicht erreichbar, demokratisch nicht garantierbar sind. Die familielle Form hängt also bei abhängigem Anstaltsleiter von dem Umfang der Anstalt, die demokratische von dem Willen, dem Verständnis der Behörde ab. Die allgemeine Chance für diese beiden Formen haben daher Anstalten, die a) von einem Mäzen finanziert sind; die b) einer Eltern-Aktiengesellschaft (oder ähnlicher juristischer Form) gehören und von einer stark bevollmächtigten Person geleitet werden; die c) von einem caritativen Verein erhalten und von einer seinen Honoratioren gegenüber autoritativen Person geleitet werden. Für Anstalten, die einer bürokratischen Behörde (Staat, Gemeinde, Kirche, Partei) unterstehen, ist die demokratische (familielle) Disziplin nur erreichbar, soweit diese Behörde aus besonderen Gründen gerade an dieser Form konsequent interessiert ist. Während die militärische Form in solchen Anstalten ohne dieses besondere Interesse unvermeidlich entsteht, ja im allgemeinen ohne besonderen Kampf gar nicht zu verhindern ist. Dies hat seine Ursache darin, daß die militärische Disziplin die einfachste Modifikation der – an sich »natürlichen«, d. h. jedem Erzieher ohne besondere Voraussetzung und Schulung einleuchtenden – familiellen ist, wenn zu einer größeren Zahl Zöglinge noch die Verantwortlichkeit des Leiters für die Erreichung gewisser formulierbarer, formulierter, kontrollierbarer und kontrollierter Zwecke hinzukommt.

Solche Zwecke sind: 1. Verteilung größerer Quantitäten von Nahrungsmitteln. 2. Aufrechterhaltung eines bestimmten Inventars an Wäsche, Kleidungsstücken, Möbeln, Geräten, Büchern. 3. Verantwortliche Vorsorge für die möglichst geringe Beschädigung dieses Inventars und der Baulichkeiten. 4. Verteilung eines bestimmten, immer knappen Raumes, Schlafsäle, Speisesäle. 5. Sicherung des Personals vor Überarbeit durch die Zöglinge. 6. Aufrechterhaltung einer – inspizierbaren und inspizierten – Ordnung a) nach hygienisch-sanitären Prinzipien; b) aus ökonomischen Gründen; c) aus Gründen der Durchführbarkeit aller Zwecke (1–5); d) aus ästhetisch-moralisch-pädagogischen Gründen. 7. Aufrechterhaltung geforderter Anpassungen an die Außer-Anstaltswelt: a) Besuch und Erfolg in der Schule; b) Überwachung der Lehre; c) Rücksicht auf diese Zwecke ergeben sich A. aus der Tatsache des Eingegliedertseins in einen Instanzenzug überhaupt, B. aus der Tatsache der wirtschaftlichen Abhängigkeit der Anstalt, C. aus der Tatsache, daß die vorgesetzte Behörde nicht allein wirtschaftlich verrechnet, sondern auch inspiziert, d. h. aus Gründen der prophylaktischen wirtschaftlichen Kontrolle einen Augenschein vornimmt und dabei nicht allein rein kalkulierend verfährt, sondern nach ihren Prinzipien – bewußten oder unbewußten, fachmännischen oder laienhaften gilt gleich – die »Ordnung« bewertet und aus Kontrolle, Inspektion, Bewertung Konsequenzen ziehen kann, die den Anstaltsleiter persönlich betreffen.

Diese Zwecke – abgesehen von 6 d) – sind nur bei rationaler Disziplin durchführbar, und zwar sowohl bei militärischer als auch bei demokratischer, sie sind aber bei militärischer Disziplin rascher, prompter, einfacher, dauernder, gesicherter zu erreichen. Die militärische Disziplin ist – unter gewissen, sehr häufig zutreffenden – Bedingungen für den Anstaltsleiter in bezug auf seinen Arbeitsaufwand »rationell«. Erwägt man, daß die militärische Disziplin in der Anstalt eine wesentliche Vereinfachung erfährt, indem der oberstkommandierende Anstaltsleiter von den Kommandierten durch keine oder sehr wenige Zwischen-Befehlshaber getrennt ist, also sehr häufig in der Lage ist, seine Befehlsgewalt unmittelbar auszuüben, so erweist sich, daß die militärische Disziplin die geringste Entfernung vom Prinzip der familiellen Disziplin ist, welche die rationalisierenden Fakten gestatten. Sie ist daher auch in dem Sinne vom Anstaltsleiter her gewertet »rationell«, als sie den geringsten Aufwand an Überwindung gewohnter Anschauungen und Einstellungen fordert. Sie ist überdies – irrational – verankert in den subjektiven Wünschen nach Macht und Geltung, die mittels der militärischen Disziplin den Kindern gegenüber intensiv und leicht durchgesetzt werden können und durch sie nach außen – Erwachsenen gegenüber – demonstriert werden können, noch dazu (unter bestimmten politischen Bedingungen) in den Formen einer dem Anstaltsleiter sonst nicht zukommenden ständischen Ehre. Diese Wünsche haben ihre tiefste Wurzel in unbewußten, infantilen Einstellungen, die im Anstaltsleiter in der als Kind erlebten familiellen Disziplin entstanden sind und als Neigung, die Rolle des allmächtigen Vaters zu spielen, nachwirken. Solche Einstellungen finden in der militärischen Disziplin ihre volle Befriedigung, indem sie, in der gedachten vereinfachten Form, nicht nur der familiellen sehr nahe steht, sondern geradezu, was die Macht des Anstaltsleiters angeht, ihre Potenzierung ist. Überdies hat der Anstaltsleiter zu erwarten, daß die Behörde seine Disziplinführung materiell und ideell belohnen oder doch anerkennen wird.

Die Behörde muß schon lediglich funktionell auf eine rationale Disziplin dringen, und zwar von allen pädagogischen Zielen unabhängig. Sie ist entweder a) pädagogisch inkompetent, wie bei den anstaltsvorgesetzten Behörden meistens der Fall, hingegen wirtschaftlich-finanziell, sanitär, juristisch (vormundschaftlich z. B.), parteipolitisch, religiös kompetent. Motive 6 d) werden dann bei ihr nicht maßgebend sein. Sie wird aber durchaus selbstverständlich oder ausdrücklich billigend hinnehmen, wenn ihre Rationalisierung erzwingenden Funktionen militärische Disziplin zur Folge haben, weil die in ihr tätigen Beamten – aus denselben subjektiven Gründen, die den Anstaltsleiter bewegten – militärische Disziplin als rationellste Modifikation der familiellen Disziplin erkennen und affektiv bejahen, bzw. bei ihr nicht befürchten, mit pädagogisch kompetenten Behörden und deren vorgesetzten und kontrollierenden Instanzen in Konflikt zu geraten. Oder die Behörde ist b) pädagogisch kompetent. Sie wird dann ihre subjektiven Motive, die ebenso wie bei der pädagogisch inkompetenten Behörde und den Anstaltsleitern zur militärischen Form der Disziplin neigen, ideologisch als Mittel zur Erfüllung bestimmter Ziele rechtfertigen, z. B. »Disziplin« »Ordnung« überhaupt, körperliche Tüchtigkeit, Charakterstärke, Patriotismus, Wehrhaftigkeit, Pflichterfüllung usw. und wird nötigenfalls ohne die rationalisierungserzwingenden Fakten, welche die pädagogisch nicht kompetenten Behörden bewegen, die militärische Disziplin wegen ihrer vorgeblichen Eignung solche Eigenschaften zu erzielen, fordern. Ob die militärische Disziplin diese Fähigkeit überhaupt hat, ob nur sie, ob sie hierfür am besten oder ohne unerwünschte Nebenfolge geeignet ist, wird nicht rational geprüft, weil die pädagogisch kompetenten Fürsorgebehörden als solche ihre pädagogischen Wertungen der »öffentlichen Meinung« oder der Pädagogik entnehmen, jene aus psychologischen und politisch-tendenziösen Gründen der militärischen bzw. militaristischen Disziplin geneigt sind, diese die Disziplin bisher noch nicht wissenschaftlich erforscht oder die Resultate der Forschungen nicht zur Geltung gebracht hat. Beleg hierfür, daß in Ländern, in denen die öffentliche Meinung demokratischer Disziplin geneigt ist, z. B. Amerika, oder in revolutionären Perioden, die Behörden, pädagogisch kompetent oder nicht, die demokratische Disziplin als rationale fordern und fördern; freilich, wenn sie den Anstalten nicht das nötige Maß von Autonomie gewähren, bloß die Fassade demokratischer Disziplin erreichen.

Wieweit sind nun diese geschilderten Disziplinformen geeignet, pädagogische Ziele zu erreichen? Die Beantwortung dieser Frage kann in dieser ersten deskriptiven Arbeit noch nicht gegeben werden. Sie kann aber teilweise angedeutet werden, denn eine Anzahl von Fakten stehen fest. 1. Die militärische Disziplin als solche garantiert – in einer genügend überwiegenden Zahl von Fällen, also im normalen Fall – die Erziehung von Handlungen. Das Hinzutreten von charismatischen, ideologischen, libidinösen Faktoren kann darüber hinaus die Entstehung von Gefühlen, Einsichten, Haltungen, Gesinnungen bewirken. Soweit also die Ziele der Anstalt durch Handlungen erreicht werden können, ist die militärische Disziplin durchaus zielgerecht. Die Anstaltsordnung beruht zum größten Teil, die kontrollierbare, inspizierbare völlig, auf solchen Handlungen der Zöglinge (bzw. deren Unterlassung). Da dem Anstaltsleiter die Aufrechterhaltung der Anstaltsordnung – wenn nicht die oben genannten Motive komplizierend eintreten – vor allem anderen wichtig ist, so erfüllt die militärische Disziplin diesen Teil der Anstaltsziele durchaus. Aber erfahrungsgemäß verlangt die militärische Disziplin von Befehlshabern und Untergebenen sehr beträchtliche Konzentration aller Kräfte und die Erreichung einer verhältnismäßig geringen Anzahl von Handlungen, und zwar unter Anwendung scharfer Mittel. Daher erschöpft sich die gesamte pädagogische Tätigkeit in der Aufrechterhaltung der Ordnung, die aber nur ein Teil der pädagogischen Aufgabe ist. Die Behauptung, daß zugleich höhere pädagogische Ziele miterreicht werden, ist nicht richtig. Die von militärischer Disziplin erreichte Ordnung wird von den Kindern als statische, gewillkürte erlebt; es ist kein Platz in ihr für Entwicklung einer einsichtigen Ordnung. Es wird daher oft die militärische Disziplin mit familiellen Elementen versetzt. Hierdurch verliert sie an Rationalität in bezug auf die »Ordnung«, diese wird also prinzipiell gefährdet; zugleich aber werden auch die Wirkungen der familiellen Disziplin gefährdet, indem dieselbe Person – überdies ohne scharfe Grenze – bald Befehlshaber, bald »Vater« ist, was im ganzen zwar die Schärfe, Strenge der Atmosphäre mäßigen kann, aber trotzdem den Willkürcharakter aller disziplinären Maßnahmen erhöht. Oder es wird durch ideologische, charismatische, libidinöse Einmengungen die militärische Disziplin zur militaristischen gefärbt, und damit in gewissem Maße über die Anstaltsordnung hinaus ein Erziehungszweck erreicht. Die militaristische Disziplin ist also eine Sicherung der Anstaltsordnungszwecke durch Vergrößerung der Irrationalität der militärischen Form. Eine weitere Möglichkeit ist selten durchgeführt worden, erweist sich aber als weitgehend rationell: die Eingliederung militärischer Disziplin in die demokratische; natürlich mit strenger

Kompetenz und rein funktioneller Gültigkeit, eben zum Zwecke der Durchführung der Anstalts-Ordnung; wobei die Erreichung anderer Zwecke durch die demokratische Disziplin gesichert wird (vgl. dazu meine Ausführungen in »Kinderheim Baumgarten« S. 94 ff.). Allermeistens aber begnügt sich die Anstalt mit der erreichten Ordnung, und behauptet im Notfall, die anderen Ziele – durch welche Maßnahmen immer – auch zu erreichen.

2. Die demokratische Disziplin als solche garantiert eine behördlich gewillkürte Anstaltsordnung nicht. Dies geschieht nur unter zwei Bedingungen: a) wenn die behördlich verlangte Ordnung dem Demos der Anstalt einsichtig ist und seinen Interessen und Wünschen entspricht; b) wenn die gewillkürte Ordnung, bzw. der nicht einsichtig bejahte Teil von ihr, der Demokratie entzogen wird und durch eine der anderen Disziplinformen gesichert wird. Beim Fall a) verdient als spezielle Möglichkeit betont zu werden: der gewillkürte Ordnungsanteil wird als »Natur«-Tatsache, als gegebene nicht weiter beeinflußbare Bedingung der Anstaltsexistenz hingenommen. Dies wird jedoch im Rahmen demokratischer Disziplin erst bei einem gewissen Grad der Reife und einem gewissen Alter der Traditionen in der Anstalt erreichbar sein.

Es ist nicht zu leugnen, daß dieses Faktum der fehlenden Garantie für das sofortige Erreichen einer oktroyierten Ordnung, so sehr es auch durch verschiedene Maßnahmen gemildert werden kann, eine Schwierigkeit für die Einführung der vollen demokratischen Disziplin – wenigstens im Prinzip – ergeben kann. Dieser Schwierigkeit steht gegenüber:

a) Die demokratische Disziplin entspricht einer dynamischen Auffassung des kindlichen und jugendlichen Seelenlebens; während die militärische auf einer statischen beruht. In der militärischen Disziplin wird eine oktroyierte Ordnung aufrechterhalten; in der demokratischen entwickelt sich jene Ordnung, die der Reife des Demos entspricht. Genauer: da in der demokratischen Disziplin tatsächlich das erwachsene Mitglied einen größeren Einfluß hat, als seiner allen anderen gleichen Stimme entspricht, so ist die in ihr jeweils normierte Ordnung der jeweils erreichten Durchschnittsreife voraus; da andererseits die faktisch erreichte Ordnung zugleich abhängig ist von der Reife der zurückgebliebenen Mitglieder, bleibt andererseits in der Verwirklichung hinter der Durchschnittsreife zurück. Es entsteht eine Spannung zwischen Norm und Wirklichkeit, welche die Ordnungsentwicklung – und mit ihr die Reife des Durchschnitts – vorwärtstreibt. Alles was an der behördlich geforderten Ordnung rational oder anders berechtigt ist (vom Standpunkt der Lebensbedingungen, der Interessen und Ideale des Demos – inkl. seiner jugendlichen und erwachsenen Führer –), wird prinzipiell nach einer unbestimmten Entwicklungszeit der demokratischen Disziplin in einer Anstalt erreicht, sofern diese nur groß genug ist, um die Rationalitätsforderungen einer bürokratischen Behörde verstehen lassen zu können, um zwangsläufig selbst zur Entwicklung bürokratischer Behörden zu gelangen. Die militärische Disziplin hält eine äußere Ordnung aufrecht; die demokratische bietet Chancen, daß sich den Zöglingen Begriff und Gesinnung einer Ordnung entwickle.

b) Die demokratische Disziplin hat Raum für militärische Disziplin, für familielle Disziplin und für irrationale Verhaltensweisen. Sie ist ja sogar prinzipiell nur teilweise rational; ein anderer Teil in ihr verläuft gemäß traditionaler Regelmäßigkeiten, nach den Anforderungen der »öffentlichen Meinung«. Doch ist die Tradition – dies ist eine der wesentlichen Modifikationen gegenüber dem Vorbild – regelmäßig weitgehend ersetzt durch die Autorität einzelner charismatischer Führer, meist Erwachsener oder wird getragen von Sonder- oder Untergruppen von annähernd familieller Struktur. Der rational – gesetzlich, bürokratisch – zu regelnde Teil des Verhaltens tendiert zur Entstehung militärischer Disziplinform innerhalb der demokratischen Disziplin, also unter ihrer Kontrolle und Zielsetzung. So etwa die Bildung einer militärischen Bewachungs- und Polizeitruppe oder eines »Arbeitsheeres« (in einem solchen würde sich industrielle Disziplin spontan entwickeln können). So läßt die demokratische Disziplin die Vorteile anderer Disziplinformen in sich, auf deren Gebiet beschränkt, mit zu. Sie ist mannigfaltig und vermeidet nur-rational oder nur-irrational zu sein; und bleibt dabei doch eine in sich geschlossene reine und echte Form. Während die Einfügung irrationaler Faktoren in die militärische, rationaler Faktoren in die familielle Disziplin beinahe unvermeidlich eine Erhöhung der verschleierten Willkürherrschaft herbeiführt.

3. Die Ordnung kann mit bloß familieller Disziplin in einer Anstalt überhaupt nicht hergestellt werden. Sie wirkt am ehesten noch zur Erreichung der nicht rationalen, pädagogischen Aufgaben. Das Resultat, das von ihr zu erwarten ist, wäre wohl zu kenn-

zeichnen als Neigung des Erwachsenen in Beruf, Staat und Gesellschaft weitgehend Komplikationen aller »disziplinären« Konflikte herbeizuführen, indem der Versuch – wenigstens unbewußt – bereit läge, sie als Liebeskonflikte aufzufassen und als solche zu lösen.

Das zu erwartende Resultat der militärischen Disziplin ist bereits genannt worden: beträchtliche Neigung zur Herrschaft und Willkürmachtentfaltung, wo sich Gelegenheit hierzu bietet, und blinder Gefügigkeit, wo jene Gelegenheit nicht besteht. Im allgemeinen wird dieses Resultat aber nur erreichbar sein, wo eine ideologische Verankerung der militärischen Disziplin, also militaristische statthatte. Ohne diese ist als Resultat allgemein zu erwarten, daß der Zögling, so wie es möglich ist, also spätestens bei seiner Entlassung, des Zwanges ledig, sich in der neuen Umgebung so orientiert, wie es seine durch keine Erziehung veränderte psychische Struktur verlangt. Die militaristische Note aber enthält eine inhaltliche Bindung, Bestimmung und Fixierung des Zöglings, die entweder von den zielsetzenden Instanzen gewollt ist oder ein unbeabsichtigter aber unvermeidlicher Nebenerfolg ist. Wo sie gewollt ist, erscheint die militärische Disziplin natürlich als in höchstem Maße zweckentsprechend. Wo sie nicht gewollt ist, ist diese unvermeidliche, nicht gewollte Nebenwirkung ein Grund, die militärische Disziplin als zweckwidrig zu bewerten. Dieser Nebenerfolg, der unvermeidlich ist, weil die militärische Disziplin, um wirksam zu sein, sich in militaristische verwandeln muß, fügt sich entscheidend den übrigen Unzulänglichkeiten der militärischen Disziplin ein. Die demokratische Disziplin hingegen bietet die Chance, daß der Zögling als Erwachsener die komplizierten Bedingungen der heutigen Gesellschaft – in der er nun heute zu leben hat – überschauen kann, und eine Neigung gewonnen hat, Konflikte durch Ausgleich (Kompromiß) zu lösen, zwischen legal und traditional geregelten, zwischen rationalen und irrationalen Gebieten zu unterscheiden, Bürokratie zu begreifen und zu kontrollieren. Die Chance ist groß, daß er zugleich auch die Tendenz erworben hat, Rationalität bis an ihre äußerste Grenzen zu tragen. Seine inhaltlichen Stellungnahmen sind durch die demokratische Disziplin als solche nicht gebildet worden. Hierzu hätte die demokratische Disziplin besonderer Inhalte bedurft, die hier nicht zu erörtern waren. Er ist erzogen zur heutigen Gesellschaft mit der Neigung, die in ihr liegende Tendenz, die Rationalisierung, zu vergrößern; während ihn die familielle Disziplin zur heutigen Ordnung erzieht mit der Neigung sich ihrer notwendigen Entwicklungstendenz, der fortschreitenden Rationalisierung, zu widersetzen; die militärische als solche überhaupt nicht, die militaristische zu einer nur von einigen Schichten gewünschten Tendenz erzieht. Soweit heißt dies, als die in der Kindheit und Jugend erlebte Disziplin überhaupt für des Erwachsenen Verhalten von Einfluß ist. Was gewiß bis zu einem gewissen Grade der Fall ist. Bis zu welchem, ist nicht dieser Ort zu untersuchen.

Léonard Bourdons System der Anstaltserziehung, 1788–1795

Eine zulängliche Geschichte der Anstaltserziehung und des Jugendfürsorgewesens ist bisher, trotz der sehr reizvollen kulturpsychologischen Probleme, die sie böte und trotz des beachtlichen praktischen Nutzens, den sie für die Entwicklung des heutigen Sozialerziehungswesens brächte, nicht unternommen worden. Das liegt wohl vor allem daran, daß es noch sehr an den vorbereitenden Einzeluntersuchungen mangelt, die freilich längst nicht mehr gänzlich fehlen. Aber insbesondere die Zeit der französischen Revolution, in der all unsere heutigen Erziehungs- und Sozialprobleme zum erstenmal in moderner Prägung sich entfalten, und die, wie mir scheint, auch für die Entwicklung in Deutschland von wesentlicher Bedeutung ist, hat in der deutschen Erziehungsgeschichtsschreibung nur ganz ungenügende Beachtung gefunden. So ist es vielleicht gerechtfertigt, wenn ich im folgenden eine, soviel ich sehe, bisher von den deutschen Bearbeitern des Themas völlig übergangene, sehr charakteristische Einzelheit darstelle: den Plan einer Erziehungsanstalt mit Schulgemeinde aus dem Jahre 1788 und dessen Verwirklichung mit Kriegswaisen im Rahmen der Fürsorgemaßnahmen des revolutionären Frankreich.

Diese interessante Episode korrigiert gleichzeitig Buddes Ansicht (12), daß in der französischen Revolution bereits alle pädagogischen Probleme und Vorschläge diskutiert wurden, die in Deutschland 1918/19 aktuell waren, bis auf die Idee der Schulgemeinde, der Schülerselbstverwaltung. Dieser Irrtum rührt daher, daß Budde für seine Schrift keine zeitgenössischen Quellen studiert zu haben scheint, denn im offiziellen Projekt der Organisierung des französischen Schulwesens, das Talleyrand September 1791 der Nationalversammlung (Constituante) vorlegte, liest man folgende recht aktuellen Sätze[1]:

»Unter der alten Regierung (der absoluten Monarchie) war die Disziplin in den Schulen von derselben Tyrannis beherrscht, die ganz Frankreich bedrückte. Ein Haufen von unzusammenhängenden Reglements, umgangen nach Gelegenheit, geändert nach Laune; Willkürakte an Stelle des Gesetzes; Strafen, die auf bloßes Brechen des Willens ausgingen; erniedrigende Rangeinteilungen,

1 Diese Stelle, ebenso wie die Zitate aus Bourdon, sind von mir, z. T. etwas verkürzt, aus dem französischen Original übersetzt.

die den geheiligten Grundsatz der Gleichheit beleidigen; blinder Gehorsam; kurz kein Vertrauensband zwischen den Regierenden und den Regierten; so waren die Erziehungsanstalten; so war ganz Frankreich. Heute hat Frankreich eine parlamentarische Regierung. Warum sollte diese nicht auch in den Schulen, den Unterrichtsgesellschaften bestehen? Natürlich sind Lehrer und Schüler nicht Gleiche. Der Unterrichtende steht über dem Unterrichteten. Aber darüber hinaus, und insbesondere in der Schuldisziplin darf die Autorität des Lehrers nicht unumschränkt sein. Vielmehr muß man sie in andere Hände legen, denn hier, wie im Staat, ist die Teilung der Regierungsgewalt der Wall gegen die Despotie. So unzugänglich der Wille der Jugend ist, er richtet sich leicht nach dem Wahren und Rechten. Für Schüler und Lehrer ist es nützlich, wenn die jugendliche Willenskraft sich übt in der Bewältigung der mannigfaltigen administrativen und richterlichen Aufgaben, deren jede Gesellschaft zu ihrer Erhaltung bedarf. Eine parlamentarische Disziplin, in der die Schüler zur Teilnahme an den gemeinsamen Verwaltungsaufgaben berufen werden, in der sie Wähler, Richter, Geschworene, Schiedsrichter sind, wo sie abwechselnd Vergehen verhindern, richten, strafen, Mißhelligkeiten ausgleichen, begierig werden, in Ausübung dieser reizvollen Funktionen die Achtung aller zu verdienen, ohne gefallsüchtig zu werden, lehrt die Jugend beizeiten, mit den Menschen und ihren Schwächen umzugehen, alle Tugenden des privaten und öffentlichen Lebens, Achtung vor dem Gesetz und prägt ihr ein, was man nie zu früh wissen kann, und was sie bisher nie erfahren hat, daß der Mensch, wie alt er auch sei, sich zwar dem Gesetz, der Notwendigkeit, der Vernunft unterwerfen muß, aber niemals dem Willen eines Beliebigen. Nur dies ist der wahre Moralunterricht. Der Lehrer wird in diesem System auf seine eigentliche Aufgabe, den Unterricht, eingeschränkt und behält über das übrige Schulleben die Oberaufsicht. Aber dadurch wird es ihm ermöglicht, das für seinen Unterricht so nötige Vertrauen seiner Schüler ungetrübt zu erhalten. Keine private Rache, kein persönlicher Vorwurf wird es mehr zerstören. Die Schüler werden frei und doch gehorsam sein einer Ordnung, deren Notwendigkeit sie verstehen, die sie hinfort sichert vor zahlreichen Ungerechtigkeiten, welche Empörung und zeitlebens Ressentiment hervorrufen« (20).

Auffällig ist, daß diese Auffassung des Problems der Disziplin keineswegs der Aufklärungspädagogik entspricht, die das Denken der fortschrittlichen Kreise in der zweiten Hälfte des 18. Jahrhunderts völlig beherrschte und auch im übrigen dem Talleyrandschen Projekt die Prägung gibt. Wir sehen hier deutlichst den Einfluß politischer Formen und Ziele auf die Pädagogik. Sogleich mit dem Übergang vom absolut monarchistischen System zum konstituionell-repräsentativen entstehen Bemühungen, die Schuldisziplin nach dem neuen gesellschaftlichen Vorbild umzuändern, so sehr auch solche Gedanken vor der politischen Umwälzung der Pädagogik fremd waren. Dieser Vorgang hat sich ähnlich in Deutschland 1848 und 1918 vollzogen[2].

Die Idee der Schulgemeinde ist keine Konzeption Talleyrands. Sein Entwurf ist fast wie ein Komissionsbericht auf den Vorschlägen, Memoranden, Petitionen zahlreicher Autoren aufgebaut. Die meisten dieser Vorschläge bewegen sich im Rahmen der Ideen der Aufklärungspädagogik, Lockes und Rousseaus; es fehlt ihnen demnach völlig der Gedanke einer überindividuellen, kollektiven Autoritätsbildung und Regierung in Schule und Anstalt, wie sie Talleyrand nachdrücklich vertritt. Er folgte dabei einem Memorandum Léonard Bourdons[3], den man in gewissem Sinn als »Erfinder« dieses Systems bezeichnen kann[4]. Aber es würde sich kaum rechtfertigen, Bourdons Priorität, die übrigens von den Zeitgenossen nicht bestritten wurde, hier ausdrücklich festzustellen, wenn die Gedankengänge dieses Mannes und ihr Schicksal nicht allgemeineres Interesse verdienten. Bourdons ganzes pädagogisches Gedankengebäude unterscheidet sich in wesentlichen Punkten von der herrschenden zeitgenössischen Aufklärungspädagogik, und sein neues System der Disziplin ist in diesem Zusammenhang zu verstehen. Bourdon ist zu seiner Zeit einer der wenigen grundsätzlichen Vertreter der Anstaltspädagogik. Sie ist ihm das einzige wirksame Mittel der Sozialerziehung, wie wir heute sagen würden. Die Disziplinform der Anstalt scheint ihm ein wesentliches Stück ihrer Wirksamkeit. Mit dieser Verbindung der Gedanken steht Bourdon in Frankreich

2 Siehe hierüber Näheres in meinen Arbeiten: Literaturverzeichnis (3) und (4).
3 Léonard Jean Joseph Bourdon de la Crosnière, geboren 1758 (24); gestorben gegen 1815 (25).
4 Trotzendorfs »Schulgemeinde«-System ist zwar älter als Bourdons, unterscheidet sich aber auch so viel mehr vom heutigen Begriff der Sache, daß die Bezeichnung Bourdons als »Erfinder«, die übrigens nicht sehr wichtig ist, sich rechtfertigt.

vor 1793 allein, und es sicher seinen Schriften, Reden und seiner Anstalt mit zu danken, wenn in der Folge Anstaltserziehung nicht als Gefängnis und Bewahrung, sondern als geeignetes Mittel der Sozialerziehung gefordert und verwirklicht wurde.

Im Frankreich des 18. Jahrhunderts – und ähnlich in Deutschland – stand die Anstaltserziehung in den Kreisen der politisch und geistig vordringenden Schicht des Bürgertums in heftigstem Verruf. Die Gründe hierfür kann man zunächst im Zustand der damaligen Anstalten sehen. Die weit überwiegende Masse waren Schulen mittleren Grades, von katholischen Orden und Instanzen geleitet, und die Collèges vom Charakter der Hochschulen, gleichfalls mit einem starken katholischen Einschlag. Das freigeistige Bürgertum hatte allen Anlaß, diese Anstalten zu bekämpfen. Ihre Unterrichtsweise so gut wie ihr Bildungsgehalt und das innere Schulleben waren als verdummend, verzopft, schulmeisterlich verschrien. Dazu kam der sehr erschreckende Vorwurf der Sittenlosigkeit, der Masturbation und perversen Neigung. Fauler Schlendrian und Ausschweifung galten als weitest verbreitete Eigenschaften der Anstaltsschüler. Vermutlich hätten aber die Erziehungshäuser auch bei einem höheren geistigen und moralischen Niveau wenig Gefallen finden können. Ging doch Affekt und Ideologie des aufgeklärten Bürgers auf die, von Locke und Rousseau geprägte, sorgfältige Erziehung der Kinder durch ihre Eltern, auf philanthropisch aufgeklärtes Familienleben. Und legte doch das geschäftlich-soziale Interesse dieser Schicht den Wunsch nahe, ihre Söhne weder in höfischem noch in kirchlichem Sinn erzogen zu sehen, sondern sie an die kaufmännischen, industriellen und gewerblichen Interessen des Vaters zu binden, sie zu deren Vervollkommnung, Festhaltung und Förderung geneigt zu machen. Das unbestrittene Ideal der Erziehung war die aufgeklärte Familienerziehung.

Aber dies Ideal war nicht durchführbar. Nichts spricht dafür, daß seit 1750 der Umfang der Anstaltserziehung zugunsten der Familie abgenommen hätte. Im Gegenteil waren es gewichtige Gründe, die trotz aller ideellen Opposition, trotz aller Unzufriedenheit die Eltern weiterhin veranlaßten, ihre Kinder den Erziehungshäusern anzuvertrauen. Die sorgfältige Familienerziehung durch Privatlehrer und Hofmeister ist kostspielig und bleibt unzulänglich; das immer umfangreicher und immer wohlhabender werdende geistig interessierte Bürgertum lebte zum guten Teil in kleinen Städten, die zu wenig Bildungsmittel besaßen, so daß die Verschickung wenigstens der Söhne in die großen Provinzorte und nach Paris nötig war; die alten berühmten Erziehungsstätten hatten Privilegien oder boten doch Sicherheiten für den künftigen Aufstieg, mit denen die Familie nicht konkurrieren konnte; und nicht zuletzt war für ärmere Schichten, für das Kleinbürgertum, für kinderreiche und Beamtenfamilien entscheidend, daß die Anstalten Freiplätze, Stipendien, Beihilfen aller Art zu bieten hatten, auf die schlechthin nicht verzichtet werden konnte. Die Mißstände in den Anstalten führten daher, – sowie dies ähnlich in der Erziehungsgeschichte immer wieder geschieht – zu lebhafter Gegnerschaft, aber diese wirkte sich nicht in entsprechender realer Reform der Anstalten, die doch unentbehrlich waren, aus, sondern förderten die Entwicklung einer rein ideologischen Familienpädagogik, die Aufmerksamkeit, Hoffnung, Bemühung an sich band, ohne Beträchtliches an der pädagogischen Wirklichkeit zu ändern.

Dieses Faktum wird um so bedeutsamer, als eben in den letzten Jahren des Ancien Régime von einer anderen Seite her das Problem der Anstaltserziehung mit Nachdruck gestellt wurde. Die Riesenaufgabe, die Kinder des nach Millionen zählenden »armen Volkes«, des Stadt- und Landproletariats, der Bettler- und Vagabunden zu erziehen und so Verwahrlosung, Kriminalität und Revolten zu verhindern, begann sich in seinen ersten Umrissen dem öffentlichen bürgerlichen Bewußtsein zu präsentieren. Indes sich in den Jahren 1770–1788 als offizielle Theorie für die Bewältigung dieses gigantischen Problems die Forderung nach Vertiefung des Familienlebens, der Aufklärung der Eltern, der aufgeklärten Familienpädagogik allmählich durchsetzt (7) – abgesehen von den Findelkindern, den Waisen und den kriminell Verwahrlosten, für welche Anstalten empfohlen und auch gegründet wurden – vertreten vereinzelte, so Morelly (17) und Philipon de la Madeleine (18) beredt den Standpunkt, daß die Erziehung des gesamten armen Volkes nur außerhalb der Familie, gesellschaftlich in zahllosen großen Erziehungshäusern möglich sei. Von hier aus sollte die Anstaltserziehung später kräftige Impulse empfangen, aber diese Problemstellung hat damals eher dazu beigetragen, daß die führenden Schichten die Anstaltspädagogik, als Sache des »niederen« und »verkommenen« Volkes, vernachlässigten.

Bourdon hat allen diesen Argumenten für die Anstalt sehr geistreich und nicht erfolglos ein neues hinzugefügt. Seine Gedanken entstammen praktischer Erfahrung aus den Jahren 1780–88 und wurden von ihm fast zwei Jahre vor der Revolution publiziert (8). Ihm erscheint die Anstaltserziehung als die einzig richtige, weil Kinder und Jugendliche nur in Gemeinschaft mit Gleichen, mit Altersgenossen, wirklich erzogen werden können; weil das Ziel der Erziehung sein muß, den jungen Menschen für die Gesellschaft zu entwickeln, ihn in die Gesellschaft einzupassen und dies niemals geschehen kann durch die Einzelerziehung, auf die auch die beste Familie eingeschränkt bleibt:

»Der Mensch trägt von Geburt an in sich den Keim zu allen Leidenschaften, dieser Keim gärt unmerklich in seiner Seele mit den ersten Augenblicken seiner Existenz, bald entfaltet er sich und erwartet die Einwirkung der Außenwelt und die Triebhandlungen (l'action des passions) der andern, um sich nach außen zu zeigen. Die Triebe sind uns von der Natur als Werkzeuge des Glückes gegeben. Die Erziehung besteht darin, uns die Fähigkeiten zu verschaffen, diese Werkzeuge zu verwenden und sie am zweckmäßigsten zu handhaben. Unerfahrenheit wird hier ebenso verhängnisvoll für uns selbst wie für die Gesellschaft, in der zu leben uns bestimmt ist, und dies ist die Quelle aller inneren Unruhe, die die Harmonie der Gesellschaft bedroht. Andererseits sind die Kinder sehr viel weniger die Schüler ihrer Lehrer, als vielmehr die ihrer Umgebung. Die große Aufgabe ist also, sie nur mit solchen Dingen zu umgeben, die sie zu anmutigen und nützlichen Gestalten formen und sie beizeiten lehren, welchen Vorteil sie aus den mannigfachen Beziehungen ziehen dürfen und können, die sie eines Tages mit den anderen in der Gesellschaft haben werden. Aber wie diesen doppelten Zweck erreichen? Wird dies durch Einzelerziehung geschehen können oder durch Gemeinschaftserziehung?

Die erstere scheint nicht für ein Wesen, das für die Gesellschaft geboren ist, zu passen. Bestimmt, unter den Menschen zu leben, muß es sie kennen lernen, und zwar niemals durch die Theorie, sondern nur durch ununterbrochene Übung im Zusammenleben mit Gleichaltrigen, mit den G l e i c h e n kann es dies erreichen. Welche Aufklärung über diese so schwierige Wissenschaft kann ein Kind erlangen, umgeben von Stärkeren, Älteren, deren Bedürfnisse seinem Alter fremd sind, die seine noch unsicheren Auffassungen nur verwirren können. Diese Erziehung entfernt überdies geradezu vom wahren Ziel: alle Dinge, die die reichen Kinder umgeben, vermitteln ihnen falsche Vorstellungen. Alles lehrt sie, daß der größte Teil der Menschheit ausschließlich für sie vorhanden ist, daß sie allen ihren Wünschen freien Lauf lassen können. Ohne Arbeit, ohne Mühe können sie alles genießen. Von Personen umgeben, die durch Zwang mit ihnen vereinigt sind (environné d'êtres réunis autour d'eux par le besoin) und die ein Interesse daran haben, sie und sich selbst zu täuschen; Spielzeuge der Leidenschaften anderer, welche zu ihren eigenen werden, wie könnten sie dem Irrtum entgehen? Ebenso treten sie meistens in die Gesellschaft mit falschen Begriffen und oft mit schädlichen Neigungen. Die Selbstachtung (amour-propre) mißverstanden, ist zur Eitelkeit, zu Hochmut, Egoismus, Widerwillen gegen jede nützliche Tätigkeit geworden und der Trieb, der durch Mäßigung mit den wahren Bedürfnissen in richtigem Gleichgewicht gehalten, ein Werkzeug des Glückes sein sollte, durchbricht die Schranken, die ihm Gerechtigkeit und das Wohl der anderen ziehen und kennt keine anderen als die des Überdrusses, des Ekels und der Erschöpfung« (8).

Wir müssen beachten, daß diese Ausführungen aus dem Jahre 1788 stammen und im Bemühen formuliert wurden, die königliche Zustimmung zu einem neuen Erziehungsinstitut für die Söhne vornehmer Eltern zu erlangen. Bourdon, der sich immer als geschickter Diplomat erwiesen hat, verbirgt hier wohl bereits den Gedanken, den er nach der Revolution auszusprechen nicht müde wird, daß die Errichtung einer neuen, auf Freiheit, Gleichheit und Menschenwürde aufgebauten Gesellschaft nur durch Erziehung gesichert werden kann und daß für diese Erziehung die Familie ungeeignet ist, da in ihr Leidenschaften, Interessen und Anschauungen herrschen, welche der alten Ordnung entstammen und der neuen feindlich sind.

Aus diesen Gesichtspunkten erscheint es Bourdon bedauerlich, daß die Anstaltserziehung »bisher keine überlegten Grundsätze hat«, sondern »der Laune und der Willkür« überlassen ist. Trotzdem nur sie die wesentlich richtige ist (essentiellement bonne), ist die bestehende allerdings völlig schlecht (absolument mauvaise), er ist aber überzeugt, daß sie völlig gut werden kann (absolument bonne) durch eine überlegte und kindgemäße, würden wir heute sagen, Disziplinform. Als deren Prinzip formuliert er:

»Die Schüler dürfen nie von Personen, sondern nur von Dingen abhängig sein; ihre Erziehung, bisher völlig passiv,

muß völlig aktiv werden ... Die Abhängigkeit von den Dingen ist eine naturgegebene Abhängigkeit, die in nichts die Selbstachtung, Freiheit und Gleichheit kränkt; gegen sie lehnt man sich nicht auf. Wer nur von Dingen abhängt, hat die innere Genugtuung, sich nur von sich selber abhängig zu fühlen, hat das Gefühl, daß sein Schicksal in seiner eigenen Hand ist. Die Abhängigkeit von Personen, d. h. von der Willkür anderer, empört die Selbstachtung (Selbstgefühl), zerstört das Vertrauen, erzeugt Ungerechtigkeiten ... ist ein Sklavenzustand. Die Seele des Sklaven ... fällt in tiefe Inaktivität, in Lethargie, verliert ihre Empfindlichkeit und alle Lust zur Tugend, deren Vorteile sie nicht kennen lernt ... Ein unfehlbares Mittel, die Selbstachtung, Quelle alles Guten, zu ihrer höchsten Höhe zu steigern ist, sie immer aktiv zu erhalten, sie durch die eigene Person (personellement) zu binden an alle Ereignisse des öffentlichen Lebens.« (8).

Die Lehrer müssen daher in der Disziplinführung nach Bourdons System mehr zurücktreten. Sie behalten nur die Überwachung in letzter Instanz und sind im übrigen auf ihre eigentliche Funktion, den Unterricht, eingeschränkt. Die Lehrer und Werkmeister – die Bourdonsche Schule sieht Werkstätten vor – sind in Komitees zusammengefaßt. Sie erlassen die Grundsatzung für die Anstalt. Die Schüler sind in einer Gesellschaft organisiert, die Bourdon »Gesellschaft für Wetteifer« (Societe d'émulation) nennt. Die Gesellschaft hat allgemeine Versammlungen, in denen die Schülerchefs (Chefs élèves) und die Unterchefs (Sous-Chefs) bei allgemeinem und gleichem Wahlrecht gewählt werden. Die Chefs bilden unter Zuziehung von jeweils zwei anderen Lehrern den Rat (conseil), der in täglichen Sitzungen die Durchführung, Überwachung und Leitung der ganzen Disziplin im Sinne der Satzung in Händen hat und die richterlichen Funktionen ausübt. Die eventuelle Bestrafung erfolgt erst am folgenden Tag, um dem Angeklagten Zeit zu schriftlicher Rechtfertigung zu geben. In dringenden Fällen erbittet der Lehrer eine sofortige Ratssitzung, damit ein Urteil auf der Stelle ermöglicht werde. Ausgeschlossen sind körperliche Strafen (ausdrücklich: Züchtigung, Arrest und Essensentzug). Die Aufsicht des Rates erstreckt sich auf die Schulleistungen, ihre Zensurierung und das ganze Schulverhalten. Das Komitee der Lehrer und Werkmeister übermittelt dem Rat wöchentlich seine Aufzeichnungen über die Schüler, die vom Rat mit seinen eigenen verglichen werden und nur von ihm mit Tadel und

Belohnung den Schülern übermittelt werden. Die Belohnungen sind wie der Name der Gesellschaft, ganz im Geiste der Aufklärungspädagogik gedacht als umständliches System von Punkten, Karten, Epauletten.

Die Wahl der Chefs ist verbunden mit einem System des Aufstiegs nach Maßgabe der Strafpunkte und Epauletten. Bourdon spinnt dieses System in zahlreichen Einzelheiten aus und berücksichtigt sorgfältig die Altersunterschiede vom sechsten bis zum achtzehnten Jahre. Diese Einzelheiten sind wesentlich bestimmt von der Aufklärung und den Vorstellungen, die die radikaleren Geister an der Schwelle der Revolution von Staat, Gesellschaft, Freiheit und Verfassung hatten.

Von einer Anstaltserziehung, die dieses Disziplinsystem mit eifriger physischer Erziehung, mit Werkstättenarbeit und einem mannigfaltigen Unterricht nach Begabung und Neigung, ähnlich dem heutigen Kurssystem, verbindet, erhofft Bourdon die Vermeidung aller Mängel der Anstaltserziehung und verspricht, sie, die die wesentlich richtige ist, auch zur völlig richtigen zu machen. Insbesondere erwartet er, daß in solchen Anstalten die sexuelle »Sittenlosigkeit« keinen Raum haben würde. ». . . Begreiflicherweise muß die Satzung in dieser Hinsicht stumm sein, da man den Schülerchefs die Aufsicht hierüber nicht überlassen kann. Aber die neue Ordnung wird die Schüler in all ihrer Reinheit erhalten. Die Erzieher werden, allen sichtbar, keine andere Funktion ihnen gegenüber haben, als die, sie zu unterrichten und sie aufzuklären; sie werden, den Schülern deutlich sichtbar, keine Polizeifunktionen haben, welche notwendigerweise zu Ungerechtigkeiten führen«. Es ist, als spürte Bourdon die große Bedeutung, die Trotz, Feindschaft, Auflehnung gegen WillküRautoritäten für die Masturbation in Anstalten haben, was die Psychoanalyse unserer Tage feststellte. Denn die gleiche merkwürdige stilistische Verbindung zwischen den »schlechten Sitten« und den empörenden Polizeifunktionen der Erzieher bringt auch die ausführliche Erörterung dieses Problems, einige Seiten hinter der eben zitierten kurzen Bemerkung: »Die Tischordnung wird wöchentlich gewechselt. Man vermeidet so Bindungen, die zu intim und daher gefährlich sind. Man mischt die Schüler . . . Die Sitten verderben hauptsächlich durch Langeweile, Müßiggang, Sorglosigkeit. Unsere Schüler, die ständig abwechselnd von Arbeit zum Vergnügen übergehen, immer mit sich selbst und den anderen zufrieden sind, unabhängig sowohl von Laune als von

Willkür der Erzieher, werden rein bleiben«. Von dieser Auffassung eines tieferen Zusammenhangs zwischen Masturbation und Disziplinform abgesehen, vertritt Bourdon den Standpunkt der Sexualpädagogik der Aufklärung. Er ist gegen Einsperrung der Zöglinge bei Nacht und meint schließlich: »In den Momenten, in denen man den Jugendlichen nicht überwachen kann, wenn er notwendigerweise sich selbst überlassen ist, in der Stille der Nacht, ist es die Überzeugung, daß die Dunkelheit uns nicht vor dem Auge der Gottheit verbirgt.« Dies ist übrigens die einzige Stelle, an der Bourdon, der wenige Jahre später aktiv an der Dechristianisierungsbewegung beteiligt sein wird, sich trotz seines Atheismus genötigt sieht, höhere Kräfte als die einer vernünftig geordneten Gesellschaft für die Erziehung zur Hilfe zu rufen. Auch hierin mit der Aufklärungspädagogik übereinstimmend, die, auch bei extremen Freigeistern, der Religion für die Bekämpfung der Masturbation nicht entbehren zu können vermeinte.

Bourdons Abhängigkeit und Abweichungen von der Aufklärungspädagogik und andererseits von Helvetius im einzelnen nachzuweisen, ist nicht meine Absicht. Uns interessiert hier seine zentrale Abweichung von dem geistigen Boden, auf dem er wuchs, seine energische Opposition gegen die sonst einstimmig geforderte Familienerziehung. Bourdons Opposition gegen die Familie ist ein Moment seines Charakters. Wir sehen dieselbe Opposition in seinem ganzen Verhalten während der Revolution[5]. Einer Adelsfamilie entstammend (De la Crosnière), vor der Revolution Advokat, hielt er es vom ersten Revolutionstage an, nicht allein mit dem aufgeklärten Bürgertum, sondern mit dessen radikalem demokratischen Flügel, mit der Pariser Kommune. Er begnügt sich auch nicht bloß mit warmer Sympathie für die kämpfenden Massen, sondern nimmt als Kombattant am Sturm auf die Bastille teil (14. Juli 1789), ist unter den aktiven Führern des Aufstandes der Pariser Kleinbürger und Arbeiter, 10. August 1792, als Delegierter einer der radikalsten Sektionen (Le Gravelliers). Er gehört zu den

---

5 Eine Biographie Bourdons ist mir nicht bekannt geworden; die Bourdon betreffenden Artikel in den biographischen Handbüchern, z. B. (24) und (25), sind sehr lückenhaft. Die folgenden Angaben zu Bourdons Biographie sind unter Ergänzung bzw. Richtigstellung dieser Artikel gegeben nach Bourdons eigenen Schriften (8–11), den Protokollen des Jakobinerklubs (1), den Protokollen der Conventsdebatten im Moniteur (16), Tuetey (23), den Protokollen des Unterrichtskomitees des Convents (13), Jaurès (14), Mathiez (15).

frühen Mitgliedern des Jakobinerklubs, geht bei dessen Spaltung mit der Bergpartei (Montagne), die die Revolution fortsetzen will, gegen die großbürgerliche Gironde, die sie liquidieren will[6]. In den Auseinandersetzungen zwischen den Robespierristen und den Ultralinken (Hébertisten) innerhalb der Pariser Kommune, neigt er zu diesen, nimmt an der Dechristianisierungsbewegung teil, verteidigt verhaftete Hébertisten im Jakobinerklub und ist am neunten Thermidor der erfolgreiche Führer der Truppen gegen Robespierre. Da aber der Sturz Robespierres sehr gegen die Hoffnungen Bourdons und seiner Parteigänger zu immer schärfer werdender Reaktion führte, wird Bourdon als Terrorist verfolgt und Mitte Prairial des 4. Jahres der Republik (April 1795) verhaftet, aber alsbald amnestiert. Für das Ansehen, das der Leopard, wie er bezeichnenderweise genannt wurde (22), bei dem Volke genoß, zeugt seine wiederholte Wahl zu bedeutenden Funktionen in der Kommune, seine Wahl in den Konvent und zur Zeit des Direktoriums in den Rat der Fünfhundert. Im Konvent wurde er von der Bergpartei nicht nur als pädagogischer Fachmann geschätzt und als solcher in das Unterrichtskomitee (Comité de L'Instruction Publique) sowie in die Sechserkommission entsandt, die den Plan eines öffentlichen Erziehungswesens vorzubereiten hatte, sondern auch als zuverlässiger Revolutionär geachtet. Ein Attentat, dem er in Orléans ausgesetzt gewesen war, hatte seine Popularität nicht wenig gesteigert. Kurz, er erwies sich im ganzen Verlauf der Ereignisse als konsequenter Revolutionär, sehr viel weiter links auf dem radikal-demokratischen Flügel als die meisten Mitglieder des niederen Adels, die mit der Entwicklung der Revolution zur Republik, zur Demokratie, zur »Republik des armen Volkes«, zur Diktatur nicht Schritt zu halten vermochten.

Diese eigenartige Entwicklung, die der Ideologie und den Interessen seines Ursprungsmilieus so sehr entgegenläuft, kann nicht erst in der Revolution entstanden sein, sie äußert sich vielmehr bereits an deren erstem entscheidenden Datum (Bastillesturm) und muß an der individuellen psychischen Situation Bourdons liegen. Über sie wissen wir nun freilich nicht viel mehr, als sich aus seinem Lebenslauf erraten läßt. Aber die Psychoanalyse hat uns ein bedeutsames Moment der Psychologie jener Revolutionäre auf-

---

6 Eine ausgezeichnete deutsche Darstellung dieses Kampfes findet sich in dem Buche von Hedwig Hintze (26).

gedeckt, die ihre eigene Klasse verlassen und sich mit einer »niedrigeren« solidarisieren[7]. Diese Haltung entspringt regelmäßig den frühen Konflikten mit den Autoritäten der Kinderstube, mit den Eltern und den ersten Erziehern. Werden in diesen Konflikten die feindselig trotzigen Regungen des Kindes von ihm nicht psychisch bewältigt, so bleibt als Grundhaltung eine oppositionell-feindliche Stimmung bestehen, die sich in der Folge auf alle Autoritätspersonen ausdehnen kann und sich in mannigfaltiger Weise zu äußern vermag. Soll diese Grundhaltung sich aber zum revolutionären Charakter entfalten, so muß sie sich von den Eltern – und den anderen ursprünglichen Objekten der Feindschaft – ablösen und sich idealistisch, verallgemeinert und objektiviert »in Tyrannos« wenden. Der junge adelige Revolutionär ist nun weit entfernt vom kleinen Kind, das gegen seine Eltern aufbegehrte, und doch sind sie es, die er – sublimiert – durch seinen Haß gegen die Aristokratie überhaupt mitbekämpft, ja wie im Falle der Terroristen der französischen Revolution physisch vernichtet. Vor der Revolution äußerte sich Bourdons revolutionärer Charakter in der mutigen, vom Herkömmlichen abweichenden Originalität seiner pädagogischen Gedanken und im Inhalt dieser seiner Forderungen, die eine Anklage gegen die Familie sind und die Familie wenigstens in einer Funktion bekämpfen und abzuschaffen versuchen. Die ausbrechende Revolution erlaubt seinem »unbewußten Elternhaß«, wie die Psychoanalyse eindringlich, wenn auch nicht ganz korrekt sagt[8], bedeutsamere Sublimierungen und tiefere Befriedigung; er erobert nun die Zwingburg der Aristokratie, die Bastille, er gehört zu den unversöhnlichen Feinden des Königs, er fordert bezeichnenderweise, daß dem im Tempel gefangenen König der Verkehr mit Frau und Kindern verboten werde, er bekämpft sogar Gott in der Dechristianisierungsbewegung, er fällt schließlich den »Tyrannen« Robespierre.

Daß seine pädagogischen Ideen nicht allein Resultat objektiven Nachdenkens über Erziehungstatsachen sind, zu denen er als juristischer Ratgeber einer erziehenden Kongregation seit 1780 Ge-

7 Hierüber siehe Näheres in meiner Arbeit, Lit.-Verzeichnis (5).
8 Nicht ganz korrekt, weil mißverständlich: Weder muß diese Regung an den leiblichen Eltern erworben sein, noch bleibt immer im Unterbewußten der Haß gegen die Eltern bestehen, sondern der revolutionäre Charakter ist aus jenen infantilen Regungen *entstanden*.

legenheit hatte, verrät nicht allein die affektive Diktion der entsprechenden Teile seiner Schrift, sondern wird klar durch seine eigene Bemerkung: »Die Erinnerung an meine Kindheit war in meinem Gedächtnis lebhaft ... Wie oft hatte ich mich empört über den Gebrauch und gelegentlich den Mißbrauch der Willkürmacht meiner Erzieher ...« (8)

Dies alles erwogen, erhält die Vermutung viel Wahrscheinlichkeit, daß Bourdons Stellung zur Familienerziehung und zur Revolution demselben psychischen Boden entstammt: den Konflikten des Kindes und Jugendlichen in der Elternfamilie. Diese individual-psychischen Schicksale dürfen wir dafür verantwortlich machen, daß Bourdon seine eigenen Gedanken produzierte, die sich von dem seinerzeit allgemein gültigen Niveau abhoben. Allerdings waren schon einige Jahre später so veränderte soziale, politische, kulturelle Bedingungen vorhanden, daß nicht mehr bloß Einzelgänger aus ihren individuellen psychischen Strukturen heraus, sondern breite Schichten der Gesellschaft aus ihren ökonomischen, politischen und ideologischen Bedürfnissen sie aufnehmen und verbreiten konnten, daß sehr viele Individuen verschiedenster psychischer Struktur sie finden konnten, daß sie, wie man zu sagen pflegt, »in der Luft lagen«. Dies gilt für Bourdons System der Anstaltsdisziplin in den Jahren 1790–1797, für seine Gegnerschaft zur Familienerziehung 1793/94 (während der sogenannten Terrorperiode). Andererseits ist nicht anzunehmen, daß Bourdons individuelle psychische Motive so eigenartig waren, daß er ganz allein vorzeitig zu pädagogischer Familiengegnerschaft gelangt wäre. Im Gegenteil finden sich durch das ganze 17. und 18. Jahrhundert Stimmen dieser Art, aber bezeichnenderweise nur bei revolutionären oder satirischen Köpfen. So macht Swift in Gullivers Reisen kein Hehl aus seiner Feindschaft gegen die Familie und erlaubt den Eltern in Liliput ihre Kinder nur zweimal im Jahr je eine Stunde lang zu sehen und gemäßigt zu küssen (19); so schildert Cyrano Bergerac de Savinien die Mondpädagogik als verkehrte pädagogische Welt, in der die Väter ihren Söhnen blind gehorsam zu sein haben (2). Schließlich boten die eifrig studierten klassischen Autoren, Platos Staat, die antiken Überlieferungen über die Erziehung der Perser und Spartaner familienfeindlichen Affekten Nahrung. All dies führte aber nicht zu pädagogischer Durchdringung des Problems: Anstalts- oder Familienerziehung. Die Pädagogen waren traditionsgebunden oder Aufklärer. Den anderen fehlte aber das entscheidende Motiv für die gedankliche Befassung mit den »Kinderfragen«: Die ungebrochene seelische Bindung an die eigene Kindheit, die Voraussetzung für den »schöpferischen« Pädagogen ist. Bourdon besaß diese und bekennt sie klar als sein entscheidendes Motiv. Die »angeborene Neigung«, die er zu Kindern hatte (inclination naturelle) bestimmt ihn, seine Erziehungsgedanken zu verwirklichen. Seinen Schülern sollten die schlimmen Erfahrungen erspart bleiben, die er in seiner eigenen Kindheit gemacht hatte (8)[9].

Daher bleibt Bourdon auch trotz seiner aktiven Teilnahme an der Revolution eifrig bemüht, seine pädagogischen Forderungen in die Wirklichkeit umzusetzen. 1788 hatte er für sein geplantes Erziehungsinstitut die königliche Approbation erhalten und ihm den Namen »Königliche Gesellschaft für Wetteifer« gegeben (Société royale d'Emulation). Aber der Minister hielt sein Versprechen, Bourdons Vorhaben zu fördern, nicht, und die Anstalt konnte nicht eröffnet werden (9), Bourdon übersandte der Nationalversammlung seinen Plan, er wurde mit Auszeichnung zur Kenntnis genommen und hat – wie wir sahen – in Talleyrands Rapport Berücksichtigung gefunden, aber die Konstituante hatte zur positiven Förderung von Erziehungsprojekten keine Zeit mehr gehabt. Da von der Konstituante nichts zu erwarten war, warb Bourdon, von der Pariser Kommune unterstützt, um die Förderung des Jakobinerklubs, die ihm reichlich zuteil wurde. Am 11. März 1791 wurde sein Bericht von einer hierzu eingesetzten Kommission des Jakobinerklubs überaus günstig beurteilt, und offenkundig auf Grund der zugesagten Hilfe seiner Parteifreunde gründet Bourdon Ende 1791 seine Anstalt. Die Pariser Jakobiner setzten sich in einem Rundschreiben an alle angeschlossenen Gesellschaften (am 7. Oktober 1791 und am 4. Juni 1792) für Bourdons Unternehmung ein, vom Konvent schließlich, in dessen Unterrichtskomitee Bourdon ein tätiges Mitglied war, erhielt die Schule im August und November 1793 Waisen nach den Kriegsfreiwilligen zugewiesen und dementsprechend finanzielle Unterstützung. Die Krise des Thermidors überstand Bourdons Schule, da ihr Leiter kein Parteigänger Robespierres war, aber mit der einsetzenden Reaktion unter dem

9 Es zeigt sich hier bei Bourdon das Motiv der »Rettungsphantasie«, das ich bei Pestalozzi nachweisen zu können glaube (6) und das für einen Typus von pädagogischen Denkern bezeichnend zu sein scheint.

Direktorium wurde am 2. April 1795 die Anstalt aufgelöst.

Diese Anstalt trägt bezeichnenderweise nicht mehr den Namen »Gesellschaft für Wetteifer«, sondern heißt »Gesellschaft der jungen Franzosen« (Société des jeunes Français). War das vorrevolutionäre Projekt Bourdons ziellos von allgemeinen Gedanken und Gefühlen der Freiheit und Gleichheit getragen, so hatte diese neue Gründung ein präzises politisches Erziehungsziel: Glühende Kämpfer für die Revolution, wie die Pariser Kommune sie verstand, zu erziehen. Dementsprechend wurden die Schüler unmittelbar an der revolutionären Aktion interessiert und mit den revolutionären Instanzen in Kontakt gebracht. Sie petitionierten z. B. am 24. März 1793 beim Konvent sogar um die Erlaubnis, sich bewaffnen zu dürfen. Unterricht, Selbstverwaltung, revolutionäre Feste, Theateraufführungen, öffentliche Prüfungen – alles diente dem einen politischen Erziehungszweck. So gaben die Schüler im Theater der Gleichheit (Theatre de l'Egalité) öffentlich nach einer Wilhelm-Tell-Aufführung ein selbstverfaßtes Stück, von dem der »Moniteur« berichtet: »ein neuartiges Schauspiel, aber interessant. Es waren die Schüler Léonard Bourdons, die der Öffentlichkeit in einem Nachspiel zeigten, was die Erziehung unter der alten Herrschaft war und was sie unter der neuen Herrschaft der Freiheit sein kann. Das Stück hatte drei Akte. Der erste ist eine groteske Parodie auf die alte Erziehung. Die zwei letzten haben uns ein wirkliches Vergnügen gemacht. Mit welcher Genugtuung haben die Zuschauer die jungen Menschen in ihren Werkstätten gesehen, mit ihrer täglichen Arbeit beschäftigt! Wie haben sie ihren militärischen Übungen zugejubelt, die mit einer Präzision ausgeführt waren, die nur langgeübte Männer zu erreichen vermögen«[10]. Oder folgende Einladung ergeht im Moniteur vom 23. Februar 1793 (6).

»Die Gesellschaft der jungen Franzosen . . . hat zur Aufgabe, die besten Erziehungsmethoden zu versuchen und zu bewähren durch die Tatsache, daß die jungen Menschen sich ihren Aufgaben um so mehr hingeben, als sie im vollen Genuß ihrer Rechte stehen. Siebzig Schüler der Nation oder Internisten sind in ihr gegenwärtig vereinigt und regieren sich selbst nach den Grundsätzen der Menschenrechte (Déclaration des Droits) unter der Aufsicht einiger

10 Moniteur, 4. Vendémiaire III 25. Sept. 1794 (16).

Freunde der Jugend, die ihr Vertrauen genießen, da sie weder tadeln noch strafen, noch belohnen. Das Unterrichtskomitee des Konvents wünscht sich ein Urteil über die Fortschritte dieser jungen Republikaner zu machen, über das Maß von Hingabe, das ihre soziale Organisation ihnen für die Wissenschaften gibt, die man sie lehrt. Daher wird Sonntag, den 24. Februar eine allgemeine Wiederholung in Gegenwart des Komitees stattfinden. Die gegenwärtigen Studien umfassen die Pflichten und Rechte des Menschen in der Gesellschaft; die Mathematik, die Naturgeschichte, Physik, Astronomie, Geographie, Geschichte, die französische, lateinische, deutsche und englische Sprache; Modellzeichnen, Landschaftsmalerei, Perspektive, Architektur und Ornament; Vokal- und Instrumentalmusik und Tanz-(Turn)übungen. Alle Bürger sind eingeladen, diesen Übungen beizuwohnen. Beginn 9 Uhr.«

Die Anstaltsdisziplin ist nun konkreter geworden, als sie 1788 gedacht war, deutlich beeinflußt von der neuen politischen Organisation und den Einrichtungen der Nationalversammlung Frankreichs. »Vom 12. Lebensjahr an ... der Zeit, in der Gefühl und Vernunft sich zu entwickeln beginnen, sind die Schüler frei unter der Herrschaft des Gesetzes, lediglich abhängig von Dingen und niemals von Personen ... Die Gesellschaft wird verwaltet von drei Komitees: das erste mit der Leitung der Studien, das zweite mit der Überwachung der inneren Polizei beauftragt und das dritte mit der Korrespondenz, sei es mit den Eltern, sei es mit den anderen Schulen des Reiches. Die Eltern der Schüler haben Sitz in diesen Komitees.« Mit der Heranziehung der Eltern folgt Bourdon nicht allein einer damals sehr populären Forderung, die wir mit der modernen Institution der Elternbeiräte vergleichen können, sondern versucht mit diesem Mittel die Arbeit an der politischen Volksaufklärung intensiv fortzusetzen, die in den Sektionen von Paris und in den Volks-Gesellschaften eifrig gepflegt wurde.

Bourdon glaubte aber keineswegs, daß mit einer Anstalt, und wäre sie auch noch so vorzüglich, etwas getan sei. Seiner Meinung nach waren große Anstalten das Mittel der Volkserziehung überhaupt. In diesem Sinne trat er im Konvent energisch für den Lepelletier-Robespierreschen Plan[11] ein, der für alle Kinder vom

11 Dieser Plan ist deutsch übersetzt 1848 erschienen (21). Das Original ist bei Guillaume (13) am zugänglichsten zu erreichen. Merkwürdigerweise hat dies,

fünften bis zum zwölften Lebensjahr die staatliche Erziehungsanstalt vorsah. Nur mit diesem gigantischen Werk sei die kulturelle Aufgabe, die ganze Jugend zu Republikanern zu erziehen, möglich, nur mit ihm könne eine wirkliche Erziehung der proletarischen Jugend, wie es bereits in dem Gesetzentwurf heißt, den Robespierre und Bourdon vertraten, überhaupt durchgeführt werden, nur mit ihm steuere man der Verwahrlosung. Da aber schon in den ersten Tagen der Konventsdebatte deutlich wurde, daß dieser Plan der allgemeinen Pflicht-Staatserziehung nicht angenommen würde, hat Bourdon einen Kompromißvorschlag vertreten und zur Annahme gebracht. Nach diesem Projekt sollte die Staatserziehung neben der öffentlichen Schule als freiwillige Institution bestehen und Bourdon hatte die Hoffnung, daß die Häuser der Gleichheit (Maisons d'Egalité), wie die Erziehungsanstalten heißen sollten, auf der Basis der neuen Disziplin aufgebaut, so einleuchtende Vorbilder sein würden, daß ohne alle Zwangsmaßnahmen sehr bald das ganze Schulwesen sich in Anstaltsformen entwickeln würde. Lediglich als Musteranstalt wollte er seine eigene Gründung ansehen, die zur Nachahmung anregen sollte, aber auch in der Art des Jakobiner-Klubs, mit den verwandten Schulen und Heimen in steter Verbindung, eine Zentrale der Jugenderziehung des ganzen republikanischen Frankreich, der revolutionären Erziehung, wie man seit 1793 sagte, werden sollte.

In dieser Hoffnung wurde Bourdon betrogen, seine Anstalt wurde nirgends nachgeahmt. Auch sein Grundgedanke, den er mit Lepelletier, Robespierre, St. Just teilte, daß die Volkserziehung staatliche Anstaltserziehung sein müßte, hat keine Verwirklichung gefunden. Nach der kurzen Episode der Diktatur der radikalen Demokraten, des Robespierre-St. Justschen Wohlfahrtausschusses, hat die Entwicklung des Erziehungswesens eine völlig andere Linie eingehalten. Das öffentliche Erziehungswesen beschränkte sich auf die Schule, den Unterricht, während die Erziehung der Familie überlassen blieb. Mit dem fortschreitenden Versagen der Erziehungsfunktionen der Familie entwickelt sich im Kampf gegen Verwahrlosung und Kriminalität der Jugendfürsorge ein Anstaltswesen, für das jahrzehntelang völlig, nicht zu geringem Teil auch

wie ich glaube, höchst merkwürdige Projekt in der Geschichtsschreibung der Pädagogik so gut wie keine Beachtung gefunden. Ich komme darauf in einer demnächst erscheinenden besonderen Arbeit zurück.

heute noch gilt, was Bourdon 1788 von der Anstaltserziehung charakterisierend sagte: daß sie keine »überlegten Grundsätze« habe.

Die Einheit von Schule, Erziehung, Armenerziehung und Kampf gegen Verwahrlosung als Sozialerziehung in großen gegliederten, auf »Freiheit und Gleichheit« aufgebauten Anstalten, ist seit dem Thermidor aus den bürgerlichen Erziehungsgedanken und Forderungen völlig verbannt, während sie im Programm der Sozialisten von Babeuf bis zum Kommunistischen Manifest in Fortsetzung der Tradition aus der Zeit Robespierres festgehalten wurde, seit 1848 auch dem sozialistischen Gesichtskreis entschwand, bis erst wieder in neuester Zeit, vornehmlich in der Sowjeterziehung, diese Forderung und Realisierungsversuche auftauchen. (In Deutschland ist als bedeutsamster Vertreter des Bourdon-Lepelletierschen Programms Fichte zu nennen, dessen »Nationalerziehung« direkt von den Jakobinern beeinflußt ist[12].) Hingegen ist Bourdons eigenster Gedanke, sein System der Anstaltsdisziplin, weit über den engen Kreis der radikalen Jakobiner hinaus und schon vor ihnen akzeptiert worden. Denn dieses System ist an sich nicht radikal demokratisch, sondern schlicht demokratisch, hatte bereits Talleyrands Zustimmung gefunden und wurde, auf die Schuldisziplin eingeschränkt, fast einstimmig bis 1795 gefordert und wohl auch gelegentlich durchgeführt. Erst mit der immer schärfer werdenden Reaktion unter dem Direktorium verlor es seine Anziehungskraft, um in den Ideen und pädagogischen Versuchen der Liberalen zu Anfang des 19. Jahrhunderts, modifiziert als »Methode des gegenseitigen Unterrichts«, Anhänger zu finden.

Literaturverzeichnis

1. Aulard, F. A., La Société des Jacobins. Recueil des Documents. Bd. I bis VI. Paris 1889–1897.
2. Bergerac, Cyrano, de, Mondstaaten und Sonnenreiche. (Übertragen von M. Schirmer.) München 1913.

---

12 Bourdon war im Auftrag des Direktoriums einige Zeit in Deutschland. Über diesen Aufenthalt und die Einwirkungen der jakobinischen Erziehungspolitik auf Deutschland berichtet die in Anmerkung 2 angekündigte Arbeit. (S. B.: Formen der Disziplin in Erziehungsanstalten (3) u. Die Schulgemeinde. (4))

3. Bernfeld, Dr. Siegfried, Formen der Disziplin in Erziehungsanstalten. Zeitschrift für Kinderforschung Bd. 33, 1927. (S. 223–248 in diesem Band)
4. Derselbe, Die Schulgemeinde und ihre Funktion im Klassenkampf. Berlin. Laub 1928. (Bd. 2, S. 14–105)
5. Derselbe, Der »soziale Ort«, seine Bedeutung für Neurose, Verwahrlosung und Pädagogik. Imago 1929. (Bd. 2, S. 209–224)
6. Derselbe, Der Irrtum des Pestalozzi. Zeitschrift für psychoanalytische Pädagogik. 1928. (Bd. 2, S. 108–118).
7. Bloch, Camille, L'Assistance et L'Etat en France à la veille de la Révolution (1764 bis 1790.) Paris 1908.
8. Bourdon, Léonard, Plan d'un Etablissement d'Education nationale, autorisée par Arrêt du Conseil du 5. Oct. 1788, sous le titre de Societé royale d'Emulation. Orléans 1788.
9. Derselbe, Société des jeunes Gens Français, base d'une école centrale d'experiences, établié au ci-devant prieuré de Saint-Martin-des Champs, Rue Saint Martin à Paris. [Abgedruckt in (1), Bd. II.]
10. Derselbe, Projet de décret sur l'éducation nationale [Convent; 27. Juli 1793]. [Abgedruckt in (13), Bd. II].
11. Derselbe, Discours sur l'instruction commune, prononcé dans la séance du 30. Juill 1793. [Convent]. [Abgedruckt in (13), Bd. II].
12. Budde, Gerhard, Erziehungsfragen zur Zeit der französischen Revolution. (Ein Spiegel für die Gegenwart). Langensalza 1919.
13. Guillaume, M. J., Procés-verbaux du Comité d'instruction publique de la Convention nationale Bd. I–VI. Paris 1891 bis 1907.
14. Jaurés, Jean, Histoire socialiste de la révolution française. Edition Révue par M. Mathiez. Bd. I–V. Paris 1922–23.
15. Mathiez, A., La Révolution française I–III. 3. Aufl. Paris 1928.
16. Moniteur universel (Gazette nationale). Paris 1793–94. [Archiv der Sozialdemokratischen Partei Deutschlands. Berlin.]
17. Morelly, Code de la Nature. 1775.
18. [Philipon-la-Madelaine]. Vues patriotique sur l'éducation du peuple, tant des villes que de la campagne; avec beaucoup de Notes intéressantes. Ouvrage qui peut être également utile aux autres classes des citoyens. Lyon 1783. [Univ.-Bibl. Göttingen].
19. Swift, Jonathan, Reisen in verschiedene ferne Länder der Welt. In 4 Teilen. Von Lemuel Gulliver. Erste ungekürzte Ausgabe. (Fritz Thurow). Berlin 1909.
20. Talleyrand, Périgord, Rapport sur l'instruction publique. [Nationalversammlung 10., 11., 19. September 1791]. Enthalten in: C. Hippeau. L'instruction publique en France pendant la Révolution. Bd. 1. Paris 1881.

21. Thaulow, Gustav, Michel Lepelletiers Plan einer National-Erziehung, vorgelesen und beraten im Convent, den 13. Juli 1793, Kiel 1848.
22. Thibeaudeau. Mémoires. [Enthalten in (13) Bd. III.]
23. Tuetey, Alexandre. Repertoire géneral des sources manuscrites de l'histoire de Paris pendant la Rev. Bd. VII. Paris 1905.
24. Biographie, Nouvelle Générale. (Herausgeber: Hoefer). Bd. VII. Paris 1863. [Artikel: Bourdon.]
25. Larousse, Le Nouveau: Bd. II. Paris 1919. [Artikel: Bourdon.]
26. Hintze, Hedwig, Staatseinheit und Föderalismus im alten Frankreich und in der Revolution. Berlin 1928.

Strafen und Schulgemeinde in der Anstaltserziehung

In einem Heim, das an 150 Zöglinge, Knaben und Mädchen, Waisen, Gefährdete, Verwahrloste von 4 bis 14 Jahren umfaßt, wird ein Junge von 7 Jahren ertappt, der auf dem Schulweg in einem Laden Schokolade stahl. Die Leitung und Erzieherschaft dieses Heimes verpönt das alte System; sie kommt seit längerer Zeit ohne Prügelstrafe, ohne Arrest, ohne Essensentzug aus. Verweis, Ermahnung, Entzug kleiner Vergünstigungen reichen hin, die Disziplin aufrechtzuerhalten. Dieser Diebstahl ist ihnen eine schwere Enttäuschung; die Erzieher betrachten ihn als eine tiefe Erschütterung des moralischen Niveaus und glauben nicht, dagegen mit jenen milden Mitteln der neuen Erziehung ausreichend anzukämpfen. Sie sind aber unschlüssig, was zu tun sei und berufen vorerst den Schülerrat ein, der seit kurzem besteht, ohne daß er irgend Lebendigkeit oder Bedeutung in der Anstalt erlangt hätte. Die Sitzung verläuft ohne innere Anteilnahme der Kinder und führt zu keinem definitiven Ergebnis. Die Erzieher hatten nicht verfehlt, ihren Abscheu vor der Handlungsweise des Jungen auszudrücken und fanden durchaus die, wie nicht zu bezweifeln war, heuchlerische Zustimmung der Zöglinge. Doch nachts wurde es unruhig im Knabenschlafsaal, es gab ein Reden, Aufstehen, Konferenzen im Abort – und morgens gestand ein Junge im Auftrag seiner Komplizen einem Funktionär des Schülerrats: seit guten vier Wochen stehlen sie, ihrer etwa 12, mit bestem Erfolg in den Läden der Schulumgebung täglich Schokolade.

Dieser Fall verdient unsere Aufmerksamkeit, weil er durchaus typisch ist, weil er an zahllosen Anstalten ähnlich eintreten kann, und in der Tat oft so eingetreten ist. Gerade derjenige, der den Rückfall in die Prügel-, Kasernen- und Arrestpädagogik verhindern möchte, muß ernst und deutlich zugeben, daß die Pädagogik der Humanität, der Kameradschaftlichkeit, der Liebe und des Nichtstrafens keineswegs ausreicht, um in jedem Fall auch nur die Ordnung in der Anstalt aufrechtzuerhalten; geschweige denn in schwierigen Fällen erzieherische Erfolge zu erzielen. Immer wieder finden sich die Erzieher enttäuscht, die den neuen Prinzipien huldigen. Von seltenen, besonders gearteten Ausnahmen abgesehen, erleidet diese Pädagogik allzu leicht Schiffbruch; früher oder später ereignet sich ein krasser und gefährlicher Fall, der die Erzieher ratlos findet, und leicht den Stimmen Gewicht und Verwirklichung gibt, die ohnedies das alte Verfahren nur unwillig und ungläubig aufgegeben hatten. Es wäre eine gefährliche Illusion, zu glauben, daß vermehrte Kameradschaftlichkeit und Liebe, größere Erzieherfähigkeiten auch in solchen schwierigsten Fällen zum Ziele geführt hätten. Vielmehr – soll ein wirklicher Fortschritt erreicht werden – muß eingesehen werden, daß die Liebespädagogik ihre engen Grenzen hat, daß mit ihr allein die Anstaltserziehung nicht bestritten werden kann. Gäbe es keine andere Wahl als Liebes- oder Kasernenerziehung, könnten auch die besten Anstalten auf die Dauer bloß eine regellose Vermengung beider Prinzipien leisten.

Es würde sich also darum handeln, neuartige Methoden einzuführen, um jeden Rückfall in die Kasernenpädagogik zu verhindern. Aber vorher wäre zu erwägen, ob unsere Erzieher zu der ernsten Beurteilung der Sache auch wirklich berechtigt sind. Ist nicht vielleicht die ganze Diebstahlangelegenheit ein kleiner harmloser Streich? Sollten die Erzieher nicht mit einigen Worten zur Tagesordnung übergehen? Nun, es läßt sich allerhand zur Verteidigung der Kinder sagen, Diebstahl ist häufig genug ein vorübergehendes Symptom der Vorpubertät, und gerade der Schokoladen-Diebstahl entbehrt nicht der Verständlichkeit; Mut, Umsicht, Geschicklichkeit haben die Taugenichtse erwiesen. Wir wissen, daß Abenteurerlust, keckes Sich-Selbst-Behaupten, harmlose Büberei gelegentlich zu Handlungen drängen, die den objektiven Tatbestand der Asozialität oder Kriminalität darbieten, ohne daß die seelischen Motive, die zu ihnen führten, so negativ gewertet werden dürften. Die Psychoanalyse hat noch zu alledem gelehrt, daß nicht selten der Diebstahl bei Kindern die vorübergehende Folge einer an sich sehr wünschenswerten Entwicklung ist, nämlich gelungener Abgewöhnung der Onanie.

Aber alle diese Gründe zur Entschuldigung der Täter reichen nicht hin, ihre Taten als harmlos zu bewerten. Das künftige Lebens- und Gesellschaftsschicksal der Täter ist keineswegs allein abhängig von ihren psychischen Motiven, von ihrem seelischen Zustand, sondern wird ausschlaggebend bestimmt von dem sozialen Ort, an dem sie sich befinden. Der Diebstahl kann im behüteten bürgerlichen Milieu ohne irgendwelche sozialen oder psychischen Folgen für das Kind bleiben, während dieselbe Tat, aus den gleichen seelischen Motiven in einem gefährdeten, proletarischen Milieu ausgeführt, ein völlig anderes Gewicht erhält. Tatsächlich hat die große Masse späterer Verwahrloster und Krimineller mit eben solchen kleinen, anfangs gelegentlichen, später systematischen Diebs-Bandereien begonnen, wie sie unsere Heimzöglinge tätigten. Diese entstammen gefährdeten proletarischen Schichten. Die Bildung der Diebsbande ist daher als objektives Verwahrlosungssymptom zu werten – was immer die subjektiven, und gar die unbewußten Motive der Täter gewesen sein mögen. Das Heim kann also nicht wohl darüber zur Tagesordnung übergehen, und die Besorgnis der Erzieher ist nicht unbegründet. Freilich verbietet sich nach dieser Einsicht der Rückfall in die alten Methoden erst recht. Ganz gewiß ist: Die Behandlung solcher ersten, frühen Verwahrlosungssymptome mit Autorität, Prügel, Arrest, Gefängnis – kurz mit »Zuchtpädagogik«, hat fast unausweichlich die Folge, die Täter definitiv in die Verwahrlosung und Kriminalität zu treiben.

Man könnte freilich sagen, die Erziehung ohne Strafen habe zwar bisher noch nicht genügend gewirkt; würde sie aber trotz des Zwischenfalles konsequent weitergeführt, so würde sie sicherlich ihre Früchte tragen. Diese Auffassung ist theoretisch wahrscheinlich richtig. Aber nun ist einmal etwas vorgefallen, das Konsequenzen hat, die nicht mehr ganz in der Hand des Erziehers liegen. Die Ladenbesitzer werden sich rühren, wenn die kleine Diebesbande ihre Untaten fortsetzt. Die Schule wird in irgendeiner Weise reagieren. Der Schülerrat selbst hat bereits die Verurteilung der Verbrecher gefordert; einzelne der Erzieher sind unsicher geworden. Es liegt eine dringende, aktuelle Notwendigkeit vor, die bisher geübten Erziehungsmittel zu bereichern. Nach meiner Meinung kommt dafür in allererster Linie die Schulgemeinde in Frage. Sie allein kann das Problem der Strafen in der Anstalt lösen; sie ist jene Bereicherung der Liebespädagogik, die auch in komplizierten Situationen den Rückfall in die Prügelpädagogik verhindern kann.

Aber man muß unter Schulgemeinde das Richtige verstehen[1], und eine richtige Schulgemeinde will in der richtigen Weise gegründet sein. Das Heim hatte einen Schülerrat. Natürlich läge nahe, diesen Schülerrat zum Schülergericht und dann zur Schulgemeinde auszubauen. Aber dieser Weg wäre in unserem Fall doch nicht der richtige gewesen.

Denn die Erzieher hatten sich beeilt, ihre Enttäuschung, ihren Abscheu, die sittliche und soziale Verurteilung der Diebereien zu verkünden; die Einberufung des Schülerrates, ein seltenes und ungewohntes Ereignis, war den Kindern ein Beweis für die außerordentliche Schwere, welche die Erzieher dem Vergehen beimaßen. Die Kinder aber hatten in ihrer überwiegenden Mehrheit eine wesentlich mildere Auffassung des Vergehens, ja sie waren zum großen Teil mit den Verbrechern innerlich solidarisch. Bezeichnend ist hierfür: eines der ältesten Mädchen, eine von denen, die im Heim die öffentliche Meinung lärmend dahin zu beeinflussen strebte, daß die Verbrecher schwer bestraft werden müßten, hatte bereits vor einiger Zeit auf dem Schulweg Kenntnis von den Diebstählen bekommen, aber ihre ganze sittliche Entrüstung hatte damals nur das Niveau gehabt: »Tut es nicht, denn ihr könntet erwischt werden!« Die Verurteilung der Verbrecher wäre also keineswegs der Ausdruck des von der Majorität bereits erreichten sozialen, sittlichen und Rechtsniveaus gewesen, sondern von deren Heuchelei, Streberei oder bestenfalls Friedfertigkeit. »Wir wissen, daß ihr Erzieher solche Sachen höchst tragisch nehmt, so mögt ihr euren Willen haben, aber ganz unter uns gesagt: weder diese Beurteilung noch die sonstigen Ideale und Wertungen, die ihr uns aufdrängen wollt, sind wirklich unsere.« Ist das die, wenn auch nicht immer deutlich bewußte, Einstellung der Schulgemeindemitglieder, dann ist diese Institution natürlich um nichts wirksamer als die anderen Erziehungsmethoden.

Den vorhandenen Schülerrat als Keimzelle einer rettenden Schulgemeinde anzusehen, wäre demnach das Verkehrte gewesen; sondern wollte man die Schulgemeinde in Zukunft richtig aufbauen, so galt es, den drängenden aktuellen Fall zur Reinigung der Atmosphäre zu verwenden, eine künftige günstige Entwicklung vorzubereiten. Die Erzieher müßten die wirklichen sozialen

---

1 Siehe zu dieser Frage »Die Schulgemeinde und ihre Funktion im Klassenkampf«, Ausgew. Schriften, Bd. 2, S. 14 ff und »Kinderheim Baumgarten«, S. 94 ff.; ferner die Aufsätze auf S. 278 ff. und S. 223 ff. in diesem Band.

und sittlichen Anschauungen der Kinder zunächst einmal als Faktum anerkennen; ja vielen von ihnen überhaupt erst bewußt machen. Die Distanz zwischen diesem wirklichen Niveau der Anstalt und der sittlichen Höhe der Erzieherschaft müßte klargestellt und sogleich verringert werden. Und da ja die Kinder nicht in einer Stunde emporgehoben werden können, so ist es Aufgabe der Erzieher, ein wenig herabzusteigen. Womit sie ja sich nichts vergeben, da sie tatsächlich einen Fehler gemacht hatten; sie hatten übertrieben. Denn so berechtigt ihre Sorgen und Wertungen auch sein mögen; in einem hatten sie entschieden den Kindern Unrecht getan: Kinder haben ein Recht auf Schokolade, auch arme, proletarische Kinder, auch Heimzöglinge. Wenn die Erzieher erklärten: »Ihr habt ein Recht auf Schokolade – sie zu stehlen ist aber nicht der geeignete Weg; er führt zu allerhand Komplikationen, wie Ihr seht« (nicht aber: »er ist an sich verwerflich«) – dann sind sie und die Zöglinge auf einer und derselben moralischen Ebene, dann sind Verständigungsmöglichkeiten offen.

Die Erzieher müssen zunächst einmal vom Piedestal sittlicher Autorität herabsteigen, um sich mit den Übeltätern im Ziel ihrer Tat zu solidarisieren. Sie gewinnen dann ihr Ohr für die Kritik ihrer Methode, dies anerkannte Ziel zu erreichen.

Die Anerkenntnis des Rechts auf Schokolade besagt nicht, daß die Heimleitung nun verpflichtet wäre, diese Näscherei den Kindern zu liefern. Zwar werden selbstverständlich diese Diebstähle aufhören, wenn die Kinder Schokolade oft und reichlich verteilt erhielten, aber damit wären sie noch lange nicht auf ein höheres seelisches Niveau gehoben, und in nichts wäre ausgeschlossen, daß sich eine Bande bildete, die Kaugummi stiehlt.

Die Kost in der Anstalt war ausreichend und schmackhaft und abwechslungsreich; dies vorausgesetzt, wird die Leitung angesichts der Diebsbande weder Kostverbesserungen noch Taschengeld einführen, sondern die Zöglinge bleiben angewiesen, ihr Ziel (Näschereien) selbständig, aber mit zulänglichen Mitteln zu erreichen, die nicht wie der Diebstahl unpraktische und unangenehme Folgen außerhalb des Heims (Schule, Polizei, Jugendamt) haben. Ist der Zöglingschaft dies völlig bewußt geworden, dann haben die Erzieher die entscheidende Aufgabe, eine solche zulängliche Methode zu finden, vorzuschlagen und ihre Durchführung zu leiten. Solcher Wege gibt es zahlreiche und naheliegende; zum Beispiel könnte man den Kindern folgendes Mittel vorschlagen: die kleine Diebsbande verwandle sich in eine Theaterspielbande, lade monatlich Gäste zu einer Aufführung ein, spiele vor ihnen auf Teilung des Eintrittsgeldes und schaffe so eine Kasse für legitime Schokoladekäufe. Wer derartiges je in einem Heim versucht hat, weiß, wieviel Interesse, Begeisterung, Hingabe aus einer solchen Komödientruppe herauszuholen ist; weiß, welch kräftige seelische Bindungen unter den Spielern und zu dem Anführer entstehen; kennt die Bedeutung, welche die Truppe für die ganze Anstalt gewinnen kann; zweifelt nicht, daß die Kasse schließlich zu edleren Zwecken verwendet werden wird, weil der ursprüngliche Zweck der Unternehmung vergessen sein wird, ehe noch die erste Aufführung stattfand. Doch diese Perspektiven sind für uns hier unbedeutend. Uns interessiert die pädagogische Situation, die durch diese Einstellung des Erziehers und den, beispielsweise, neuen Vorschlag entsteht. Wir gehen ja von der Überzeugung aus, daß es jenseits der Kasernenpädagogik wirksame Kräfte in der Anstaltserziehung geben müsse, die über den engen Wirkungskreis der Liebespädagogik hinausreichen. Und wir hoffen sie in gesellschaftlichen Einrichtungen innerhalb der Anstalt zu finden, die wir mit dem Namen »Schulgemeinde« nur ungenau bezeichnen. Um die Luft rein zu machen, um die Ansatzkerne zu solchen Einrichtungen zu schaffen, haben wir die Ernährungsinteressen der Kinder anerkannt und diese Theater-Spiel-Bande vorgeschlagen. Ihre Wirksamkeit zu verstehen, müssen wir uns von der üblichen pädagogischen Betrachtungsweise losmachen, die immer bloß den einzelnen Erzieher sieht und das einzelne Kind, auf welches er erziehend mit bestimmten Mitteln einwirkt. Wir müssen die Beziehungen zwischen den Zöglingen untereinander und zu den Erziehern in einer pädagogischen Situation erfassen, ihre Struktur verstehen. Diese läßt sich dahin beschreiben, daß die Mitglieder der Theatergruppe ein gemeinsames Ziel haben (die Theateraufführung oder auch deren eigentlichen Zweck, den Schokoladekauf), das sie gemeinsam, arbeitsteilig organisiert, zu erreichen tätig sind. Sie sind eine organisierte, solidarische Gruppe, die ein gemeinsames, erreichbares, konkretes Ziel mit den hierzu zulänglichen Mitteln anstrebt. Insofern hat sich an ihrer Struktur beim Übergang von der Diebsbande in die

Komödientruppe nichts geändert. Auch als Diebe waren sie in der Verfolgung eines gemeinsamen, erreichbaren, konkreten Zieles solidarisch verbunden; auch dafür hatten sie eine arbeitsteilige Organisation, die freilich nur in Ansätzen ausgebildet war, während sie in der Spieltruppe sorgfältig durchgearbeitet ist. Das Ziel, das sie solidarisch anstreben, ist in beiden Situationen annähernd dasselbe: Schokolade. Der grundsätzliche Unterschied besteht in der Stellung des Erziehers. Früher war er ihr Gegner, sie mußten sich vor ihm hüten, ihre Gruppe vor ihm verbergen, sie wußten, daß er ihr Ziel als ein niedriges (Näscherei), ihre Mittel als verbrecherisch (Diebstahl) verurteilt hätte – jetzt ist er ihr Führer, das heißt, er ist mit ihnen im Ziel solidarisch; er ist nicht durch Wertungen von ihnen differenziert, verurteilt nicht ihre Ziele (Wertungen) als kindische oder verwerfliche Naschhaftigkeit, Begehrlichkeit und setzt keine angeblich höheren Wertungen, sondern ist in Ziel und Wertung auf ihrem eigenen Niveau. Was ihn zum Führer macht, ist die Überlegenheit, die er in den Methoden der Zielerreichung besitzt. Er hat den praktischeren Weg des Theaterspielens, der sich auch sehr bald als der lustigere erwies und ein ehrenvollerer zu werden verspricht, gewiesen, und er ist der überlegene Meister in der Organisierung und Verwirklichung der Mittel. Er gewinnt die Autorität des Meisters über die Mittel und Wege zum gemeinsamen Ziel, die technische Autorität. Er tritt damit an die Stelle jenes Knaben, der der Führer der Diebesbande war, der ihnen als erster den Weg zum gemeinsamen Ziel (Schokolade ohne Geld) gewiesen hatte, und der die arbeitsteilige Organisation durchgeführt hatte. Wenn sich auch an der Struktur der Diebsbande und an dem seelischen Zustand der Diebsgenossen nichts geändert hat, so ist doch der Eintritt des Erziehers in die Gruppe als ihr technischer Führer, die Übernahme der Wegführerschaft durch ihn von höchster Bedeutung. Denn alle Wirksamkeit, die ein Erzieher überhaupt gewinnen kann, wird vielfach erleichtert und vertieft, wenn er nicht von außen oder gar als Feind auf sie einwirkt, sondern ein wichtiges Glied ihrer eigenen Gruppe ist. Hierzu kommt aber noch eine bedeutsame Tatsache: besteht eine solche Gruppe mit Wegführer zu gemeinsamem konkretem Ziel längere Zeit, so pflegt sich in ihr eine seelische, oft sehr bedeutsame Bindung der Mitglieder untereinander und an den Führer einzustellen, die allmählich das ursprüngliche konkrete Ziel in den Hintergrund treten läßt, während die seelischen Bindungen zum Hauptzweck, zum Selbstzweck der Gruppe werden; der Wegführer wird dadurch zum Ideal der Gruppengenossen; sie wollen so werden, wie er ist, oder so, wie er wünscht, daß sie seien. Sie entwickeln die Bereitschaft, alle seine Ziele und Wertungen zu übernehmen, auch dann, wenn sie ihnen ursprünglich fremd und wertlos erschienen sind. Nun erst wird er der Führer zu neuem Ziel und löst in den Gruppengenossen Selbsterziehungsversuche aus. Diese pädagogische Führergruppe hat also ursprünglich Ziel und Struktur der naturgewachsenen Diebsbande; sie behält deren Struktur und gewinnt ein neues Ziel erst im Laufe ihrer Entwicklung. So sehr die Liebespädagogik und die Kasernenpädagogik voneinander verschieden sind, so haben sie doch gemeinsame Strukturmomente gegenüber der Führergruppenpädagogik. Sie sind ganz und gar auf die pädagogische Situation der Paar-Gruppe eingestellt: der einzelne Erzieher steht dem einzelnen Kind gegenüber. Die seelischen und sozialen Bindungen und Gruppierungen der Kinder bleiben völlig unberücksichtigt. Der Erzieher steht als moralische Autorität über allen Kindern, er setzt unbekümmert um den seelischen Zustand der Kinder allgemein gültige Werte und Ziele (Kinder haben so und so zu sein). Diese Autorität wird von den Kindern oft innerlich anerkannt, indem der Erzieher diese Anerkenntnis durch Furcht erzwingt oder durch Liebe erwirbt. In der Führergruppenpädagogik hingegen ist der Erzieher bloß technische Autorität, er weist den Kindern die Wege, auf denen sie ihre eigenen Ziele erreichen können. Er gewinnt moralische Autorität nur, wenn er sie durch seine Wegführerschaft sich verdienen kann. Die durch Furcht erzwungene Autorität führt nur selten zu einer dauernden seelischen Veränderung, sondern allermeistens bloß zu einer klugen Regulierung von Handlungen. Die durch Liebe erworbene Autorität führt freilich zwar oft zu tiefen seelischen Veränderungen; sie ist aber meistens in der Anstalt nicht aufrechtzuerhalten, weil sie zu langer Zeit bedarf, um wirksam zu werden; weil die Erzieher vielfach einer Majorität ihrer Zöglinge nicht genügend liebenswert erscheinen; weil schließlich die Liebe verwahrloster, neurotischer, psychopathischer Kinder – also eben der Anstaltskinder – sich aller Regel nach in paradoxen, ordnungsstörenden Formen äußert, z. B. als Aggression, Trotz, Undankbarkeit. Die durch Wegführerschaft verdiente Autorität führt im Gegensatz hierzu allermeistens sehr rasch und direkt zu nachhaltigen seelischen Änderungen. Sie kann von der überwiegenden Masse aller Erzieher ausgeübt werden, weil sie im Gegensatz zur Liebespädagogik erlernbar ist und sie führt zu keinen ordnungsstörenden Schwierigkeiten, wenn sie in der richtigen Weise in das Gesamtleben der Anstalt eingebaut ist, in jenes System, das als Schulgemeinde bezeichnet wird. Diese richtige Weise besteht darin, daß das Leben der Kinder nach deren Zielen von technisch überlegenen Führern (den Erziehern) organisiert wird. Will man dies vorbereiten, so müssen in der Anstalt erst eine oder mehrere Gruppen der geschilderten Art aktiv sein; auch mit ihnen kann die Arbeit der allmählichen Umstellung der Zöglingschaft und der Disziplin-Einrichtungen geleistet werden. Bis dahin hätte in unserem konkreten Fall die Heimleitung gegenüber der Öffentlichkeit und der Partei der heuchlerischen Aufhebung der Strafe auf 4 Wochen zur Bewährung anzukündigen.

Psychische Typen von Anstaltszöglingen

I.

Der Leiter einer Erziehungsanstalt hat eine Reihe von Aufgaben zu erfüllen, die eigentlich nicht pädagogische sind. Denn in jeder Anstalt muß Ordnung und Disziplin irgendeiner Art herrschen. Ohne Organisation, ohne Abgrenzung der Rechte und Pflichten jedes einzelnen, ohne »Gesetze« und Einrichtungen, die deren Befolgung erzwingen, ist es unmöglich, die widerstrebenden Interessen der großen Anzahl von Menschen, die in der Anstalt leben, auszugleichen.

Wie pflegt er diese Aufgabe zu lösen? Indem er einen durchdachten Plan aufstellt, die Hausordnung, Schlafsaalordnung, Ausgangsordnung und so weiter und seine Angestellten und Zöglinge veranlaßt, sie zu befolgen? Bei den Angestellten gelingt dies meist sehr leicht. Bei den Kindern ist es aber wesentlich komplizierter. Sie können vielfach nicht ausgeschlossen werden; das wissen sie; oft aber ist dies ihr tiefster Wunsch. Sie werden den Ausschluß nicht als disziplinierende Drohung empfinden. Andererseits sind ihnen die Gebote und Verbote, die ihnen die Anstaltsordnung auferlegt, vielfach sehr unangenehm, fast immer unbequem. Vom Gewecktwerden am Morgen bis zum Lichtauslöschen am Abend sehen sie sich vor Forderungen, die sie nicht einsehen können und auch nicht wollen, die nicht ihren augenblicklichen Wünschen entsprechen, die ihnen zum Teil ganz zuwider und sehr unangenehm sind, und denen sie sich daher energisch widersetzen.

Nun gibt es ein Mittel, das die Pädagogik seit je empfahl, das heute immer dringender und entschiedener gefordert wird: das liebevoll verstehende Eingehen auf das Kind. Und es ist wahr: man kann durch vernünftiges Zureden, durch Weckung von Stolz und Ehrgeiz das Kind zum pünktlichen Aufstehen bringen, man kann seine Liebe so stark gewinnen, daß es, um Kränkung des geliebten Erziehers zu vermeiden, um nicht von ihm sorgenvoll angeblickt zu werden, allerhand tut und unterläßt, das ihm sehr zuwider und sehr unangenehm ist. Aber ebenso wahr ist, daß mit diesem Erziehungsprinzip allein die notwendige Ordnung in einer Anstalt nicht immer hergestellt werden kann. Nur in ganz seltenen Sonderfällen, in denen eigenartige Bedingungen wirksam sind, gelingt dies. Diese Fälle sind aber nicht für die Mehrzahl der

Anstalten gültig. So unangenehm diese Ansicht manchem Vertreter »moderner Erziehung« ist, muß sie nachdrücklich festgestellt werden. Freilich will ich damit nicht das Gewissen der Prügelpädagogen entlasten. Diese haben erst recht gänzlich unrecht. Wir müssen nach Neuem suchen. Die liebevolle, prügelfreie Pädagogik als solche ist für die Anstaltserziehung aber nicht das gesuchte Neue. Wir dürfen nicht vergessen: die Ordnung in der Anstalt muß unbedingt gesichert sein; sie muß klaglos und geräuschlos funktionieren, sie darf überhaupt kein Problem sein und darf keine Kraft erfordern – denn sie ist ja – zwar unerläßlich aber – nur eine Voraussetzung für das Erziehungswerk, das geleistet werden soll. Im engen Rahmen der Familie kann mit Liebe, Einsicht, Verständnis als ausschließlichem Prinzip gearbeitet werden. Aber eine Anstalt ist keine Familie; sie ist zu groß, zu kompliziert, in ihr sind andere seelische Vorgänge – wie wir noch sehen werden. Die Familiendisziplin (wie wir sagen wollen) ist nicht ausreichend, eine Organisation mit ihrem Apparat – und das ist jede Anstalt, auch eine kleine – in Ordnung zu halten. Dies läßt die Anstaltsleiter instinktiv nach einem anderen Vorbild für die Form der Disziplin suchen; sie greifen zur »altbewährten« Methode der strammen militärischen Disziplin.

Die Grundlage dieser »bewährten« Form ist die alte Weisheit: Man muß den Kindern das Übertreten der Gebote und Verbote so unangenehm machen, daß sie sich, so sehr es ihnen zuwider sein mag, doch lieber in die befohlene Ordnung fügen. Daraus ergibt sich das sattsam bekannte System der Strafen, Prügelstrafe, Entzug von »Vergünstigungen«, Dunkelarrest, Entzug von Speisen, Prangerstrafen usw. Dieses System ist entschieden erfolgreich, d. h. man kann mit seiner Hilfe »Ordnung« erhalten. Die Zahl der Zöglinge, welche gegen die Hausordnung verstoßen, wird sehr gering, so daß tatsächlich die vom Leiter geforderte Einteilung des Tages, Reinlichkeit der Räume usw. erreicht wird. Trotzdem ist es völlig und unbedingt zu verwerfen. Und dies vor allem aus zwei Gründen: 1. Dieses System, wir nennen es aus bestimmten Gründen am besten das militärische, wirkt nur, solange es in strenger Form in Anwendung ist. Wenn der Leiter oder seine Präfekten zum Beispiel nicht anwesend sind, wenn der Zögling sie nicht mehr fürchten muß, weil er die Anstalt verläßt usw., so wird er unverändert in seine frühere Verhaltungsweise zurückfallen. Dies System erzieht nicht, sondern reguliert nur (durch Furcht vor Strafe) die einzelnen Handlungen des Zöglings. Es wirkt aktuell, nicht aber dauernd. Es ist überhaupt kein Erziehungsmittel, kein pädagogisches System, sondern eine Verwaltungsweise. Es ermöglicht tatsächlich dem Leiter der Anstalt, diese zu verwalten. Aber eine Erziehungsanstalt darf nicht ein Verwaltungssystem anwenden, das nicht erzieherisch wirkt. Denn ihre Aufgabe ist nicht Verwaltung der Kleider, Schuhe, Betten, Küchenvorräte, Schlafsäle, sondern die Erziehung ihrer Zöglinge. 2. Ordnung (Verwaltung) ist zwar die Voraussetzung der Anstaltserziehung, aber keineswegs ihr Ziel. Die militärische Disziplin ist, wie ich zugab, geeignet, eine Ordnung herzustellen, aber diese Ordnung kostet die ganze Kraft des Erziehers, die ganze Aufmerksamkeit der Zöglinge. Die ganze Anstalt hat zu nichts anderem mehr Platz und Zeit, als sich in Ordnung zu halten. Bliebe aber irgendwo Raum für die Ausnützung der endlich geschaffenen Ordnung, so sind Erzieher und Zöglinge gleicherweise verdorben, sie auszunützen oder zu empfangen. Daher mißlingen auch im allgemeinen die Versuche, militärische Disziplin durch »Liebe« – oder familienartige Disziplin – zu mildern, oder die liebevolle Erziehungsweise gelegentlich durch Strafen zu verschärfen. Entweder wird die Verwaltungsaufgabe oder die Erziehungsaufgabe gefährdet; und es entsteht meistens ein allseits unbefriedigendes Hin- und Herpendeln zwischen den Extremen. Nur dort, wo eine überragende Persönlichkeit wirkt, vermag sie durch ihre Autorität einen gewissen befriedigenden Ausgleich herzustellen.

Aber der weitüberragenden Persönlichkeiten gibt es nur wenige. Und es muß doch ein System geben, dessen Anwendung gutwilligen und nicht unbegabten Erziehern ermöglicht, das Problem zu lösen: auch bei einem solchen Umfang der Anstalt, der familienartige Disziplin ausschließt, die unerläßliche Verwaltungsaufgabe (disziplinierte Ordnung zu schaffen) zu erfüllen, ohne die Erziehungsaufgabe (dauernde Beeinflussung der Zöglinge zu einem bestimmten Ziel) zu gefährden.

Die Kenntnis des kindlichen Seelenlebens allein vermag uns Hinweis zur Lösung dieses Problems zu geben. Denn wir müssen wissen, wie die Kinder beschaffen sind, wenn wir sie beeinflussen wollen. Wer bloß will, daß die Kinder »brav« seien, der hat Psychologie nicht nötig. Er erfindet eben so empfindliche Strafen, daß den Kindern die Lust vergeht, ihm unfolgsam zu sein. Wer seine Zöglinge aber erziehen will, der wird sich darum kümmern müssen, was in den Kindern vorgeht und wird nicht zufrieden sein, daß sie stramm und pünktlich täglich um 6 Uhr aus dem Schlafsaal marschieren. Die erste Auskunft, die der Erzieher von der Psychologie erhält, ist die Bestätigung der banalen Wahrheit: eines schickt sich nicht für alle. Es ist unmöglich, eine Erziehungsmethode zu ersinnen, die für alle Kinder wirksam wäre. Man muß individualisieren. Diesen Ruf hat der Erzieher schon oft gehört. Er kann ihn aber, beim besten Willen, nur sehr mangelhaft befolgen. Die Anstalt, ihr Umfang, die Verwaltungsaufgaben, ihre ganze Struktur setzt dem Erzieher sehr enge Grenzen für seine Bestrebungen zu individualisieren. Zum Glück weiß die Wissenschaft hier Rat. Wenn es auch richtig ist, daß das Seelenleben der Kinder und also auch die nötige Behandlungsmethode sehr mannigfaltig ist, so ist es doch keineswegs so, daß jedes einzelne Kind einen Fall für sich darstellte. Es gibt auch solche Kinder, sie bedürfen individueller Behandlung im eigentlichen Sinn des Wortes. Die überwiegende Masse aber läßt sich in Gruppen einteilen, innerhalb derer eine so große Übereinstimmung der seelischen Geschehnisse besteht, daß sie unter gleichartige erzieherische Einwirkungen gestellt werden können. Wir nennen eine solche Gruppe von zwar einzeln unterschiedenen, aber doch im wesentlichen gleichartigen Individuen einen Typus. Für die meisten Zöglinge der Erziehungsanstalten ist nicht die Individualisierung (im engsten Sinn) nötig, sondern es reicht für sie eine Typisierung hin.

Es gibt also nicht *die* richtige Anstaltsdisziplin; sondern für die verschiedenen seelischen Typen von Zöglingen verschiedene Ordnungs- und Erziehungssysteme. Und bis zu einem gewissen Grad müßten die Anstalten nach den psychischen Typen der Zöglinge spezialisiert werden, und nicht, wie es bisher der Fall zu sein pflegt, nach juristischen, verwaltungstechnischen oder äußerlichen Gesichtspunkten (z. B. Alter, Geschlecht, Waisen, Straffälligkeit usw.). Die Kinder- und Jugendpsychologie ist eine junge Wissenschaft, ihre Ergebnisse sind noch gering und unsicher; daher sind es auch nur vorläufige Ansätze zu organisatorischen Ratschlägen, die sie geben kann. Mit dieser Mahnung zur Vorsicht läßt sich sagen, daß wir – mit Bezug auf ihr Verhalten zur Disziplin – hauptsächlich vier Typen zu unterscheiden haben.

Typus 1. Das ist die Gruppe derjenigen, die eine ganz spezielle, eine durchaus individuelle Behandlung nötig haben. Hierher gehören selbstverständlich die Geisteskranken und die intellektuell

Defekten schweren Grades. Aber hierher gehören auch die schweren Grade seelischer Gleichgewichtsstörungen oder extremer perverser Neigungen und schwere Fälle von Neurosen aller Art, vor allem Kinder mit ausgesprochen depressiven Störungen und beträchtlichen Angstsymptomen und von ungewöhnlicher Unberechenbarkeit aller ihrer Reaktionen. Solche Kinder müssen als »krank« bezeichnet werden und bedürfen einer besonderen psychischen Behandlung durch einen Fachmann. Ob sie aus der allgemeinen Erziehungsanstalt zu entfernen sind, hängt davon ab, wie weit sie in ihr stören und wie weit ihnen in ihr die fachmännische Behandlung gewährt werden kann. Jedenfalls wird es Unterbringungsstätten geben müssen, die nach den Bedürfnissen dieses Typus eingerichtet sind. Es sind das eher Sanatorien als Erziehungsanstalten. Manche Fälle werden nur kurz, andere recht lange in ihnen bleiben müssen, ehe sie in die eigentliche Erziehungsanstalt aufzunehmen oder wieder aufzunehmen sind.

Typus 2. Einen einheitlichen Namen für diesen Typus haben wir noch nicht. Er läßt sich aber dahin beschreiben, daß ihm die hemmungslosen, aggressiven, destruktiven Charaktere und jene Fälle zugehören, die man mit Recht »moral insanity«, moralisch schwachsinnig nennt; vorausgesetzt, daß es sich um übrigens seelisch und vor allem intellektuell Gesunde handelt. Sehr viele, aber keineswegs alle, kriminelle Jugendliche schweren Grades gehören hierher. Wir wissen noch sehr wenig Psychologisches von diesem Typus und können über deren Erziehung nur sagen, daß sie in gewissem Sinne sehr streng sein muß. Es handelt sich um Zöglinge, die wenig zugänglich sind. Sie durch Liebe, Verzeihen, Verstehen, durch irgendwelche moralische Beeinflussung auch nur zu berühren, ist unmöglich. Vergeblich, sie mit diesen Mitteln zu erziehen. Gerade sie sind es, an denen die liebevolle Erziehungsweise scheitert und die jenen vor Augen stehen, die von den Mißerfolgen aller modernen Pädagogik sprechen, indem sie die Erfahrungen an einem Typus ungerechtfertigt verallgemeinern. Zöglinge dieses Typus müssen aus der Erziehungsanstalt entfernt werden; sie sind in ihr gefährlich, ja ansteckend, und sie verhindern vor allem, auch wenn sie nur in geringerer Anzahl vorhanden sind, daß sich in ihr jene Disziplin formt (Verwaltungsweise) und jene Erziehungsmethode anwenden läßt, die der überwiegenden Masse der Zöglinge entspräche. Vermutlich ist dieser Typus nicht sehr zahlreich, besonders bei Kindern bis zu 14, 15 Jahren gehört er zu den verhältnismäßig seltenen Fällen.

Typus 3. Die Verwahrlosten, trotzig Verbitterten, und **Typus 4,** die sogenannten Normalen, bilden das Gros der Zöglinge von Erziehungsanstalten.

II

Die »Normalen« unseres Typus 4 unterscheiden sich von den hemmungslos Destruktiven (in unserem Zusammenhang) dadurch, daß sie sich als beeinflußbar erweisen; man kann auf sie durch Vernunftgründe, durch Liebeszuwendung und -entziehung, durch Aufstellung von Idealen und Zielen, durch Einrichten unvermeidlicher Notwendigkeiten und selbstverständlich auch durch Strafen und Strenge einwirken, daß sie zu dauernden Veränderungen ihres Verhaltens gelangen. Das heißt, sie sind erziehbar durch alle die Mittel, die einer Anstalt zur Verfügung stehen. Dieser Typus aber unterscheidet sich zugleich dadurch von unserem Typus 1, daß er in seinem Verhalten weitgehend gleichmäßig ist, also bis zu einem gewissen Grad berechenbar ist und der speziellen individuellen Behandlung nicht so sehr bedarf. Ein befriedigendes Maß von Disziplin in einer Anstalt herzustellen, die ausschließlich von Kindern dieses Typus belegt ist, bietet gar keine ernsthaften Schwierigkeiten – falls nur eine Bedingung eingehalten wird: die geforderte Ordnung muß den Kindern einsichtig sein. So wie die Disziplin Leistungen zum Ziel hat, die von den Kindern als beträchtlich unangenehm empfunden werden und die sie zugleich als unnötig empfinden, als sinnlosen Willkürakt des Leiters oder des Erziehers, wird die Zahl derer, die gegen die Disziplin verstoßen, größer werden, als für die Anstalt erträglich ist. Auch zur Einfügung in solche Willkürforderungen sind die »normalen« Kinder leicht zu bringen, aber nur dann, wenn die Kinder den Erzieher lieben und sich von ihm geliebt wissen. Beruht die Disziplin auf solchen Willkürforderungen, ohne daß eine starke Liebe oder Ehrfurcht die Kinder an die Erwachsenen bindet, so wird die Aufrechterhaltung der Disziplin nur mit Strafen, und zwar fortschreitend strenger werdenden Strafen, möglich.

Kann eine Anstalt so eingerichtet werden, daß alle grundlegenden Ordnungsgebote den Kindern völlig einsichtig sind und daß alle Kinder die Leiter und Erzieher genügend lieben und ehrfürchten? Das letztere ist wohl von vornherein auszuschließen. Gewiß, es kann der Fall eintreten, daß eine Anstalt über eine überaus stark wirkende oder mütterlich liebende Persönlichkeit verfügt. Aber so selten dieser Fall sein mag, auch dann wird nicht zu vermeiden sein, daß kleine Eifersucht, Enttäuschungen u. dgl. zu nachhaltigen Störungen bei diesem oder jenem Kinde führen, es störrisch, störend werden, gegen die Ordnung verstoßen läßt. Es wird dann naheliegen zu sagen: Seht, die Liebe allein kann es nicht schaffen; bei diesem Kinde versagt das liebevolle System, hier ist Strafe am Platz. Gelegentlich wird solche Strafe tatsächlich der Liebe und Achtung der Kinder zu ihren Erziehern nicht Abbruch tun, sie werden nach der Strafe »gebessert« sein. Häufig aber wird die Strafe die innere Entfernung der Kinder vom Erzieher, deren Symptom das Vergehen war, vergrößern und es allmählich in ein Verhalten treiben, das dann eingehender individueller Behandlung bedürfte, um ins Normale zurückgeführt zu werden. Da unvermeidlich durch Liebe, Respekt, Verehrung die nötige Disziplin auch in einer Anstalt ausschließlich Normaler nicht restlos und auf die Dauer aufrechterhalten werden kann und da es ferner Illusion wäre, zu hoffen, jemals würden die Erzieher vollkommene Engel werden, muß man darauf verzichten, die Anstalt so einzurichten, als ob sie durch Liebe allein zu verwalten wäre. Wie immer man es aber auch versuchen möchte, eines muß dabei unbedingt festgehalten werden. Nichts in der Organisation der Anstalt darf so geschaffen werden, daß die Erzieher notwendigerweise daran gehindert wären, von den Kindern so viel Achtung und Liebe zu erhalten, als eben jeweils ihrer Persönlichkeit zukommt. Sie dürfen nicht durch eine äußere Nötigung zu einer Handlung gezwungen sein, die sie in den Augen der Kinder ungerecht, persönlich, lieblos, hart usw. erscheinen läßt. Zum Beispiel: Ich gehe durch den Garten der Anstalt; es ist mit Recht – und allen Kindern einsichtig – verboten, die Blumenbeete zu betreten. Das Kind X. befindet sich in einer kleinen Trotzkrise, das habe ich längst bemerkt. Nun sehe ich es quer durch die Beete laufen. Was soll ich tun? Wäre ich von allen Kindern der Anstalt stark geliebt, so würde ich den kleinen X. unbeachtet lassen. Da sie mir aber nur zum Teil wohlgesonnen sind, so würden sie dieses als eine böse Bevorzugung des X. deuten, bei mir ein wenig störrisch werden und X. hänseln oder quälen. Strafe ich X. mit der Strafe, die ihm gebührt, so kann ich die Erziehungsmöglichkeiten des Kindes unrettbar gefährden, keinesfalls aber dürfen die Blumenbeete dem Trotz der Kinder ausgeliefert werden. Solche absolut unlösbare Dilemmen sind das tägliche Brot des Anstaltsleiters (Erziehers), der mehr als Verwalter von Blumenbeeten sein will. Diese Situation des Erziehers macht es unmöglich, selbst in einer Anstalt von an sich leicht beeinflußbaren Kindern, die Disziplin ohne Gefährdung der Erziehung aufrechtzuerhalten.

Will man die Ordnung aufrechterhalten und zugleich den Erzieher für seine Erziehungsaufgaben freihalten, so gibt es nur einen einzigen Ausweg aus dem geschilderten Dilemma: Leiter und Erzieher dürfen keinerlei Exekutivfunktion ausüben. Leiter und Erzieher dürfen überhaupt kein persönliches Strafrecht haben, sie müssen von der Vertraulichkeit für die Ordnung der Anstalt befreit werden. Disziplin und Strafe sind einer eigenen Institution zu übertragen: der Schulgemeinde. Alle Einwohner der Anstalt, Erwachsene und Kinder, bilden einen einzigen Verwaltungskörper, der sich selbst verwaltet. Dies geschieht je nach der Größe der Anstalt, entweder in einfachen Ratsversammlungen, die zugleich das Gericht bilden oder bei größeren Anstalten, in denen die Ratsversammlung Ausschüsse einsetzt, denen besondere Aufgaben zugeteilt sind, z. B. Gerichtskollegien. Natürlich können und sollen auch Leiter und Erzieher in diesen Ausschüssen Funktionen ausüben. Und selbstverständlich beraten und stimmen sie in der Schulgemeinde mit. Sie werden sogar im allgemeinen eine sehr bedeutende Autorität haben, die weit über die Stimmenzahl hinausgeht – aber alles, was sie disziplinär tun, ist nicht der Ausfluß ihrer persönlichen Gewalt, Stimmung, Einsicht, sondern die Erfüllung einer Aufgabe, die ihnen von der Schulgemeinde gestellt wurde in Durchführung der von der Gesamtheit erlassenen Bestimmungen. Ob dabei gewählt, abgestimmt oder eine andere Form der Willensbildung gefunden wurde, wie die Versammlung und die Ämter heißen und organisiert sind – das ist alles verhältnismäßig gleichgültig. Unerläßlich ist aber, daß dieses Verwaltungssystem keine Farce sei, keine Verschleierung von Willkürakten der Erzieher, kein halber Kompromiß mit der Familien- und Militärdisziplin. Sondern sie muß ein konsequent durchgeführtes Verwaltungs- und Regierungssystem sein. Wir nennen es am besten die demokratische Disziplin. Alles hängt nur davon ab, ob der Leiter und die Erzieher das System ernst nehmen, sich selbst ihm völlig unterwerfen.

Ist es schon fast unmöglich, in einer Anstalt mit Normalen Disziplin ohne demokratisches System aufrechtzuerhalten und dabei die Erziehungsaufgaben wirklich durchzuführen, so gilt das ganz streng für die Kinder unseres Typus 3, für die Verwahrlosten, Verbitterten. Denn so vielfältig die Erscheinungformen sein mögen, die dieser Typus bietet, allen ist gemeinsam: Diese Kinder leiden an einem ungeheuren Defizit von Liebe. Zu den harten äußeren Lebensbedingungen, unter denen die meisten aufwuchsen, kam, daß sie, oft von Geburt an, jenes Maß von Liebe, Sorgfalt, Gewährenlassen entbehren mußten, ohne das eine ungestörte, normale Beziehung zu den Forderungen und Verboten der Umwelt nicht erreicht werden kann. Daher schlossen sie sich trotzig von der Außenwelt, besonders deren Autoritäten, ab, sind unbeeinflußbar und folgen, soweit das nur irgend möglich ist, ihren eigenen Trieben, Wünschen, Instinkten. Sie stellen alles auf sich selbst und entziehen sich auch den vernünftigsten, freundlichsten Einwirkungen. Im Gegenteil beantworten sie jede Einflußnahme sehr häufig mit Vermehrung des Trotzes und seiner Folgeerscheinungen. Gelegentlich erweisen sie sich als zugänglich, aber allermeistens nur für kurze Zeit. In diesem Punkt sind sie dem Typus 2, den Hemmungslosen, ähnlich. Sie unterscheiden sich von diesen aber sehr beträchtlich. Sie sind heilbar. Langandauernde, konsequente und geduldige Wärme, die durch keinerlei Ausbruch von Trotz und Bosheit des Kindes sich beirren läßt, wird schließlich, wie zahllose Erfahrungen und die Ergebnisse der Psychologie der Verwahrlosten beweisen, mit der Zeit jenes Defizit an Liebe verringern. Sie werden freilich nicht sogleich »brave« Kinder, aber sie fangen an normal erziehbar zu sein.

Das übliche Disziplinsystem ist diesen pädagogischen Anforderungen nicht gewachsen. Es ist, wie schon wiederholt erörtert wurde, unmöglich, das nötige Maß von Geduld und Wärme zu bewahren, wenn augenblicklich der Bestand der Ordnung in der Anstalt gesichert werden muß, was immer auch die pädagogische Aufgabe verlangen mag. Hier ist es völlig unerläßlich, die Disziplinführung einer eigenen Instanz zu übertragen, eben der Schulgemeinde, und dem Erzieher so erst zu ermöglichen, Erzieher zu sein. Allerdings unterscheidet sich die Schulgemeinde der Verwahrlosten von der Normaler. Die Normalen sehen die allermeisten Ordnungsforderungen ein, welche der Schulorganismus verlangt. Sie lernen sehr schnell, wenn nur die Schulgemeinde ernst geführt wird, durch die Verwaltungsprobleme, die sie bewältigen müssen, auch sehr verwickelte Zusammenhänge verstehen und abstrakte Notwendigkeiten anerkennen. Die Verwahrlosten haben diese Einsicht zunächst nicht. Sie widersetzen sich anfangs jeder Ordnung, weil sie eine Einschränkung ihres Egoismus ist. Sie müssen die grundsätzlichen Tatsachen erst kennenlernen; und sie lernen, so lange sie noch verwahrlost sind, nur im Interesse ihres Egoismus. Das heißt: Sie müssen einmal erleben, daß das Chaos der Einzelwillkür ihnen selbst schädlich ist. Wenn z. B. die Essensstunde nicht eingehalten wird, dann ergeben sich solche Störungen des Küchenbetriebes, daß keiner mehr seinen Hunger stillen kann. Hält dieses Chaos an, so gelangen sie selbst sehr bald dazu, Ordnung und Gesetz zu verlangen – sie sind reif geworden, die ersten Ansätze einer Ratsversammlung zu verstehen und zu gründen. Die Anstalt der Verwahrlosten muß also mit dem Chaos beginnen, das sich sofort einstellt, wenn deren eine größere Zahl beisammen wohnt. So schaffen sie eine Not, als deren Lösung die Schulgemeinde entstehen und sich allmählich so entwickeln kann, daß nach einigen Monaten die Kinder erziehbar werden.

Verwahrloste in die Anstalt der Normalen zu bringen, hat auch dann seine Schwierigkeiten, wenn in ihr die Schulgemeinde herrscht. Denn häufig werden die Verwahrlosten ihren Trotz statt gegen die Erzieher gegen die Schulgemeinde und deren Funktionäre wenden. Sie zwingen dann die Schulgemeinde zu Strafen und Polizeimitteln zu greifen, die ihrem Geist nicht gemäß sind oder denen sie nicht gewachsen sind. Es würde sich daher empfehlen, Verwahrloste nur in geringerem Maße in die Erziehungsanstalten zu bringen, und das nur versuchsweise; erweist es sich, daß sie sich nicht leicht in sie fügen, dann wären sie in eine Verwahrlostenanstalt zu versetzen, die sich im Anfangsstadium der Ordnung, also noch in Unordnung befindet. Die Verwahrlostenanstalt wäre demnach nur eine Durchgangsstation. Hat sie ihren Entwicklungszyklus beendet, dann geht sie in die allgemeine Erziehungsanstalt auf. Und eine neue Gruppe beginnt mit dem Chaos, aus dem allmählich Gemeinschaft wird[1].

---

1 In »Kinderheim Baumgarten, Bericht über einen ernsthaften Versuch mit neuer Erziehung«, S. 94 ff., habe ich den Erziehungsgang einer solchen Anstalt beschrieben.

Die Unehelichen

»Allein in Berlin haben 70 Kinos Gerhard Lamprechts Film ›Die Unehelichen‹ angesetzt.« Viele Tausende werden also über das Schicksal der Unehelichen schluchzen und weinen. Lamprecht hat diese Tränen durch ein Happy-End gemildert; so wird es eine rührende Unterhaltung gewesen sein, von der nichts dauert als die Erinnerung an die »begabte kleine Sterbende«. Vielleicht ist gerade das ein Beweis für die ästhetische Bedeutung dieses Films, daß er aus dem Unglück einiger Kinder unverbindliche Tränen, also ästhetische Tränen, erpreßt; daß eine geschickte Regie zu guter Letzt jeden Ansatz zu allgemeineren Gedanken, zu Empörung, Tat ertötet im wohligen Gefühl: »Der Peter hat doch ein Sauglück gehabt«, die feine, edle Dame zu finden. Aber hier handelt es sich nicht um diesen Film, sondern um sein Publikum. Man erfährt hier – das ist das Stoffliche dieses Kunstwerks –, daß es Ziehkinder (oder wie sie amtlich heißen: Pflegekinder) gibt. Es gibt sie. Nicht drei, sondern 10 000 allein in Berlin. (Genauer 1913 z. B. 13 274; am 31. Dezember 1925: 7776.) Man erfährt, daß sie geprügelt, zu Tode vernachlässigt, gequält, ausgebeutet werden; man erfährt, daß sie Milchkuh und nicht etwa Liebesobjekt der Pflegeeltern sind; daß aber Müh und Plackerei um sie nicht lohnt, da sie nur 20 Mark monatlich einbringen; daß aber doch diese Milchtropfen die einzigen sind, von denen die Pflegeeltern leben müssen. Man erfährt dies alles, aber in anmutigster Schwarz-Weiß-Manier: Böse sind die ersten Pflegeeltern; gut die zweiten. Hell ist das Leben: ein Paar Bösewichte gegen zwei Paar Gütige und einen himmlischen Weibsengel noch dazu. Man lernt ganz nebenbei: Prügelbolde sind die Bettelarmen; freundlich Schneiders-, Landmüllersleute – und engelsgleich die reiche Dame.

Aber man erfährt nicht, warum das beinahe nicht gelogen ist. 10 000 Pflegekinder gibt es in Berlin. Wer bewirbt sich um sie? 10 000 kindhungrige Villenbesitzerinnen? Vielleicht 100. 10 000 freundliche Landleute? Vielleicht 200. 10 000 ehrsame Schneidersleute oder sonstiger Mittelstand? (Nicht einmal die gefilmten tun es, sie beweinen bloß die Nachbarskinder); aber immerhin sagen wir 300. Und wer nimmt die übrigen 9400 – in Worten: Neuntausendvierhundert –? Das Leiden von dreien reicht hin, 70 volle Häuser täglich zweimal zu Tränen zu rühren. Wer nimmt sie? Bettelarmut, die von den Kindern lebt; betrunken oder auch tüchtig, betend oder auch prügelnd. Sie leben von den Kindern – beileibe nicht aus Sadismus, sondern einfach aus eigener nackter Not. Das alles wird dem Filmpublikum nicht gesagt. So sei es wiederholt: Es gibt 10 000 solche Kinder, mit 9400 solchen Kindertragödien, in Berlin allein.

Das ist die kleine, die läßliche Sünde dieses guten Films. Aber er agitiert. Er will uns glauben machen: Gütige Damen und Frauen könnten helfen. Fände nur jeder Peter seine edle Wohltäterin. Dem Publikum soll glaubhaft werden, das wäre ein Glück. Für Peter vielleicht. Aber sein Vater, ein tüchtiger Schiffer, hat recht: Peter wird, nichts nutz zu jeglicher Arbeit, ein Korpsstudent. Da hilft keine Großaufnahme von Mutter Sehnsucht und Mutter Glück. Oder jenes andere Glück, das man uns lehren will, auf Pflegemädchen herabzuflehen; sie möchten bei Müllersleuten einer ländlich-unschuldigen Jungfräulichkeit entgegenwachsen dürfen – etwa so: Auf dem Heuboden des Bauerngutsbesitzers V. in Prettmin bei Kolberg erhängte sich das 15jährige, rheinische Ferienkind Hertha S., das von dem Dienstmädchen des Hauses beschuldigt worden ist, 10 Mark entwendet zu haben. (»B. T.« vom 17. 9. 26).

Der Film agitiert für die verderbliche Illusion der Jugendfürsorgepädagogik. Die Pflegekinder müssen bei guten Pflegeeltern untergebracht werden, unvermeidliche Fehlzuweisungen müssen durch verschärfte Pflegerechtsentziehungsgesetze korrigierbar sein. – Die Zahl dieser Kinder ist so ungeheuer groß, daß niemals die Division durch gute Eltern aufgehen kann. Neun Zehntel dieser Kinder sind durch furchtbare Lebensumstände höchst komplizierte Erziehungsaufgaben geworden, weder von feinen Damen noch von braven Kleinbürgerfamilien lösbar. Die »schlechten« Pflegeeltern nehmen die Kinder als Erwerb (erhöht man den Beitrag, wird der Erwerb besser, gesuchter, nicht die Leistung qualifizierter, also auch hier keine Lösung in Sicht). Die »guten« Pflegeeltern: Ihr Motiv ist Einsamkeit, Kinderliebe, Liebesbedürftigkeit. Wie aber, wenn das Kind, erbittert und verstockt (neuntausendvierhundert sind so), diese Motive enttäuscht? Dann wird die gute Pflegschaft zur pädagogischen Hölle. Daß dies alles anläßlich eines Films gesagt wird, darf uns nicht vergessen lassen, mit einem Satz auch über das Glück und Leiden der einzelnen Kinder hinauszudenken. Wächst denn in Villen und Kleinbürgerkramläden eine Jugendgeneration heran, die für die Zukunft der Gesellschaft wünschenswert ist? Heißt das »öffentliche Jugendfürsorge«, sie vermehren und zu diesem Zweck Tausende Kindertragödien erdulden?

Hier hilft keine flache Arithmetik. (Multipliziere die edlen Wohltäterinnen mit 1000.) So gelangen wir nicht zum Happy-End, sondern ersticken jeden schöpferischen, pädagogischen Gedanken im Keim. Die trostlose Wahrheit ohne Regie zu sehen – das tut not. – – –

In diesen Tagen der Kindertragödien feiert die *Freie Schulgemeinde Wickersdorf* ihr 20. Stiftungsfest. (20 Jahre ist es schon her, daß in einem braunen Heft »I. Jahresbericht der F. S. G. Wickersdorf« Wyneken uns Gymnasiasten in herrlichen Photos das Wunderland einer möglichen Schule zeigte?) Heiteres, freies und dennoch gemeinschaftsgebundenes Kinder-Jugendleben erfüllt diese Anstalt. Keine liebende Familie und doch kein Hauch von irgendeiner Anstaltsluft. Ob die Kinder dort im Thüringer Wald glücklich sind? Vermutlich freuen sie sich und leiden sie – wie Menschen eben. Aber sie wachsen richtig. Eigentlich sind eine ganze Anzahl »Uneheliche« unter ihnen. Zwar nicht Illegitime –, das ist ein seltener Fall bei 150 Mark Pensionspreis. Aber Kinder aus geschiedenen, gestörten Ehen, aus Familien, die aus Deutschland weit wegverschlagen oder für unbestimmte Zeit in Berliner Hotels geweht wurden. Sie leben ununterschieden zusammen mit Kindern, die von den Eltern nach sorgfältigster Wahl, unter Trennungsschmerzen vielleicht, diesem berühmten Ort als bester Jugend-Lebensstätte anvertraut wurden. Was ihnen billig ist, wäre wohl jenen anderen recht. Wie wär's mit Wickersdörfern für jene 9400? Wie? Kein Geld? So dacht ich's doch. Dies ist die Kindertragödie. Sie zu verbergen, dienen die Großaufnahmen vom gefundenen Mutterglück.

Kinder-Enquête über das Prügeln

Demnächst wird eine Enquête des Ministers Becker über Nutzen und Schaden der Prügelstrafe vorsichtig abwägend beraten. Pädagogen, Ärzte, Juristen werden – gewißlich – klug und objektiv über Ziele und Mittel der Erziehung sprechen. Was aber sagen die Kinder zu dieser Frage? Sie äußern sich vermutlich nicht immer richtig und meist recht subjektiv; schließlich ist es ihre Haut, im eigentlichen Sinn des Wortes, um die es geht. Darum geben wir den Kindern das Wort. Ungewohnt der kindlichen Redeweise tun wir gut, sie vorerst in die erwachsene Sprache der Autobiographen übersetzt zu hören:

Kleiner Augustinus, nachmaliger großer Hl. und Kirchenvater, bekenne, wie fühltet ihr Knaben in Pädagogicis so um 380 n. Chr. Geb.? »Ich Kleiner, bat dich, Gott, mit nicht geringer Inbrunst, daß ich in der Schule keine Schläge bekommen möge, und da du mich – damit es mir zum Weisewerden diene – nicht erhörtest, so lachten die alten Leute, ja, selbst meine Eltern, meiner Leiden, jenes damals für mich so großen und schweren Übels ... Ich erlitt Schläge, weil ich so gern Ball spielte, und der mich schlug, den quälte Neid und Galle noch mehr, wenn ihn ein Gelehrter in einer Streitfrage überwand, als es mich ärgerte, wenn mich ein Spielgenosse im Ballspielen überwand«.

1400 Jahre lang hatten Knaben seitdem ähnliche Gebete zu Gott geschickt, bis dieser beschloß, die Sache vorerst statistisch zu prüfen und dem Johann Jakob Heberle, Schulmeister, den Gedanken eingab, über seine pädagogische Tätigkeit ordentlich Buch zu führen. Dies die Bilanz: In 51 Jahren hat dieser gottgefällige Mensch sorgfältig gebuchte 24 010 Rutenhiebe im Unterricht, und 36 000 dito für nicht erlernte Gesangsweise appliziert.

Jean Jacques Rousseau bekennt lehrreich und offen: »Mademoiselle Lambercier hatte die Liebe einer Mutter zu uns und hatte daher auch die Gewalt einer Mutter; sie wandte dieselbe zuweilen so kräftig an, daß sie uns körperlich strafte, wenn wir es verdient hatten. Ich fand diese Erfahrung nicht so entsetzlich. Das sonderbarste dabei war, daß diese Züchtigung mich nur desto fester an die Person kettete, von welcher ich sie empfangen hatte. Ja, ich brauchte meine ganze Liebe und meine ganze Sanftheit dazu, um mich von dem Versuche abzuhalten, diese Strafe noch einmal zu verdienen, damit ich sie wieder empfinge. Ich hatte nämlich in dem Schmerze und selbst in der Scham darüber eine Art von Sinnenreiz empfunden, welcher mit weniger Furcht als Verlangen, den Wunsch, die Strafe von derselben Hand noch einmal zu erhalten, zurückließ. Es ist nämlich ganz gewiß, daß sich in diese Bestrafung eine frühzeitige Empfindung des Geschlechtstriebes mischte, denn eben dieselbe, von der Hand des Bruders erteilt, würde mir gar nicht so angenehm vorgekommen sein. Der Fall, den ich vermied, ohne ihn zu fürchten, ereignete sich wirklich noch einmal, und zwar ohne meine Schuld, das heißt, ohne daß es meine Absicht war; aber ich kann versichern, daß ich mit vollem Bewußtsein Vorteil aus demselben zog. Wird man wohl glauben, daß diese Kinderstrafe, welche ich als 8jähriger Knabe von einem 30jährigen Frauenzimmer empfing, meinem Geschmacke, meinen Wünschen, meinen Leidenschaften, meinem ganzen Wesen durch mein ganzes Leben hindurch die Richtung gegeben hat?«

Die Mädchen vertrete die kleine Youle, Mme. Sarah Bernhardt. »Ich durfte nicht ausgehen und erhielt 5 Schläge mit dem Lineal auf die Finger. Oh, die Linealschläge von Frl. Caroline! Ich habe sie ihr noch vorgeworfen, als ich sie 35 Jahre später wiedersah. Frl. Caroline ließ uns dazu alle Finger um den Daumen herumlegen, dann mußte man seine Hand ganz nahe und gerade hinhalten und: klapp! klapp! versetzte sie einem mit ihrem großen Lineal aus Ebenholz einen erbärmlichen, schweren und kräftigen Schlag, der einem die Tränen aus den Augen rinnen ließ.«

Nun ein Kind aus dem Rußland von gestern. Maxim Gorki: »Der Großvater stand in der Ecke neben einem mit Wasser gefüllten Eimer, zog daraus eine Gerte nach der anderen hervor, maß sie aneinander und schwang sie durch die Luft, daß sie nur so pfiffen ... ›Sobald ich dich durchgeprügelt habe, werde ich dir verzeihn‹, sagte der Großvater und zog dabei die lange Gerte durch die Faust. ›Nun ziehe die Hosen herunter!‹ Er sagte das ganz ruhig ... Sascha erhob sich, knöpfte seine Beinkleider ab, ließ sie bis zu den Knien herunter ... und ging ... stolpernd nach der Bank hin ... es wurde noch schlimmer, als er sich mit dem Gesicht nach unten demütig auf die Bank legte und Wanja ihn auf der Bank festband ... Nicht allzu kräftig ausholend, hatte Großvater mit der Gerte einen leichten Hieb gegen den nackten Körper geführt. Sascha schrie auf. ›Verstell dich doch nicht‹, sagte der Großvater, ›das hat ja gar nicht weh getan! Aber das da wird weh tun!‹ Und er schlug so stark zu, daß auf der Haut sogleich ein brennender roter Striemen anschwoll und der Knabe ganz entsetzlich zu winseln begann ... Mich schlug der Großvater so lange, bis ich das Bewußtsein verlor. Einige Tage war ich dann krank ... Ich muß in diesen Tagen innerlich stark gereift sein und eine Flut von neuen, eigenartigen Empfindungen erfahren haben. Aus jenen Tagen datiert eine gewisse unruhige Aufmerksamkeit, mit der ich fortan die Menschen betrachtete und eine ungemein subtile Empfindlichkeit – als ob damals meinem Herzen die Haut abgezogen worden wäre.«

Aber damit man nicht glaube, solches gebe es nur im Volke Iwans des Schrecklichen, spricht nun ein Waisenknabe aus dem Deutschland Wilhelms II., (Verbürgt durch August Forel): »Am dritten Tage nach der Flucht waren die Ausreißer wieder da ... Jeder sollte ›fünfundzwanzig‹ mit dem ›Spanischen‹ bekommen. Es war sehr feierlich. Die Zöglinge standen im Spielsaal in einem Halbkreis um die beiden Sünder herum. Und während der Herr Vater eine lange eindringliche Rede hielt, ließen die Aufseher die ›spanischen Röhrl‹ durch die Luft schwirren, um ihre Güte zu erproben. Dann folgte die Exekution. Ein Tisch wurde herangerückt und der erste Junge darübergelegt. Das Rohr, von einem Aufseher geschwungen, klatschte auf die gespannte Hose nieder. Der geschlagene Junge brüllte, schlug mit Händen und Füßen um sich und wollte dem Züchtiger entrinnen. Aber die beiden Aufseher, die seinen Körper festhielten, ließen nicht locker, 25mal sauste das Rohr nieder. Wir standen und zählten bebend mit. Der zweite kam daran ... nach dem Schlage brach er wimmernd in die Knie. Von seinen Lippen rann das Blut. Der Herr Vater hielt wieder eine Rede. Wir starrten uns mit totenblassen Gesichtern an.«

Und nun (feinhörig geworden für das, was Kinder in ungelenken Sätzen sagen wollen) einige Namenlose von heute, 1925. Wir verdanken ihre Äußerungen der Wiener Arbeiterinnenzeitung »Die Unzufriedene«, die in einer Preisaufgabe die Kinder fragte, ob sie schon je geprügelt wurden; von wem; ob sie finden, daß diese Strafe eine richtige sei; und wie man sie etwa besser anders strafte. 220 Kinder (von 7–14 Jahren) haben geantwortet. Zum Beispiel so:

Ein Mädchen, 9 Jahre alt: »Ich bin schon ein paarmal geprügelt worden. Vom Papa und von der Mama. Ich will nicht geprügelt werden, weil das weh tut. Gar keine Strafen geben, möchte ich gerne haben.« Ein Knabe, 10 Jahre alt: »Das ist doch selbstverständlich, daß man schon geprügelt worden ist. Vom Vater sehr wenig und von der Mutter sehr viel.« Oder ein anderer, 10 jährig: »Ich bin schon öfters geprügelt worden. Von der Mutter, weil ich keinen Vater habe. Ich finde, daß Prügel nicht die richtige Strafe ist. Mir wäre lieber Hausarrest. Meine Mutter ist oft nicht zuhause, weil sie in Arbeit geht und dann kann ich durchbrennen.« Und noch einer: »Bin schon oft geprügelt worden, aber nur von der Mutter. Vom Vater aber nicht, weil ich, wenn mich die Mutter zum Kreisler schickte, Zuckerl und Wurst gekauft habe. Die Zukkerln waren gut, die Schläge bitter. Von meiner Mutter die Strafe, obwohl ich sie liebe, ist zu hart, weil ich dann ganz dumm werde und ich nicht weiß, was ich dann mache. Mein Vater, der tut recht schimpfen, wenn ich etwas mache und da fürchte ich mich mehr als von Mutter.« Sehr belehrend sind für Eltern und Lehrer Sätze wie diese: »Ich habe schon oft von meinem Vater Prügel bekommen, aber es hilft nichts.« (Knabe 11½ Jahre.) »Wegen allen Kleinigkeiten werden wir bestraft, indem er uns mit dem Stecken auf den Kopf haut, so daß wir Beulen bekommen. Daher sind wir immer froh, wenn er weg ist.« (Knabe, 11 Jahre.) »Denn nach so einer Prügelstrafe wird man immer ganz stumpfsinnig und blöd, und man kann in der Schule gar nicht gut lernen.« (Mädchen, 10 Jahre.) »Ich muß aber gestehen, daß mich dies oft zwang noch trotziger zu werden.« (Knabe 12 Jahre.)

Hundert solcher Sätze stehen in dem Buch, das die Antworten der Kinder vereinigt. (»Die Kinder klagen uns an«: Wien, Jungbrunnen-Verlag 1925). Unvergeßliche darunter, wie die der beiden 7jährigen: »Ich bin schon öfters gewichst worden, auch Ohrfeigen hab ich schon bekommen von meinen Eltern. Da habe ich immer einen großen Zorn, denn das tut weh, und ich darf auch nicht schlagen. Meine Mutter soll recht böse sein, wenn ich schlimm war, und das kann ich nicht lange sehen, da werde ich immer gleich brav sein.« Und: »Habe auch schon Wichs bekommen. Von der Mutter, aber keine festen. Lerne in der Schule, daß man kein Tier schlagen soll, ja, warum denn uns Kinder? Wenn ich . . .« Zu diesem Fragment, schreibt die Mutter: »Durch Zufall kam mir dieser Brief meines kleinen Mädels in die Hände, welche denselben wahrscheinlich nicht fertigschreiben konnte, indem sie krank wurde und jetzt in einem Erholungsheim ist. Du glaubst nicht, l. Unzufriedene, wie beschämend die letzten Zeilen meines Kindes auf mich wirkten.«

Damit aber die Lehrer nicht vergessen seien, spreche noch ein 14jähriger: »Leider mußte ich früher sehr oft mit dem Kochlöffel und mit der Hand meines Vaters, manchmal auch mit dem Lineal meines Lehrers Bekanntschaft machen, seitdem ich aus der Schule ausgetreten bin und seit mein Vater tot ist, habe ich sehr selten Schläge bekommen. Hoffentlich werden viele Eltern vernünftiger, daß sie die Kinder nicht mehr schlagen, die Lehrer sind schon mit wenigen Ausnahmen vernünftig geworden.« Nämlich in Wien, wo das Prügelverbot in den Schulen besteht, und sich bewährt – so meinen die Kinder.

Die psychologischen Grundlagen der Gefährdetenfürsorge

Es ist nicht ohne Schwierigkeit und Gefährlichkeit, die Probleme der Gefährdetenfürsorge vom sozialistischen Standpunkt aus zu betrachten und sich dabei der Psychologie zu bedienen. Daher bitte ich Sie sich vorweg deutlich zu machen, daß die heutige Psychologie der Gefährdetenfürsorge im gewissen Sinn ein Kampfmittel des Bürgertums gegen die sozialistische Bewegung ist. Verbrecher, Verwahrloste, Gefährdete aller Art gibt es seit undenklichen Zeiten. Man erwehrte sich früher ihrer, indem man sie auf jeweils übliche Weise beiseite brachte, unschädlich machte, bestrafte. Um ihr Seelenleben kümmerte sich niemand. Als aber – eben vom jung sich regenden Proletariat – im vorigen Jahrhundert die Anschauung lebhaft vertreten wurde, Verbrechen und Verwahrlosung seien Folgen der kapitalistischen Gesellschaft; diese müßte beiseite gebracht, unschädlich gemacht werden – da gewann zum ersten Male eine psychologische Theorie Autorität in der bürgerlichen Wissenschaft, die besagte: diese höchst bedauerlichen Erscheinungen sind seelischer Natur, es sind Schädigungen der Psyche, hervorgerufen durch Vererbung. Diese Theorie sagt also: 1. nicht die Gesellschaft ist schuld (und also nicht *sie* muß geändert werden); 2. die Schäden sind ererbt, man kann sie nicht bessern, heilen, sondern den erblich Defekten muß man unschädlich machen. Aber gegenüber der mächtig wachsenden Arbeiterbewegung mußte diese Vererbungstheorie immer mehr zurückweichen (bis auf den kleinen Kern Wahrheit, den auch sie umhüllt). Sie wird immer deutlicher abgelöst von der Überzeugung, daß die meisten Übel erworben, heilbar, nicht starr ererbt sind. Es seien rein seelische Fehlentwicklungen, die durch geeignete Einwirkungen auf die Seele des Individuums, durch Erziehung und seelische Heilbehandlung (Psychotherapie), korrigiert werden könnten. Diese Anschauung ist eine Art Koalition der bürgerlichen Klasseninteressen mit der wissenschaftlichen Wahrheit: seelische Behandlung wird zugegeben, aber um damit zugleich den Gedanken völlig zu ersticken, daß es außerdem der gesellschaftlichen Umwälzung bedarf. – Es gibt Fälle, für welche die psychologische Theorie und Behandlung zutrifft, es gibt Fälle, bei denen sie ganz und gar nicht anwendbar ist; meistens wirken die sozialen Ursachen mit den psychischen zusammen. Eine Gruppe von Verwahrlosungen besteht tatsächlich in psychischer Fehlentwicklung, aber diese selbst ist entstanden infolge der sozialen Situation. Wollen wir also die Psychologie in unserer Arbeit richtig verwenden, so muß sie uns helfen die Schäden aufzuweisen, zu deren Behebung der politische Kampf der Arbeiterschaft das alleinige Mittel ist, und jene, wo Psychologie wirklich – neben diesem Kampf am Platz ist. (Nach meiner Meinung ist nur e i n e psychologische Lehre, Freuds Psychoanalyse, dies zu leisten imstande.)

Einige Typen sollen uns die Beziehungen zwischen psychischen und sozialen Faktoren verdeutlichen. Da ist die große Gruppe der Homosexualität. Wir können mit allergrößter Bestimmtheit behaupten, bei der Entstehung homosexueller Triebrichtung spielt Vererbung und Veranlagung gar keine Rolle. Sie ist eine seelische Fehlentwicklung, die ausschließlich durch die inneren Schicksale des Individuums, bis in die früheste Kindheit zurück, verursacht ist. Sie ist auch nicht sozial bedingt. Zwar kann natürlich das Milieu des Kindes und Jugendlichen (Soldatenleben zum Beispiel) die Fehlentwicklung fördern, und man könnte dies natürlich auch eine »soziale« Beeinflussung nennen. Aber nicht im marxistischen Sinn sind das gesellschaftliche Ursachen, sondern die Homosexualität kann in jeder Klasse, in jeder Gesellschaftsform entstehen. Hier ist also die rein psychische Behandlung am Platz (die im Prinzip, wenn auch schwierig und langwierig, erfolgreich mittels Psychoanalyse möglich ist). Die rein psychisch entstandene Homosexualität hat aber höchst verschiedene s o z i a l e F o l g e n für das Individuum, die fast ganz von seiner Klassenlage abhängen. Es ist ein großer Unterschied, ob der bürgerliche Homosexuelle sich Freunde kaufen kann oder ob der proletarische Homosexuelle sich verkaufen muß (oder auch nur kann). Hier verlieren die psychischen Beeinflussungsmethoden all ihre Kraft; sozialistische Fürsorge hört hier auf und sucht ihre Fortsetzung im sozialistischen Kampf. –

Gerade umgekehrt ist der andere Typ, für den die P r o s t i t u t i o n ein Beispiel sein kann. Homosexualität ist seelisch bedingt und hat soziale Folgen: Prostitution ist sozial bedingt und hat seelische Folgen. Die Prostituierte wird, falls sie ihren Beruf längere Zeit ausgeübt hat, schwere seelische Defekte aufweisen, die teils Folge ihrer sozialen Deklassiertheit, teils Folge ihres Seele zerstörenden Sexuallebens ist. Aber es kann ganz und gar keine Rede davon sein, daß zur Prostitution etwas anderes als die ökonomische und allgemeine soziale Situation eines Individuums führt. Es gibt *nicht* die *geborene* Prostituierte, und es sind auch nicht seelische Fehlentwicklungen als solche, die in die Prostitution führen. Freilich werden viele Leichtschwachsinnige, viele »Haltlose« und andere seelisch bedingte Typen zur Prostitution gelangen, aber an einem anderen sozialen Ort, in anderer Klassen- und Vermögenslage hätten sie einen anderen Beruf ergriffen, ein anderes Sexualleben geführt. Insbesondere ist es falsch, anzunehmen, als wären zur Prostitution besonders disponiert Mädchen mit starkem, unersättlichem Sexualverlangen. Vielmehr weist ein großer Teil der Prostituierten eine äußerst starke geschlechtliche Frigidität (Gefühlskälte) auf und erweist sich so als hysterisch (das Wort im strengen wissenschaftlichen Sinn genommen). Für die Hysterie ist es bezeichnend, daß sie die eigentliche Sexualität ablehnt, verabscheut oder doch gefühlsmäßig niedrig bewertet, wenig genußvoll findet. Manches Mädchen, das flirtet, kokettiert, mit zahlreichen Männern Beziehungen pflegt, also anscheinend stark sexuell gerichtet ist, hat in Wahrheit *keine* tiefen sexuellen Interessen und kann sich eben darum die »Flatterhaftigkeit« leisten. Bloß psychologisch betrachtet ist dieser Typus keineswegs als minderwertig zu bezeichnen. Aber eben in einer bestimmten sozialen Lage gerät er leicht in die Prostitution. Die Prostitution ist eine Erscheinung des Kapitalismus und wird nur *mit* ihm verschwinden. Sozialistische »Bekämpfung der Prostitution« kann *nur* in sozialen Forderungen bestehen, Fürsorge, z. B. im Schutz der Prostituierten vor Ausbeutung.

Als Beispiel für die dritte Gruppe dienen uns *verwahrloste Kinder und Jugendliche*. Bei ihnen wirken psychische und soziale Faktoren zusammen. Hier haben wir psychisch zu beeinflussen (zu erziehen) und zugleich auch jene gesellschaftlichen Bedingungen zu schaffen, in denen die Erziehung erst richtig sinnvoll und erfolgreich wird. Unter dem Namen »verwahrlost« faßt man sehr verschiedene seelische Typen und Fälle zusammen. Für sehr viele von ihnen gilt: Es liegen die Ursachen der Verwahrlosung in einer falsch verlaufenen psychischen Entwicklung, diese aber wurde von einem Versagen der erzieherischen Einwirkung der Umgebung hervorgerufen. Jedes Kind kommt als Triebmensch auf die Welt, ein ständiger Konflikt mit seiner Umgebung ist zunächst das Symptom seiner beginnenden Entwicklung. Normalerweise muß eine lange Kette von einzelnen Konflikten in einer ganz bestimmten Weise vollendet werden, ehe die Anpassung an die Gesellschaft vollzogen ist. Dieser Weg kann durch die Umgebung vorzeitig abgebrochen werden, was ein Überwuchern einzelner Triebe, ein Nichteinpassen in die Gesellschaft, zur Folge hat. So z. B., wenn die Umgebung des Kindes aus Alkoholikern und Verbrechern besteht. Aber auch bereits bei dem Mangel an richtigem Kontakt zwischen Kind und Umgebung kann ähnliche Folge eintreten. Der richtige Kontakt ist dann nicht vorhanden, wenn es dem Kinde an liebevollem Eingehen, versagender Strenge oder dem Erleben des eigenen Wertes innerhalb der Familie fehlt. Die Anpassung des Kindes aus Schätzung und Liebe zur Familie erfolgt nicht. Daraus entstehen Trotzsituationen in mannigfachen Formen. Die dauernde Protesthaltung zu den Erwachsenen der Familie birgt die Gefahr in sich, daß das Kind heranwachsend, auch in den weiteren Kreis der Gesellschaft sich nicht wird einfügen können. Jedes trotzige Kind kann indes zurückgeführt werden, wenn die Erziehung dort einsetzt, wo die Endursache des Trotzes liegt, an dem Störungspunkt der Entwicklung. Es muß in eine Umgebung gebracht werden, in der es Menschen findet, die es lieben, schätzen, verehren *kann*, eine Gemeinschaft, in der es sich lohnt zu leben, damit es diesen Menschen und dieser Gemeinschaft *zu Liebe* den Trotz aufgibt und sich in eine Gruppe von solidarischen Genossen einpaßt. Selbstverständlich können solche Bedingungen nur in Erziehungsanstalten geschaffen werden, die freilich recht sehr anders aussehen müßten als die meisten heutigen (die zwar manche ihrer Gefangenen [Zöglinge genannt] äußerlich brav machen, aber sie innerlich endgültig zugrunde richten). Solche Erziehungsgrundsätze vertreten heute die fortschrittlichen bürgerlichen Pädagogen. Wir sollten sie von ihnen lernen, um sie *selbst* in sozialistischen Anstalten an proletarischen Kindern zu verwirklichen. Denn wir dürfen nicht vergessen, daß jede Verbesserung der Erziehungsmethoden in der Klassengesellschaft zugleich auch eine Gefahr für's Proletariat in sich trägt. Die besseren Methoden erreichen eine bessere Einpassung des Kindes in *die* Gesellschaft, sagt zwar die bürgerliche Fürsorge; aber auch in die bürgerliche Ideologie – müssen wir hinzusetzen, um die Gefahren und die Mittel zu ihrer Abwehr deutlich zu sehen.

ANHANG

Anna Freud:

Die Erziehung des Kleinkindes vom psychoanalytischen Standpunkt aus

Ehe ich Ihnen die Gebrauchsanweisung zu dem Vortrage von Dr. Bernfeld* gebe, die er Ihnen eben in den letzten Sätzen zugesagt hat, möchte ich mich darüber wundern, daß Sie, um uns drei Redner heute vormittag anzuhören, so ungeheuer zahlreich hier erschienen sind. Die Psychoanalyse hat ja nicht erst in diesen Tagen angefangen, sich mit der Psychologie des Kleinkindes zu beschäftigen; aber von einem Massenandrang, die Erkenntnisse der psychoanalytischen Forschung anzuhören, war bisher nur wenig zu bemerken. Ich möchte also, daß wir drei Analytiker heute uns nicht zu schnell etwas auf Ihr Interesse einbilden, nicht von vornherein glauben, daß es wirklich ganz der Psychoanalyse zugewendet ist. Es scheint mir vielmehr, daß das, was Sie hierher führt, das Interesse ist, das die Erzieher zu allen Zeiten für jede neue Psychologie gezeigt haben, die ihnen wie ein Ausweg aus ihrer schwierigen Situation, aus der pädagogischen Notlage erschienen ist.

Sie kennen ebenso gut wie ich diese Lage des Erziehers. Man hört und liest zwar immer wieder, daß den Erziehern eine der wichtigsten Arbeiten im Gemeinschaftsleben der Menschen übertragen ist, daß sie das wertvollste Material, über das die Gesellschaft verfügt, in die Hände bekommen, daß sie über das Schicksal der kommenden Generation entscheiden usw. In der Wirklichkeit ist aber von einer solch hohen Einschätzung der erzieherischen Arbeit und der Erzieherpersonen sehr wenig zu bemerken. Weder sind die Erzieher finanziell ebenso gut gestellt wie etwa die Menschen, die über die Ausgrabung von Kohlen aus Bergwerken oder über die Verwaltung von großen Geldmitteln zu entscheiden haben. Sozial müssen sie ständig um die Achtung der Mitmenschen, um die Anerkennung von Seiten der Behörden und der Eltern kämpfen. Und obwohl es heute eine verbreitete Tatsache geworden ist, daß die Erziehung um so wichtiger ist, je kleiner, je jünger das Kind ist, so ist es in der Wirklichkeit doch so, daß der Erzieher

---

* Vgl. S. 61—74 in diesem Band.

um so höher eingeschätzt wird, je älter sein Zögling ist. Vergleichen Sie etwa die hohe Achtung, die man einem Universitätslehrer entgegenbringt, mit der Einschätzung, die eine Kindergärtnerin genießt. Etwas an dieser Rechnung stimmt nicht vollkommen. Die Wirklichkeit hat aber gewöhnlich in einem gewissen Sinne recht. Die geringe Schätzung des Erziehers kommt wohl daher, daß er wirklich gar kein selbständiger Unternehmer ist, sondern ein Beauftragter, ein Handlanger, ein Puffer, der zwischen die erwachsene Generation und die nächste Generation, die Kinder, gestellt wird. Man liefert ihm sozusagen das Rohmaterial und man erwartet von ihm ganz bestimmte Erzeugnisse. Das einzige, was ihm frei gelassen wird, ist der Weg, den er einschlagen will, das heißt die Mittel, die pädagogischen Methoden. Und gerade weil der Erzieher sonst wenig Freiheit hat, stürzt er sich auf dieses Stückchen Selbstherrlichkeit und macht aus der Wahl, die ihm gestellt wird, ob er etwa ein strenger oder milder Erzieher sein will, welche neuen Künste er erfindet, um die Kinder zu etwas zu bringen, die Fiktion seiner großen Macht.

Es könnte Ihnen noch etwas als sehr merkwürdig dabei auffallen. Ich glaube, wir haben alles Recht anzunehmen, daß das Rohmaterial, das der Erzieher in die Hand bekommt, mehr oder weniger, in großen Zügen immer wieder das gleiche ist. Das Endprodukt aber, das von ihm verlangt wird, ist je nach den Zeiten, je nach den Formen der Gesellschaft, in denen er arbeitet, außerordentlich verschieden. Ich weiß nicht so genau, wie Ihre Lehrbücher in Deutschland aussehen. Bei uns in Österreich gibt es an den Lehrerbildungsanstalten ein Lehrbuch über die Geschichte der Erziehung, wo etwa dargestellt ist – sagen wir kurz –, was die Erziehung in den verschiedenen Zeitabschnitten hervorgebracht hat. Alles mögliche finden Sie da. Die Erzieher haben also zu liefern: etwa kriegerische junge Spartaner oder den schönen Künsten hingegebene Athener oder demütige Asketen, wie die Kirche sie braucht, heroische Junker oder Ritter, ergebene Untertanen, brave, auf den Erwerb eingerichtete Bürger, friedliche Arbeiter oder vor nichts zurückschreckende Revolutionäre.

Merkwürdig ist es nicht, daß diese Ziele gestellt werden. Sie entsprechen jedesmal vollkommen den Bedürfnissen der erwachsenen Gesellschaft. Merkwürdig ist nur, daß die Erzieher sich zu jeder Zeit mit der gleichen Begeisterung auf ihre Aufgabe gestürzt haben. Nehmen Sie an, man würde es Angestellten und Arbeitern einer Fabrik in ähnlicher Weise zumuten, aus dem gleichen Rohstoff etwa in kriegerischen Zeiten Kanonenkugeln, in friedlichen Zeiten Wollwesten und Federbetten zu erzeugen. Ich glaube nicht, daß die Zuversicht, mit der die Angestellten an die Arbeit gehen, dort so groß wäre wie die der Erzieher unter den gleichen Verhältnissen.

Diese Vorgänge haben noch einen großen Nachteil. Zu allen Zeiten hat man das Mißlingen des Erziehungsunternehmens als Fehler der Erzieher angesehen. Immer schien es möglich, das Ziel zu erreichen, immer schien es, daß der einzelne Erzieher an seiner Aufgabe irgendwie gescheitert war, nicht einmal die Pädagogik als ganzes. Und ich meine, gerade um diese Schuld, diese Schande des Versagens von sich abzuwälzen, haben die Erzieher aller Zeiten eine gewisse Hinneigung zur Wissenschaft der Psychologie gezeigt. Die Psychologie wäre in diesem Falle die genauere Zurkenntnisnahme des Rohmaterials. Erst wenn es der Psychologie gelungen ist, über das Rohmaterial der Erziehung, über die Kinder, wirklich etwas auszusagen, dann werden die Pädagogen ein Mittel in der Hand haben, um ihren Auftraggebern, der Gesellschaft, in einer neuen Weise gegenüberzutreten. Sie werden imstande sein, eine Unstimmigkeit zwischen dem von der Gesellschaft bestimmten Ziel und dem in ihre Hand gegebenen Kinde aufzuzeigen. Sie werden der sozialen Gegebenheit des Zieles die psychologische Gegebenheit im einzelnen Kind als gleichberechtigten Faktor gegenüberstellen. Daß auf diese Weise auch das Kind zu seinem Recht kommen wird, daß es sich erweisen wird, welche Erziehungsziele sich noch mit den Bedingungen der psychischen Gesundheit vertragen, welche Ziele nur auf Kosten dieser Gesundheit zu erreichen sind, das kann uns allen nur ein höchst willkommener Nebengewinn sein.

Wenn ich also annehmen darf, daß es diese Hoffnung und dieses Interesse sind, die Sie dem Vortrag von Dr. Bernfeld zugeführt haben, dann dürfte man jetzt auch im einzelnen nachprüfen, wie weit Dr. Bernfeld wenigstens andeutungsweise Ihre Erwartungen erfüllen konnte.

Die Erziehung hat offenbar zwei große Aufgaben. Wir nennen gewöhnlich die eine Seite davon das Gewähren und Versagen, das heißt die Einstellung des Erziehers zu dem im Kind ohnedies Vorhandenen. Die andere Seite wäre die Frage, wie man noch nicht vorhandene Dinge in das Kind hineinbringen *soll*, also den Aufbau und Ausbau der kindlichen Persönlichkeit. Die Psychologie hätte erfüllt, was Sie von ihr erwarten dürfen, wenn sie einerseits den Inhalt des im Kind Vorhandenen angibt, andererseits die Mechanismen des weiteren Ausbaues, die Möglichkeiten zeigt, wie man außer auf dem Wege des Intellekts Neues in das Kind hineinbringen kann.

Mit der einen Seite hat Dr. Bernfeld sich sehr ausführlich beschäftigt, die andere Ihnen vorläufig nur in Aussicht gestellt. Er sagte, als Inhalt bietet Ihnen das Kind Triebe, Triebwünsche, und er schilderte die Triebwünsche als Abkömmlinge, als Einzelheiten des sexuellen Triebwunsches. Diese Triebwünsche durchlaufen Phasen, gehen aus einer Form in die andere über – wir wissen nicht mit wieviel Beteiligung der Erziehung. Dr. Bernfeld hat Ihnen noch nicht gesagt, wie der Erzieher sich zu diesen Triebwünschen im einzelnen verhalten soll, hat Ihnen nur im allgemeinen angedeutet, der Erzieher möge Respekt vor diesen Trieben haben. Dieser Respekt ist aber nichts Neues. Sie wissen, seit langem finden wir bei den Erziehern zwei Einstellungen zu dem im Kind vorhandenen Inhalt. Die eine Einstellung sagt: Was immer das Kind bringt, ist gut. Wir müssen es achten, dürfen es nicht stören – eine Haltung, die *Rousseau* für uns verkörpert, die in der neuen Pädagogik vor allem von Frau Dr. *Montessori* vertreten wird. Diese Einstellung heißt eigentlich: Das Kind hat immer recht mit dem, was es will, die Erwachsenen stiften nur Schaden, wenn sie etwas daran ändern wollen.

Die andere Einstellung ist weit verbreiteter. Sie sagt, das Kind hat immer Unrecht. Ihren Höhepunkt erreicht sie in der scherzhaften Geschichte, die Ihnen ja wohl auch bekannt ist, wie eine Mutter zum Kinderfräulein sagt: Gehen Sie mal hinein, schauen Sie, was die Kinder machen, und verbieten Sie es ihnen.

Ja, aber beide Einstellungen lassen sich eigentlich den von Dr. Bernfeld geschilderten Triebregungen des Kindes gegenüber vertreten. Wir sollen die Triebregungen ja als Naturgewalten ansehen, das Kind hat das Recht, solche Regungen zu äußern, das heißt es kann ja gar nicht anders, als sie äußern. Heißt das, wir sollen diesen Regungen Recht, Raum geben? Dr. Bernfeld hat sehr vorsichtig gesagt, bei der psychoanalytischen Behandlung des Erwachsenen geben wir diesen Triebregungen innerhalb des Behandlungsverfahrens für eine Weile Raum. Oder heißt es andererseits, weil es Triebregungen sind, nichts Harmloses, keine Gewohnheiten, keine Unarten, über die der Erzieher sich mit gutem Willen hinwegsetzen kann, wir sollen unsere Kräfte ganz aufbieten, um über diese Gewalten die Herrschaft zu bekommen?

Sie sehen, wir sind, wenn wir die Kenntnis der Inhalte ohne besondere Gebrauchsanweisung in die Pädagogik einführen, in der praktischen Erziehung hinterher nicht sehr viel weiter als vorher. Statt diese Frage einfach dem Gefühl nach zu entscheiden, lassen Sie uns noch einmal eine weitere Anleihe bei der psychoanalytischen Arbeit selbst machen. In der psychoanalytischen Arbeit am Erwachsenen lernen wir bei der Behandlung von Kranken verschiedene Krankheitsformen kennen. Aus jeder dieser Krankheitsformen können wir Schlüsse auf bestimmte Einstellungen zwischen Kind und Erzieher ziehen. Wir lernen etwa die neurotischen Hemmniszustände kennen, die dadurch entstanden sind, daß eine der geschilderten Triebregungen sehr früh, sehr energisch unterdrückt und von der Befriedigung völlig abgehalten worden ist. Die Zähigkeit, die Gewalt der Regung, die Dr. Bernfeld geschildert hat, bringt es zustande, daß mit der Vergewaltigung des Triebvorganges der Prozeß nicht abgeschlossen ist, daß ein innerer Konflikt entsteht und sich im Laufe der Zeit das Unterdrückte in irgendeiner Form, gewöhnlich in einer sonderbar verzerrten, störenden Form, doch durchsetzt, daß der Weg zur direkten, ursprünglichen Befriedigung des Triebes aber gesperrt bleibt, sich auch nicht wieder eröffnet, wenn das Kind groß geworden ist, wenn die Bedingungen sich geändert haben, wenn das ursprüngliche äußere Verbot längst in äußere, von der Gesellschaft erteilte Erlaubnis umgewandelt worden ist.

Andererseits lernen wir Krankheitszustände kennen wie etwa die Perversionen, wie bestimmte Formen der Dissozialität, die dadurch gekennzeichnet sind, daß das Kind an einer bestimmten infantilen Form von Triebbefriedigung ausschließlich festhält oder ausschließlich zu ihr zurückkehrt. In der Geschichte eines auf solche Weise Erkrankten finden wir gewöhnlich ein bestimmtes Ereignis, eine Verführung, einen Schock, ein plötzliches Erlebnis, das dieser speziellen Triebregung den Durchbruch zur vollen Befriedigung gestattet hat. Das Kind bleibt gebunden und macht die Weiterentwicklung zur erwünschten Erwachsenheit des Trieblebens nicht mit.

Sehen Sie, diese beiden so ganz verschiedenen Krankheitsformen haben doch etwas gemeinsam. Bei beiden hat eine Stufe der kindlichen Entwicklung, die Durchgangsstation bleiben sollte, Gewalt bekommen, Bedeutung über die spätere Stufe hinaus, ist statt Durchgangsstation Fixierungsstelle geworden. Eine solche Fixierung mit nachfolgender Erkrankung ist also möglich, wenn wir dem Trieb sein volles Recht geben, ist andererseits möglich, wenn wir dem Trieb sein Recht voll versagen. Das zur Gesundheit Verhelfende liegt hier offenbar in der Mitte. Es handelt sich wohl darum, den Trieb weder in die Verdrängung zu treiben, abzusperren, von der Sublimierung, das heißt von der Ablenkung zu anders gearteter Verwendung auszuschließen, noch ihn zur vollen Befriedigung durchzulassen, sondern einen Mittelweg zu finden. Wie macht man das aber, wie macht man das im einzelnen? Das sieht ja so aus, als müßten wir zum Beispiel das Kind lehren, es dürfe nicht ins Feuer greifen, denn das Feuer brennt. Aber wir dürfen das dem Kind ja nicht sagen, sonst könnte es Angst vor dem Feuer bekommen und im späteren Leben nie mehr imstande sein, ein Streichholz anzuzünden, um eine Zigarre zu rauchen oder ein Mittagessen zu kochen. Wir müssen also das Kind lehren, das Feuer nicht anzugreifen und es andererseits nicht vor dem Feuer schrecken.

Sie erkennen etwas aus diesem einfachen Vergleich. Wenn der Durchbruch zur vollen Triebbefriedigung für das Kind gefährlich ist, so ist es offenbar für den Erzieher seit jeher das leichteste gewesen, das Kind vollkommen abzuschrecken; denn die Gefahren der Triebbefriedigung haben die Erzieher gekannt, ehe sie offiziell etwas von den Trieben im Kinde gewußt haben. Sie haben es sich durch diese volle Versagung leicht gemacht, haben Verbote gesetzt, die die Kinder nicht mehr zu übertreten gewagt haben, und haben alles ausgenützt, was ihnen bei der Erteilung dieser Verbote zu Hilfe kommen konnte: die Schwäche des Kindes dem Erwachsenen gegenüber, seine Hilflosigkeit, seine Unfähigkeit, sich ohne Erwachsene in der Außenwelt zu halten, also seine Abhängigkeit, seine Angst mit einem Wort. Um mit dem Kinde nicht einen ständigen Kleinkrieg führen zu müssen, um nicht jedesmal, wenn ein Kind sich dem Feuer der Triebbefriedigung nähert, schreien zu müssen: »Diesmal nicht«, haben die Erzieher gesagt: »Ein für allemal nicht, das brennt!« Das war offenbar die einfachste Lösung.

Wie sollen wir aber unter diesen Verhältnissen die Lösung finden? Wir müssen statt der einmaligen Verbote vielleicht dann einen Kleinkampf einführen, müssen jedesmal dabei sein, wenn das Kind in die Nähe einer solchen Triebgefahr gerät? Welche Mittel müssen wir heranziehen, um das Kind zwar nicht dauernd abzuschrecken, aber doch immer wieder zu bewahren? Wie läßt sich unter diesen Umständen die milde und freie Erziehung, wie man sie doch in der modernen Pädagogik wünscht, durchsetzen, wie läßt sie sich auch nur beginnen?

Wenn es so ist, daß die Erziehung des Kleinkindes auf die Versagung eingestellt ist, ist es dann überhaupt noch ein so großer Unterschied, wie streng wir erziehen, ist dann nicht jede Erziehung außerordentlich streng, empfindet das Kind nicht an der Erziehung die Versagung an sich schon als Strenge?

Man könnte hier wieder zwei Auffassungen vertreten, man könnte sagen: Da es doch nichts nützt, da das Kind ja doch nur fühlt, daß man ihm verbietet, daß man es von Befriedigung ausschließt und abhält, warum bemühen wir uns dann noch, die Strenge zu vermeiden? Man könnte andererseits sagen: Wenn wir das Kind auch noch so schonen, tun wir ihm so ungeheuer viel an, schränken wir dieses Antun wenigstens auf ein Mindestmaß ein. Aber im Grunde kommt es ja doch darauf hinaus, daß wir mit dem Kind um Triebbefriedigungen kämpfen. Man hat früher einmal, in alten Zeiten, davon gesprochen, daß jedes Kind seinen eigenen Schutzengel hat, man würde sonst nicht verstehen, wie es durch alle Gefahren des kindlichen Lebens mit heiler Haut durchkommt. Wir könnten unter diesen Verhältnissen sagen: Jedes Kind muß ja seinen eigenen Schutzmann haben, wie würde es sonst den Gefahren entgehen, ständige Triebdurchbrüche zu haben und so auf dem Weg der Entwicklung immer wieder aufgehalten zu werden, stehen zu bleiben, sich zu befriedigen statt zu sublimieren, zu onanieren statt zu lernen, seinen Wissensdrang rein im Sexuellen zu halten, statt ihn auf die ganze Welt zu erweitern.

Sehen Sie, so trostlos würde es in der Pädagogik und in unserer Beziehung zum Kleinkind aussehen, wenn nichts weiter da wäre am Kind als die Suche nach Lust, nach Triebbefriedigung am eigenen Körper. Nichts als äußere Gewalt könnte sich dieser inneren im Kinde arbeitenden Gewalt entgegenstellen. Zum Glück gibt es aber noch etwas anderes. Das Kind bleibt nur kurze Zeit dabei, die Lust ausschließlich am eigenen Körper zu suchen, seine Triebregungen – ob es die oralen, die analen, die sadistischen sind – an seiner Person zu befriedigen. Es kommt nach kurzer Zeit dazu, diese Triebregungen nach außen zu wenden. Es sucht sich, wie

Dr. Bernfeld uns erklärt hat, die Personen seiner allernächsten Umgebung, die ihm am allerwichtigsten aus und verlangt von ihnen energisch die Befriedigung seiner Wünsche. Das ist die Situation, die Dr. Bernfeld als die Oedipus-Situation des Kleinkindes charakterisiert hat. Wir sagen in der Psychoanalyse, das Kind hat jetzt ein Liebesobjekt. Der Höhepunkt der frühkindlichen Entwicklung ist erreicht, wenn ein großer Teil der Lustsuche nicht mehr auf die eigene Person gerichtet ist, sondern sich auf die Objekte in der Außenwelt und vor allem auf ein einziges Objekt – Mutter oder Vater – konzentriert.

Wenn Sie aber meinen, die Situation des Kindes ist dadurch erleichtert, so wäre das ein großer Irrtum. Die Situation des Kindes hat sich mit dieser Wendung der Triebe von der eigenen Person zum Objekt außerordentlich erschwert. In der allerersten Zeit, der autoerotischen Periode, wie wir sie nennen, ist das Kind ja als Triebwesen unabhängig in sich geschlossen, verlangt von sich, was es sich auch wieder erlauben kann. In dieses Verhältnis wird jetzt das Objekt von außen her eingeführt und das arme Kind ist darauf angewiesen, ob das Objekt will oder nicht. Das Kind, nehmen wir an, will die Mutter küssen. Ja, es ist noch nicht gesagt, daß die Mutter gerade Lust und Zeit hat. Das Kind, das sich in der Körperpflege an gewisse Befriedigungen von Seiten der Mutter gewöhnt hat, muß plötzlich erfahren, daß die Mutter diese Handlungen in der Köperpflege einstellt, sie jemand anders überläßt, der dem Kind nicht in der gleichen Weise als Liebesobjekt gilt, für das Kind also diese Möglichkeit der Befriedigung ausschließt. Das heißt, in jeder Kleinigkeit ist das Kind in Gefahr, Versagungen von seiten des Liebesobjekts, nicht nur Störungen von außen zu bekommen.

Aber die Situation der Erziehung – wenn wir hier die Bewahrung vor Triebdurchbrüchen als ihre Aufgabe betrachten – hat sich außerordentlich verbessert. Nehmen wir an, der Erzieher selbst ist das Objekt. Dann ist die Gefahr gar nicht mehr so groß, er braucht sich ja dem Kind nur zu dieser bestimmten Triebhandlung zu verweigern. Die Versagung ist damit eingetreten. Daraus können wir sehen, daß die Erziehung des Kindes, das schon ein Objekt hat, außerordentlich viel leichter ist als die des Kindes im autoerotischen Stadium.

Wir haben ferner bisher nur die Angst des Kindes vor seinen Erziehern als Hilfsmittel der Erziehung angeführt. Die Ängste, den Gefahren der Außenwelt hilflos preisgegeben zu werden, machen das Kind vor allem gefügig; mit der Bindung an das Liebesobjekt kommt eine neue Angst dazu, die Angst, von diesem Objekt, wenn man ihm nicht gefügig ist, nicht mehr geliebt zu werden. Die Erzieher, die anfangs, als ich zu sprechen begonnen, in einer so schlechten Situation waren, bekommen damit mehr und mehr Macht, mehr und mehr Mittel, dem Kind Angst zu machen. Sie schrecken das arme Kind mit körperlicher Bedrohung, sie wollen es verlassen, sie wollen es nicht mehr lieben, und alles das nur, wenn es nicht folgsam ist und auf seine Triebbefriedigungen nicht verzichten will.

Aber die Sache wird noch viel einfacher. Sie haben wahrscheinlich alle schon einmal erfahren, wie schwer es im Leben ist, ein Liebesobjekt aufzugeben. Wenn man seine Wünsche auf eine bestimmte Person gerichtet hat, die Teilwünsche an ihr befriedigen möchte, sie aber auch im ganzen womöglich konkurrenzlos besitzen will, und diese Person sich einem entzieht, dann geht das nicht so ohne weiteres, nicht ohne großen Schock für den Verlassenen ab. In diesem Schock geschehen dann die merkwürdigsten Dinge. Wir finden plötzlich, daß wir dieses ungetreue Liebesobjekt gar nicht wirklich los werden können. Und wenn es uns doch äußerlich verläßt, finden wir in unserem Innern alle möglichen Erinnerungsspuren, ja mehr als das, Angleichungen an es, so als würden wir sagen: Wenn du mich schon in der Außenwelt verlassen hast, so habe ich doch in mir ein Abbild von dir behalten.

Wenn das dem Erwachsenen, also einem in seiner Persönlichkeit fertigen, mehr oder weniger selbständigen Menschen geschehen kann, dann denken Sie sich, was einem kleinen Kinde unter den gleichen Umständen zustößt. Das Kind ist jetzt in dem Stadium, wo es alle seine körperlichen Wünsche, alles das, was wir sexuell nennen, all seine Aggressionen, aber auch all seine Liebe, alles, was es an Zärtlichkeit erlernt hat, auf eine Person konzentriert, auf das Liebesobjekt aus der Ödipus-Situation. Und nun erlebt jedes Kind immer das gleiche: dieses Liebesobjekt will nicht, kann nicht, – für das Kind ist das ganz gleichgültig. Es bietet ihm gelegentliche Befriedigung hier und dort, Zärtlichkeit und Fürsorge, aber ganz dem Kind gehören, fällt diesem Liebesobjekt auch nicht im entferntesten ein. Das Kind muß in die Teilung willigen, muß anerkennen, daß die Mutter vor allem dem Vater gehört, zum Teil den Geschwistern, es muß auf den Alleinbesitz und alles, was ihm das bedeutet, verzichten lernen. Das Kind macht jetzt einen solchen Umwandlungsprozeß durch, aber verzehnfacht, verhundertfacht, wie ich ihn beim Erwachsenen angedeutet habe. Das heißt, das Kind kann sich nur um einen großen Preis von seinem erwachsenen Liebesobjekt innerlich wieder trennen, es muß das Liebesobjekt wenigstens teilweise in sich aufnehmen, muß sich selber so umwandeln, daß es dieser Mutter oder diesem Vater ähnlich wird. Und merkwürdigerweise nimmt das Kind von dem Objekt auf, was ihm am Objekt am unangenehmsten, am störendsten war, es nimmt die Verbote und Gebote auf. Es entsteht ein Zustand, daß wir ein Kind gegen Ende der Ödipus-Situation vor uns haben, das wohl in einem Teil so geblieben ist, wie es früher war, das aber zum anderen Teil das Objekt, den Erzieher selbst, in sich sitzen hat. Der Erzieher im Kind, also dieses einverleibte Stück – wir sagen, das Stück, mit dem das Kind sich identifiziert hat – spielt jetzt dem übrigen Kind gegenüber innerlich dieselbe Rolle, wie sie das Elternobjekt in der Außenwelt dem ganzen Kinde gegenüber gespielt hat. Es bekommt eine so überragende, überwältigende Stellung im Kind eingeräumt, daß wir ihm auch in der Psychoanalyse einen schönen Namen gegeben haben. Wir nennen es das »Über-Ich«. Es beherrscht das Ich des Kindes so, wie der Erzieher früher das wirkliche Kind beherrscht hat.

Damit aber fängt es an, den Erziehern in der Pädagogik gut zu gehen. Wenn sie bisher einen Kampf mit einem Wesen geführt haben, das ihnen ganz gegensätzlich gegenüber gestanden hat, das immer alles das nicht wollte, was sie wollten, so haben sie jetzt im Lager des Feindes – sagen wir es ruhig – einen Verbündeten. Der Erzieher des größeren Kindes kann sich jetzt vertrauensvoll immer an dieses Über-Ich wenden und sagen: Wir zwei halten zusammen gegen das Kind. Und das Kind sieht sich nun zwei Mächten gegenüber, dem umgewandelten Teil seiner eigenen Person und dem immer noch vorhandenen Liebesobjekt in der Außenwelt. Es wird auf eine bis dahin ungeahnte Art gefügig, viel zu gefügig im gewöhnlichen. Die Gefügigkeit, die wir auf diese Art erzeugen und die der Erzieher zu seiner eigenen Erleichterung sehr oft im Übermaß zu erzeugen bestrebt ist, ist es gerade, die das Kind in die übermäßige Triebverdrängung, in die Neurose treiben wird.

Immerhin, das ist der Mechanismus, dessen Schilderung Dr. Bernfeld Ihnen versprochen hat, wie man in das Kind hineinbringt, was vorher nicht in ihm war. Der Weg geht über die Liebe zum Objekt und über die Identifizierung mit dem Objekt. Die Verhältnisse, die sich dabei ergeben, die weitere Erziehungsarbeit unter Mithilfe des neu enstandenen Über-Ichs sind außerordentlich interessant. Aber ich weiß eines: Das geht Sie hier gar nichts mehr an. Das Kind mit dem begonnenen oder in einem gewissen Maße ausgebildeten Über-Ich ist kein Kleinkind mehr, es ist in die zweite Kindheitsperiode eingetreten und damit Ihren Händen entglitten, geht in andere Erzieherhände über. Diese anderen Erzieherhände haben – das ist gar keine Frage – die leichtere Arbeit. Der Erzieher des Kleinkindes hat die konfliktreichste, die schwierigste Arbeit. Aber, und jetzt komme ich mit dem gleichen Trost, den man den Kleinkind-Erziehern gegenüber immer ausgesprochen hat, er hat auch die für die Zukunft entscheidendste Arbeit zu leisten.

Wilhelm Hoffer:

Ein Knabenbund in einer Schulgemeinde

Einführung

Wir beschreiben hier einen Fall kindlicher Gesellung, den wir in einem Heim[1] für dreihundert Ganz- und Halbwaisen beobachtet haben. Die im täglichen Verkehr gemachten Beobachtungen der Lehrer und Pfleger und die Aufzeichnungen der Führer und Mitglieder des Vereines lieferten ein Material, das geeignet schien, nach Ordnung und Bearbeitung der wissenschaftlichen Jugendforschung zur Verfügung gestellt zu werden. Das Ordnen des Materials, die beschreibende Darstellung und zusammenfassende Gruppierung wurden ebenso ausschließlich für spätere umfassendere jugendkundliche Arbeiten vorgenommen, wie die Erklärungsversuche und Beweisführungen nur tiefer gehende und erfolgreichere Arbeiten vorbereiten und erleichtern sollen.

Um das Verständnis des folgenden Materialnachweises nicht in Frage zu stellen, nehmen wir der ausführlichen Schilderung vorweg, daß es sich um eine Art militärischen Bundes von zwanzig Knaben im Alter von zehn bis sechzehn Jahren handelt, den sie mit einem Zwanzigjährigen, respektive Zweiundzwanzigjährigen (dem Verfasser)[2] spontan gebildet hatten. Der Bund bestand als solcher fünf Monate. Eine Gruppe von Turnern, aus denen er hervorging, hatte sich einen Monat früher gebildet; der Verein hörte mit dem Abgang der Führer aus dem Heim auf zu bestehen, ohne daß dadurch der persönliche Verkehr der Mitglieder mit den Führern abgebrochen wurde.

Vorbemerkung zum Material und den Methoden

Das Material zu dieser Arbeit lieferten: 1. Beobachtung. – 2. Dokumente. – 3. Aussagen. – 4. Messungen.

---

1 Kinderheim Baumgarten in Wien des American Joint Distribution Comitee. Näheres über das Heim und den in ihm unternommenen Versuch mit neuer Erziehung siehe Dr. Siegfried Bernfeld »Kinderheim Baumgarten“ S. 94 ff. in diesem Band.

2 Zur Verknüpfung der Person des Verfassers dieser Arbeit mit der eines Führers des Vereines wird im folgenden Abschnitt und im Abschnitt »Die Führer« Stellung genommen werden.

Ad 1. Die Beobachtung aller Vorgänge, sowohl auf das Ganze des Vereines bezüglich als auch auf einzelne der Mitglieder, wurde von der Gründung (15. Oktober 1919) an durch beide Führer durchgeführt. Sie erstreckte sich auf alles spontane Tun und Sprechen einzelner Mitglieder und auf das Verhalten des Vereines (der Turnergruppe) im Ganzen. Die Beobachter waren teils passiv – das dadurch gelieferte Material ist einwandfreier der Bearbeitung zu unterziehen gewesen –, teils aktiv – die bei diesen Anlässen gemachten Beobachtungen dürften weniger genau sein –, abgesehen von allen anderen Umständen, die eine objektive Beobachtung unter derartigen Bedingungen verschleiern.

So weit wir es mit dieser Art von Beobachtung, die sich auf Reproduktion gemachter Wahrnehmungen unter subjektiver Anteilnahme des Beobachtens (vorzüglich der des Verfassers) an den abgelaufenen Geschehnissen erstreckt, zu tun haben, können wir von Selbstbeobachtung sprechen. Wie weit wir dieser Selbstbeobachtung, die sich auf eine Gruppenpsyche bezieht, den Platz der eigentlichen Selbstbeobachtung einräumen, ist für diese Arbeit nicht entscheidend, da in ihr objektive Tatbestände und dokumentarisches Material bei jeder Beweisführung heranzuziehen hinreichend Möglichkeit geboten ist.

Der Zweck der Beobachtung war durch zehn Wochen hindurch kein ausgesprochener. Erst am 1. Jänner 1920 wurde die Beobachtung durch die Führer intensiver geführt und vom Verfasser auf Grund der Eigenbeobachtung und Mitteilung sorgfältiger registriert, mit der Absicht, das durch die Beobachtung gelieferte Material der späteren Bearbeitung erfolgreicher zugänglich zu machen; die Intensität erstreckte sich vor allem auf unmittelbare Registrierung alles Geschehens und auf einzelne besondere Beobachtungen an einzelnen Mitgliedern, die hier nur nebenbei Erwähnung finden sollen. Die Beobachtung durch die ersten zehn Wochen hindurch und auch ein Teil der späteren wurde zum großen Teil aus dem Gedächtnis reproduziert. Alle registrierte Beobachtung wird unter dem dokumentarischen Material erwähnt. Dort, wo Handlungen von Erwachsenen oder den Führern provoziert wurden, ist dies ausdrücklich bemerkt. Neben den Führern und dem Heimleiter beteiligte sich ein Teil des Lehrkörpers und des Pflegepersonals indirekt an der Beobachtung insoweit, als sie Mitteilungen über das Verhalten einzelner Kinder machten.

Die monatelange Beobachtung von zwanzig zehn- bis sechzehnjährigen Knaben nicht nur durch Minuten in einem Experimentiermonat oder wenige Stunden des Tages in einer Schulklasse erfordert in der Registrierung andere Methoden als die bisher üblichen. Damit sei es erklärt, wenn der gedächtnismäßigen Reproduktion von Beobachtungen trotz aller mit Recht zu machenden Einwände ein verhältnismäßig großer Raum gegeben ist.

Ad 2. An dokumentarischem Material lagen uns eine Anzahl Meldungen (geschrieben von Mitgliedern), Zeichnungen, Skizzen, von den Knaben selbst angefertigt, das »Buch der Arbeit«, vom Verfasser geschrieben, und das sehr ausführliche Befehlsbuch vor. In diesem sind nicht nur die Diensthabenden genannt, auch alle Verordnungen, Befehle, Bekanntmachungen etc. etc. sind dort verzeichnet. Es wurde von einem der Knaben als »Schreiber« geführt und erst nach dessen Abgang vom Führer übernommen und fortgeführt. – Ein Zettelkatalog, vom 10. Jänner bis 25. Februar geführt, registrierte alle Ereignisse, Handlungen etc. etc. nach ihrer zeitlichen Aufeinanderfolge; ihm parallel wurde ein Katalog geführt, der die Beobachtungen an einzelnen Knaben registrierte. Beide zusammen ergeben über diese Periode (der Registrierung) ein übersichtliches und detailliertes Bild.

Ad 3. Bei Aussagen der Knaben haben wir zu unterscheiden solche, die spontan gemacht wurden und hier als Beispiele zitiert werden und solche, die das Ergebnis einer Umfrage nach der Auflösung des Vereines waren. Bei dieser Umfrage wurde außer nach den Personaldaten auch nach den Freundschaftsverhältnissen gefragt. Ergebnisse und Modalitäten dieser Umfrage sind im Kapitel »Freundschaften« mitgeteilt.

Ad 4. Durch Messungen wurden die Körpergrößen der Mitglieder festgestellt.

Das so gesammelte Material wurde einige Zeit nach der Auflösung des Vereines dem Heimleiter Dr. Bernfeld übergeben, der dann dem Verfasser die Bearbeitung des Materials antrug.

Die Methodik der Bearbeitung ergab sich nach zwei Gesichtspunkten: Ordnen des Materials, vor allem, um es späterer Forschung zugänglich zu machen, in solcher Hinsicht, daß das dem Jugendverein Charakteristische vor allem anderen den Vorzug erhielt; und Verarbeitung des Materials mit den bisher üblichen Methoden. – Dabei haben wir der zahlenmäßigen Darstellung und der Beweisführung durch sie, wo immer das Material danach beschaffen war, Raum gegeben. Es ist zu hoffen, daß spätere

Untersuchungen diesbezüglich wesentlichere Fortschritte aufzeigen werden. – Diese Arbeit stellt des weiteren einen Versuch dar, die Forschungsergebnisse der Psychoanalyse der Jugendforschung nutzbar zu machen.

Chronik

Am 15. Oktober 1919 verlegte das amerikanische Hilfskomitee drei Waisenheime Wiens in Teile eines ehemaligen Kriegsspitals, um dort den übersiedelnden zweihundertundvierzig Ganz- und Halbwaisen (zum großen Teil Flüchtlingskindern) allseitige Hilfe gewähren zu können. Diese zweihundertundvierzig Knaben und Mädchen im Alter von drei bis sechzehn Jahren, nach Geschlecht und Alter ziemlich gleichmäßig verteilt, waren zum großen Teil erst im Laufe der Kriegsjahre in den genannten drei Waisenheimen gesammelt worden. Die Verlegung in das neugegründete Heim war zum Teil wirtschaftlich begründet, zum Teil sollte damit die bisher übliche philanthropische Waisenversorgung auf ein höheres soziales und pädagogisches Niveau gestellt werden. Die Kinder waren durch jahrelange, meist unmenschliche »Flüchtlingsfürsorge« körperlich und geistig verwahrlost, der größere Teil begabt, doch mißtrauisch und verschlossen. Die Symptome eines gestörten Affektlebens, die gehäuft unmittelbar beim Einzug in das Heim sich zeigten, boten den zwanzig Erwachsenen, denen die Aufsicht und Versorgung übertragen war, trotzdem keine allzu große Überraschung. Den Beobachtern entging es nicht, wie allen voran an Beweglichkeit, List und Fertigkeit, mit der zum Beispiel eine zweite Portion beim gemeinsamen Essen erschwindelt wurde, sich eine Gruppe meist zwölf- bis vierzehnjähriger Knaben hervortat. Intensives Fußballspiel, hemmungslose Masturbation, Raufsucht schienen allein ihr Affektleben zu beherrschen, das sich nur während der Mahlzeit ganz auf diese erstreckte. Dies konnte im ununterbrochenen Zusammenleben tagelang immer wieder einwandfrei beobachtet werden.

Diesen Kindern wurde von den Erwachsenen, denen Erziehung und Unterricht übertragen worden war, nach wenigen Tagen eine »freie Verfassung« gegeben. Die Ältesten (Vierzehn- bis Sechzehnjährigen) übernahmen Teile der Administration, sie wählten sich ihre Ordner (meist Zwölf- bis Vierzehnjährige) und begannen, von Erwachsenen beraten und beeinflußt[3], langsam und während der ersten Zeit immer sehr mißtrauisch das Heim selbst in Ordnung zu bringen. Aus der Fülle neuer Eindrücke, Möglichkeiten sei dies hervorgehoben: jeder hatte freie Entscheidung in allen Dingen seines Lebens; doch war er den von der Versammlung aller gegebenen Gesetzen und dem von ihr eingesetzten Gericht unterworfen. Aus dieser Konstellation formaler (so schien es die ersten Tage) Neuerungen, denen jeder Wert an sich fehlte, hat sich, auch dem naivsten Beobachter sichtbar, eine psychische Neugestaltung ergeben, die nach nicht allzu langer Zeit – etwa drei bis vier Wochen – bestimmte Formen annahm. Wurden die meisten der Neuerungen von denen, die noch nicht neun Jahre alt waren, ignoriert und sogar laut abgelehnt, so war hingegen an den älteren, also den Zehn- bis Sechzehnjährigen, dies zu bemerken: Ehemals auf sich allein oder auf eine ganz beschränkte Gruppe eingestellt, begannen sie sich langsam und mißtrauisch, doch ohne jeden Schein von Unterwürfigkeit, einzelnen der Erwachsenen, meist Lehrern oder Lehrerinnen, anzuschließen. Die Inhalte der Gespräche waren von seiten der Kinder meist Klagen über schlechte Kleidung, Schuhe, über wenig Essen, nach einiger Zeit auch über die Personen, welche sich nicht derselben Umgangsformen bedienten wie die auf dem Boden der »Schulgemeindeverfassung« stehenden Lehrer. So wurden einzelne Lehrer mit einzelnen Kindern oder Gruppen bekannt und befreundet. Die konkreten Inhalte dieser Freundschaften waren primitiv. Keine von ihnen hatte – zum mindesten bewußt – eine soziale Funktion im Ganzen des Heimes. Eine Ausnahme bildete nur eine Gruppe Dreizehn- bis Sechzehnjähriger, unter ihnen der Schülerausschuß, die mit dem Leiter des Heimes einigemal wöchentlich abends nach Auseinandersetzungen über verschiedene Themata die Vorgänge, Einrichtungen, Wirkungsmöglichkeiten und Notwendigkeiten im Heime besprachen. Wenn überhaupt – so war das Wirken dieser Gruppe still, ohne Kontrolle und Beobachtung. Die Kinder erhielten im Heime Unterricht; Bewegungsfreiheit etc. stand ihnen hinreichend zur Verfügung. Innerhalb des Heimes gab es anfangs keine Verhält-

3 Nähere Angaben sind in dem oben genannten Bericht des Heimleiters Dr. Bernfeld zu finden; hier sei nur ausdrücklich betont, daß es der Erziehungsgesinnung des maßgeblichen Teiles der Lehrerschaft entsprach, die Kinder möglichst wenig bewußt oder absichtlich zu beeinflussen.

nisse, Bindungen oder Ähnliches, die an den Typus Vater, Mutter – Kind, Freund, Kamerad oder dergleichen erinnerten. Nur der Typus »Herr«, nicht in der Bedeutung Besitzer, sondern Gewaltiger, schien den Kindern bekannt und vielleicht sogar erwünscht.

Die Verwahrlosung der Kinder zeigte sich unmittelbar nach ihrem Einzug zum Beispiel dadurch, daß sämtliche Kleider und Schuhe rücksichtslos verunreinigt und zerstört wurden, ein Teil der Einrichtungen des Speisesaales und der Schule nach wenigen Tagen verschwunden oder vernichtet war, daß die Klosette nicht benützt wurden und es einiger Zeit und des vollen Einsatzes von Lehrern und einiger Dreizehn- bis Sechzehnjähriger (meist Mädchen) bedurfte, um das Heim nur einigermaßen sanitär zu sichern.

Am zweiten Tage nach der Ankunft der Kinder im Heime forderte der Verfasser, der als Lehrer im Heime tätig war, einige Knaben auf, mit ihm zu turnen (es war die Zeit vor dem Frühstück, das noch nicht fertiggestellt war). Sofort fanden sich zirka vierzig Knaben, die von anderen zum Teil herbeigerufen waren, in einem am Schlafsaal gelegenen Zimmer ein. »Ich bitte einen Moment um Ruhe – – Schaut mal alle, bitte hierher – – so, jetzt rufe ich ›Achtung!‹ und jeder steht mal ganz ruhig – – aber ganz ruhig, wie ich, da.« Leicht war es dann, standen sie einmal ruhig – und zwar freiwillig – sie zum Turnen zu formieren. Dabei fiel am ersten und dem folgenden Tag schon Merkwürdiges auf. Formierte der Vorturner aus dem Haufen Jungens selbst das Glied, stellte er sie also der Größe nach auf, so blieben sie ruhig stehen; ließ er die Burschen sich selbst anstellen – und am Anfang tat er dies so – so mußte er oft eine kleine Rauferei mitansehen, jedenfalls viel Unruhe und Lärm anhören und immer wieder auf die Bedeutung des »Achtung« verweisen. Die Erklärung für die Unruhe konnte man sehen. Die größeren Jungen – zirka Dreizehn- bis Vierzehnjährige – wollten nebeneinander stehen, ließen keinen der jüngeren in ihren Abschnitt; dagegen bildeten die kleineren keineswegs eine eigene Reihe. Die meisten hatten das Bestreben, möglichst nahe den Großen zu sein, nur ganz wenige stille, ruhige Knaben drängten nicht um den Platz; sie waren zufrieden, am anderen Ende stehen zu dürfen. Da der Vorturner (Verfasser) weder zu experimentieren noch auf Kosten des sachlichen Erfolges irgendwelche Beobachtungen zu machen gedachte, brachte er es schon am vierten Turntage ungefähr dahin, daß sich die Burschen der Größe nach formierten. Die Knaben hatten sich an diesen Tagen unaufgefordert einige Zeit vor dem Frühstück in einem bestimmten Raum eingefunden und dort gern und freiwillig bis zum Glockenläuten, das zum Frühstück rief, geturnt. Dabei fiel nie ein Schimpfwort, die Knaben wurden gebeten und baten, sie standen stramm und ruhig beim Turnen, und die »Großen« ließen es sich nicht nehmen, während der Rast oder nach dem Turnen, mit dem Vorturner Arm in Arm wegzugehen. Dies wurde schon am vierten Tage beobachtet. Am fünften Tage nahm der Vorturner – wie er begründete »aus turntechnischen Gründen« – eine Teilung vor. Es gab von da an die »Großen«, zirka Zwölf- bis Vierzehnjährige, und die »Kleinen«, Zehn- bis Elfjährige. Der Turnbetrieb war unregelmäßig, nicht irgendwie obligatorisch, und wurde, sobald die Zeit zwischen Aufstehen und Schulbeginn verkürzt wurde, oft des Abends durchgeführt. Dabei sahen die »Kleinen« gern den »Großen« zu, und einzelne äußerten den Wunsch, lieber zusehen zu dürfen als selbst zu turnen. Es schien, daß ihnen das Funktionelle abgehe: Die Großen waren nach zirka einer Woche nicht nur Turner, sondern man sah ihnen zu, wenn sie turnten (bald fanden sich auch Mädchen zum Zusehen ein), einer oder der andere half sogar dem Vorturner, wenn er mit den Kleineren turnte. So fiel eines Tages während des Turnens mit den Großen von einem von ihnen das Wort »Vorturner«. Es dürfte sich um eine Besprechung der Turnstunde der Großen und der Kleinen gehandelt haben. Damit schien nach zirka vierzehntägigem Turnen ein wesentlicher Schritt für die Großen und auch für die Kleinen getan. Die »Großen« wollten viel, oft und schön turnen, um es »den anderen zu zeigen«. Die »Kleinen« turnten nunmehr überhaupt seltener und sahen lieber den »Großen« zu. – Zum erstenmal geschah es da, daß von den »Großen« die Tür, die zum Turnraum führte, abgesperrt und der Wunsch geäußert wurde, niemand solle zusehen, bis sie etwas könnten. Der bisherige Vorturner (Verfasser), den wir von nun ab »Führer« nennen wollen, wurde in diesen Dingen vor vollzogene Tatsachen gestellt. Daß die Beziehungen der Knaben untereinander nunmehr inniger wurden, fiel auch dem Unbeteiligten auf – wenn er nur auch dem »Kleinlichen« Beachtung schenkte. Besonders die Stellung des »Führers«, der weder diesen noch einen anderen Titel führte, war nunmehr eine andere. War früher das übliche Klagen: »Herr H., immer turnen Sie mit den Kleinen, nie mit uns« (und umgekehrt), so gehörte er nunmehr fast ausschließlich den »Großen«. Die

Beziehungen waren so, daß die Großen sich bemühten, ihn bei allen Gelegenheiten des Beisammenseins (Speisesaal, Schulgemeinde, Gerichtssitzung) in ihrer Mitte zu haben. Wenn auch noch nicht sehr höflich, so wurde er doch vertrauens- und rücksichtsvoller behandelt als der Großteil der übrigen Erwachsenen.

Drei Momente also haben wir bisher herausgehoben, die sich unserer Beobachtung darboten. Es sind dies 1. das Turnen schlechthin (Strammheit, Unterordnung, Zwang, Rhythmus usw.). 2. Abspaltung der Großen zur Vorturngruppe, verbunden mit a) Erhöhung des eigenen Ansehens (Vorturner sind nur Große, im Gegensatz zu den Kleinen, die nicht Vorturner sein können), und b) der aus diesem abgeleiteten ersten sozialen Funktion, nämlich Übernahme der Turnausbildung bei den »Kleinen« durch einzelne der Großen in Form des »Mithelfers«. 3. Die Stellung des früheren Vorturners und Lehrers, die sich rasch zum »Führer« gestaltete: Einerseits restlose Unterordnung, Gehorsam und Anhänglichkeit, andererseits dessen bewußte Separierung von den »Kleinen«, herbeigeführt durch die offensichtlichen Maßnahmen der »Großen«.

Diese drei Energiequellen dürften es erklärlich erscheinen lassen, daß einzelne Knaben der Vorturngruppe ohne Zwang und, wie sie äußerten, »aus Liebe zum Führer« oder »weil wir eben die Vorturner sind«, dem Verwaltungspersonal oder einzelnen Lehrern, die mit der Einrichtung des Heimes (die ja erst nach Monaten als abgeschlossen zu betrachten war) beschäftigt waren, helfend beisprangen, sich zu kleinen Botengängen und kleinen Dienstleistungen freiwillig erbötig machten. Die aus diesen Leistungen von den Knaben selbst den Erwachsenen gegenüber abgeleiteten Forderungen erstreckten sich – merkwürdig genug – nur dann auf Ausfolgung von Essenszubußen, wenn es sich um Dienst für die Verwaltung handelte. Mit weiteren Diensten hatte aber nur der zu rechnen, dem eine »anständige« Umgangsart, für die die Knaben einen überraschend guten Instinkt hatten, geläufig war. So war die Pflegeschwester S. bald allgemein boykottiert, während anderen jederzeit gern jeder Dienst geleistet wurde. Eine Stunde Möbeltragen an einem Nachmittage, von einem großen Teil der Vorturner geleistet und die von ihnen gemachten Bemerkungen – im folgenden Teile geschildert – lassen es unzweifelhaft erscheinen, daß zu diesem Zeitpunkt den Knaben eine besondere Form ihres Tuns angemessen war, in die auch gleichzeitig ihre psychische Komplexität zu drängen schien. Das schien auch Außenstehenden klar und wurde von Unbeteiligten – wie mir später mitgeteilt wurde – geäußert: Die Vorturner waren weit mehr als Zweckverband und die Triebkomponenten waren derart oder so mächtig, daß sie bald über die Form eines turnerischen Zweckverbandes oder Kameradenbundes hinausführten und eine soziale Funktion von großer Tragweite übernahmen. Die nunmehr zu beschreibende Form war von nun ab im großen und ganzen eine Konstante mit variablem Inhalt; dies nicht nur in bezug auf die chronologische, sondern auch mit Bezug auf die interindividuelle Reihenfolge der Entwicklung.

Die bisherige Betrachtungsweise hat sich nicht nur auf bloße Berichterstattung beschränkt. Sie hat vielmehr dem Teil vorgegriffen, der sich mit der Auflösung und Erklärung der Triebkomponenten und den aus Dokumenten ersichtlichen Bewußtseinsinhalten der Beteiligten zu befassen haben wird. Nunmehr sollen derartige Exkursionen unterlassen sein. Ausschließlich die äußere Geschichte des empirischen Vereins sei darzustellen, wie sie uns Beobachtung und Dokumente zeigen und soweit es uns zum Verständnis der später zu behandelnden Probleme nötig erscheint.

Das am 21. November angelegte Befehlsbuch berichtet von der Gründung des »freien Hilfsbataillons des Kinderheimes Baumgarten«. Es bestellt für den ersten Tag den bisherigen »Führer« (Vorturner) zur Inspektion, einen bisherigen Turner resp. Vorturner zum »Rufer«, zwei als Bereitschaft. Es berichtet, daß der Leiter des Heims das »Oberkommando« übernommen hat, daß die »Führer noch zu wählen sind«. Es wird vom Dienst des »Zuges«, des »Rufes« und der »Bereitschaft« gesprochen. – Dies alles ist als Resultat zweier vorangegangener Abendbesprechungen anzusehen. Soweit aus Erinnerung nachweisbar, wurde nach einem Gespräch, das Vorturner mit dem Führer über Lohn und Arbeit führten, – auf Anraten des Führers – beschlossen, daß die bisherigen Vorturner eine »Hilfsgruppe« bilden. Sie sollte turnen, stramm sein und, wo es nötig ist, Hilfe leisten. Namen und Diensteinrichtung wurde nach Aussprache vom Führer vorgeschlagen. Ein fünfzehnjähriger Vorturner, vor seiner Flucht aus dem Kriegsgebiet Mitglied der jüdischen[4] Scoutorganisation »Ha-schomer« (der Wächter), gab dem Ganzen einen nationalistischen Einschlag, indem er

4 Das Heim war ein ausschließlich jüdisches.

am zweiten Tage nach der offiziellen Gründung (die nicht irgendwie gefeiert oder sonstwie bekannt gemacht wurde) die hebräische Kommandosprache vorschlug und durchsetzte. Der Name wurde in Histadruth-Haschotrim (Vereinigung der Wächter; – abgekürzt von nun ab H. H.) geändert. Der Führer hieß Manhig (Führer), der Rufer Machris. Bereitschaft und ein Teil des Kommandos blieb »einstweilen deutsch«.

Das Befehlsbuch wurde vom fünfzehnjährigen Franz geführt. Es schreibt dem Machris (Rufer) folgende Dienste vor: »Dienst des Rufers: Der Rufer tritt seinen Dienst abends beim Befehl an und meldet sich beim Inspektionsoffizier. Er achtet darauf, daß sich niemand innerhalb des Bereiches unserer Baracken herumtreibt. Er sieht nach, ob alle Fenster geschlossen sind. Bis zur Einrichtung des Wachzimmers geht der Rufer längstens um halb neun zu Bett. Nach dem Frühstück meldet er sich beim Kommando und beim diensthabenden Offizier und begibt sich – solange das Wachzimmer noch nicht eingerichtet ist – in die Klasse. Nach der Jause meldet er sich wiederum beim diensthabenden Offizier, führt alle getroffenen Anordnungen durch und sorgt dafür, daß alle rechtzeitig beim Befehl erscheinen, formiert sie und meldet die Zahl der Anwesenden und Diensthabenden, nachher übergibt er seinen Dienst dem nächstbestimmten Rufer. Nach Einrichtung des Wachzimmers wird der Dienst wesentlich geändert werden.« (Franz hatte diesen wie die nachfolgenden Befehle bis zu seinem Abgang selbst nach einer jeweiligen Besprechung mit dem Führer geschrieben; die Diensthabenden teilte er selbst nach einer angefertigten Liste der Mitglieder ein.)

Die Bereitschaft hatte folgende Verpflichtung: »Immer bereit zu sein, wenn Hilfe nötig, jeden Abend einen Gang um das Lager, alle Fenster schließen, nachsehen, ob alles in Ordnung, Kommandant der Bereitschaft ist der Machris.« Besonders am ersten Tage ist im Befehlsbuch einiges zu lesen, was in der »kommenden Woche« eingerichtet oder eingeführt werden soll, so eine »Schotrimkanzlei«, Abzeichen für die Bereitschaft und den Machris. An diesen wie an den vorhergehenden Abenden wurde viel vom »Dienst« gesprochen, mit Hingebung geturnt und exerziert. Es gab dem Führer Mühe, die physisch ermüdeten Knaben vor Überanstrengung zurückzuhalten. Am zweiten Tage wurde die Bereitschaft auf Antrag des Führers um drei Mann verstärkt. »Es wollen immer alle mit die Patrouille machen«, beklagten sich die Rufer der vorhergehenden Tage. Der festgesetzte Dienst war einwandfrei versehen worden; die Kontrolle darüber versahen die Knaben, vor allem Franz selbst, so daß der Führer sich nicht darum kümmerte. Die übrigen Heimeinwohner hatten von dem Bestehen des Vereins noch keine offizielle Verständigung.

Am dritten Tag stand folgendes im Befehl – vom Führer selbst geschrieben: ». . . Der Machris kann alle Burschen, die zum Kinderheim gehören, beim Verlassen des Lagers mit Paketen untersuchen. Zu dieser Verfügung muß die Einwilligung der Schulgemeinde nachträglich eingeholt werden. Wird jemand angehalten, so meldet der Machris den Vorfall möglichst bald – womöglich auch schriftlich – der Inspektion.« Im Kinderheim gab es seit der Eröffnung Diebe, und die H. H. machte damit den ersten Schritt zu deren Bekämpfung. Von den Knaben selbst wurde vorgeschlagen, »etwas gegen die Diebe zu tun«. In der nächsten Schulgemeindesitzung teilte der Führer mit, daß es »Schotrim« gäbe, und erhielt von der Schulgemeinde die Bewilligung, den bisherigen Dienst, auch die Visitierung des Gepäcks, weiterhin durchzuführen. Die Schulgemeinde bestimmte in dem betreffenden Gesetz, daß auch das Gepäck von Mädchen und Erwachsenen untersucht werden könne. Während der Ausgangsstunden nahmen zwei Knaben der Bereitschaft auf Anordnung des Machris Aufstellung am Ausgang und visitierten das Gepäck. Dabei wurde einmal eine Person des Küchenpersonals festgestellt, die Brot etc. wegtrug. Am selben Abend bat der Machris, der dies festgestellt hatte, den Führer, von der Verwaltung die nötigen Aufklärungen einzuholen. – Kleinere Arbeiten gab es täglich, sie wurden abends gesprächsweise erwähnt. Ab 24. November wurden diese Arbeiten auch beim »Befehl« gemeldet und auf Vorschlag von Emil als »Leistung« bezeichnet. Darauf ergab sich ein Gespräch, in dem vor allen von Richard festgestellt wurde, daß es ja auch darauf ankomme, ob man eine Leistung wirklich ganz freiwillig mache, oder ob nur deshalb, weil man eben als Schoter (Wächter) helfen müsse. Deshalb wurden freiwillige Leistungen als »Leistungen mit gutem Ton« bezeichnet, zum Unterschied von »Leistungen«, die von allen als Schotrim geleistet wurden.

Das Bestehen des Vereines war bisher von den Erwachsenen (soweit sie sich nicht an der Schulgemeinde beteiligten) offiziell nicht zur Kenntnis genommen worden. Erst der folgende Zwischenfall machte es notwendig, diesen Erwachsenen die Gründung mitzuteilen und veranlaßte wohl ihrerseits nunmehr ein besonderes Verhalten gegenüber den Mitgliedern. Der Verwalter des Heimes bat einen der Führer (außer dem Verfasser war bei der Gründung des Vereins auch Herr F. als Führer von den Knaben ernannt worden), die H. H. solle Betten und Strohsäcke, die dringend benötigt wurden, herbeischaffen. Der Verwalter stellte für diese mehrstündige Arbeit eine Brotzubuße in Aussicht (die bei der unzulänglichen Nahrung gewiß nötig war). Die Knaben traten, vom Machris gerufen, zusammen, besprachen die Arbeit und führten sie durch. Erst nach vollendeter Arbeit machte der Führer Mitteilung, daß von der Verwaltung eine Brotzubuße versprochen wurde. Aus unbekannten Gründen wurde diese jedoch wieder verweigert, und der Knaben bemächtigte sich große Erregung, die schließlich in einem längeren Gespräch mit dem Führer dahin erledigt wurde, daß Richard zornig rief: »Wir arbeiten nur freiwillig und brauchen nichts dafür.« Jeder weitere Dienst der H. H. für die Verwaltung wurde lange Zeit hindurch verweigert und erst später wieder aufgenommen.

Das Befehlsbuch kündet für den 26. November einen Geheimbefehl an, der vom Führer den Knaben mitgeteilt wurde. Ohne daß die Knaben wußten, worum es sich handelte, scharten sie sich in einer Ecke des Saales um ihn, alle Zuseher mußten weit zurücktreten, niemand durfte auch nur in der Nähe sein. Der Führer erzählte den Knaben von weiteren Diebstählen im Heim, worauf er und die Knaben selbst strenge Maßnahmen vorschlugen. Strenge Visitierungen, vor allem aber immerwährende Wachsamkeit jedes einzelnen wurde beschlossen. Der Machris reklamierte damals sein Recht: Wenn jemand erwischt werde, müsse man ihn sofort verständigen und nur er habe das Recht, etwas zu veranlassen, wenn kein Führer da ist. Mehrere Personen, darunter einige unbeliebte Erwachsene, wurden verdächtigt, auch solche Kinder, die sich entweder dergleichen schon in früheren Heimen hatten zuschulden kommen lassen oder dazu »fähig« sind.

Die bisherigen Ordnungsorgane im Heime waren die von der Schulgemeinde gewählten Ordner und die mit bestimmten Aufgaben betraute H. H. Am 25. November beschuldigte ein Speisesaalordner – und zwar mit Recht – drei Schotrim der Einmischung in sein Amt. Im Befehlsbuch (26. November) ist zu lesen: »Der Dienst der Schotrim beschränkt sich ausschließlich auf den Raum außerhalb der Baracken, es ist daher keinem Schoter erlaubt, dienstlich die Baracke zu betreten.« Bei der Ausgabe von Abzeichen am 30. November und 1. Dezember für die Diensthabenden verlangte der Machris außerdem eine Taschenlampe, weil er ja abends beim Rundgang nichts sehe. Darauf forderten einzelne die Anschaffung von Signalpfeifen, die jeder Schoter tragen solle und durch die sie sich, »wenn etwas los ist«, verständigen wollten. Richard schlägt vor, die Verwaltung solle Schneehauben, Handschuhe und Sweater für die Bereitschaft herausgeben. Emil berichtet am 2. Dezember dem Führer, es sei ein Junge ins Heim gekommen, der gestern einer Frau auf der Elektrischen das Leben gerettet habe, und der müsse doch unbedingt Schoter werden. Tatsächlich hatte Fritz, der erst ganz kurz im Heim war, eine Frau vor einem schweren Unfall behütet. Bei der Besprechung am 3. meinte Richard, man müsse ihn doch irgendwie belohnen und der Führer H. schlug den Knaben vor, man solle Fritz für immer das Abzeichen eines Machris geben oder ihm zu Ehren ein öffentliches Fest. Der Vorschlag, das Abzeichen ihm dauernd zu verleihen, fand starke Ablehnung, das Fest wurde beschlossen. Darauf ergab sich die Frage, ob denn so eine Tat als »Leistung« angerechnet werden könne, und die Knaben stellten selbständig fest, daß so etwas viel mehr sei als eine »Leistung«. Überhaupt war es unklar, ob mehrstündige Arbeitsleistung als eine oder mehrere »Leistungen« zu gelten haben. Darauf half man sich mit dem Vorschlag des Führers H., mehrstündige Arbeit gelte als »Werk«, ganz große Leistungen aber sollten eine »Tat« genannt werden. Darauf meinten einige, daß die Tat von Fritz selbstverständlich eine »Tat« sei; und ob man für jede Tat ein Fest veranstalten soll und ob man nicht doch lieber das Machrisabzeichen verleihen soll. Dagegen wehrten sich die anderen (der Führer nahm dazu keinerlei Stellung) und es blieb beim ersten Beschluß, also beim Fest (das, wie hier gleich erwähnt sei, nie stattfand).

Die Dienstleistungen der H. H. häuften sich täglich. Die Knaben hatten schon früher verschiedene Verpflichtungen auf sich genommen, so z. B. das Einsammeln der Krankenmeldungen und die Ablieferung in der Schulkanzlei. Am 4. Dezember mußten die Wohnräume einer Gruppe Jugendlicher (vierzehn- bis sechzehnjähriger Lehrlinge, die im Heim untergebracht waren) visitiert werden, da einer von ihnen immer »mit Essen handelt«. – Am 4. wurden an alle Schotrim Signalpfeifen verteilt. – Bisher wurde fast allabendlich geturnt und die Veranstaltung eines Schauturnens wurde vorbereitet. Es sollte mit einem Fest des Heimes verbunden werden. Die Abwesenheit eines der Führer durch kurze Zeit machte dieses Schauturnen unmöglich; der Abgang mehrerer Mitglieder ins Ausland (mit Kinder-Auslandsaktionen) hatte zeitlich die Neuaufnahme mehrerer »Kleiner« im Gefolge, die als »zweiter Zug« »zur Probe« aufgenommen wurden. Die Probezeit war mit zwei Wochen festgesetzt worden (Befehl vom 23. Dezember). Eine große Geländeübung am 25. Dezember machte auf die Knaben großen Eindruck. Drei Monate später erzählten sie noch davon. Zu dieser Zeit wurden zwei Mitglieder, Richard und Emil, in den Schülerausschuß gewählt. Am 28. Dezember übertrug die Schulgemeinde dem Machris das Amt, die Ausgabe der Ausgangszettel an Wochentagen zu kontrollieren. Zu dieser Zeit trafen im Heim eine große Zahl gänzlich verwahrloster unreiner Kinder aus einem Flüchtlingslager ein, die erhöhte Aufmerksamkeit bei den Mitgliedern fanden; häufige Diebstähle, Schwindeln beim Essen, was im Heim nunmehr völlig aufgehört hatte, waren nun wieder häufig und veranlaßten die Mitglieder, vom Führer unaufgefordert, zu strengerer Wachsamkeit. Der Machris berichtete jeweils über erfolgreiche Nachforschungen, die bei Diebstählen vorgenommen wurden.

Die neu aufgenommenen Mitglieder (Probeschotrim) sollten auf einen Zettel die Namen des Schoters schreiben, dem sie sich, »um Dienste zu verrichten«, angeschlossen hatten. Im Monat Jänner gab es außer größeren Arbeiten keine berichtenswerten Ereignisse; der Verein versah seinen Dienst, die »Großen« waren im wesentlichen abends mit »Abrichtung« der »Kleinen« oder mit Turnen beschäftigt. Zu Zwischenfällen mit Ordnern der Schulgemeinde kam es nicht mehr; vielmehr war gerade in dieser Zeit ein starker Machtzuwachs der H. H. zu bemerken, der in den nächsten Kapiteln des näheren beschrieben wird. Das Zetteltagebuch schildert ausführlich größerere Arbeiten am 25. und 26. Jänner: Am 25. Jänner abends wurde eine große Schneiderwerkstatt mit Nähmaschinen, Schränken und Tischen übersiedelt; die Knaben hatten es sich zur Aufgabe gemacht, möglichst rasch und ohne zu sprechen – nur der Gruppenführer von je fünf Knaben durfte sprechen – die Arbeit durchzuführen. Sie war in kürzester Zeit geleistet (25 Minuten); Rudolf sammelte auch diesmal nach der Arbeit die Knaben und marschierte mit ihnen unter Gesang in den Schlafsaal (Rudolf ist das bereits genannte ehemalige Mitglied der Scoutorganisation Ha-Schomer). Die Arbeit für den 26., die schon am Vorabend besprochen worden war, begann frühzeitig. Als der Führer H. früh im

Schlafsaal erschien, mußte er auf Veranlassung der Knaben Richard, Simon, Adolf usw. alle Schotrim wecken, damit sie rechtzeitig mit der Arbeit beginnen konnten. Gearbeitet wurde von halb acht bis neun ununterbrochen, dann war Rast. Die Knaben setzten sich wie gewöhnlich zum Führer und unterhielten sich untereinander und mit ihm. Einer von ihnen schlug dabei einen »Verschlag im Tagraum« (einen durch Bretter abgeteilten Raum) vor, hinter dem der Machris sitzen kann und dort die Ausgangszettel verteilen soll. Über Uniformen, Zelte usw. wurde viel gesprochen, Aufzeichnungen darüber liegen nicht vor. Von halb zehn bis halb elf wurde weiter gearbeitet; hernach melden sich mehrere als müde, es wird vorgeschlagen, Fußball zu spielen und für elf Uhr festgesetzt. Detaillierte Aufzeichnungen über diese Arbeit besagen, daß der zweite Zug auch nach elf Uhr nach Arbeiten fragt, jedoch nur das leistet, was ihm vom Führer oder von Knaben des ersten Zuges angegeben war. Hingegen disponierte und vollführte der erste Zug selbständig Arbeiten.

Am 1. Februar wird der Machris beim Ordnen von Gegenständen getroffen, die aus Diebstählen, Funden usw. herrührten; er wollte sie der Verwaltung übergeben. Es entwickelt sich folgendes Gespräch: Führer: »Was machst du mit den Bürsten und Kämmen?« Machris: »No, die geben wir halt auch der Verwaltung«. F.: »Ist es nicht besser, ihr gebt sie direkt den Mädchen in der Baracke 29? Sie haben eh keine.« M.: »Nein, den Mädchen auf keinen Fall; schauen Sie doch, wir haben auch keine auf unserer Baracke – warum sollen alles die Mädchen haben – und übrigens haben w i r das konfisziert.« F.: »Das ist schon wahr – aber die Mädchen brauchen die Kämme bestimmt notwendiger als ihr, denn die haben doch längere Haare oder gebt sie doch vielleicht der H. A.[5], die soll sie an die verteilen, die sie am nötigsten haben.« M.: »Ja, gut so.«

Während der ersten Tage des Monats Februar verlangten die Knaben allabendlich noch Übungen, Patrouillen im Freien. Bei einer derselben wurde eine kleine Schar vorausgeschickt, sie ent-

5 H. A. (Histadruth Ha – Awodah) ist eine der H. H. wahrscheinlich nachgebildete Mädchenorganisation, die sich zur Aufgabe gemacht hatte, allgemein nötige Dienste, z. B. Strümpfe stopfen, Erbsen- und Bohnenauslesen usw. zu verrichten; vielleicht nur aus Reaktion auf die Machtstellung der H. H. gegründet, bediente sie sich weder ähnlicher Formen, noch brachte sie es zu einer ähnlichen Stellung im Heim, wie die H. H., oder zu solchen Freundschaftsverhältnissen innerhalb ihrer Vereinigung wie diese.

fernte sich aber im Dunkel der Nacht vom Wege und überfiel unter Anführung Emils die nachfolgenden beiden Züge. Derartiges selbständiges Handeln wurde nunmehr öfter bemerkt.

Ein Ereignis am 4. und 5. Februar gefährdete zum erstenmal den Bestand des Vereins. Die Mädchen, vor allem die H. A., bereiteten für den Abend des 4. ein Fest vor. Ein Mädchen lud die Führer ein und bemerkte, es sollen nicht alle Schotrim kommen. Der Führer teilte dies mit und bat, es sollen sich die melden oder bestimmt werden, die zum Fest gehen. Hierauf spontaner Beschluß – der Urheber konnte nicht konstatiert werden – es sollen entweder alle oder keiner gehen. Abends marschierten auch die Knaben geschlossen in den Festsaal und beteiligten sich am Fest. – Am nächsten Tag nun erschienen Emil und Richard (dreizehn, resp. fünfzehn Jahre alt) beim Führer H. und beschwerten sich erregt darüber, daß sie am Abend vorher, nach Beendigung des Festes, von einem Mädchen als Schotrim beleidigt worden seien. (Das Mädchen sollte beim Weggehen der Knaben geäußert haben: »Gott sei Dank«.) Diese Knaben und die, welche ihnen inzwischen nachgefolgt waren, äußerten – wie aus dem Stenogramm zu entnehmen: »Ich trete aus.« »Die Schotrim sind die Sklaven.« »Wir haben kein Ansehen in Baumgarten.« »Wir sind nicht mehr so stramm«. »Wir müssen auch ein Fest machen.« Da die anschließende Besprechung zu keinem Ergebnis führte, kamen Richard und Emil mittags zum Führer und sagten, er möchte doch den Mädchen einen Brief schreiben mit der Forderung: Genugtuung, Respekt. – Eine Pflegeschwester als Abgesandte der Mädchen entschuldigte sich persönlich am Abend beim Befehl. Doch die Knaben schienen nicht ganz damit zufrieden, und es entwickelte sich ein längeres Gespräch mit den Führern[6]. Nach einer größeren Geländeübung am nächsten Tag wurde dieser Vorfall nicht mehr erwähnt.

20. Februar abends eine Stunde vor der offiziellen Freitagabendfeier treffen zwei Fuhren mit Holz und Kohle ein; da keinerlei

---

6 Wiedergabe des Stenogramms: Emil: Ich bin dafür, wir machen eine eigene Vorstellung. Markus: Wir müssen doch auch ein wenig eine Ausnahme bilden. X.: Wir sollen uns auch einmal auszeichnen, nicht immer die Mädchen. Karl: Es ist doch ein Gesetz der Schulgemeinde, daß die Schotrim nicht beleidigt werden dürfen. Emil: Wir müssen jetzt überhaupt strengere Ordnung halten. Richard: Wir sollten eine Trommel haben, und wenn wir marschieren, möchte ich dazu trommeln. Karl: Ja, die Schotrim sollten überhaupt in einem Zimmer zusammen schlafen.

Heizmaterial im Heim vorhanden und Arbeitskräfte zum Abladen fehlen, übernimmt die H. H. diese Arbeit. Mehrere kleinere Knaben und auch einige größere, die nicht Mitglieder waren, machten sich erbötig, mitzuarbeiten; sie wurden von den Knaben energisch abgewiesen. Nur Schotrim sollten arbeiten. Nach zwei Stunden war die Arbeit beendet und an Stelle der offiziellen Freitagabendfeier, die inzwischen fast beendet war, eine eigene Feier veranstaltet.

Die folgende Zeit, vor allem die bis zum 8. März, also zirka sechzehn Tage hindurch, hatte das Heim eine Krise durchzumachen (Erkrankung des Heimleiters und mehrerer Lehrer), so daß die Führer übermäßig in Anspruch genommen waren und die H. H. etwas vernachlässigten. Ein aus Holland angemeldeter Rücktransport und die somit bevorstehende Rückkehr mehrerer Schotrim, die im November abgereist waren, veranlaßten die Burschen unter Vorwürfen gegen die Führer ernsthaft nach »Strammheit, täglichem Befehl« und ähnlichem zu verlangen. Der Dienst war bisher immer geleistet worden, trotzdem es nur selten Kontrolle gab. Mit der Rückkehr von sieben Mitgliedern aus Holland wurde der regelmäßige Befehl, Übungen, Besprechungen, Leseabende wieder eingeführt. Die große Anzahl der Mitglieder wurde öfters anerkennend erwähnt; häufiger als je verlangten die Knaben gelegentlich der Zuteilung von Betten an die Zurückgekehrten nach einem eigenen Schlafzimmer für die H. H.

An einer der nächsten Freitagabendfeiern nahmen zirka zwanzig Palästinaauswanderer teil, die durch ihre Lieder und Tänze das Interesse der Kinder voll in Anspruch nahmen. Die H. H. verlangte nach einer eigenen Feier im »Schotrimzimmer« (das um diese Zeit endlich eingerichtet worden war); beide Führer mußten dort bei verhängten Fenstern und versperrten Türen verschiedene Erlebnisse erzählen. Das Zusammenleben der Knaben untereinander und mit den Führern wurde inniger und intensiver, täglich fanden nachmittags oder abends Patrouillengänge und Übungen um das Heim, Laufen in Stafetten (immer erster Zug gegen zweiten Zug), Wettlaufen einzelner usw. statt. Tägliche Aussprachen und Unterredungen mit einzelnen oder Gruppen über Arbeiten, Hilfsdienste, Stellung in der Schulgemeinde, vor allem aber Ausflüge und große Übungen, immer verbunden mit weitschweifenden Äußerungen von Tagträumen über Zelte, Kochkessel, Uniform, Freundschaft usw. gestalteten das Vereinsleben intensiver als je zuvor.

Hier muß nochmals auf alle Schwierigkeiten der Registrierung derartig umfangreicher Beobachtungen verwiesen werden. Es ist schlechthin unmöglich, alle Äußerungen dieser Art (Gespräche, Handlungen) so aufzuzeichnen, daß sie die Unterlage zu einer konkreten Vorstellung geben könnten. Nicht unwesentlich ist es ja, daß ein großer Teil aller Wünsche und Gespräche nicht realisiert wird, also als Tagträume bestehen bleiben und als solche eine ganz besondere Behandlung in Anspruch nehmen müssen. Damit sollen hier keineswegs die psychologischen Probleme vorweg erörtert werden; es sei ausdrücklich konstatiert, daß sich nach unserer Beobachtung dieses Stadium der Entwicklung des Vereines weit weniger noch aus Handlungen, Gesprächen, geäußerten Wünschen erklären läßt, die Deskription auf einen toten Punkt kommt und doch die Vitalität des Vereines wertiger und intensiver zu sein scheint. Die chronologische Berichterstattung ist also für diese letzten Wochen des Bestandes der H. H. weniger wichtig als für die früheren.

Morphologie

I. Der Verein als Ganzes

Die Zahl der Mitglieder, (Tab. 1) respektive Vorturner, die am allgemeinen Turnen unmittelbar nach dem 15. Oktober sich beteiligten, war achtzehn. Diese achtzehn Knaben bildeten den ersten Zug des Vereines. Sie werden am 15. November durch drei Knaben als Neuaufgenommene verstärkt: Abgänge am 21. November und 21. Dezember ins Ausland hatten unmittelbar darauf (in der gleichen Woche) Neuaufnahmen zur Folge, wodurch die Mitgliederzahl immer ungefähr zwanzig bleibt. (Sofortiger Anstieg nach jedem Abfall der Kurve.) Bis zum 21. Jänner ist somit die Zahl der Mitglieder – die Übergangstage nach Abgängen nicht eingerechnet – immer neunzehn bis einundzwanzig; erst am 21. Jänner bewirkt der Ausschluß von drei Mitgliedern (solcher, die am 21. Dezember als Probeschotrim aufgenommen waren) einen Rückgang auf sechzehn. Diese Zahl wird bis zum 15. Februar, also durch drei Wochen, beibehalten und erst an diesem Tage durch Neuaufnahme von vier Knaben in den zweiten Zug auf zwanzig erhöht. – Rückkehr von sechs ehemaligen Mitgliedern aus dem Ausland hat nach weiteren vier Wochen (15. März) eine Verstärkung auf sechsundzwanzig, den Höchststand aktiv wirkender Mitglieder zur Folge.

Mehr als zwei Monate (15. November bis 21. Jänner) hatte der

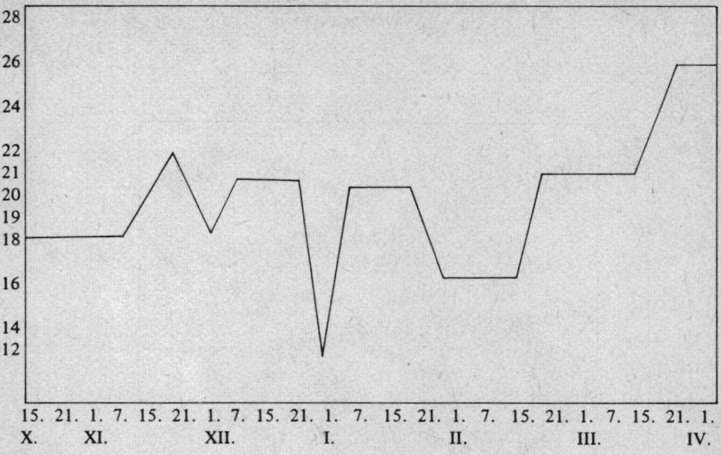

Tabelle 1: Mitgliederbewegung

Verein die Mitgliederzahl zwanzig, die bei zweimaligem Abgang rasch durch Neuaufnahmen wieder hergestellt wird. Erst durch Ausschluß von drei Mitgliedern (21. Jänner) dreiwöchiges Verharren bei einem Stand von sechzehn, dann zweimalige Zunahmen durch Neuaufnahmen (15. Februar) und Rückkehr (15. März). – Für drei Monate des Bestandes ist uns nunmehr eine Zahl ungefähr um zwanzig als konstante Mitgliederzahl maßgebend und die Annahme ist berechtigt, daß der Verein – wir wissen nicht wozu, gar nicht weshalb – nach einer bestimmten Zahl von Mitgliedern hin orientiert war.

Tabelle 2[7] als Alterstabelle zeigt uns, daß den Hauptanteil von Mitgliedern die Dreizehn- bis Sechzehnjährigen unter absoluter

7 Die Alters- und Größentabelle wurde auf Grund der Aussagen und Messungen von einunddreißig Knaben, die entweder dauernd oder vorübergehend Mitglieder des Vereins waren, hergestellt. In ihr konnten die ehemaligen Mitglieder, die sich zur Zeit der Auflösung des Vereins im Auslande oder in Spitalspflege befanden, nicht berücksichtigt werden. In der »Gesamtkurve« sind sämtliche Messungen verwertet, also auch die solcher Knaben, die z. B. nur vom 2. November bis 21. Dezember dem Verein angehörten; diese können dadurch, ohne in einer der drei anderen Kurven zu sein, in der Gesamtkurve erscheinen.

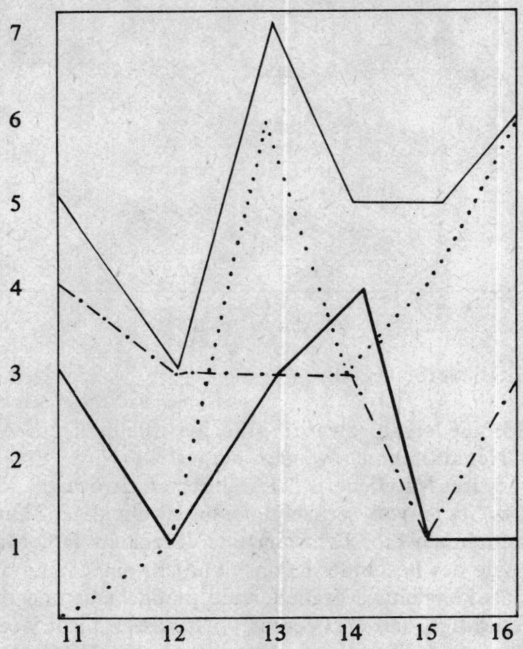

Tabelle 2: Alterstabelle

Gesamtkurve

.... Kurve I. XI.

―――――――― „ I. I.

– . – . – . – . „ I. IV.

Dominanz der Dreizehnjährigen einnehmen. Zwei Feststellungen sind uns nunmehr wesentlich: 1. der Verein hat trotz der gegebenen Möglichkeiten, mehr Mitglieder zu zählen, die Zahl seiner Mitglieder lange Zeit hindurch beschränkt und hat 2. Knaben einer bestimmten Altersstufe trotz ausreichender Möglichkeit Jüngere aufzunehmen, in eindeutiger Weise bevorzugt. Auch die Größentabelle (3) vom 1. November zeigt eine wesentliche Kulminierung bei 148 cm Größe, so daß wir auch dieses Kriterium unabhängig von seiner Bedingtheit hier anzuführen für nötig halten.

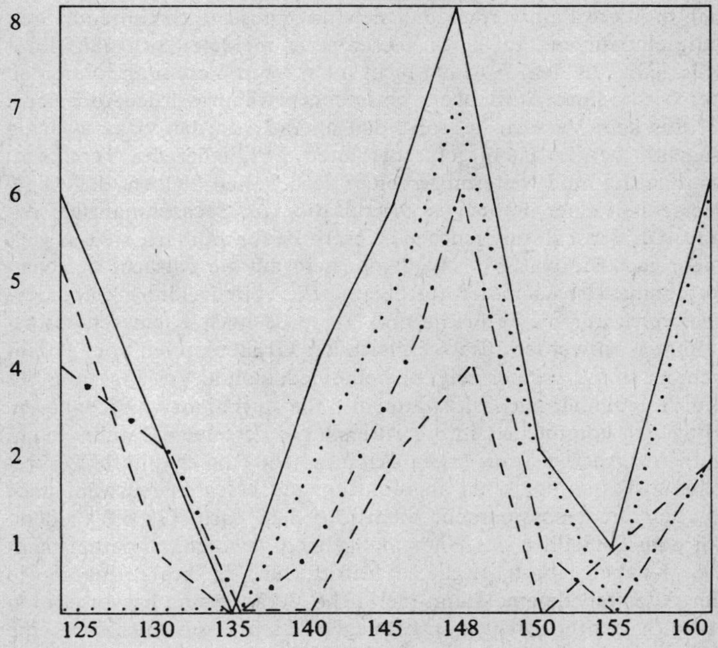

Tabelle 3: Größentabelle
Gesamtkurve
.... Kurve I. XI.
- - - - - - - - Kurve I. I.
– . – . – . – . Kurve I. IV.

Daß Knabenvereine, je nach dem, in ihrer Zusammensetzung bestimmte physische oder psychische Merkmale nachweisen lassen, ist dem Jugendforscher bekannt. Auch in diesem Fall scheint es feststellbar, daß der Verein nur einem bestimmten Alter entsprechend und angemessen war. Dafür spricht neben dem bereits angeführten Material die folgende Tatsache: Alter und Größe waren – wie noch gezeigt wird – scheinbar ausschlaggebende Kriterien, jemanden als Mitglied zu zählen, seine Aufnahme zu wünschen oder abzulehnen. Die Größentabelle vom 1. November zeigt sechs Knaben, 160 cm groß – die vom 1. April nur mehr zwei dieser Größe. Zu diesen beiden muß erwähnt werden, daß sie eine offensichtlich führende Stellung einnahmen[8]. Zwei von diesen sechs meldeten sich nach ihrer Rückkehr aus dem Ausland nicht mehr beim Verein an, ohne daß der Grund ihres Ausbleibens besonders erwähnt wurde. Auch sonst ist uns kein Versuch bekannt, den andere von den zirka zwanzig Jugendlichen im Heim gemacht hätten, Mitglieder des Vereins zu werden. Es muß weiteren Arbeiten vorbehalten bleiben, die Angemessenheit einer derartigen Organisation für Sechzehnjährige (Ältere, Größere) zu untersuchen. Unsere Beobachtungen weisen vielmehr nach rückwärts, das heißt einerseits auf die Tatsache der Neuaufnahme von Kleineren (Größentabelle vom 1. Jänner), andererseits auch auf die Wünsche und Versuche noch Kleinerer, aufgenommen zu werden. Ein Vergleich der Größenkurven vom 1. November und 1. Jänner zeigt uns eine bedeutende Verlängerung der Kurve 1. Jänner nach rückwärts, also die Aufnahme von Kleineren. Hingegen kommt dies in der Alterskurve desselben Datums kaum zum Ausdruck. Daraus ergibt sich nunmehr eine ernsthafte Diskrepanz zwischen der oben angeführten und belegten Auswahl nach Alter und der nunmehr offensichtlichen nach Größe; denn wäre ausschließlich das Alter maßgebend gewesen, so hätten mehrere Knaben längst Mitglieder sein dürfen, da ihre Aufnahme in der Alterstabelle eine kaum merkliche Veränderung hervorgerufen hätte (z. B. drei Elfjährige). Hingegen bedeutet die Aufnahme eine Streckung der Größenkurve nach rückwärts um 15 cm – also ein unverhältnismäßig großer Unterschied der Beziehung zwischen Größe und Alter. Nach vorne hingegen ist als Maß der Aufnahmefähigkeit Alter und Größe weit enger verknüpft. Dies ergibt sich sowohl aus der Alters- als auch aus der Größentabelle, in welcher die Ver-

8 Diese zwei sind: Rudolf, der mehrfach erwähnt wurde und öfter sogar die Führer vertreten konnte und Emil, wie noch zu zeigen sein wird, eine Vertrauensstellung im Verein einnahm.

änderungen bei den Sechzehnjährigen, respektive 150 bis 160 cm Großen, am deutlichsten erscheinen. Zusammenfassend konstatieren wir, daß nach obenhin Alters- und Größengrenze, nach unten ausschließlich die Größengrenze bemerkbar ist. Die Gruppierung um die Größenmaße 125 cm einerseits und 148 cm andererseits, läßt uns bestimmte Größenmaße als ein wesentliches drittes Charakteristikum unseres Vereines erkennen.

Bei dieser Anführung der physischen Merkmale muß erwähnt werden, daß körperliche Gebrechen in drei Fällen Grund zum Ausschluß waren (15. Jänner), sehr oft Grund der Aufnahmeverweigerung – hingegen in zwei Fällen Neuaufnahmen mit geäußertem Wohlgefallen an Stärke und Größe vorgenommen wurden (10. November und 1. Dezember).

Die von den Knaben ohne Einwirkung Erwachsener schon in der Turner- und Vorturnergruppe angebahnte Scheidung der »Kleinen« von den »Großen« hat ihren wesentlichen Erfolg in der Bildung der Vorturnergruppe und dürfte bei der Vereinsgründung nicht unwesentlich mitgewirkt haben. Zur Abspaltung der Vorturner von den Turnern führte die Fähigkeit des Turnens an sich, respektive der Mangel an dieser. Die Kleinen konnten eben nicht dieselben schwierigen Übungen machen wie die Großen. Morphologisch können wir als Fähigkeit zum Turnen primitiv konstatieren: ein Maß von Strammheit (Selbstbeherrschung usw.), Flinkheit usw., Freude am Rhythmus, Lust am gemeinsamen Turnen und viel dergleichen mehr. Mit der Konstatierung dieser Tatsachen ist aber noch nichts getan (außer ihrer Anwendungsmöglichkeit auf die Pädagogik), diese Merkmale erweisen sich uns jedoch oft als bedeutende Lusterreger, deren Folge Intensivierung in bestimmten Formen, wie »täglicher Befehl«, Übungen, Patrouillen, Exerzieren war[9].

Bravheit, Ordnung halten, »den Großen folgen, wenn man etwas sagt« (Begründung der Aufnahmen am 15. Februar), förderten

9 Daß diese Formen zum großen Teil sich als Nachahmungen erweisen, berechtigt uns noch nicht, die biologischen Spieltheorien als ausschließlichen Erklärungsversuch hier gelten zu lassen. Daß die »Soldatenspiele« eben Nachahmungsspiele sind, hat uns bei den hier gestellten Aufgaben nicht viel zu besagen. Denn der Angelpunkt des Problems liegt uns beim Soldatenspielen und beim Militarismus ebenso wie bei unserem Verein in der Ergründung seiner Triebkräfte. Es scheint uns eben zum Nachahmen derartiger Formen eine besondere psychische (physische, psychophysische) Konstellation nötig, die aufzufinden unsere weitestgehende Aufgabe sein könnte.

Mangel an Ehrlichkeit, das heißt Schwindeln beim Essen, Erscheinen vor dem Schülergericht, Umgang mit den der H. H. nicht gut Gesinnten (ein Fall) verhinderten die Aufnahme; ebenso Stolz, mangelnde Regsamkeit (»er ist immer so faul, er ist so langsam«), Frechheit: »er ist so dumm«, »er ist ja so klein – er rührt sich gar nicht – er ist ungeschickt – er hat ja Angst bei der Nachtpatrouille; wenn man ihm etwas sagt, folgt er nicht,« waren die Argumente, die den Ausschluß am 21. Jänner herbeiführten. Für die Aufnahme und Bewertung eines Aufgenommenen waren also neben physischen auch psychische Vorzüge erforderlich. Auf sie kann zum Teil schon nach den obigen spontanen Aussagen geschlossen werden. Dazu kommen noch jene Äußerungen, die anläßlich des Abganges einzelner ins Ausland von den Zurückgebliebenen getan wurden. So wurden während ihrer Abwesenheit (Abgang 21. Dezember) immer wieder vier Knaben erwähnt, die als Mitgründer sich hervorgetan hatten. Der »stramme Erich« – »wenn der Bruno Machris war, da war alles ganz in Ordnung – er (Bruno) ist immer mit dem Stock herumgegangen – der hat alles visitiert – damals wie der Wind war, hab' ich mit dem Bruno alle Fenster zugemacht – der Franz hat immer den Befehl schreiben müssen.«

Wenn wir alle diese Aussprüche, Urteile, Wertungen und Wünsche, schließlich alle Handlungen berücksichtigten und einstweilen noch von ihrer Differenzierung innerhalb Einzelner oder Gruppen absehen, so ergibt sich allmählich das Bild des Vereines als Ganzem. Daß dieses kein konstantes, sondern ein dauernd wechselndes war, ist nicht nur in dem Wechsel der Mitglieder an und für sich ersichtlich (Reisen durch die Auslandsfürsorge), vielmehr auch wohl ebenso wesentlich aus den mannigfachen neu hinzukommenden Wertungen, die sich aus Verkehr mit Führern und Erwachsenen etc. ergaben.

In der Periode der Vorturner (15. Oktober bis 21. November) scheint als vorwiegendes Maß der Beurteilung die Dienstfähigkeit gegolten zu haben. Es fragt sich nur, ob zuerst der Dienst gesetzt war und nach ihm die Mitgliederauslese vorgenommen war – oder ob der Dienst nach den in der Vorturnergruppe wirkenden Trieben und Wünschen eingerichtet worden war, um nachher als Maßstab für die Aufnahmefähigkeit zu gelten. Darüber wird Näheres im Laufe der Untersuchung zu erfahren sein. – Wer »Dienst« machen konnte, galt; es handelte sich um den des Rufers (Machris; Wekken, zum Essen läuten, Ausgehende visitieren, Bereitschaft führen, zum Befehl versammeln), dann um den Dienst der Bereitschaft (arbeiten, helfen, nichtausgehen, bereit-sein, Abendgang um die Baracken, Fenster bei Wind schließen), schließlich um den Dienst aller (gemeinsame Arbeiten, Befehl, Turnen). Diese anfänglich ganz im formalmilitaristischen Wesen des Vereins verankerten Leistungen wurden durch ebensolche Gegenleistungen entschädigt. Vor allem scheint der Titel »bei den Schotrim zu sein«, d. h. bei der ersten geschlossenen Gruppe des Heimes, Geltung gehabt zu haben, Mitturnen zu dürfen scheint bei den Knaben gleichbedeutend mit Anerkennung körperlicher Tüchtigkeit gewesen zu sein. Die Gruppe wurde bekanntlich in einem Gesetz der Schulgemeinde offiziell anerkannt. Nicht unwesentlich: Der damals manifestierte enge Zusammenhang mit den Führern, der sich oft überaus prahlerisch, durch Arm in Arm gehen, hochmütige Bemerkungen zu Kleineren kund tat – doch scheinbar noch nicht auf einem solchen Freundschaftsverhältnis zwischen Führer und Knaben wie später basierte.

Wenn der Führer mit einem der Knaben sprach, standen sie ruhig und stramm – auch in der Schule beim Unterricht. (Dort wurde es von den Führern nie gefordert, doch freiwillig getan.) Sahen die Knaben bei den häufigen Räumungsarbeiten einen Führer mit Hand anlegen, kamen sie rasch helfend hinzu. Sie verfehlten auch nicht darauf hinzuweisen, daß sie ihren Dienst gut verrichteten und machten sich während der Arbeit bemerkbar; zu diesem dienstlichen Verkehr und gegenseitigen Interesse der Knaben und der Führer kam der persönliche Umgang. Er nahm, bei Rasten während des Turnens oder in Besprechungen beginnend, später besonders bei einzelnen Knaben immer mehr überhand. Die Knaben Richard, Simon, Julius und Karl waren es vor allem, die auffallend rasch neben dem dienstlichen ein persönliches Verhältnis zu beiden Führern aufrichteten. Dieselben begleiteten die Führer, so oft sie sie sahen, durch das Lager; sie sprachen mit ihnen nicht ausschließlich über Vereinsangelegenheiten – oft von der Schule, von der Ordnung im Heim, von der Schulgemeinde, ja auch über persönliche Verhältnisse der Führer und Lehrer, über Wohnung etc. Gab es bei den Vorturnern keinerlei Bestrebungen (Jüngere, Kleinere) aufzunehmen, so war unmittelbar nach der Gründung des Vereines bis zum 21. Dezember die Aufnahme Kleinerer – von diesen erbeten – Gegenstand des Gespräches; jede Neuaufnahme Kleinerer wurde aber bis zu diesem Zeitpunkt abgelehnt. (Die Führer hatten darauf keinerlei Einfluß genommen.)

Die damals verteilten Abzeichen für die Diensthabenden und die Signalpfeifen für alle Mitglieder hatten manche interessante Beobachtung über deren Wirkung machen lassen. Pfeife und Schnur wurde an alle Mitglieder verteilt; bald stellte es sich heraus, daß auch Nichtmitglieder solche Pfeifen besäßen und somit deren Bestimmung bei den Schotrim (Verständigung bei Patrouillen, Feueralarm) hinfällig sei. Richard beantragte in der Schulgemeinde und setzte durch, daß im Heime niemand außer den Schotrim eine Signalpfeife besitzen oder benützen dürfe. Die Signalpfeife war das Abzeichen der H. H. Sie wurde an einer Schnur am Rocke getragen und von den Knaben, die einen zweiten Rock besaßen, immer an dem angebracht, den sie jeweils trugen. Acht Signalpfeifen wurden mit Schnüren verteilt; die übrigen Knaben flochten sich selbst Schnüre. Gingen Knaben ins Ausland, so mußten sie auf eigenen Beschluß die Signalpfeife am letzten Abend abgeben; sie sollte ihnen bis zur Rückkehr aufgehoben werden. Am 21. Dezember sandten zwei Knaben vom Bahnhof ihre Pfeifen zurück, die sie tags vorher abzugeben vergessen hatten. Sie erinnerten sich selbst daran, – wie einer der Zurückgebliebenen erzählte. Dieses Vereinsabzeichen erfuhr wunschphantastisch in Gesprächen untereinander und mit den Führern eine Erweiterung und Steigerung. Turnhosen und Turnhemden wurden schon anfangs November bei dem Vorturnen, »Schotrim-Uniform«, eine Art Scoutkleidung, bereits Ende November verlangt. Wie wenig utilitaristische Erwägungen die Forderung nach Turnhosen und Hemden herbeiführten, läßt sich daraus ersehen, daß dringend nötige Turnschuhe (die Knaben turnten entweder barfuß oder in holzbesohlten Schuhen) nie gefordert wurden. Das Hauptgewicht derartiger Wünsche erstreckte sich auf Hüte, Rucksack und Zelte. Unter dem dokumentarischen Material befindet sich eine Zeichnung Richards; sie stellt eine grüne Armbinde dar, in ihrer Mitte einen Doppeladler, ähnlich dem der ehemaligen österreichisch-ungarischen Monarchie. Diese Zeichnung wurde anfangs Dezember spontan angefertigt, einem der Führer gezeigt und dabei von Richard vorgeschlagen, diese Binde als Abzeichen für die Diensthabenden zu benützen – an Stelle der bisher üblichen mit schwarzen Streifen. Für die Periode der Vorturner sei als charakteristisch hervorgehoben, daß in ihr nur der Wunsch nach Turnhosen und Turnhemden geäußert wurde, während sich die Wünsche nach Uniformierung nach der Vereinsgründung der Zahl nach häuften und auch im Umfange sich erweiterten.

Neben diesen Äußerungen, die wir bisher ausschließlich als Symptome ansehen wollen, konstatieren wir folgende Neuerungen – weniger formaler Natur: Die in der Chronik angeführte Neuaufnahme am 2. Dezember als Anerkennung für eine besondere Leistung; die nunmehrige Bewertung der Arbeit, ja sogar die Bewertung, »mit gutem Ton« geleistet oder nicht; das Schwindelverbot für Mitglieder; ob dies für den Verein nötig war oder nicht, bedeutet dies eine wesentliche Erschwerung der Aufnahmebedingung; in zwei Fällen war der Verdacht, Schwindler zu sein, Anlaß zur Ablehnung der Aufnahme; ein Fall von »Schwindeln« wurde nach langer Beratung, ob das Mitglied nicht auszuschließen sei, mit Entzug der Pfeife und Versetzung in den soeben gegründeten zweiten Zug (Ende Dezember) bestraft. Entzug der Signalpfeife, aber nicht Entzug des Unterscheidungsmerkmales des Mitgliedes vom Nichtmitgliede, des absolut Nicht-Schwindelnden vom möglicherweise Schwindelnden.

Die bisher geschilderten Inhalte des Vereinslebens – von denen der Vorturnergruppe wohl zu unterscheiden – erfahren eine wesentliche Neugestaltung durch die Neuaufnahme Kleinerer (24. Dezember). Die bereits mehrfach gemachten Konstatierungen seien hier zusammengefaßt, respektive ihnen sei hinzugefügt:

I. Der enge Zusammenschluß der zwanzig Mitglieder des Vereines zeigte sich in:

a) Handlungen: gemeinsame Arbeit als anerkannte öffentliche Funktion des Vereines; Wertsteigerung dieser Arbeit durch Monopolisierung für den Verein, durch Ausschluß von Nichtmitgliedern an Arbeiten, positive oder negative Reaktion auf alle Bewertung dieser Arbeit durch Erwachsene und Jugendliche; gemeinsame Abstimmung in der Schulgemeinde, vor allem dann, wenn es sich um ein gemeinsames Interesse des Vereines oder auch um einzelne Mitglieder handelte, erschwerte Aufnahme Gleichaltriger (Gleichgroßer), Ablehnung Kleinerer; Ausschluß eines Mitgliedes, das vom Schülergericht bestraft wurde, für die Dauer dieser Strafe;

b) Wünschen, die sich auf Separation bezogen – also Uniformierung, eigene Schlaf- und Dienstzimmer, Bestrafung irgendwelcher Vergehen eines Mitgliedes im Rahmen des Vereines mit Umgehung des öffentlichen Schülergerichtes; Wünsche, die sich auf innere Festigung, Freundschaft untereinander und mit Führern bezogen – keine Streitigkeiten, eigene Schlafzimmer, in denen auch die Führer schlafen sollten, Ansprache mit Du (auch einmal als Wunsch gegenüber dem Führer geäußert, Vorschlag, Führer und Mitglieder beim Vornamen zu rufen, was bei den Knaben untereinander nur selten, dem Führer gegenüber nie gebraucht wurde –, ohne daß die Führer dafür oder dagegen Stellung genommen hätten;

c) Forderungen gegenüber den Mitgliedern vor allem *moralischer Art*, wie Schwindeln unterlassen, Ehrlichkeit, alle Gesetze der Schulgemeinde selbst streng einhalten, Aufrichtigkeit gegen Führer und Mitglieder, Hilfsbereitschaft; *ästhetischer, hygienischer Art:* Reinlichkeit des Körpers, die bei allen Dienstfunktionen von den Knaben selbst überwacht wurde, Reinlichkeit der Kleidung, soweit bei der Art des Bekleidungsmaterials vom Träger forderbar, Überwachung der Reinlichkeit des Lagerbereiches, vor allem der Aborte. Durch diese Forderungen stellte sich die H. H. über alle Kinder des Heimes; *Forderungen sozialer Art:* – unbedingte Verläßlichkeit in allen gegenseitigen Beziehungen der Mitglieder, enge Verbundenheit untereinander, zum mindesten gegenüber allen Nichtmitgliedern, Hilfsbereitschaft jedes einzelnen auch Nichtmitgliedern gegenüber – doch mit Manifestation der »Schotrim«-Zugehörigkeit. Die Forderungen gegenüber Nichtmitgliedern finden ausdrückliche Erwähnung im Abschnitte »Das Heim und der Verein«. Forderungen unterscheiden sich von Wünschen erstens durch die Intensität und Perpetuität ihrer Vorbringung, zweitens, daß bei ihrer Nichterfüllung Maßnahmen getroffen wurden, sie durchzusetzen.

II. Die Einheitlichkeit des Vereins nach außen und nach innen ist zu sehen in der Übereinstimmung aller oder der meisten Mitglieder:

a) nach physischen Merkmalen: der Verein ist nach bestimmten Gesichtspunkten physischer Natur hin zusammengesetzt und orientiert, er lehnt alle Bewerber mit körperlichen Mängeln ab. Der Abschluß gegen solche, die den im Anfang dieses Kapitels angeführten Maßen nicht entsprechen, ist somit irgendwie verständlich, dagegen die Ignorierung von zirka fünfzehn bis zwanzig Knaben, die dem Verein wenigstens während der ersten sechs Wochen zur Verfügung standen, nur erklärbar und das wiederum nur für einen Teil, wenn wir weiter betrachten, die Übereinstimmung.

b) nach psychophysischen Merkmalen: Sie ergeben sich aus der Summierung aller die Durchführung von Arbeiten, Leistungen (gewollten Funktionen) des Vereins bedingten Faktoren. So scheint uns schon zur Zeit der Turner und Vorturner die Fähigkeit zum Turnen – Ausdauer, Ermüdbarkeit, Beherrschung der Muskeln (nicht mit den Augen zwinkern etc.) maßgebend gewesen zu sein. – Bei Arbeiten wurden alle Schwachen kurzweg ausgeschlossen, körperliche Ungeschicklichkeit brachte den geistig Regsamen oft sehr in Nachteil vor den Geschickteren, Flinkeren, Stärkeren mit geringeren geistigen Vorzügen ausgestatteten. Schließlich

c) nach psychischen Merkmalen: Die Mitglieder gehörten ausschließlich einem Schultyp an, der Klassenunterschied ist höchstens vier, der bei der geringen intellektuellen Bildung unwesentlich zum Ausdruck kam. Das intellektuelle Niveau der Mitglieder war daher ausgeglichen; in Besprechungen und im Verkehr konnten wir keine wesentlichen Unterschiede diesbezüglich beobachten. Es gab keinen Knaben, der wegen intellektueller Vorzüge oder Nachteile abgelehnt worden wäre; alle darauf dennoch bezüglichen Äußerungen (er ist so dumm) scheinen auf habituelle Minderwertigkeiten des betreffenden Knaben hinzuweisen. Wie weit dennoch intellektuelle Inferiorität bei der Ablehnung maßgebend gewesen wäre, läßt sich deshalb schwer feststellen, weil es sich dabei gleichzeitig um Kleinere handelte; diese waren noch weitergehenden Kriterien unterworfen, als daß die Ausschließlichkeit der Bewertung intellektueller Fähigkeiten auch nur annähernd vermutbar wäre. – Der Beobachtung zugänglich waren die emotionalen Äußerungen des Vereines; sie zeigen sich in der ausgeglichenen, doch immer wieder hervorbrechenden Lust, mit der man an irgendwelche Funktion des Vereines herantrat, aus Phantasien, Wünschen – schließlich aus allen Forderungen. Sie bildeten mit aller ihrer Umsetzung in die Realität diese Art von Vereinsgesinnung, die wir im Vorgehenden annähernd und unter gewissen Gesichtspunkten dargestellt haben. Aus der Zahl und Art der Freundschaften untereinander und mit den Führern, – aus der Lust, die irgendwelche Funktion im Vereine hervorrief, aus allen Gesprächen, Wünschen, Tagträumen, die sich direkt und indirekt mit dem Verein beschäftigten, aus der Art der Hingabe, mit der man gelegentlich an ihre Realisierung schritt, läßt sich annähernd die psychische Kapazität des Vereines erwägen. Es konnte auch oberflächlicher Beobachtung nicht entgehen, daß der Mittelpunkt des Vereines ein affektiver war, und eine psychologische Untersuchung wird dort wohl die wesentlichen Forschungen betreiben müssen. Der Verein war die Gruppe, die ehrlich, rein, hilfsbereit, opferwillig war; er war das Vorbild für viele – meist Jüngere, die sich bemühten, es gleich zu tun, um Gunst und Aufnahme zu finden, denen es aber doch nicht gelang, weil sie unter anderem von Vereinsmitgliedern meist bei solcher Art von Betätigung angetroffen, gesehen wurden, die dem Verein ganz und gar nicht entsprach. Hier kann der Sprachgebrauch der Knaben Beweis führen: Ich w i l l Schoter w e r d e n. – Darauf meistens die Antwort: Du mußt ... (so und so) w e r d e n. – Unter einer gewissen Alters-(Größen-)grenze war es noch möglich, Mitglied zu werden, wenn man dem Verein im persönlichen Werden ähnlich, gemäß war. Da aber der Schwerpunkt des Vereines im Gefühlsmäßigen gelegen sein mag, dürfte auch vorwiegend Verwandtschaft der Entwicklung des Gefühlslebens für die Zugehörigkeit (gleiche infantile Affektlage und die der Vorpubertät) mitbestimmend gewesen sein. Ihr Fehlen aber bedeutete einerseits Ablehnung, andererseits Anspornung, so zu werden.

Stellung und Einfluß der Führer, Beziehungen zur Umwelt, Freundschaften und Gruppen werden in eigenen Abschnitten detaillierter zu behandeln sein.

Der Verein scheint von seiner Gründung (21. November) bis zum 21. Dezember [10] eine festgeschlossene Gruppe geworden zu sein, die innerhalb der Mitglieder bestimmte Wertungen, (Arbeit, Ehrlichkeit) gesetzt hat, sich dadurch von der Umgebung unterscheidet, oft sogar zu ihr in Gegensatz tritt; der Gesamtheit des Heims gegenüber postuliert er bestimmte Rechte, zum Teil im Bewußtsein physischer Macht (alle starken Knaben waren in ihm vereinigt), teils aus gewissen moralisch-sozialen Vorzügen vor der Mehrheit des Heims. Diese beiden die Machtstellung begründenden Faktoren konnten wir zeitlich hintereinander (in obiger Reihenfolge) konstatieren, sie verschmolzen aber ineinander, so daß auf eine Zeit der Machtbefestigung und -manifestation auf Grund

---

10 Der Tag der Neuaufnahmen war der 23. Mit Rücksicht auf die Einteilung in Tabelle 1 sprechen wir hier immer vom 21.

physischer Kraft eine Zeit der Manifestation moralischer Tendenzen beginnen konnte. Eine bewußte oder gewollte Beeinflussung der Führer liegt hier nicht vor. (Die nach schweren Arbeiten von allen Mitgliedern geforderte Anerkennung oder die sogar brutale Behandlung, die unbeteiligte Kinder von den Arbeitern erfahren mußten, sprechen für das erstere – die Tendenzen, die z. B. in der Zeit um den 2. Dezember [Chronik] den Verein tagelang beherrschten, für die zweite Phase der abwechselnden Äußerungen des Verhaltens des Vereins nach außen.)

Die Chronik berichtet in der Zeit vom 20. bis 25. Dezember von wichtigen Ereignissen, die sichtbare Veränderungen im Gefolge haben. Erstens das große Heimfest, bei dem, wie berichtet wird, der Verein weitgehende und repräsentative Dienste leistete; Machtbewußtsein und Zusammengehörigkeit gegenüber den anderen Heimbewohnern dürften darin ihren Höhepunkt gefunden haben. Das Abholen der Gäste von der Bahnstation, die Führerdienste der Knaben, besonders derer, die dieses Amt im Automobil versehen konnten, war lange und oft Gegenstand der Erwähnung in Gesprächen, die sich mit neuen Festprojekten beschäftigten. Zweitens der Abgang von acht Mitgliedern ins Ausland. Daraus ergab sich ein Mangel im Wechsel der Diensthabenden, daraus Überlastung durch Arbeiten[11]; die Abzeichen der Diensthabenden sind in Gefahr, durch die Häufigkeit, mit der sie jedem einzelnen zukamen, für die Knaben an Wichtigkeit zu verlieren; örtliche Aufhebung vieler Freundschaften; der Effekt gemeinsamer Arbeiten durch die geringe Zahl der Mitglieder konnte dadurch gegen die bewußte Tendenz des Vereins herabgesetzt werden. Drittens, die Aufnahme Kleinerer: Wie aus dem Befehlsbuch zu entnehmen, wurde die Neuaufnahme vom Heimleiter und vom Führer F. angeregt – die Auswahl der Knaben selbst aber von den Knaben getroffen. Nach dem damals geringen Stand der Heimbewohner zu schließen, dürften fast alle Knaben, die sich jemals um Aufnahme bewarben, aufgenommen worden sein. Drei Knaben, noch nicht zehn Jahre alt, wurden nach zwei Tagen wieder ausge-

11 Wie weit die Arbeitslust – Energie, Fähigkeit – damit sank oder stieg, wurde keiner näheren Beobachtung unterzogen, obzwar wir auch hier Gelegenheit hatten, affektiv bedingte Hemmungen und Förderungen bei Arbeiten zu sehen.

schlossen[12], die übrigen sieben blieben auf Probe. Mit ihnen wurde von nun an täglich exerziert, denn sie sollten eine Art militärischer Abrichtung durchmachen, die die Knaben selbst leiteten. Die nächsten Tage sind ausschließlich von diesem Tun ausgefüllt, und nach fünf Tagen mußte jeder der Neuaufgenommenen den Namen *des* älteren Mitgliedes aufschreiben, dem er sich »anschließen wollte«, und das für ihn verantwortlich war. So hatten einige Mitglieder 1-3 Knaben zu beaufsichtigen. (Wie weit diese Wahl auch für spätere Freundschaften mitbestimmend war, läßt sich nicht feststellen, weil die betreffenden Aufzeichnungen nicht erhalten blieben.) Das eine ist festgestellt, daß keinem der älteren Mitglieder sich mehr als drei Knaben angeschlossen hatten, daß ferner drei Mitglieder, denen sich jüngere angeschlossen hatten, später *nicht* als Freunde genannt wurden. Die neuen Mitglieder waren in einem eigenen Zug, dem zweiten, zusammengeschlossen. Sie hatten Dienst als Bereitschaft[13], das Dienstabzeichen der Bereitschaft durften sie tragen, die Signalpfeife war ihnen, »solange sie Probeschotrim sind«, von den Knaben selbst verboten.

Innerhalb des Vereins gab es nunmehr zwei Gruppen, von denen die erste aus dem Vorhergehenden hinreichend bekannt ist. Aus ihrer Beziehung zur zweiten Gruppe, die sie nunmehr aufgenommen hatte, wurde für sie die Pflicht, sie als Ganzes und einzelne von ihr ganz besonders zu überwachen, sie in dem Dienste des Vereins einzuüben und ihnen weitgehendst als den Jüngeren, Schwächeren – die aber auch so werden sollten wie sie selbst – helfend beizustehen. Dafür gehorchten diese ihnen restlos. Zahlreiche Beobachtungen lassen es als sicher gelten, daß jede Warnung und jeder Tadel bei den Jüngeren sofort Gehör fand und »Besserung« zur Folge hatte. Vor Erwachsenen und Kindern bemühten sich die »Großen«, die Kleinen als Kameraden zu behandeln, wobei allerdings von den Großen auf die pflichtgemäße Folgsamkeit Wert gelegt wurde. Absichtlich wurden, soweit unsere Beobachtungen reichen, Kleine von Großen vor Nichtmitgliedern nie bloßgestellt. Bevorzugungen der Kleinen vor Nichtmitgliedern durch die »Großen« kamen vor, so

12 Sie sind in den Tabellen nicht aufgenommen.

13 Sie standen bis zum 15. Februar dabei unter Führung eines Knaben aus dem ersten Zug. Im Befehlsbuch wurde nur der Name des Bereitschaftsführers genannt, ihm schlossen sich dann automatisch die Knaben an, die sich zu ihm seinerzeit gemeldet hatten; diejenigen, denen sich aber nur einer oder überhaupt keiner angeschlossen hatten, die »borgten« sich einen aus.

z. B. beim Verteilen der Löffel vor den Mahlzeiten, überhaupt dort, wo älteren Mitgliedern vorübergehend oder dauernd eine Funktion der Schulgemeinde übertragen worden war. Handelte es sich aber um die Möglichkeit, vor Gericht zu erscheinen, so äußerte Richard, der ein »Richter« war, daß der, welcher aus dem zweiten Zug vor Gericht komme, sehr bestraft werde.

Mehrere Wochen hindurch befand sich also die zweite Gruppe in einem direkten Abhängigkeitsverhältnis zu den älteren Mitgliedern, zum Verein. Die wechselseitigen Beziehungen, die diese Abhängigkeit schufen, stellen wir zusammenfassend am Ende dieses Abschnittes dar. Sie wurde zum Teil und allmählich überwunden durch Eingewöhnung, Verfestigung der zweiten Gruppe mit der ersten, durch Freundschaften, gemeinsame Arbeiten und Erlebnisse bei Übungen usw. (z. B. Chronik, 25. Februar), schließlich durch die Manifestierung der den älteren Mitgliedern eigenen Gesinnung in einzelnen Taten durch jüngere (Nachahmung älterer). (So überreichte Ludwig am 28. Jänner dem Führer H. einen Mantelknopf, den er gefunden hatte, und übergab ihn nachher der Näherinnengruppe.). Der Ausschluß von Mitgliedern am 21. Jänner – dem sehr lange Beratungen zwei Tage hindurch vorangegangen waren – wurde von den zurückbleibenden Neuaufgenommenen eher begrüßt als bedauert, mit Hinweis darauf, daß sie nunmehr ganz richtige Schotrim werden könnten; es bedeutete ihnen Festigung ihrer Position. An repräsentativen Funktionen nehmen sie scheinbar weniger teil als die Großen. Wir glauben uns in der Beobachtung nicht geirrt zu haben, wenn wir bezweifeln, daß die Jüngeren vor Nichtmitgliedern beim Turnen strammer marschierten als dann, wenn der erste Zug nicht mitturnte und »einmal dem zweiten zusah«. Die Beleidigung des Vereins (Chronik, 4. Februar) und die nachherige Erledigung des Konfliktes war ausschließlich Sache der Großen und hatte bei den Kleinen nicht annähernd soviel Gemütsbewegung ausgelöst.

Die anfangs auf 14 Tage festgesetzte Probezeit war schon beim Ausschluß am 21. Jänner abgelaufen und wurde von den Jüngeren wiederholt als Anlaß zur nunmehrigen Aufnahme als »wirklicher Schoter« angeführt. Richard war der Wortführer des ersten Zuges, der die Aufnahme immer wieder hinauszuschieben wußte. Auch anläßlich der Aufnahme am 25. Februar wurde von einzelnen Probeschotrim die endgültige Aufnahme mit Hinweis auf die lange Probezeit neuerlich gefordert; nur Adolf – der sich nie um die Aufnahme in den ersten Zug beworben hatte – wurde als definitives Mitglied aufgenommen, in den ersten Zug eingereiht und mit der Signalpfeife beteilt. Seine Aufnahme wurde von allen Knaben des ersten Zuges gewünscht und begründet: Adolf sei sehr anständig, er folge auf jedes Wort, er sei brav, ruhig, stramm, »er paßt zu uns«. Die am 15. Februar Aufgenommenen hatten sich rasch in den zweiten Zug eingewöhnt und es fiel den Beobachtern keinerlei Symptom auf, das vermuten ließ, daß diese Knaben irgendwie den schon früher aufgenommenen Probeschotrim nachgestanden wären. – Zum Dienst meldeten sich zu dieser Zeit immer einzelne Knaben freiwillig; es wurde von niemandem bemerkt oder erwähnt, daß Angehörige des zweiten Zuges den Dienst der Bereitschaft selbständig versahen und ihre Zuweisung zu einem Knaben des ersten Zuges nunmehr nicht erforderlich war. An Stelle dieser Zuteilungen scheinen vielmehr zwischen einzelnen Kleinen und Großen enge Freundschaftsbeziehungen getreten zu sein. Bei Übungen auf Ausflügen, Patrouillen war es ausschließlich freie Wahl, unbeeinflußt von Erwachsenen und Führern, die engeren Zusammenschluß einzelner Knaben herbeiführte. Ausschließlich spontane kleine Gruppen waren es, die jedenfalls immer bei Spielen, sogar auch bei Arbeiten wesentliche Aktionen ausführten.

Ob die Größeren selbst die Fortschritte der Kleineren merkten, ob sie deshalb nunmehr weniger streng beobachteten und urteilten oder ob ihr Urteil durch die zunehmenden und sich festigenden Freundschaften abgeschwächt wurde, ob schließlich nicht das eine das andere bedingte, entzog sich unserer Beobachtung, umsomehr, als uns kein Anhaltspunkt gewährt wurde, der uns annähernd die Zusammenhänge zwischen einzelnen zeitlichen Phasen und der nebeneinander sich abwickelnden Entwicklung der Individuen, Gruppen und des Vereins in der Gesamtheit hätte ergeben können. So können wir wiederum nur Beobachtungen zusammenfassen, Gemeinsames konstatieren, Gegensätze aufdecken.

I. Die Aufnahme der zweiten Gruppe scheint veranlaßt

a) durch äußere Umstände, so den Abgang von acht Mitgliedern (Gründern) ins Ausland; dadurch Schwierigkeiten im Dienstbetrieb; Vorschlag eines Führers, Jüngere aufzunehmen; geringe Anzahl der den Verein Repräsentierenden; *b)* Einbuße einiger Freundschaftsbeziehungen beim Abgang der acht Knaben; Mangel an Freundschaftsmöglichkeiten im kleineren Kreis der Zurückgebliebenen, verkleinerter Einflußkreis einzelner, schließlich *c)* die möglicherweise bestandene, nicht nachgewiesene Rivalität, die im Wettturnen ihren Ausdruck fand; verstärktes Interesse und neuerliche Bewerbung um die Aufnahme bei Heimjüngeren, die bisher nur Subjekt der Beobachtung und Bewunderung des Vereins waren – also Erweiterung der sozialen Funktion des Vereins durch Einbeziehung bisher Unbeteiligter.

II. Die Abhängigkeit der Kleineren von den Großen (des zweiten vom ersten Zuge) war bedingt und gegeben durch: die vom ersten Zug getroffene Auswahl der neu Aufzunehmenden; die von einzelnen des ersten Zuges vorgenommene Einführung in den Dienst; den auf Grund freier Wahl des zweiten Zuges vorgenommenen Anschluß von ein bis drei Knaben an einen des ersten Zuges; Verrichtung solcher Dienste, die unter Anleitung, Aufsicht und Verantwortung eines anderen – eines, der dem ersten Zug angehörte – vor sich ging; die von dem ersten Zug praktizierte, nicht normierte Beaufsichtigung, Ermahnung, Erinnerung an vereinsgemäßes Handeln; bedingte Aufnahme für vierzehn Tage zur Probe; die Ausdehnung dieser Probezeit auf mehrere Wochen, respektive Hinausschiebung der definitiven Aufnahme. Des weiteren durch: die Reaktion des zweiten Zuges auf die beiden zuletzt angeführten Einrichtungen – sichtbar in dem verstärkten Bemühen, es im Dienste dem ersten Zug gleich zu tun, zu gefallen, allen Anforderungen nachzukommen. Die despotische und diktatorische Beschlußfassung bei Vereinsangelegenheiten durch den ersten Zug ohne Befragen des zweiten Zuges; die indirekt verpflichtende, auch suggestiv provozierte Einwilligung (»nicht wahr, wir machen das so« etc. etc.) des zweiten Zuges in Vorschläge des ersten Zuges; die Suggestibilität der Kleinen gegenüber den Großen, deren Wirkung schon durch die äußere Gestaltung des Vereinslebens, durch Freundschaften, Sympathien zwischen Kleinen und Großen möglich und gefördert wurde; die Vorbildlichkeit des ersten Zuges in Gesinnung und Handeln, insbesondere, wo es darauf ankam, bewußt dem zweiten Zug Beispiel zu geben; die im ersten Zug verankerte Vereinsgesinnung und -tradition.

III. Der engere Zusammenschluß bleibt erhalten und ist gefördert: durch den Ausschluß Ungeeigneter nach kurzer Zeit, die mehrfach beobachtete Hingabe der neu Aufgenommenen bei Arbeiten, Dienst, Hilfeleistung; durch die im zweiten Zug sich wiederholende Bewertung von Arbeiten etc., die unter Zusammenfassung I für den ersten Zug (Zeit vor 21. Dezember) dargestellt ist. – Durch die Realisierung mehrerer Wünsche – Einrichtung eines eigenen Zimmers, enge Freundschaftsverhältnisse, mehrere Ausflüge, Patrouillen etc., erhöhte Anteilnahme der Führer bei Zusammenkünften, Vorleseabende, eigene Feste.

Der enge Zusammenschluß ist erschwert durch die Tatsache der Aufnahme neuer Mitglieder, durch das gegen sie bestehende Mißtrauen – verstärkt durch den Ausschluß von drei Neuaufgenommenen. (Ob und inwieweit die geringe Fürsorge beider Führer in der Zeit vom 15. Februar bis 15. März fordernd oder hemmend auf den Zusammenschluß wirkten, läßt sich nicht annähernd vermuten, um so weniger als darüber Aufzeichnungen fehlen.)

IV. Die Einheitlichkeit des Vereines nach außen. Hier sind nunmehr alle die Faktoren festzustellen, die die Einheitlichkeit des Vereines als Ganzes – nicht die der Gruppen (Züge) bestimmten, hinderten, förderten. Es kann auf eine Wiederholung der unter gleichem Schlagwort für die Zeit vor dem 21. Dezember festgestellten Faktoren hier schon deshalb nicht ankommen, weil schon die oberflächliche Betrachtung die Einheitlichkeit durch die Existenz des zweiten Zuges fragwürdig erscheinen läßt und zu tieferem Eindringen in das Wesen des Ganzen Anlaß gibt. Soweit dies ohne Hilfe psychologischer Erklärungen und Analysen möglich ist, sei hier angeführt: Nach physischen Merkmalen erscheint die Einheitlichkeit einerseits gestört, andererseits gefördert: Durch die Neuaufnahme erfährt die Größentabelle eine derartige Änderung, daß die Struktur des Vereines unter diesem Gesichtspunkte als nicht mehr einheitlich bezeichnet werden muß. Die organisatorische Zweiteilung in ersten und zweiten Zug läßt sich von diesem Standpunkt dahin begründen, daß Übergänge fehlen, der Abbruch des zweiten vom ersten Zug ein plötzlicher, kein allmählicher ist. Auch nach psychophysischen Merkmalen scheint uns die Einheitlichkeit gestört: Verschiedene Arbeitsfähigkeit Kleiner und Großer, Arbeitslust auf der einen, Ungeschicklichkeit, körperliche Schwäche auf der anderen Seite ergeben Differenzen. Nach psychischen Merkmalen: wenn auch nicht wesentlich gestört, so ist doch das intellektuelle Niveau der Neuaufgenommenen mit den Großen als nicht ausgeglichen zu bezeichnen. Die wesentlich anderen Inhalte der Gefühle bei Angehörigen des zweiten Zuges, die ja schon darin oberflächlich ihren Ausdruck finden, daß die Kleinen vor allem den

Großen gefallen wollten und auf andere Institutionen des Vereines weniger Gewicht zu legen schienen, werden im psychologischen Teil noch erwähnt werden. Die Differenzen in den beiden Gruppen werden in den folgenden Abschnitten noch klarer, wo wir uns mit den einzelnen Gruppen des Näheren beschäftigen werden. Ihrer beweiskräftigen Darstellung sei nur insoweit vorgegriffen, als hier des Gesamtbildes wegen die Berührungsflächen beider Gruppen zu zeigen sind. – Aus diesen Beispielen ist zu ersehen, daß die Einheit des Vereines eine reaktiv bedingte war. (Deren weitgehende Ausführung und Verwertung soll späteren Arbeiten vorbehalten sein.)

Zweiter Zug	*Erster Zug*
1. Das noch vor der Aufnahme gezeigte Interesse am Exerzieren (Turnen), das oft seinen Ausdruck darin fand: »Geh, Richard, kommandier' uns mal,« fand seine Intensivierung durch die nach der Aufnahme einsetzende Abrichtung durch einige des ersten Zuges und durch die Führer. »Kommandiert werden«, war die Redensart, die diesen Wunschgedanken beinhaltete.	1. »Kommandieren dürfen«, war Wunsch fast aller – schon seit Gründung des Vereines. Von den eigenen Kameraden kommandiert werden, gefiel einigen nicht, deshalb unterließen es die Knaben. Vom Führer kommandiert zu werden, war nach wie vor erwünscht. – Sofort nach Aufnahme der Kleinen beteiligten sich Richard, Werner, Emil, Markus, Simon an der Abrichtung der Kleinen. Sie griffen scharf mit den Händen zu, schrien auch manchmal, wenn sie verbesserten, zeigten oft Strenge, Strammheit, Autorität (als Nachahmungen der Führer ist dies schwer anzusehen, da derartige Umgangsformen von beiden streng vermieden wurden).
2. Die Knaben als Probeschotrim wußten, daß ihre Aufnahme von den Großen abhängig war. Bei allen Arbeiten im	2. Arbeiten anzubefehlen, zu Hilfeleistungen aufzufordern oder selbst Beispiel zu geben, wurde bei Großen oft beobach-

Dienst waren sie sehr eifrig; alle Befehle der Großen führten sie aus, Verweigerungen kamen nie vor. Vielleicht ist auch dies zum Teil auf den Willen zu gefallen, zurückzuführen.

3. Anerkennung für Leistungen, Erwähnung von korrektem Verhalten bei Übungen etc. wurde von den Kleinen provoziert. »Hab ich nicht gestern das Fenster in der Nacht dort zugemacht?« und ähnliches mehr. Viel Wert schienen sie dabei gleichzeitig auf Erwähnung der Personen zu legen, mit denen sie auf Grund gemeinsamer Erfahrungen und Erlebnisse Beziehungen hatten oder wünschten.

4. Intensivierung persönlicher Beziehungen zu Großen manifestiert sich in Gesprächen, Handlungen: »Ich will beim Emil turnen – ich gehe mit dem Karl auf Patrouille, der Richard soll mir das zeigen«; starker Zulauf zu einzelnen Großen, wenn sie vorturnten, desgleichen, wenn einzelne Große exerzierten oder Übungen leiteten.

tet, besonders aber zu den Zeiten, in denen die Schulgemeinde durch Gesetze Stellung und Autorität des Vereines anerkannt, erweitert hatte. Den zweiten Zug zu überwachen und ihn oder einzelne von ihm durch Befehle zu erproben, hatten sich die Großen zur Aufgabe gemacht.

3. Zu beloben, lobend zu erwähnen, war oft die Absicht des Machris, wenn er beim Befehl von den letzten Dienstleistungen berichtete. Tadel oder Anklage gegen Kleine kamen vor.

4. Einzelne Kleine (Max, Hermann) wurden von einzelnen Großen schlechter behandelt als andere; einzelnen wurden beim Turnen Vorwürfe gemacht, die mit ihrer Vereinszugehörigkeit nichts zu tun hatten – zum mindesten nicht mit dem Turnen.

5. Freundschaften Kleiner zu Großen manifestierten »sich im gegenseitigen Verhalten, Arm in Arm gehen, unbedingtem und willfährigem Gehorsam, Schutz, Abrichtung, Unterweisung durch den Freund.« (Siehe Kapitel »Freundschaften.«) Nach der Einrichtung des »Schotrimzimmers« bemerkten wir sehr oft enges Nebeneinanderliegen, sich Wälzen, Umhalsen. Daß befreundete Knaben des Abends kurze Zeit gemeinsam im Bett liegen dürften, wurde als Wunsch den Schlafsaalordnern geäußert. Jakob wurde von Richard, Simon, Emil gestreichelt; er hatte den Spitznamen »Mopsi«.

5. Die Freundschaften Großer zu Kleinen manifestierten sich: Im Dienste wurden Freunde sogar strenger und härter behandelt, außer Dienst bevorzugt, protegiert und bevormundet. Diese starken Kontraste in der Behandlung in und außer Dienst konnten wir sehr oft beobachten. Richard und Emil, gleichzeitig auch Mitglieder des Schülerausschusses, bevorzugten die Kleinen offensichtlich eine Zeitlang beim Verteilen der Schuhe, Taschentücher. Lag einer der Knaben im Krankenzimmer, wurde Besuch von einzelnen Knaben empfohlen und veranlaßt.

II. Die Gruppierung der Mitglieder

Die Führer

Die Persönlichkeit der Führer: Die beiden Führer, zweiundzwanzig respektive zwanzig Jahre alt, gingen aus Jugendbünden hervor, in denen sie durch Jahre hindurch eine Rolle gespielt hatten. Herrn Dr. Siegfried Bernfeld, dem ich das gesamte Material über die H. H., soweit ich es nach Abgang aus dem Heim bergen konnte, übergab, legte ich einen Bericht über meine frühere Tätigkeit in Jugendbünden bei; auch Herr F., der andere Führer, kam dem Wunsche Dr. Bernfelds nach und berichtete ebenfalls über sein Wirken in Jugendbünden.

Mein Bericht lautete ungefähr: »Nach den ersten sechs Monaten meiner Gymnasialzeit (zwölftes Lebensjahr) trat ich einem Verein von gleichaltrigen Bürgerschülern und Gymnasiasten bei, beteiligte mich an seiner Gründung. Da er nach sechs Monaten aufgelöst wurde, stand ich die nächsten zwei Jahre nur indirekt mit Studentenvereinen in Verbindung; zu ihnen hatte ich als Zwölf- bis Vierzehnjähriger, als »Untergymnasiast« noch keinen Zutritt. Nach dem vierzehnten Lebensjahre trat ich nach mehrfachem Schwanken zwischen einer (sich im formal Hochschülermäßigen erschöpfenden) farbentragenden Studentenverbindung und einer nach Inhalt und Tendenz kulturell wesentlichen Vereinigung der letzteren bei. War es mir schon früher möglich, Gleichaltrige in den Machtbereich der Ideen, Spielgruppen, Vereine, zu denen ich mich zählte, zu ziehen, so verlegte ich mich nunmehr fast ausschließlich auf die Heranziehung Jüngerer, die »als Nachwuchs zu keilen« ich Auftrag hatte. Als Siebzehnjähriger beschäftigte ich mich Monate hindurch mit der Gründung eines Wanderbundes, den ich mir in Gesinnung und Wollen eng verwandt mit der »Vereinigung«, der ich angehörte, vorstellte. Im darauffolgenden Frühjahr war ich Anführer von sechsunddreißig Knaben der untersten Klassen der Mittelschulen des Ortes. (Ich erwähne hier, daß der Wanderbund bei den Kleinen auch deshalb viel Anklang fand, weil in ihm die Gesinnung, die das erste Kriegsjahr zur Folge hatte, am ehesten realisierbar war.) Auch als Soldat gründete ich zwei Wanderbünde, heute noch stehe ich im Briefverkehr mit Angehörigen ähnlicher Organisationen, mit denen ich im Felde regen Verkehr hatte. Nachdem ich noch ein Jahr mitten im Wirbel eines versuchten Neuaufbaues des Gesamtwanderbundes verbracht habe, wandte ich mich dem Lehrerberuf zu. – Wenn Sie mich fragen, welcher Mittel, Kunstgriffe oder gar Maskierungen ich mich bediente, um im allgemeinen und besonders im Falle H. H. so schnellen Einfluß zu erzielen, so betone ich, daß mir, wenn überhaupt, so besonders bei der H. H. nicht nur jede Absicht, sondern auch jede Fähigkeit zu experimentieren fehlte. Ich war mit pädagogischen Methoden bei weitem nicht so vertraut, als daß ich sie hätte bewußt anwenden können – wenn ich schon ein d e r a r t i g e s »Experiment« zu verantworten mich getraut hätte. Der alltägliche Verkehr mit Kindern hat mir gezeigt, daß ich keinerlei Mittel und Mittelchen bedarf, um mit ihnen auf gutem Fuß zu stehen – ja daß solche überhaupt unmöglich sind. Ich glaube, daß die »bloße Anwesenheit« und der Verkehr mit Knaben bestimmter Altersstufen es mit sich bringt, daß wir eben gegenseitig aufeinander mehr wirken als sonst manche der Umgebung. Nochmals erinnere ich Sie an meine letzten Gymnasialjahre, wo ich immer »Jüngere keilen mußte«, da ich darin das meiste Glück hatte. Im Falle H. H. betone ich, daß mein Verhältnis zu den Knaben durch Unbefangenheit und »natürlichen Verkehr« gestaltet wurde, keineswegs vielleicht durch Abschätzung der möglichen erzieherischen Konsequenzen, die sich ja nicht irgendwie voraussetzbar ergaben. Meine Tätigkeit beim Turnen beschränkte sich darauf, alle, die freiwillig mitturnten, zu zwingen, ruhig zu stehen und zu turnen. Ich zweifle nicht, daß die Knaben auch unter einem anderen, der nur das Turnen verstand und gut kommandierte, ebenso gern und gut geturnt hätten. Ob jeder beliebige Turnlehrer auch den später deutlich sichtbaren Wandel der Affekte und die Inhalte der Sozietät mit bedingt hätte, bezweifle ich allerdings.«

Der im Heim angestellte Turnlehrer X. turnte vorwiegend mit Mädchen und acht- bis elfjährigen Knaben, manchmal auch mit einigen Vereinsmitgliedern. Die turnerischen Erfolge, die Herr X. erzielte, waren unzweifelhaft größer, sein Anhang und damit seine Stellung im Heim war trotzdem geringer.

Dem Bericht des Herrn F. entnehmen wir, daß auch er schon als Elfjähriger einem geheimen Vereine angehörte. Mit vierzehn Jahren ist er Mitglied eines eben begründeten Wanderbundes, mit sechzehn Jahren Führer der Ortsgruppe, mit siebzehn bereits in der Leitung aller Wanderbünde, »der Bundesleitung«, die er auch während seines später beginnenden Kriegsdienstes nachhaltig beeinflußt. Sein Kreis waren immer Gleichaltrige, oft Ältere. Sein Einfluß erstreckte sich gewollt nur auf Knaben – doch sollen auch Mädchen, soweit sie dem Wanderbund angehörten, beeinflußt worden sein.

Die turnerische Ausbildung der beiden Führer war unvollkommen, ihr Können jedoch nicht gering; das Wirken im Verein beschränkte sich auf das Vorzeigen und Kommandieren von Freiübungen, die ziemlich planlos, doch abwechslungsreich vorgezeigt wurden. Die persönliche Verknüpfung mit den Turnern ergab sich aus der Wechselwirkung gegenseitiger Beziehungen »von selbst«. Als der Heimleiter den Führer H. unmittelbar nach der Gründung nach dem Zweck der H. H. fragte, schilderte er diesen so, wie ihn die Knaben bei der Gründung selbst formulierten: Es habe sich herausgestellt, daß die Vorturner auch gemeinsame Arbeiten verrichten und daß sie deshalb ein »freiwilliges Hilfsbataillon« bilden. Beide Führer sind sich in der Feststellung persönlicher Merkmale, die für ihre Stellung im Verein ausschlaggebend schienen, einig: Größe und Stärke, vor allem aber Strammheit, Geschicklichkeit und die Art des Kommandierens. Das weitgehendste Verständnis für alles, was die Knaben bewegte und beschäftigte, das jederzeitige

Entgegenkommen, wenn persönliche Hilfe not tat, Strenge und strammes Verhalten ausnahmslos gegen alle Dienste, fundierten die Führerstellung. Militaristische Formalitäten machten immer großen Eindruck – so insbesondere gerade- und strammzustehen, wenn man mit einem Knaben sprach. Andererseits legten die Knaben scheinbar Wert darauf, daß sich die Führer verschiedene Intimitäten gefallen ließen – wie Arm in Arm gehen, während des Gehens an der Hand gehalten zu werden. Übertrug aber in der ersten Zeit einer der Knaben sein freches, beleidigendes Benehmen gegen einen Erwachsenen auch auf die Führer, so reagierten diese nicht mit Schreien, Schimpfen oder gar Schlägen. Vielmehr waren sie die ernsthaft Beleidigten, und die Beleidiger kamen bald selbst aus eigenem Antrieb, nie von Erwachsenen dazu aufgefordert, und baten um Entschuldigung.

Erwähnt sei hier noch die Person des Herr W., eines zirka dreißigjährigen Lehrers, der bei Gründung des Vereines als Führer von den beiden Führern vorgeschlagen wurde. Aber die Stimmung für oder gegen Herrn W. war nicht derart, daß der Antrag eine Aussprache veranlaßte; so wurde er nicht näher erwogen und auch ein zweitesmal nicht wiederholt.

Zusammenfassend konstatiert, zeichnete die beiden Führer für dieses Amt besonders aus:

1. ein Maß körperlicher Fähigkeiten;
2. ein Maß dispositioneller Eigenschaften, die den Verkehr mit Knaben dieses Alters und älteren in diesen (und ähnlichen) Formen bedingen;
3. die für die Führer selbst aus diesem Verkehr entstammende Zufriedenheit mit dem Tun und Wollen der Knaben;
4. die unter diesen Voraussetzungen mögliche, enge Verknüpfung mit Verein und Einzelnen.

Die Beziehungen der Führer zu den Knaben

Die autoritativen Beziehungen lassen sich nach der Art und Weise, wie diese in der Turnergruppe von dem Turnlehrer als Subjekt angebahnt, von den Knaben als Objekten akzeptiert wurden, als unter subjektiver Willensfreiheit statuierte bezeichnen. Sie wurden unter absoluter Wahlfreiheit der Objekte errichtet. Ohne ihren Lustgehalt hier zu prüfen, sei nur auf deren mögliche Modifizierung verwiesen, also etwa auf die autoritativen Beziehungen, die jeder Lehrer heutzutage beim Betreten des Schulzimmers errichtet, bis zu den Beziehungen eines Führers zu elfjährigen Scouts, der soeben geliebt, gepflegt oder geprügelt, kurz darauf mit einem Wink restlose Gewalt über seine Gruppe erlangt. Der Turnlehrer verschaffte sich ein autoritatives Verhältnis zu den Knaben ohne Rücksicht auf sie, d. h. ohne ihre psychischen Dispositionen zu kennen. Er tat es ohne Rücksicht auf sie – jedoch nicht rücksichtslos und hatte das Richtige »instinktiv« getroffen. Die Knaben scheinen Autorität zu suchen und zu wollen. Wie wäre es anders zu erklären, daß beim Turnen erwiesenermaßen einzelne Knaben angeschrien zu werden provozierten, daß sie zum Turnen sich drängten und streng behandelt werden wollten, was auch darin seinen Ausdruck fand, daß einzelne bei dieser ganz freiwilligen Sache zwar mittaten, aber in einzelnen Fällen doch nicht gehorchten, solange ihnen nicht Ausschluß oder sonst eine »strenge Strafe« drohte. Nach einigen Tagen des Turnens stellte sich heraus, daß diese Autorität sozial nötig war, weil es ihr allein gelang, das Gleichgewicht herzustellen, sobald es von den damals gänzlich verwahrlosten Knaben gestört wurde. Einzelne Knaben konnten veranlaßt werden, statt mit den Füßen den Mörtel an den Wänden abzuschlagen und dergleichen mehr, Stechschritt zu üben, auf Bäume zu klettern, Wettläufe zu veranstalten. Keineswegs schien das Formale dieser Handlungen wesentlich zu sein, sondern ausschließlich der Lustgewinn (Lazarus) oder die in den Handlungen sich manifestierenden Triebe (Groos, Hall). Die Autorität des Turnlehrers gestaltete diese Triebwirkungen sozialpositiv.

Die mit der Vereinsgründung einsetzende häufige Beschäftigung der Knaben, der Befehl, brachte sie mit den zwei Führern in häufigeren Verkehr, der sich täglich auf mehrere Stunden erstreckte. Die administrative Leitung des Vereines lag in den Händen der Führer, als Kommandant zeichnete aber der Leiter des Heims im Befehlsbuch auf Veranlassung der Führer und mit lauter Zustimmung der Knaben. Diese nur formale Anteilnahme des Leiters am aktiven Vereinsleben wurde nicht bemerkt, zumindest ihrer nie Erwähnung getan.

Nach wenigen Tagen mit Befehl, Exerzieren etc. hatte sich aber das Formale auch inhaltlich vertieft, die Knaben waren offenbar zu den Führern in freundschaftliche Beziehungen getreten, die sich freilich nur im Arm-im-Arm Gehen zeigten, einigemale aber doch zu einer vertraulicheren Frage an die Führer, zu einer Bitte um Rat in einer persönlichen Angelegenheit führten.

Die durch strenge und konsequente Verfolgung der Übereinkünfte zwischen Führern und Knaben begründete Autorität wurde durch die freundschaftlichen Beziehungen nicht gestört. Diese scheinen an sich nichts Konträres darzustellen, da sie im Verein nebengeordnet in Erscheinung treten, die erstere Form periodisch wieder gefordert wird (z. B. unmittelbar vor dem 15. März als Abhilfe gegen die drohende Erschlaffung des Vereinslebens). Die autoritative Form der Knaben-Führer-Beziehungen findet jedenfalls ihren Höhepunkt immer bei denselben Gelegenheiten, bei denen sie entstanden ist, beim Turnen, »Stramm-Exerzieren« etc. Der darin enthaltene Wunsch, »behandelt zu werden«, drückt sich darin immer wieder neu aus. Eine Auflehnung gegen die Autoritätsperson kam während der sechs Monate nicht vor. Die Ablehnung und Vorwürfe gegen die Führer anläßlich des Konfliktes mit den Mädchen hatte nur die entschiedene Forderung nach Wiedereinführung der früheren autoritativen Beziehungen zur Folge.

Die freundschaftlichen Beziehungen, deren Beginn wir im vorliegenden Fall mit dem erstmaligen Arm-in-Arm-Gehen konstatieren, manifestierten sich im unmittelbaren Dienstverkehr dadurch, daß einzelne sich enger an den Führer anschlossen, sei es nun, daß er eine Patrouille der sich freiwillig um ihn scharenden Knaben führte, sei es, daß sie sich bei Besprechungen eng an ihn anlehnten, sich auf ihn setzten, ihn bei Spielen besonders gern in das Gewühl der Balgenden zogen. Sie wurden aber offenbar auch außerhalb des Vereines gepflegt und hauptsächlich vertieft. Wir schließen das daraus, daß die Führer beim Verlassen des Heims z. B. ein großes Stück begleitet wurden, daß Richard, Emil ihnen über Kleinere vertrauliche Mitteilungen machten, daß sie stramm, gut wären, was für Wünsche sie hätten und wie man ihnen helfen solle. Richard umfaßte sehr oft den Führer an der Brust, an die er dann seinen Kopf drückte. Die Trennung der Führer von den »Kleinen« in der Turnerriege wurde bereits ausführlich geschildert. Nach der Vereinsgründung zeigten sich keine derartigen Bestrebungen mehr; dafür schien den Knaben daran gelegen gewesen zu sein, daß ihr vermeintliches Besitzrecht am Führer Beachtung fand. Es äußerte sich vor allem in den von uns beobachteten Ausdrucksbewegungen, die mit dem Arm-in-Arm-Spazierengehen, das viel demonstrativen Charakter trug, verbunden waren. Zu den Sitzungen der Schulgemeinde wurden die Führer in die Bänke gerufen, in denen die Vereinsmitglieder sich versammelt hatten. Die innigsten Formen der gegenseitigen Beziehungen zeigten sich nach der Einrichtung des eigenen Vereinszimmers (Schotrimzimmers), anfangs März. Die Führer waren fast allabendlich mit den Knaben beisammen, lasen ihnen vor, unterhielten sich mit ihnen. Die Knaben saßen und lagen um und auf einem breiten großen Sofa, das sie sich selbst mit einem der Führer gebaut hatten. Körperliche Berührungen in Form von Händedrücken und Streichen der Hände suchte nur Richard. Fritz nahm sehr oft die Hand des Führers beim Handgelenk und schlug sich damit in das eigene Gesicht. Das hier Mitgeteilte stellt nur einen kleinen Teil der erwiesenen Freundschaftsbezeugungen dar; sie gewinnen größere Bedeutung, wenn wir berücksichtigen, daß keinem der Erwachsenen des Heimes von diesen Knaben Ähnliches bewiesen wurde.

Von Richard liegt eine Zeichnung vor (5. Februar), die er zum »Befehl« mitbrachte, dem Führer übergab und sagte: »Da, Herr H., da haben Sie etwas von uns, den Schotrim«. Die Ausdrucksbewegung war nicht eine solche, mit der man schüchtern oder gerührt einem Jubilar ein Dekret überreicht, vielmehr eine, die auf wohlwollenden Respekt schließen ließ. Einen aktuellen Anlaß, dem Führer gerade an diesem Tage die Zeichnung zu überreichen, gab es nicht. Die Zeichnung stellt einen mit Blättern verzierten Davidstern dar, in dessen Mitte »H ... Manhig« (Führer), darunter »dieses Herz bewachen die Baumgartner Schotrim« stand; an der linken Seite sind die Namen von 13 Mitgliedern geschrieben, an erster Stelle der des Zeichners selbst. Auf nachheriges Befragen, ob er schon Ähnliches gesehen oder getan habe, erklärte Richard, daß ihm »das so plötzlich eingefallen« sei. Beim Sammeln des Materials fiel uns eine zweite Zeichnung in die Hände, deren Entstehungszeit und Urheber nicht festgestellt werden konnte. Doch liegt nach der Art der Zeichnung offenbar ebenfalls eine von Richard vor. Sie trägt am oberen Rande die Aufschrift: »Histadrut Haschotrim«. In der Mitte ist über die ganze Blattfläche ein Davidstern gezeichnet, mit Blättern verziert. In den beiden oberen Seitenecken das Wort: »Baum-garten«; im Mittelfeld: »Hoch unser Manhig H ... und F ...« Darunter doppelt so groß die Buchstaben »H. H.« (jedenfalls als Abkürzung für Histadruth Haschotrim).

Eine besondere Gruppierung der Knaben um den Führer wurde nicht beobachtet, die Intensität des Verkehrs der Knaben mit den Führern hätte wohl auch diesbezüglich eine wesentliche Differenzierung aufweisen können, doch war eine – ununterbrochene – Registrierung unmöglich. Nach dem Abgang der Führer aus dem Heim wurden diese von Gruppen und einzelnen sehr häufig besucht, sie wurden aufgefordert, einen von ihrer Wohnung aus zu leitenden Geheimbund zu gründen, »dem die Schotrim alle angehören sollten«; (dem Wunsche konnte aus verschiedenen Gründen nicht nachgekommen werden.) Aversionen gegen die Führer beobachteten wir bei zwei Gelegenheiten: Emil, der mit sechs Kleinen turnte und dabei falsch erklärte und kommandierte, wurde vom Führer darauf aufmerksam gemacht. Er machte eine sehr abwehrende Handbewegung und sagte sehr gereizt: »Lassen Sie mich doch, ich weiß schon alles.« Ähnliche Fälle ereigneten sich auch in dieser Vorturner-Epoche mit Richard und Markus. Den in seiner Wirkung größten Anlaß zur Ablehnung der Führer gab die Beleidigung des Vereins durch die Mädchen (S. 326): »Herr H., Sie kümmern sich nicht mehr um uns, wir sind nicht mehr so stramm, Sie auch nicht.« Die Gefühle der Abneigung rückgängig zu machen, gelang nach einer Aussprache, in der sich die Führer zu regerem Verkehr mit den Knaben und für den Verein zu sorgen verpflichteten.

Außer diesem Fall konnten wir nie bei den Knaben Ablehnung oder Auflehnung, auch nicht dort, wo die Forderungen an die Mitglieder unbequem waren, beobachten.

Die Freundschaften der Knaben

Wenn bisher wesentliche Schwierigkeiten bei Bearbeitung des Materials und seiner methodischen Aneinanderreihung durch bewußte und unbewußte Herbeiführung von Analogien erleichtert oder überbrückt wurden, so sei dies ebenfalls als ein Symptom aufgefaßt, wie sehr eine morphologische Darstellung sich in den Oberschichten der zu behandelnden Materie bewegt. Freundschaftsbeziehungen sind schon bei Erwachsenen schwer zu beobachten und zu beschreiben, trotzdem Tagebücher, dem Freunde gewidmete Gedichte, Briefwechsel oder irgendein dokumentarisches Material vorhanden ist. Die fällt bei Freundschaften von Knaben dieses Alters weg. Ausschließlich auf Beobachtung durch Dritte ist die Forschung angewiesen. Nichts berechtigt uns bisher anzunehmen, daß diese Freundschaften spontan in Worten Ausdruck finden – und wenn, so scheinbar nur dort – wo sich diese Freundschaften entwickeln und pflegen lassen. Eine zusammenhängende Beobachtung ist dabei fast ausgeschlossen, vielmehr wird sich erst aus einzelnen Begebenheiten ein einigermaßen zusammenhängendes Bild ergeben können. In unserem Falle haben wir die Beobachtung betrieben und vermerkt, sooft sich uns dazu Gelegenheit bot.

Die während der ersten Monate beobachteten Freundschaftsbeziehungen zeigen ein Durcheinander in bezug auf die als »Freund« gewählte Person, was darauf verweisen mag, daß sie nicht einer bestimmten Person galten, vielmehr einem bestimmten Allfreundschaftsverhältnis entsprungen waren. In den Äußerungen zeigt sich eine Art Gleichmäßigkeit bezüglich Art und Zeitpunkt dieser Äußerung: Am Freitag abend machte der Rufer mit Freiwilligen die Runde. »Wer will mitgehen, mit dem X. die Patrouille machen?« Die Art der Bewerbung – vor allem die Art der Auswahl durch den Machris berechtigt diese Handlung als Äußerung der Freundschaft aufzufassen – oder zumindest der Sympathie, denn »Du bist mir zu schwach – zu frech – mit dir war ich gestern, da war es schön, geh' heute auch mit« – sind Äußerungen, die die Auswahl als eine von sympathetischen Gefühlen bedingte, veranlaßte erscheinen lassen. Bei Arbeiten gab es spontane Arbeitsparteien, Zurufe: »Du, warte dann auf mich«, »ich trage dann auch einmal mit dir« und ähnliches mehr. Freie Wahl bei Patrouillegängen, bei Übungen, beim Auslosen der Parteien, die Sitzordnung, die Wahl der Nachbarn beim Turnen solange keine bestimmte Ordnung eingeführt war, boten hinreichend Gelegenheit zu beobachten und zu eruieren. (Von uns wurden aber nicht die Personen registriert, denen der Freundschaftsbeweis gelten sollte. Wir registrierten nur die Art der Freundschaftsbezeugung.) So fiel besonders das Liegen von zwei Knaben in einem Bette auf, das zwar von den Schlafsaalordnern untersagt war, bei Kontrolle von den Knaben mit »Es ist allein zu kalt«, »Es sind zu wenig Decken« etc. entschuldigt wurde. Gideon lag mit seinen Brüdern, Robert mit seinem Bruder – später mit Jakob regelmäßig in einem Bett. Unsere Beobachtungen – nicht zahlenmäßige Ergebnisse – weisen darauf hin, daß dies häufiger bei Knaben nicht über zwölf Jahren üblich ist als bei älteren. Einen besonderen Fall weist die Stellung der beiden Knaben Robert und Jakob zueinander auf. Robert, seit der Turnergruppe Mitglied des Vereins, nahm Ende Februar nicht mehr an den Zusammenkünften, Befehlen teil. Markus erzählte, Robert sei ausgetreten, niemand konnte sagen, warum. Wenige Tage nachher berichtete eine Lehrerin, daß Robert und Jakob seit einigen Tagen unzertrennliche Freunde seien, immer nebeneinander säßen, sich küßten und streichelten. Jakob, zwölf Jahre alt, wurde seit einigen Wochen von den Altersgenossen »Mopsi« gerufen. Er war erst seit dem 25. Februar Mitglied des Vereins. Mit seinem Eintritt fällt zeitlich ungefähr das Ausbleiben Roberts zusammen, welches erst durch die Äußerung der Lehrerin damit einen Zusammenhang vermuten ließ. Robert und Jakob waren seitdem unzertrennliche Freunde – stundenlang saßen sie auf einer Wiese in der Nähe des Heimes, verzichteten oft auf Mahlzeiten. Dies ist der einzige klare Fall manifester Freundschaft.

Bei der Gartenbestellung gab es Gruppenbildungen nach freier Wahl, bei der, phantasiert, in den Mittelpunkt die Person des Führers oder die eines geehrten Mannes gestellt wurde. So sollte je ein Beet nach dem Leiter und nach den Führern benannt werden. Beim Vorlesen, bei Besprechungen mit den Führern, bei Spielen mit zwei Parteien ergaben sich die Gruppen so, daß einzelne Knaben weggestoßen wurden, zu der anderen Partei, zu einem anderen Anführer oder einer Sitzgelegenheit abseits vom Führer verwiesen wurden. So wurden einzelne, die der Mehrheit nicht gefielen, weggedrängt oder einer anderen Wahlgruppe zugewiesen.

Bei der Auflösung des Vereines stand uns dieses dürftige Beobachtungsmaterial zur Verfügung, mehr durch Zufall als absichtlich wurde es durch Aussagen der Knaben bei der nach der Auflösung angestellten Umfrage erweitert.

Bei der Umfrage wurde jeder der Knaben nach Alter, Größe etc. gefragt, respektive geprüft. Daran schloß sich die Frage: »Hattest du Freunde?« Die Antworten der erst befragten zeigten nach Wortfolge und Inhalt der gemachten Angaben manche Übereinstimmung oder merkwürdige Verschiedenheit, so daß wir ihr mehr Aufmerksamkeit schenkten, als anfangs beabsichtigt war. Die Ergebnisse dieser Umfrage folgen hier[14].

Die Frage lautete: »Ich bitte, hattest du einen Freund (die Betonung lag auf »Freund«, nicht etwa auf einen) oder Freunde bei den Schotrim?« Wurde diese Frage beantwortet, folgte die zweite. »Wer war es?«

---

14 Die weiteren Bedingungen, unter denen die Umfrage vorgenommen wurde, hier anzuführen, erübrigt sich wohl, da wir es als selbstverständlich erachten, daß auch im Rahmen dieser kurzen Umfrage die bisherigen Erfahrungen bei Aussageexperimenten weitgehend berücksichtigt wurden.

	1	2	3	4	5	6	7	8	9	10	11	12	13	14	15	16	17	18	19	20	21	22	23	I	II	III	IV	V	VI	VII	VIII	IX	X
1. Gruppe		6	23	16	6	5	14			8		–	20	17	4		VII		2	17		10					VI	17		6	II	15	III
		16		20		17						–	17	2			16											II		17	I		
				17								–	21				20														17		
2. Gruppe	8	I	IV*			2	V			18	3	–			20		I		III			V						2		II			
		II					III*			22		–			V		II		V			III						9		I			
												–			5		V*											VII					
3. Gruppe	II	4				III*					V*	–					6												2				
		17				VI*						–					2																
												–																					

Tabelle 4.

Von vier Knaben wurde der Nennung einzelner Namen hinzugefügt: »Den hab' ich sehr gern gehabt.« Die Genannten sind in obiger Tabelle mit einem * versehen. So wurden sechs Knaben – ausschließlich »Kleine« – bezeichnet.

Auf die erste Frage wurde von zweiundzwanzig sofort bejahend geantwortet, von einem (1) zögernd bejahend, von einem (1) verneinend. Die Beantwortung der ersten drei Knaben ließ der Art der Beantwortung und der weiteren Fragestellung größere Bedeutung zukommen. »Mein bester Freund war«, hieß die Antwort bei achtzehn Knaben. Dies hatte die Frage zur Folge: »Hattest du sonst noch einen Freund oder Freunde?« Diese Frage wurde von elf Knaben bejahend beantwortet. Bei vier Knaben war die Beantwortung so, daß zuerst Namen genannt wurden, darauf »und dann war mein Freund (war ich Freund – war ich befreundet) . . .« Diese Teilung haben wir im Protokoll vermerkt. Zwei Knaben nannten überhaupt nur Namen nach einigem Nachdenken, trotzdem sie die erste Frage sofort bejaht hatten. Sie wurden darauf gefragt, »waren es sehr gute Freunde?« Dies wurde in beiden Fällen verneint.

Ein Knabe nannte nur nach langem Zögern einen Namen auf die Suggestivfrage: »Du hattest wirklich keinen Freund?«

Aus der Zusammenstellung der genannten Freunde ergab sich eine Dreiteilung der Freundestypen, und zwar in

die I. Gruppe, die besten Freunde,

die II. Gruppe, die guten Freunde,

die III. Gruppe, die Freunde.

Die Nennungen sind in Tabelle 4 (S. 359)[15] zusammengestellt:
Gefragt wurden . . . . 24 Knaben

	Mit Rücksicht auf Gegenseitigkeit					Ohne Gegenseitigkeit				
	Im ganzen	Große	Kleine	Große zu Kleinen	Kleine zu Großen	Im ganzen	Große	Kleine	Große zu Kleinen	Kleine zu Großen
In I. Gruppe	3	2		1		13	9	1		3
In II. Gruppe						10	3	1	5	1
In III. Gruppe	1	1				4	1	2	1	
Von I. zur II. Gruppe	3	2		1						
Von I. zur III. Gruppe	1	1								
Von II. zur III. Gruppe										
Summa	8					27				

Tabelle 5

15 Statt der Namen haben wir Zahlen eingesetzt, so daß die „Großen“ mit 1–23, die „Kleinen“ mit I–X numeriert erscheinen.

Genannt wurden . . . . 33 (23, 10)[16] Namen
Genannt wurden . . . . 67 (51, 16) Freundschaftsbeziehungen ohne Rücksicht auf Gegenseitigkeit.

Bei 24 konnte diese nicht kontrolliert werden. Es gab acht Freundschaftspaare.

Mehr als die Hälfte aller Freundschaften waren solche ohne Gegenseitigkeit (ohne Erwiderung). Die Gruppendifferenzierung in den freundschaftlichen Beziehungen ist in der Tabelle (5) (S. 360) zusammengestellt. Von den 67 genannten Freunden gehören 33 in die erste Gruppe, 25 in die zweite Gruppe, 9 in die dritte Gruppe. Die »Freundschaften« ohne Gegenseitigkeit überwiegen unter den Großen (vierzehn gegenüber zwei Fällen mit Kleinen). Kleine erwidern in sechs Fällen den Großen deren Freundschaft nicht, Große den Kleinen in fünf Fällen.

Unter Kleinen gibt es keine Freundespaare, gegen sechs unter Großen und zwei zwischen Großen und Kleinen. Als Freunde werden genannt:

einmal	10 (9, 1)	Knaben
zweimal	5 (3, 2)	„
dreimal	1 (1, 0)	„
viermal	3 (2, 1)	„
fünfmal	1 (0, 1)	„
sechsmal	3 (1, 2)	„
neunmal	1 (1, 0)	Knaben

Die Nennungen verteilen sich auf die einzelnen Knaben laut Tabelle 6 (S. 362).

Folgende Zusammenstellungen zeigen an Beispielen, daß einzelne Freundschaften durch dritte und vierte hätten erwidert werden können. Dies hätte Freundschaftserwiderung durch Mittler zu bedeuten (die Pfeile zeigen die Richtung der Freundschaft an);

4 –> 20 <–> 17 <–> V –> 2 –> 4 oder
4 –> 20 <–> 17 <–> 2 –> 4 oder
4 –> 17 <–> 2 –> 4

17 und 20 erscheinen hier als Mittelpunkte, um die sich die anderen lagern und Erwiderung vermitteln können. 17 ist in allen Fällen Mittelpunkt, 2 in allen Fällen Mittler der Erwiderung; oder

16 Die erste Zahl in Klammern bedeutet „Große", die zweite „Kleine".

Nr.		2	3	4	5	6	8	9	10	14	15	16	17	18	20	21	22	23	I	II	III	IV	V	VI	VII
1. Gruppe	Gr.	2		1	1	2	1		1	1		3	5		3	1		1							1
	Kl.					1	1				1		3						1	2	1			1	
2. Gruppe	Gr.	1	1		1									1	1		1		2	3	3	1	5		
	Kl.	1						1											1	1					1
3. Gruppe	Gr.	1		1		1							1								1		1	1	
	Kl.	1																				1			
		6	1	2	2	4	2	1	1	1	1	3	9	1	4	1	1	1	4	6	5	2	6	2	2

Tabelle 6

6 –⟩ 17 ⟨–⟩ VII –⟩ 6
Gemeinsame Freundschaft zu VII kann 6 bei 17 nichterwiderte Freundschaft dennoch verschaffen.

Die Zusammenstellung der Beobachtungen und Aussagen ergeben:

a) Die Beobachtungen: Freundschaftliche Beziehungen der Knaben ließen sich dort vermuten, wo zu Handlungen, die allgemein geschätzt wurden, einzelne Knaben bestimmte Mithelfer sich wählten, sooft Wahlmöglichkeit geboten wurde;

wo der Verkehr einzelner Formen annahm, die durch Zärtlichkeiten (Arm in Arm gehen etc.) gekennzeichnet waren;

wo die Möglichkeit geboten war, einen Kameraden in der Schule, beim Verteilen des Essens etc. zu unterstützen;

wenn einzelne vor Gericht oder in Streitfällen offen Partei für den ergriffen, der im Unrecht war.

b) Die Aussagen: Alle Knaben – ein einziger ausgenommen – hatten Freunde;

der überwiegende Teil aller Freundschaften wurde nicht erwidert. (Von 67 nur 8 Freundespaare).

Große nennen 112 Prozent mehr Freunde als die Kleinen. (Von 23 Befragten nennen 15 Große 51, 7 Kleine 16 Freunde, einer keinen.)

In 220 Prozent der Fälle nennen Große wieder Große als Freunde, während Kleine 87 Prozent ihresgleichen nennen.

Große hatten mit einer Ausnahme nur Große als sehr gute Freunde.

65 Prozent ihrer »guten Freunde« sind bei Großen Kleine.

50 Prozent ihrer »Freunde« sind Kleine.

Kleine haben mehr »sehr gute Freunde« als andere Freunde.

Von ihren Freunden nennen sie 58 Prozent sehr gute, 29 Prozent gute Freunde.

50 Prozent ihrer sehr guten Freundschaften hatten sie mit Großen.

Einzelne wenige Knaben stehen im Mittelpunkt der freundschaftlichen Beziehungen.

Richard (Nr. 17) erscheint durch neunmalige Nennung von anderen und achtmalige Nennung von Freunden seinerseits mit einem Großteil der Mitglieder verbunden.

Philipp (II.) und Jakob (V.) werden sechsmal genannt, dabei meist von Großen.

Markus (2.) mit sechsmaliger Nennung hat Freunde aller Grade und Größen.

Emil, Aron, Werner erscheinen durch je drei Nennungen stark in erster Gruppe gebunden. Davon ist Werner und Emil mit Richard sehr gut befreundet (mit Gegenseitigkeit!).

Sieben Knaben werden nicht Freund genannt. Fünf von ihnen scheinen ihrerseits durch sehr gute Freunde, die sie nennen, gebunden. Einer hat keinen Freund und wird nicht Freund genannt. Einen (1) Freund nennen je einer in der zweiten und dritten Gruppe, ohne daß sie selbst genannt werden.

Die Züge

Es bedarf hier nicht besonderer Beweise, daß die beiden Züge, der der Großen und der der Kleinen, nicht nur die organisatorische, sondern auch die organische Einheit des Vereines waren. (Vgl. Morphologie, erster Teil.)

Es handelt sich nunmehr darum, die Gruppendifferenzierung, soweit es das Material gestattet, klarzulegen. Im ersten Zug waren die Triebkräfte des Vereines vereinigt und verankert. Seine Analyse stellt damit nicht nur ihn, sondern auch zum großen Teil den Verein dar. Den Zug als solchen, nicht seine Angehörigen betrachtet, kennzeichnen zwei Gruppen: Die eine, bestehend aus den Führern, den Knaben Richard, Emil, auch Karl, Markus, Simon. Die andere Gruppe ist gebildet von den übrigen Knaben, die sich mehr, weniger an einzelne anschlossen. Richard und Emil können als Wirbelpunkte bezeichnet werden. Sie galten als die Repräsentanten des Vereines; beide waren ab 21. Dezember Mitglieder des Schülerausschusses; in Hingabe an den Verein waren sie unübertrefflich, an allen wichtigen und unwichtigen Funktionen beteiligt. Sie waren nie bestraft oder auch nur angeklagt, körperlich stramm, Emil mit Rücksicht auf seine Größe und Stärke beim Eintreffen im Heim besonders zur Aufnahme empfohlen. Richard von neun Knaben Freund genannt, war bei Besprechungen tonangebend und hatte auch sonst unzweifelhaft großen Einfluß auf alle Knaben. Mit den Führern sehr befreundet war Simon; er war mit anderen Knaben weniger befreundet, nur mit Emil durch engste Freundschaft verbunden. Markus, Karl, Robert, periodisch auch Hugo, standen zu den Führern in sehr gutem Verhältnis, zu einzelnen Knaben distanzierter, im allgemeinen befreundet. So ergab die Beobachtung unzweifelhaft Abneigung von Karl gegen Emil, wofür uns jede Begründung versagt blieb. Markus, durch Wochen hindurch mit Simon in gehässiger Feindschaft, versöhnte sich im Verein mit ihm; sie wurden die besten Freunde. Die Beobachtung gab uns keine Anhaltspunkte, die speziellen Gründe von Kollisionen und Aversionen irgendwie festzustellen. Dies liegt zum Teil in der Unmöglichkeit, bei der Massenbeobachtung spezielle, Individualbeobachtungen einzuschieben, zum Teil in den bereits betonten Schwierigkeiten der Beobachtung von Freundschaften überhaupt. So war z. B. der Fall Markus-Simon nicht einmal allen Knaben, auch nicht den Führern bekannt, obzwar sie sich schon lange vor der Vereinsgründung als Feinde betrachteten. Erst nach zwei Monaten kam Simon zu einem Führer und erzählte ihm von seiner Feindschaft mit Markus und fuhr fort: »Schauen Sie doch, der Emil will so gern haben, daß ich mit ihm gut werde. Was meinen Sie, soll ich es tun? Es ist ja richtig, daß in der H. H. eigentlich alle gut sein sollten.« Am selben Abend erzählte er, daß er sich versöhnt habe.

An allen Mitgliedern, die ununterbrochen dem Verein angehörten, war die Gruppierung leicht zu erkennen. Schwerer feststellbar ist die Einreihung der aus dem Ausland Zurückgekehrten. Außer den durch Freundschaft und entscheidenden Einfluß bei der Gründung stark belasteten Knaben Max, Bruno, Franz und Aron, die aber bis zur Auflösung nicht zurückkehrten, hatten sich alle anderen mit Ausnahme der erwähnten über 160 cm Großen nach der Rückkehr wieder eingereiht. Daß sie sichtbare Wirkung nicht gehabt haben, ist außer Frage. Es sind Fälle beobachtet worden, wo den Zurückgekehrten von den Knaben gesagt wurde: »Jetzt ist es bei uns so und so.« Ein restloses Aufgehen in den Verein scheint also nach einiger Zeit überhaupt erst möglich gewesen zu sein. Der Beobachtung fiel Rudolf auf, der als der Größte und Stärkste im Verein eine Mittelstellung zwischen eigentlichem Mitglied und Führer einnahm. Er hatte weder viele Freunde, noch war er sonst als Person bekannt, die Einfluß gehabt hätte, außer in Dienstangelegenheiten, in denen er ausschließlich autoritativ wirkte.

In der folgenden Tabelle (Tab. 7) haben wir den Versuch unternommen, durch meßbare Größen die Rangierung der Mitglieder des ersten Zuges darzustellen. Wir wählten dazu die durch Messung gewonnene Körpergröße, die aktive Zugehörigkeit zum Verein nach Tagen berechnet und die Zahl der Freunde, die jeder Knabe nannte. Die Zahlen wurden in der jeweiligen Reihe geordnet, daraus der Platz in der Reihe und in der Gesamtheit bestimmt. Den ersten Platz nimmt Emil (Nr. 6.) ein, es folgen Richard (Nr. 17.), Rudolf (Nr. 23.), Markus (Nr. 5.), Karl (Nr. 2.), Franz (Nr. 3.), Bruno (Nr. 4.), Alex, Salomon, Leo, Saul, Max, Aron. In der Spitzengruppe der ersten acht Knaben bestätigt sich die beobachtete Rangierung bei Emil, Richard, Simon, Markus, Karl. Rudolf und Franz rangieren hier durch Größe begünstigt an dritter, respektive sechster Stelle.

Im zweiten Zug wird sich die Variationsbreite der konstatierten Merkmale schon auf Grund indirekter Beweise als geringer ergeben müssen. Die strenge Auswahl und der Ausschluß, – beides ging von

Nr.	Größe	Zugehörigkeit	Freundschaften	Summa	Platz
1	7·5	7	15·5	30	11
2	14	3	2	19	5
3	1·5	11·5	10	23	6·5
4	14	3	6	23	6·5
5	7·5	3	6	16·5	4
6	3	6	3·5	12·5	1
7	10·5	14	15·5	40	16
8	7·5	11·5	6	25	8
10	14	11·5	10	35·5	13
11	5	9	15·5	29·5	10
12	14	17	15·5	46·5	16
13	17	15·5	15·5	48	17
14	14	8	10	32	12
17	10·5	3	1	14·5	2·5
19	7·5	16	15·5	39	15
20	18	15·5	3·5	37	14
22	4	11·5	10	25·5	9
23	1·5	3	10	14·5	2·5

Tabelle 7

den Knaben, nicht von den Führern aus – hatte die Übereinstimmung der Mehrheit zur Voraussetzung. Die Kleinen waren von der Übereinstimmung der Mehrheit über Vorzüge und Nachteile als Objekte abhängig. Alle Beobachtungen wiesen darauf hin, daß der Forderung nach Gehorsam von allen Knaben entsprochen wurde, daß ferner die Dienstfähigkeit zunahm, daß nach dem Ausschluß (15. Jänner) keinerlei Kollision in diesem Sinne sich mehr ergab. Die Aufnahme Adolfs in den ersten Zug nach fast achtwöchiger Probezeit stellte den einzigen Fall dar, bei dem ein Probeschoter in den ersten Zug aufrücken durfte. Die Beobachtung, daß die Kleinen bisweilen streng behandelt wurden, trifft auf ihn nicht zu. Von sechs Knaben wird er Freund genannt – sämtliche sind Große. Zweimal wird dazu bemerkt: »Ihn hab' ich sehr gern gehabt.«

Gustav ist nach den Freundschaften gleich stark an Große und Kleine gebunden. Er rechnete mit Hans Anfang März mit der Aufnahme in den ersten Zug, um die beide wiederholt baten. Hans wird als einziger des zweiten Zuges in der ersten Gruppe als Freund von einem des ersten Zuges genannt. Beide, wie die anderen Kleinen, entsprachen den für diesen Zug entscheidenden Charakteristika, die sich zusammenfassen lassen in: Unterordnung unter die Großen, wie diese sie fordern. In seinen Bestrebungen weist der zweite Zug mancherlei Analoga mit der Vorturnergruppe und dem Verein während der ersten Wochen seines Bestandes auf. Turnen, Dienst, Abenteuer, Anerkennung – letztere freilich nur von den Großen gefordert, nicht so sehr von den Heimeinwohnern – war mehr Sache der Kleinen als der Großen, zumindest gleichstark begehrt wie von diesen. Nur eine längere Beobachtung der Entwicklung der Kleinen im Verein hätte zeigen können, ob sich ein ähnlicher Wandel der Wünsche, Erlebnisquellen vollzogen hätte wie bei den Großen.

Das Heim und der Verein

Die Grenzen einer soziologischen Untersuchung über den Verein und das Ganze des Heimes ließen sich nicht bestimmen und absehen, wollte man der Fülle der wechselseitigen Beziehungen und der Reaktionen gerecht werden. Hier ist daher das Material nur insoweit zur Verfügung gestellt, als es das Bemühen, ein übersichtliches Bild zu geben, erfordert. Mehr als eine Problemstellung: Reaktionen Erwachsener und Unerwachsener auf geschlossene Gruppen

Jugendlicher ist daraus nicht zu entnehmen. Auch nur der Versuch, daraus Allgemeingültiges zu formulieren, hieße die Beweiskraft der hier mitgeteilten Beobachtungen ungebührlich überlasten.

Noch vor der Gründung war es offensichtlich, daß die Erwachsenen, mit denen die Knaben in täglichen Verkehr traten (Lehrer, Helfer in der Werkstatt und beim Spiel, Pflege- und Küchenpersonal, Verwaltung), nach ihrer Stellung, nach Verkehrsformen etc. zu Unerwachsenen, in zwei Gruppen sich teilten. Die eine, hauptsächlich Lehrer und Helfer, verhielt sich vorwiegend abwartend zu allem Tun der Knaben, sie nahmen die Schikanen einer Gepäcksvisitierung in den ersten Wochen des Bestandes für ebenso selbstverständlich hin wie der überwiegende Teil der Kinder selbst. Die Gründung des Vereines nahmen die pädagogisch oder jugendfreundlich Interessierten freudig zur Kenntnis, die anderen hatten aber ebenfalls eine derartige Stellung zu den Kindern, wie sie in der gewiß eigenartigen Heimverfassung und -verwaltung zum Ausdruck kommt.

Von dieser Gruppe oder von einzelnen von ihnen wurde fast nie gesprochen. Persönliche Dienstleistungen, meist kleine Gefälligkeiten, schien man ihnen gern zu leisten. Da im weiteren Verkehr jedes Mißtrauen wegfiel, soll sich auch mit wachsendem Glauben an Achtung und Anerkennung durch die Erwachsenen ein mehr unpersönliches Interesse der Knaben an ihnen durchgesetzt haben (so wurde z. B. ein Konflikt mit dem Werkstättenleiter so ausgetragen, daß seine Person, deren Zuneigung man sicher war, dabei von den Knaben selbst gänzlich außer Spiel blieb, während eine Maßnahme von ihm in der Werkstatt um so gründlicher kritisiert wurde). Es ist uns kein Fall bekannt, daß einer der Erwachsenen von einem der Knaben belogen worden wäre. (Die pädagogischen Konsequenzen sind zum Teil in dem mehrfach zitierten Buch B e r n f e l d s beschrieben.)*

Die Stellung dieser Erwachsenen können wir als eine fördernde bezeichnen. Im Bemühen nach einer Machtstellung hatte der Verein deren Anerkennung sicher. Aber auch die zweite Gruppe, von der sofort die Rede sein wird, versagte diese nicht, solange private Dienstleistung der Knaben mit nicht mehr als mit Dank zu vergelten war. Als die Notwendigkeit solcher Dienstleistungen mit fortschreitender Stabilisierung des Heimes seltener wurde, dabei aber

* Vgl. S. 94 ff. in diesem Band.

die Ansprüche der Knaben größer, vor allem die Bewertung ihrer eigenen Arbeit, die lohnlos geleistet wurde, sich vergrößerte und mehrte, ließ auch die Toleranz der Erwachsenen nach, und einzelne von ihnen zeigten bald ihre Machtmittel, indem sie etwa beim Verteilen der Wäsche bevorzugten oder zurücksetzten, den Knaben und der von ihnen eifersüchtig bewachten Schulgemeinde zum Trotz. Ergab sich aber eine für die Verwaltung wichtige Arbeit, an der das Mitwirken der Knaben zur Beschleunigung oder Verbilligung erwünscht war, wurden sie sehr höflich darum ersucht, nachher aber sofort wieder in der sonst üblichen Art, der eben Waisenkinder gewöhnlich ausgesetzt sind, behandelt. Offensichtlich erfuhr der Verein als solcher eine andere Bewertung als die von ihm geleistete Arbeit – jener war mit seinem fanatischen Ordnungssinn, mit seinen Kontrollen, Visitierungen, aber auch mit seinen Forderungen nach Ordnung, die auch die Erwachsenen unter allen Umständen einhalten sollten, mehr gehaßt, verwünscht als bewundert, geachtet, wie es hinwiederum den Erwartungen der Knaben entsprochen hätte, – diese, die Arbeit, war nötig, oft der Bequemlichkeit wegen erwünscht, der Verwaltung aber hätte sie eine Ersparung fremder Arbeitskräfte mit allen daraus sich ergebenden Folgen zu bedeuten gehabt. So mögen sich sehr bald, noch bevor es die Führer merkten, in den Knaben selbst mancherlei Konflikte abgespielt haben, die bei dem in der Chronik geschilderten Konflikt mit der Verwaltung vollends sich zeigten. Von den Führern völlig verstanden, und nachdem sie – von ihnen gänzlich unbeeinflußt – die lohnlose, freiwillige Arbeit vorgeschlagen hatten, auch unterstützt, leisteten sie nunmehr für Verwaltung und einzelne unbeliebte Erwachsenen nur solche Arbeiten, die mit Zustimmung aller, vor allem nunmehr auch der Führer empfohlen waren. Freiwillige Dienste allerdings leisteten die Knaben nur den beliebten Personen; nicht selten aber erst inständige Bitte provozierend, wenn es sich um eine Person handelte, deren Zuneigung man nicht ganz sicher war. Markus – vierzehn Jahre alt – wurde von einer Pflegerin nicht sehr freundlich aufgefordert, Kohlen zu holen. Zuerst weigerte sich Markus, darauf sagte die Pflegerin, er sei doch »Wächter«, worauf er nach kurzer Überlegung sagte: »Nun ich will es tun, aber nicht, weil ich ein Schoter bin, sondern weil ich nicht haben will, daß in Ihrem Zimmer auch so kalt ist wie bei uns im Schlafsaal.« Wenn es schon eines Appells bedurfte, um eine Dienstleistung der Knaben für einen Erwachsenen zu veranlassen, so war scheinbar der Hinweis auf die

Vereinszugehörigkeit das beste Mittel. Die bedingte Einstellung der Knaben zu der zweiten Gruppe Erwachsener schwand nicht, sie scheint sich vielmehr mit fortschreitender Festigung des Vereines, mit der wachsenden Machtstellung im Heim noch verschärft zu haben. Auf seiten der Knaben wurde den Erwachsenen dieselbe zurückhaltende, nie gröbliche Behandlung zuteil, wie allen Kindern des Heimes, da es für Erwachsene keinerlei Vorrechte gab, die ihnen den Anschein geben konnte, als seien sie wichtiger oder besser nicht kraft ihrer Einsichten, Erfahrungen und deren menschlichen Auswirkungen als vielmehr deshalb, weil sie die physisch Stärkeren, die Mächtigeren sein können.

Bei den Kindern selbst hat erst die Differenzierung der Turnergruppe eine sichtbare Wirkung gehabt, die sich, wie teilweise bereits geschildert, im Zusehen beim Turnen etc. zeigt. Die Vereinsgründung selbst wurde von den Kindern mit keinerlei Äußerungen der Billigung oder Ablehnung begleitet. Die ersten den Verein anerkennenden Gesetze scheinen in ihrer Tragweite nicht von allen Kindern abgeschätzt worden zu sein. Erst nach einigen Tagen kamen Knaben und Mädchen aller Altersstufen, um wie ehemals beim Turnen so jetzt beim Exerzieren zuzusehen – insbesondere aber dem, was »Befehl« genannt wurde, wandte sich ihre Aufmerksamkeit zu. Die für die Kinder fremdsprachige Kommandosprache löste wider Erwarten kein Gelächter oder Ähnliches aus (wie wir es bei anderen Kindern mehrfach beobachten konnten); einzelne der kleineren Knaben, die sich immer bemühten, Mitglieder zu werden, erkundigten sich nach der Bedeutung der Kommandoworte, die sie in ihren Nachahmungs(Identifikations-)spielen richtig anwendeten. Dem größeren Teil der Heimeinwohner scheint die wirkliche Bedeutung dieser Worte nicht bekannt gewesen zu sein[17]. Wir beobachteten aber auch sehr oft wie die kleinen Knaben und eine Gruppe von Mädchen, von denen im folgenden die Rede sein wird, als Zuseher die gegebenen Kommandos mitausführten, sich zumindest sichtlich bemühten, die Worte zu verstehen und sie durchzuführen. Scheiterten aber diese Bemühungen, so wandelte sich meist ihr Bemühen mitzutun, in das zu stören. Gelernte Übungen aber wurden einzelnen Mitgliedern oder den Führern gezeigt, deren Aner-

17 Ob und inwieweit diesem Kommando die Bewertung und Wirkung der Geheimsprachen zukommt, können wir nach dem uns bekannten Material nicht ermessen.

kennung herausgelockt, worauf dann regelmäßig der Antrag kam, »auch Schoter« zu werden.

Eine Gruppe acht- bis zwölfjähriger Mädchen tat sich insofern hervor und fiel als Gruppe uns zum erstenmal dabei auf, daß sie sich beim Turnen der Knaben heimlich hinter deren Reihen aufstellte, sehr ernst mitturnte, sofort aber sehr störte, sobald sie schwierigere Übungen nicht mehr leisten konnte. Einige begannen darauf zu lachen, die anderen aber sichtlich zu stören und freuten sich, wenn dies gelang. Ein Gesetz der Schulgemeinde verbietet, daß »die Schotrim beim Turnen gestört werden dürfen«. Die Stellung der Knaben zu diesen Mädchen war eine ablehnende; die anderen Mädchen fanden bis auf den Konflikt anläßlich des Mädchenfestes keine besondere Beachtung. Diese achtzig bis hundert Mädchen standen dem Verein teils wohlwollend, teils uninteressiert gegenüber. Sie – insbesondere die größeren von ihnen – bezeichneten ihn als für sie ungemäß. Alle Vorrechte anerkannten sie sowohl bei deren Beratung in der Schulgemeinde als auch bei der Durchführung. Dem Verein selbst galt das als Erfüllung der geforderten Anerkennung, Unterordnung, Bewunderung, auf die ein Teil seiner Bestrebungen schon in den ersten Wochen abzuzielen schien. Wir beobachteten, daß die Knaben bei Arbeiten, besonders beim Tragen von Kasten etc., leicht brutal wurden, wenn ein Mädchen nicht rasch genug aus dem Wege ging, eine Tür nicht gefällig und untertänig öffnete. Andererseits aber konnten wir auch immer wieder das Bemühen der Knaben um Gunst und Anerkennung mit ihren Mitteln der Ritterlichkeit, der Repräsentation wahrnehmen. Oft beobachteten wir, daß der Schritt beim Marschieren im Turnraum bedeutend strammer, lauter wurde, sobald sich die Marschierenden der Saalseite näherten, an der die Zuseher standen. Eine Aufforderung zum strammen Marschieren oder zum Turnen erging nie von den Führern. Es schien vielmehr automatisch einzusetzen und könnte höchstens auf Grund einer Übereinkunft vor dem Marschieren zustande gekommen sein, wenn wir schon nicht annehmen, daß es aus der Summierung mehrerer einzelner, die sich bemühten, laut zu marschieren, entstand.

Diese hier mitgeteilten Tatsachen fügen sich in das Gesamtbild derart ein, daß es sich hier erübrigt, den psychologischen Erörterungen des Ganzen vorzugreifen.

Von den Knaben, die nicht dem Verein angehörten, sind die bereits mitgeteilten Beobachtungen bekannt, die uns vorwiegend auf das Bemühen verweisen, Mitglied zu werden. Da dies keine prinzipielle, sondern mehr eine Frage der Zeit war, konnten sich auch die gegenseitigen Beziehungen wesentlich anders als die zu den Mädchen gestalten. Die kleinen Knaben kamen zum überwiegenden Teil in ein Abhängigkeitsverhältnis, das mit dem verpflichteten Gehorsam begann und mit dem Wunsch nach Aufnahme in den zweiten Zug gewöhnlich endete. Bedenken wir hierbei die korrespondierenden Wünsche der beiden Gruppen – »kommandiert werden, kommandieren zu dürfen« – so ergibt sich daraus ein Plus für diese beiden Gruppen gegenüber dem Minus zwischen Mädchen und Verein, das als Resultat von Macht- und Herrschwünschen gegen Neid, Auflehnung, mißglückte Identifizierung aufzufassen sein wird.

Durch vier Monate hindurch hat sozusagen der Verein diese im Seelischen der Kinder bedingte Situation für sich ausgenützt, indem er durch sein Wesen und vor allem Wirken alle männlichen Mitglieder des Hauses für sich gewann. Während dieser Zeit festigte sich sein Ansehen. Aber schon anfangs März (fünfter Monat) ergaben sich einzelne wichtige Umstände, die neben dem Verein eine zweite Machtgruppe entstehen ließen. Die Institution der Schulgemeinde hatte, wie aus verschiedenen Äußerungen, die einer Untersuchung für sich bedürften, zu entnehmen ist, eine wesentliche Verschiebung der Affekte in einzelnen Kindern hervorgerufen, die zu dieser Zeit greifbare Formen annahm. Sie wurden scheinbar von drei Fünfzehn- bis Sechzehnjährigen getragen, die mit Erwachsenen in keinem engeren Zusammenhang standen. Sie, die den militaristischen Formen des Vereines nie sehr billigend gegenüberstanden, bemühten sich, das Interesse für die Schulgemeinde zu vertiefen, ihre Autorität, die bisher teilweise über den Verein ging (er war der bestellte Wächter außerhalb der Wohn- und Lernräume) direkt auf sie zu übertragen. Daß nunmehr neben dem vorwiegenden Heimideal, ein Schoter zu sein, sich ein anderes aufrichtete, entging den Beobachtern nicht. Während der Zeit unserer Anwesenheit ließ sich nur nicht ermitteln, wie weit dies tatsächlich schon durchgeführt war. Die Stellung der Führer im Heim, die Zugehörigkeit von zwei Mitgliedern zum Schülerausschuß aber lassen einen offenen Kampf der beiden Gruppen nicht als wahrscheinlich betrachten. Im Monat März gab es sehr selten Zuseher beim Turnen. Aber der Bestand des Vereines wurde wohl von allen als gesichert und für die Sozietät als nützlich bezeichnet.

Zur Psychologie des Vereines

I.

Daß eine Gruppe, wie die hier beschriebene, ohne Rücksicht auf ihre (fast durchwegs gleichbleibende mißliche) materielle Lage in verhältnismäßig kurzer Zeit einen so deutlichen Wandel in den Formen und Inhalten ihrer Gruppierung vornimmt, soll uns Anlaß sein, jenen, gewiß nicht zu unterschätzenden Anteil an der menschlichen Gesellung, den materiellen, hier nicht an erste Stelle der Erklärungsversuche zu setzen. So wenig uns auch bisher von der Genesis menschlicher Gesellschaften bekannt wurde, so lassen sich doch die ganz wenigen Ergebnisse der Kinderpsychologie als gesichert betrachten, die uns die eine Form kindlicher Vergesellschaftung – und zwar die im Spiel – als eine psychisch determinierte hinstellt. So sehr geteilt auch die Meinungen sind, ob daran ein oder mehrere Grundtriebe beteiligt sind, so steht es doch fest, daß wir es mit einem psychisch determinierten Phänomen zu tun haben. Alle Untersuchungen über Gesellschaften Unerwachsener werden aber solange auch weiterhin unvollkommen sein, als uns nicht eine Reihe von Arbeiten vorliegt, die primitivere soziale Gebilde (Sozialspiele wie Vater, Mutter, Schule und dergleichen) von Kindern behandeln und aus denen die Genese komplizierter kindlicher Gesellschaften abzuleiten wäre. Solche Arbeiten, Hand in Hand mit den Fortschritten der Tierpsychologie, der Psychologie Primitiver usw. werden uns erst gestatten, die erstrebte kausale Erklärung zu erreichen.

Ob und in welchem Ausmaße wir es im vorliegenden Fall mit früheren Gesellungen der Knaben zu tun haben, konnten wir nicht untersuchen, da uns keinerlei frühere Beobachtungen vorlagen, die Knaben aber selbst durchwegs negative Angaben machten. Fußballspielen, Schwindelgruppen in den früheren Heimen sprechen dafür, die von uns beobachtete rücksichtslose Selbstsucht, Neid, Eigenbrötelei, Ignoranz gegen alle gesellschaftlichen Einrichtungen sprechen dagegen. Von sozialen Gefühlen war wenig, von sozialem Bewußtsein soviel wie nichts zu beobachten. Soweit wir jedoch die Schwindelgruppen zu den dem sozialen Bewußtsein entstammenden zählen, müssen wir betonen, daß es sich dabei um spontane, vorübergehende Gruppen gehandelt haben wird.

Daß das Turnen anfangs in der Turnergruppe keineswegs als der

Ausdruck eines Wunsches, Bedürfnisses nach Gemeinsamkeiten, Geselligkeit angesehen wurde, ergibt sich aus den zahlreichen Fällen rücksichtslosen Verhaltens gegen Mitturner, wenn auch schon in den ersten Turnstunden einzelne Tendenzen der Knaben nach Auswahl zu merken waren (so insbesondere die Tendenz der Großen nebeneinanderzustehen, die der Kleinen, bei den Großen stehen zu dürfen). Im Vordergrund der Begehrungen stand aber unzweifelhaft das Turnen als solches, das hieß für den Turnlehrer ruhig stehen, Bewegungen nur auf Befehl ausführen etc. – für die Knaben aber auch kommandiert werden – ermahnt, einzelnen auch angeschrien werden, jedenfalls aber allen unbedingter Gehorsam. Einzelne dieser Wünsche wurden offenbar intensiviert und realisiert durch freiwillige Wiederholungen außer den Turnstunden, indem ein Knabe das Kommando übernahm. Dem Turnlehrer gegenüber wurden die von ihm nur während des Turnens verlangten Formen, wie vor allem das »Strammstehen«, auch außerhalb des Turnraumes, sogar in der Schule angewendet. Während wir nach der Terminologie der Spieltheoretiker[18] das Fußballspiel der Knaben als von Kampftrieben bedingt ansehen müssen, bleibt uns für die hier bekannt gewordenen Formen des Turnens nur die sehr allgemeine Annahme eines Triebes nach Bewegung, Rhythmus. Beide, das Fußballspielen wie das Turnen, blieben als adäquate Ausdrucksformen nebeneinander bestehen, es schien sich in ihnen nicht nur ein Teil des gesamten Trieblebens zu erschöpfen, sondern auch zu berühren, indem die Formen des einen (Rücksichtslosigkeit, Siegessucht) in die des anderen getragen wurden und umgekehrt (bei der Zusammenstellung der Fußballparteien waren Turner am Benehmen etc. von Nicht-Turnern bald zu unterscheiden). Die Übergänge von der Turner- zur Vorturnergruppe aber zeigen bei einzelnen Knaben einen deutlichen Triebwandel, indem sie neben der passiven, rezeptiven Form des Turnens, des Kommandiertwerdens die aktive, einzelne sozusagen auch die produktive gesetzt haben, erkenntlich daran, daß sie die Lust des Turnens zeitweillig mit der, das Turnen zu veranlassen und zu leiten, vertauschen, dabei neue Übungen sich ausdenken, die durchzuführen offensichtlich viel zu schwer sind, aber von den Vorturnenden doch versucht werden. Dabei findet das Verhältnis von Turnlehrer zu Turnern eine Wie-

18 Vergleiche K. G r o o s : Das Spiel als Katharsis, Zeitschr. f. pädag. Psych. u. experim. Pädag., Jg. 1910.

derholung in der nunmehr errichteten autoritativen Instanz zwischen einzelnen Vorturnenden und den kleineren Knaben, die Objekte des Kommandiertwerdens darstellen. Beim Turnen mit dem Lehrer zeigt sich aber, daß auch bei den Vorturnern die Lust, passiv beteiligt zu sein, neben der anderen bestehen bleibt.

Wir haben es somit mit drei Typen Turnender zu tun gehabt: 1. der Turnlehrer, 2. die Knaben, durchschnittlich dreizehn- bis sechzehnjährige als Turnende und Vorturnende, 3. die kleinen Knaben als nur Turnende. Wir wissen, welche Entwicklung die Vorturnergruppe genommen hätte, wäre diese Dreigliederung beibehalten worden. Schon bei den ersten Kommandierversuchen einzelner stellte es sich heraus, daß sie Lücken in ihrer Kenntnis der Kommandoworte, der Übungen hatten, die ihre Absichten und damit den gewünschten Erfolg störten. Sie wußten nicht nur nichts mit ihrer Gruppe anzufangen, sondern mußten es auf sich nehmen, daß einzelne »Kleine« sich lustig zu machen begannen. Damit war aber auch der erwartete Erfolg ihrer Tätigkeit unmöglich, sie gaben sie auf – nicht resignierend, sondern nur abwartend: Ausschluß der »Kleinen«, Isolierung des Turnlehrers (Führers) von ihnen, intensivstes Turnen in abgeschlossenen Räumen, »Wir sind die Vorturner«, »Wir werden Feste, Schauturnen veranstalten«. Statt eine Gruppe Kleiner zu kommandieren und zu beaufsichtigen, wird lieber »Kommandierschule« verlangt, dabei eine Gruppe eigener Kameraden kommandiert, die zwar nicht weniger kritisch als die Kleinen, die aber bewußt nur vorübergehend Objekte sind und es selbst auch nicht besser können. Alle aber wünschten, es gut zu lernen. Trotzdem erwehrt sich das Kommandieren der Knaben auch hier nicht des Komischen und einzelne zeigen deutliche Versuche, das Ganze immer ins Lustige zu ziehen, werden aber von den Knaben selbst scharf zurechtgewiesen.

Der Wunsch der Knaben, Herrscher über die Kleinen zu sein, war gescheitert, der Trieb zu herrschen blieb unbefriedigt, er nimmt mehr sich selbst als Ziel, führt also zur Selbstbeherrschung, hat aber nach wie vor das frühere Ziel vor Augen. Dadurch wird das ganze Vorturnen mehr Ernsthandlung als (bewußte) Spielhandlung. Sie gleicht weder der des kleinen Kindes, das sich mehr oder weniger im Phantasieren (Sully[19]) bewegt, noch der des Erwachsenen, der restlos die Realität mißt und bewertet. Die psychi-

19 Sully, Studies on Childhood. London 1896.

sche Funktion, die die Existenz der Vorturnergruppe auslöste, schwankte zwischen zwei Ausdrucksformen: Spiel oder Ernst, Wunscherfüllung im Phantasierten oder in einer Realität.

Schon an zwei Stellen hatten wir Anlaß, auf die Stellung des Turnlehrers (nunmehr Führer genannt) zu verweisen. Die mit seiner Person – zu der unmittelbar mit der Vereinsgründung die des anderen, F., kam – im Zusammenhang stehenden Affekte der Knaben, Zuneigung, Ablehnung, Separation etc. stehen in engem Zusammenhang mit dem anderen Trieb- und dem beschriebenen Affektwandel. In der Turnergruppe war der Turnlehrer vorwiegend Mittel zum Zweck. Standen ihm auch nach wenigen Tagen einzelne bereits persönlich näher, so war er doch erst als zentraler Mittelpunkt des Ganzen erkennbar, als die sonst besten Turner, deren Vorturnen bei den Kleinen nicht Erfolg hatte, zu ihm kamen, immer mehr Gewicht darauf legten, daß er nur mit ihnen turne, nicht zuviel mit den Kleinen. Während diese – zirka sechs Knaben – jedoch mehrere Tage hindurch zu den Kleinen als Vorturnende zurückkehrten, blieb der größere Teil beim Führer, turnte ausschließlich mit ihm, ging mit ihm Arm in Arm. Sie schlossen sich ihm früher enger an als die sechs Vorturnenden, die insofern einen Widerstand gegen den Führer zu überwinden hatten, als sie sich von ihm bei ihrem Kommandieren beobachtet, kontrolliert fühlten und sich von ihm Verbesserungen vor den »Kleinen« gefallen lassen mußten; dadurch wurde ihre Unfähigkeit zum Vorturnen, allerdings in sehr milder Form, erwiesen. Die Lust, vom Turnlehrer kommandiert zu werden und dabei von ihm etwas zu lernen, kollidiert mit der von ihm ausgehenden oder verstärkten Unlust, die aus der Abneigung der Kleinen gegen sie als Vorturner erwuchs. Sie wird aber sofort unaktuell, als sie zur Einsicht kommen, daß ihre Vorturnerversuche mißlungen sind. Damit wurde aber dem Führer volle Würdigung zuteil; er wurde jetzt restlos zu dem, was er sein wollte; Turnlehrer – und darin trafen sich die beiderseitigen Interessen. Der Führer wurde zum Wunschobjekt. Was Monroe[20] an amerikanischen Kindern nachweist, daß sie zu Freunden solche Menschen haben möchten, die das sind, was sie selbst nicht sind, aber gerne sein möchten, trifft auch in diesem Falle zu.

So können wir schon aus dieser Triebkonstellation die Wandlung

20 Monroe, Über die Entwicklung des sozialen Bewußtseins, Berlin 1899.

einer ursprünglich (zumindest scheinbaren) sachlichen Beziehung in eine persönliche verfolgen. Die ehemals besten Turner und eifrigsten Vorturner stießen mit voller Macht und Wunsch nach dem Führer, auf ihn und zu den Knaben, die sich schon Tage vorher vom Vorturnen zurückgezogen hatten und im allabendlichen Turnen mit dem Führer beisammen waren. Mit Beibehaltung des anfangs angestrebten Zieles (Turnen) wurde dessen Realisierung in einen kleineren, ausgewählten Kreis verlegt.

Die ersten Arbeiten der Vorturner waren zum Teil nach deren eigenen Äußerungen mit der Absicht, das eigene Ansehen zu erhöhen und dem Führer damit einen Dienst zu tun, geschehen. Einzelne Kasualia zeigen sogar, daß Arbeiten unter Umständen direkt davon abhängig gemacht wurden. Die Beobachtungen während der Arbeiten lehren, daß auf den Arbeitseffekt großer Wert gelegt wurde, so daß die ihn begleitenden Gefühle nach ihrer Qualität ähnlich oder gleich früher konstatierten zu sein scheinen. So zeigen die mit der Abrichtung der Kleinen verbundenen Gefühle in den Äußerungen z. B. des Kraftbewußtseins gleiche oder ähnliche Formen (Ausdrucksbewegung) wie die mit der Schilderung einer schweren Arbeit verbundenen. Die Art, wie die Hilfe des Führers sowohl beim Turnen mit den Kleinen als auch beim Möbeltragen abgelehnt wurde, wie beides scheinbar mehr Lust brachte, je anstrengender, intensiver es verlangt wurde, je rücksichtsloser und ohne Schonung ihrerseits und der Objekte sie dabei sein konnten. Die Annahme, daß in dieser Epoche (21. November bis 21. Dezember) bereits stärkere altruistische Triebe auf das Ganze des Heimes bezüglich gewirkt haben, scheint uns nach dem Tatsachenmaterial unzulässig. Wenn auch dem Heim wesentliche Vorteile aus den Arbeiten und aus der sozialen Wirkung erwuchsen, so weisen die im Verein selbst wirkenden Tendenzen keineswegs darauf hin. Sie lassen einwandfrei erkennen, daß sie als Maßnahmen ein eigenes, ohne Rücksicht auf die anderen Heimeinwohner gestecktes Ziel zu erreichen suchen, das als Ganzes mit Anerkennung, Hochachtung, Wertung durch alle Heimeinwohner zu bezeichnen ist. Vor ihm treten die früheren zentralen Wünsche zu turnen, zu raufen in den Hintergrund, ohne jedoch gänzlich aufgegeben zu werden. Trotzdem müssen wir aber einen beträchtlichen Teil aller Auswirkungen des Vereins als unmittelbar sozial fördernd bezeichnen, wenn wir berücksichtigen, daß die egoistischen Triebe doch eine Änderung – nicht in ihren Zielen, – sondern in ihren Formen und Wirkungen zeigten. Die Emotionen der Knaben waren nach kurzer Zeit in ihren Formen weicher, verfeinerter, als kämen sie erst nach scharfer Kontrolle zutage. Der Wunsch, ähnlich dem Führer zu sein, den wir oben mit Monroe agnosziert haben, zeigte sich nicht mehr durch lautes Schreien statt Kommandierens, nicht durch sinnloses An-einem-Arm-Hängen, wenn freundschaftliches, aber distanziertes Nebeneinandergehen angemessener war. Nachahmung schien immer mehr an Stelle einer unbewußten Identifikation zu treten. So scheint neben dem Wunsch, dem Führer (oder sonst einem der wirkenden Menschen) gleich zu *sein*, der, ihm ähnlich zu *werden*, sich durchgesetzt zu haben; an Stelle einer phantasierten Wunscherfüllung scheint das Streben nach offenbarer Realisierung getreten zu sein. Einige Einrichtungen des Vereines dürfen als die Mittel, dies zu ermöglichen, aufgefaßt werden. Daß die abendliche Patrouille um das Lager bei stürmischem Wetter ganz besonders bei den Kindern und einigen Mitgliedern starke Gefühle der Furcht, Vorstellungen des Unheimlichen und Gefahrvollen hervorrief, läßt dieses Tun der Knaben großartiger erscheinen als es seinem Wert entsprach, bewirkte aber, daß diese Knaben mit den sie begleitenden Führern als mutig, heroisch, im Gegensatz zu den Beobachtern selbst (und dem ganzen Heim) galten. Ähnlich wirkten die Einrichtungen, daß der Machris (Rufer) bei Abwesenheit der Inspektion (eines Führers) dessen Stelle einnahm, sobald sich etwas ereignete (Diebstahl, dringliche Arbeit etc.); auch hier ließ sich nachweisen, wie nach kurzer Zeit, während die einzelnen Knaben blind Führer mimten, das Streben nach tatsächlichem Gleichtun sich durchsetzte. An Stelle der halluzinatorischen, von der Realität meist weit entfernten Wunscherfüllung (hier der, dem Führer gleich zu sein), tritt auch hier das Streben, der Wirklichkeit näherzukommen, sie möglichst zu erreichen.

So sehr aber doch diese Wünsche zu gefallen, geachtet zu werden etc. der Realisierung zugeführt wurden, so sehr dadurch die Funktion des Vereines im Ganzen des Heimes an Bedeutung gewann und immer mehr von seinen Kräften in Anspruch nahm, ein beträchtlicher Teil von allem blieb doch unerfüllt. Wir müssen das annehmen, ob wir nun bedenken, wieviele der im Laufe der Wochen geäußerten Wünsche unerfüllt blieben (Uniform, Wachzimmer, Trommel etc., etc.) oder ob wir wiederum einige Handlungen der Knaben auf diesen Gehalt hin prüfen.

An Abenden, an denen die Knaben mit den Führern beisammen

saßen, äußerten sie manchmal den Wunsch, zahlreicher zu sein: von neuen Zügen sprachen sie, die sie dann und dann aufstellen wollten. Dagegen erwähnten wir bereits früher, wie rigoros sie bei der Auswahl Neuaufzunehmender vorgingen, daß nicht nur Kleine abgewiesen wurden, sondern auch mancher der Gleich-Großen keine Aufnahme fand. Der enge Zusammenschluß der Mitglieder, ihre Exklusivität, die Separation des Führers von den Kleinen, die Monopolisierung einzelner Arbeiten für den Verein einerseits, die Wünsche nach Zuwachs und die damit verbundenen Tagträumereien andererseits, ergeben hier diesbezüglich einen Unterschied zwischen Wunsch und Realität, der nicht einmal Anstoß zu einem Versuch gab, ihn zu überbrücken. Die Einzigartigkeit des Vereines realisierte er, soweit es seine Beziehungen zur Umwelt (Heim) gestatteten, der übrige Teil blieb als Wunsch bestehen, wurde als solcher in Gesprächen eingehend besprochen, auf ihn kam man immer wieder zurück; außerhalb des Vereines aber schienen diese Wünsche nicht zu bestehen, nach außen wurde der Verein als ein Vollkommenes repräsentiert, ausgegeben; insbesondere den Kleinen gegenüber als das schlechthin Vollkommene hingestellt. Wenn es nun bei einer abgelehnten Neuaufnahme hieß: »Er paßt nicht zu uns«, so heißt das nicht nur, er besitzt nicht die physischen Dispositionen, bei uns zu sein, sondern er besitzt auch nicht die psychichen: er kann unsere Phantasien nicht verstehen, nicht mitmachen, er wird zu ihrer Verwirklichung nichts beitragen. Die Aufnahme der Kleinen und ihr wochenlanges Warten auf endgültige Aufnahme, die doch nie erfolgte, lassen uns diese Maßnahme mehr als eine egoistische erscheinen als eine altruistische. Nicht darum scheint es sich gehandelt zu haben, durch Neuaufnahmen die Arbeitsfähigkeit des Vereines dem Heim zu erhalten oder Kleinere in den Kreis geordneter Verhältnisse einzubeziehen, sondern dessen Selbstherrlichkeit zu bewahren, auch weiterhin die Gruppe von zwanzig zu sein, die das Heim bewegt, beherrscht und beglückt. Der ehemals in der Vorturnergruppe deutlich wirkende Trieb zu herrschen, zu kommandieren, zeigt sich auch nach der Aufnahme Kleinerer wieder, hier freilich wesentlich verändert in seinen Ausdrucksformen, milder und geselliger, dabei auch mehr tatsächliche Befriedigung bietend. Die Kleinen sind nicht mehr allein Objekte einer Lust, sondern auch Subjekte eines gemeinsamen Wollens, Mithelfer, ein egoistisches Ziel zu erreichen.

Der Ausschluß von drei Knaben am 15. Jänner und das Verharren bei einer Mitgliederzahl von 16 durch vier Wochen zeigt uns, welche Wichtigkeit einer Gefährdung der Vereinsideale beigemessen wurde; denn das ungemäße Verhalten von auch nur drei Knaben bedeutete eine Störung in den Verwirklichungsbestrebungen des Vereines, in dem es keine Rücksicht auf solche gab, die dem Vereinsideal nicht entsprachen.

Wenn wir nunmehr untersuchen, welchen Einfluß die Anwesenheit Erwachsener im Heim auf die innere Entwicklung des Vereines gehabt hat, so ergibt sich vor allem ein Plus für die Erwachsenen, aus der Ätiologie abzuleiten und aus der Einstellung zu den erwachsenen Führern. Zweifellos haben nunmehr die Erwachsenen im Bewußtsein der Knaben eine wesentliche Rolle gespielt, und zwar nach den beiden bereits geschilderten Gruppen von Erwachsenen (Kap. Heim und Verein) eine verschiedene. Die Stellung zu der pädagogisch interessierten Gruppe war bald fixiert; sie äußerte sich bekanntlich in der ununterbrochenen Korrespondenz von Wünschen nach Achtung etc. bei den Knaben und größter Bereitwilligkeit, diese zu leisten, bei den Erwachsenen. Da sowohl bei den Erwachsenen als auch bei den Knaben die Stellung der Führer zu den einen wie zu den anderen dafür maßgebend war, wieviel der Schikanen bei Visitierungen oder dergleichen man sich gefallen ließ, konnte von diesen aus immer wieder das ganze positive Verhältnis der beiden Partner ventiliert werden. Denn es war oft nötig, die subjektiv verständlichen, objektiv meist grundlosen Kränkungen, die Erwachsene vorgaben erfahren zu haben, in das richtige Licht zu stellen und immer wieder darauf zu dringen, daß es nichts anderes als gekränkte Eitelkeit jedes einzelnen ist, wenn er das Tun der Knaben einer Kritik von seinem Standpunkt aus unterziehe. Dagegen haben sich bei den Knaben auch nur kleine Hinweise auf zweifelhaftes, ungemäßes Handeln meist als sehr wirksam bewährt, insbesondere dann, wenn aus den Worten des Berichtigenden, Tadelnden weniger eigene Gekränktheit als das Interesse sprach, den Verein seinem Ideal näherzubringen.

Der psychologische Vorteil, den diese Erwachsenen boten, besteht unzweifelhaft darin, daß sie die Wünsche der Knaben zum Teil insoweit realisieren halfen als es die Gesamtsituation im Heim gestattete, ohne daß sie sich berufen fühlten, Schranken zu setzen, wo der geäußerte Wille der Knaben diese nicht wünschte. Somit realisierten sie durch ihre Anerkennung ein Stück Welt der Knaben, sie waren selbst oft erwünschte Objekte für diese und gehörten somit zum Inventarium des Vereines (im Gegensatz zu den meisten Kinderspielen, wo Erwachsene zumeist unerwünscht sind). Sie halfen aber vor allem ein Stück kindlicher Auflehnung gegen Erwachsene, die bei den im Heim vereinigten Waisenkindern besonders stark sich äußerte, überwinden. Sie galt nach einigen Wochen als aufgehoben, wenn sie nicht durch das Verhalten der anderen pädagogisch nicht oder wenig interessierten Gruppe wiederum veranlaßt wurde. Diese Gruppe hatte vor allem gegen das ständige Mißtrauen der Knaben zu kämpfen, wenn einer aus ihr sein Verhältnis zu den Knaben zu ändern wünschte und danach sein Verhalten einrichtete. Einzelne Ergebnisse (Chronik 25. November) veranlaßten eine tiefe Erschütterung der Knaben, die ihre bisherigen Erfolge gefährdet sahen, sofort ihre ehemalige Ablehnung gegen Erwachsene wiederum geltend machten, den Führer ablehnten, von ihm, dem Verein, für Minuten nichts wissen wollten. Wir müssen aber auch diese Gruppe insofern als förderlich bezeichnen, als sie gerade durch entgegengesetzte Tendenzen neue Impulse im Verein hervorrief, die auf Überwindung der von ihr ausgehenden Tendenzen abzielten. Die in ihrem Verhalten zu Unerwachsenen diametral entgegengesetzten Gruppen von Erwachsenen im Heim lieferten sozusagen ein Stück Spannkraft, aus der der Verein Auflehnung, Machtbegierden, Feindschaft, aber auch Gefühle der Zufriedenheit, der Erfüllung von Wünschen ableitete. Die einen, ausgehend von ihrem traditionellen Erwachsenenrecht, sind als die Widersacher der kindlichen Bestrebungen anzusehen, die anderen als die Förderer, Verwirklicher dieser Bestrebungen. Die einen hätten leicht das Tun des Vereines zu einem Spiel machen können, in dem sie die Triebumsetzung in eine Realität nicht konsequenzlos gestattet hätten, die anderen hätten durch ihr Interesse leicht zuviel der Realisierung geboten, so daß der halluzinatorische Anteil an der Handlung – eine für Kinder wie für Jugendliche wohl charakteristische Erscheinung – verloren gehen konnte. (Wie sehr die angedeutete Stellung Erwachsener zu Jugendgruppen auf deren Struktur wirkt, wird der Jugendforschung nicht schwierig sein nachzuweisen, wenn sie etwa die mannigfachen Formen jugendlicher Gesellschaften auf diesen Anteil hin prüft.)

Legitim stand den Realisierungstendenzen des Vereines nur die Schulgemeinde-Versammlung entgegen; aber auch in ihr wurde nie (einen Fall angenommen S. 322 unten) gegen den Verein etwas unternommen. Dagegen äußerte der Schülerausschuß (in dessen

Händen die Leitung der Schulgemeinde lag) dem Heimleiter zweimal Bedenken gegen den Verein. Einmal gleich nach seiner Gründung aus Befürchtung, die Knaben könnten durch allgemeine Militarisierung des Heims die Demokratie, die einzelnen vorschwebte, gefährden. Das zweitemal im Monate März, als die Schulgemeinde-Versammlungen immer regere Anteilnahme der Kinder zeigten und die Mitglieder des Vereines deutlich eine geschlossene Gruppe bei Abstimmungen und dergleichen bildeten. Dies glich aber keineswegs einer parlamentarischen Fraktion, äußerte sich vielmehr spontan ohne von einer Ideologie – wie sie etwa einzelne Jugendliche damals bereits durchzusetzen versuchten (Menschlichkeit und dgl.), getragen zu werden. Das geschlossene, entschiedene Abstimmen der Knaben, das nicht immer in den gewünschten Formen sich abwikkelte (die Knaben schrien einander zu, mitzustimmen), fiel aber immer mit solchen Punkten der Tagesordnung zusammen, wo der Verein in irgendeiner Form (Feste, Gartenbau, Theatergehen etc.), in irgendeiner Weise für sich ein Recht, ein Vorrecht vor den anderen geltend machte. Zweifellos betrachtete er sich als ein besonderes Gebilde in der Schulgemeinde, und zwar nicht nur als ein besonderes neben anderen, die durch die Schulgemeinde zusammengefaßt würden, sondern als ein über ihr stehendes. Darin kollidierte er nun offenbar mit den beiden Mitgliedern des Schülerausschusses, dem 16jährigen S. und der ebenso alten R. Während die drei anderen Mitglieder des Schülerausschusses gleichzeitig dem Verein angehörten). Diese beiden, die mit S. in Kameradschaften vereinigten Nichtmitglieder, mit R. die große Zahl der charitativ wirkenden »Vereinigung zur Arbeit« hätten alle gern den Verein eingefügt gesehen in eine harmonische Schulgemeinde aller[21]. Scheint diese Bestrebung schon schwer realisierbar wegen der in den Kindern noch aus der früheren Zeit wirkenden egoistischen Tendenzen, die von einem so umfassenden Organismus wie die Schulgemeinde nicht leicht und rasch aufgehoben (transformiert) werden können,

21 So wenig es auch zulässig sein darf, die psychologischen Erfahrungen der Baumgartner Schulgemeinde zu verallgemeinern, so scheint dieser Fall doch den Vertretern der Idee freier Schulgemeinden darin rechtzugeben, daß die Zensuren und Kontrollen – heute von Erwachsenen gegenüber Kindern praktiziert — auch in der Selbstverwaltung nicht verlorengehen. Auch wenn zu der Zeit des oben geschilderten Falles dem Verein von den Erwachsenen kein Widerstand entgegengesetzt worden wäre, hätte der Verein doch nicht hemmungslos seine Wünsche realisieren können.

so ergibt sich aus der psychischen Struktur der Knaben (so z. B. aus der Bewertung der Größe, aus der Ablehnung der Mädchen) der triebhafte Widerstand gegen jede Erweiterung ihrer Beziehungen zum »Du« von selbst.

Die bisher verfolgte Triebrichtung führt zweifellos zur Errichtung eines ausschließlichen Machtbereiches, der je nach seinem Gehalt an Realisierungsmöglichkeit sozial fördernd wirkt, bis zur Auflösung des Vereines aber noch keine Anhaltspunkte gewährt, die auf eine Erweiterung und Vertiefung nach geselligem Zusammenschluß einer größeren Zahl schließen lassen. Als Ganzes ist der Verein in seinem Wesen und Wirken sozial fördernd, und zwar solange als er nicht von anderen Gruppen gefährdet wird.

II.

Eine wesentliche Vertiefung in den hier beschriebenen Fall gewährt uns die Anwendung der Lehre und Forschungsmethode der Psychoanalyse.

Wir hatten doppelten Anlaß gehabt, uns für alles kleinliche Tun und Lassen der Kinder bei ihrem Einzug in das Heim sehr zu interessieren. Einmal waren es die Klagen vor allem des Pflegepersonals und einer Schar Jugendlicher. Sie alle klagten über Unsauberkeit (»wie die kleinen Kinder«,), Bettnässen, absichtliches Beschmutzen der Kleider, der Wände, insbesondere der Klosette. Dann die Beobachtungen der Lehrer, die eine ununterbrochene Kette von Klagen über derlei »Unarten«, über Beschmutzen und Verwüsten von Büchern, Heften, Papieren, – über Unverträglichkeit, Bosheit, Raufsucht etc. darstellen. Für die Knaben schien es nur bei einer Gelegenheit Sozietät zu geben: beim Fußballspielen, welches exzessiv und rücksichtslos roh betrieben wurde. Abends wurden einzelne Gruppen zu zweien eng nebeneinander im Bett angetroffen, wozu schon damals meistens grundlos Kälte oder Bettmangel angegeben wurde. Ob und welche Phantasievorstellungen die masturbatorische Betätigung, die in den meisten Fällen einzeln betrieben wurde, an der sich aber auch Sechs- bis Zehnjährige beteiligten, begleiteten, konnten wir nicht ermitteln.

Koprophilie, sadomasochistische Partialtriebe, auch Autoerotik – von der Psychoanalyse als vorwiegende infantile Sexualbetätigung erkannt und nachgewiesen – sehen wir zum Teil sehr stark hypertrophiert noch oder wieder vorhanden. Ich- und Sexualtriebe, in der infantilen Konstitution verankert, ließen nach der Menge der Befriedigung, die ihnen gewohnheitsgemäß gewährt wurde, jede zensorische Schranke vermissen oder unberücksichtigt. Keiner dieser Triebregungen schien das Schicksal der Verdrängung widerfahren zu sein, weil eben keine dieser Lustbefriedigungen mit anderen Vorsätzen in Widerspruch geraten war. Die Begründung dafür – wie später eingehender behandelt wird – finden wir im Mangel jeglichen Idealbildes, jedes kritischen Maßstabes für sich selbst. Impulse, Wünsche nach Reinlichkeit, Ordnung, bestimmten Formen beim Essen – Schlafen, Klosettbenützung, Reinigen der Schuhe, Wäschewechsel – dann Freundlichkeit, Zutrauen, Aufrichtigkeit etc. waren fast allen so fremd wie einem Neugeborenen. Damit ist aber nicht gesagt, daß es den Kindern unbekannt gewesen wäre, daß sich das Leben auch in anderen Formen abspielen kann; sie hatten gewiß sehr oft in Schule, früheren Heimen oder von Pflegeeltern davon gehört. Es fehlte ihnen nur der innere Anstoß dazu, derartige Formalitäten zu pflegen und sich an sie zu klammern, – damit auch die Gefahr auf sich zu nehmen, ein früheres lustvolles Tun oder Nichttun unlustvoll zu empfinden. Freundschaft Erwachsener war im Heim nur mit diesem Risiko zu erlangen, aber dazu war für die Kinder noch keine Nötigung vorhanden, es zu wagen. Die Aussicht auf Essenzubußen, auf Bevorzugung in der Schule, auf die Freundschaft eines Lehrers oder einer Lehrerin stellten noch nicht soviel Lust in Aussicht, als daß der damit verbundene Lustentzug schon aufgewogen worden wäre. Weitere und tiefere Einblicke in die Gesamtpsyche der 240 Waisen blieben uns versagt, dadurch auch eine Genealogie der Triebregungen, wie diese sich unter den sozial ungünstigen Verhältnissen entwickelt haben.

Diese Gesamtsituation trifft in allen Teilen auch auf die späteren Vereinsmitglieder zu. Mit der Einführung des Turnens schienen sich vor allem starke sadomasochistische Partialtriebe ergeben zu haben, auf die nach Intensität, turnerischer Wertlosigkeit mit allen Begleiterscheinungen, wie angeschrien zu werden etc., nicht unberechtigt zu schließen ist. Alle anderen Erklärungsmöglichkeiten, die das Turnen gewähren mag, treten in unserem Fall eben als Möglichkeiten vor obiger Tatsache zurück. Ebenso scheint uns die Frage nach dem Grunde gerade dieser (sadomasochistischen) Fixierung in den Hintergrund zu treten. Daß schon zu dieser Zeit andere Partialbetriebe wirkten, sei damit nicht irgendwie bezweifelt (insbesondere wollen wir keineswegs das Primat der Genitalzone in Abrede stellen). Daß das Turnen neben der masochistischen auch Genitallust bot, scheint uns auch im vorliegenden Falle nicht zweifelhaft. Das wesentliche in der Entwicklung des Vereins ist aber die Tatsache, daß er sich selbst dann in irgendeine Richtung veränderte, wenn ein Teil seiner Mitglieder eine bestimmte Konstitution überwunden hatte und sich gemeinsam in die neue Phase begab. Da die Symptome und Beobachtungen eine allgemeine masochistische Fixierung ergeben, muß auch dieses Stadium als ein im Wesen gerade von diesen Triebregungen beherrschtes angesehen werden.

Bei der Abspaltung der Vorturner, überhaupt bei Berücksichtigung der Tatsache, daß eine Scheidung zwischen Kleinen und Großen stattgefunden hat, scheint ein starkes Vorherrschen von Ichtrieben eine wesentliche Rolle gespielt zu haben. Die überaus große Bedeutung, die dem Essen und anderen lebenswichtigen Funktionen beigemessen wurde, bestärkt uns in der Vermutung, daß die Monopolisierung von Essen als Lohn, Begünstigungen durch den Turnlehrer etc. ebenfalls Anlaß zur Trennung der Großen von den Kleinen gewesen sein mag. Wie weit im Anschluß an die Befriedigung der Ichtriebe sich Sexualtriebe angelehnt haben, wie es Freud beschreibt[22], läßt sich im Rahmen dieser Arbeit nicht diskutieren. Die Sexualtriebe erweisen sich hier selbständig – also losgelöst von Ichtrieben und befriedigen durch die Lust, die die Partialtriebe bieten. Daß durch die Spaltung Turner – Vorturner den letzteren quantitativ mehr Lust geboten war, als zur Zeit, wo diese noch mit den »Kleineren« turnen mußten, erwähnten jene selbst. Ob wir es bei der von den »Großen« mit herbeigeführten Teilung in »Kleine und Große« mit einer unbewußten Höherwertung des eigenen Genitale gegenüber dem der »Kleinen« zu tun haben, ist bei der nachgewiesenen Bedeutung derartiger Vergleiche nicht auszuschließen.

Die infolge der Beachtung durch die Heimeinwohner (Kinder) und die nunmehr einsetzende Vereins-Funktion gehobene Icheinschätzung und die erprobte Erkenntnis, daß ein Teil der im Turnen gewährten Lustbefriedigung eigentlich unabhängig vom Zweiten durch Selbstkommandieren zu verschaffen sei, hat eine Libidofixierung an das eigene Ich »analog der ersten autoerotischen Sexual-

---

22 S. Freud, Zur Einführung des Narzißmus. Kl. Schriften zur Neurosenlehre und Jahrb. f. Psya. VI, 1914 (Ges. Werke, 10. Bd., Ffm. 1967[4].)

befriedigung, die im Anschluß an lebenswichtige, der Selbsterhaltung dienende Funktionen erlebt«[22] wurden, im Gefolge. Diese Libidofixierung an das Ich ist eine sekundäre, d. h. sie hat ein neuendecktes Ich zu ihrem Ziel, neuentdeckt zum Unterschied vom Ich an sich, das im frühinfantilen, primären Narzißmus Liebesobjekt an sich war. Diese Fixierung wurde unter Modalitäten vorgenommen, die wir kulturell bedingt nennen können. Es war keine Ichverliebtheit in den eigenen Körper schlechthin, vielmehr in einen, der gewissen Anforderungen entsprechen mußte, kurzhin in das Ideal-Ich. Ein Krüppel z. B. hätte es in unserem Verein nie zu einer sekundären narzißtischen Libidofixierung bringen können, weil eben sein aktuelles Ich mit dem imaginären, mit dem idealen Ich in zu großem Widerspruch gestanden hätte. Daraus ergibt sich, daß ein »Ideal-Ich« zur Gesellschaftsbildung nur dann beiträgt, wenn die einzelne Individuen ein gewisses Maß von Gleichartigkeit repräsentieren können. Es sei hier nochmals auf die tabellarische Zusammenstellung einzelner Merkmale, die im Ideal-Ich bestimmt eine Rolle spielten, im Kapitel »Die Züge« verwiesen.

Die Bildung des Ichideals, eine Erscheinung bei fast allen Jugendlichen, entstammt in unserem Falle der Tatsache, daß das eigene Ich mit seiner analen, primitiven Libidofixierung mit den sozialen und kulturellen Anforderungen der Gesellschaft[23] im Heim nicht mehr Schritt halten konnte, daß sogar die sadomasochistische Libidobefriedigung durch Schwächen des eigenen Ich (Mängel und Fehler im Kommandieren etc., etc.) in Frage gestellt wurde. Einerseits wollten die Kleinen lieber mit dem Führer selbst turnen, andererseits war dieser dadurch so beschäftigt, daß er für die Großen weniger Zeit erübrigte. Die Errichtung des Ideal-Ichs war also unter zwei Gesichtspunkten vorgenommen: 1. seine Errichtung als Ideal schlechthin, kurz Konstatierung dessen, was dem eigenen Ich fehlte, und was es werden sollte. 2. Einsetzen des Verdrängungsmechanismus dort, wo die libidinösen Triebregungen »in Konflikt mit den kulturellen (hier auch sozialen) und ethischen Vorstellungen (hier besser Wünschen) des Individuums geraten«.

Nach Freud geht die Verdrängung vom Ich (Selbstachtung des

---

23 Freud nennt als Anregung zur Bildung des Ichideals den durch die Stimme vermittelten Einfluß der Eltern, an welche sich im Laufe der Zeiten die Erzieher, Lehrer, die Mitmenschen, die öffentliche Meinung angeschlossen hatten. (Zur Einführung des Narzißmus s.o.)

Ich) aus und wird nach der Differenz zwischen Ideal-Ich und aktuellem Ich mehr oder weniger psychische Potenz erfordern. Das gleiche in unserem Fall: Im Momente, wo einerseits die Befriedigung der sadomasochistischen Partialtriebe durch eigene Unzulänglichkeit gefährdet erschien, andererseits schon durch homosexuelle Fixierung an Aktualität verloren hatte, setzte die Verdrängung jener libidinösen Triebregungen ein, die nach den nunmehrigen Vorstellungen des Individuums ungünstig oder auch konfliktvoll sich gestalteten. Aus der sadistischen Lust z. B., planlos und streng zu kommandieren, wurde der Wunsch nach dem selbst gut kommandieren Können, der Wunsch nach Erfüllung des Ideal-Ich. Damit wäre dann nicht nur den sadistischen Triebregungen Befriedigung möglich, sondern auch die Gunst des Führers zu erlangen. Die Verdrängung steht also hier im Dienste zweier Triebe: dem der Erhöhung des Ichs und dem der Gewinnung des Sexualobjektes. Was von letzterem »schlecht« genannt wird, was Objekt seiner Kritik, Grund der Abneigung war, soll beseitigt, was für gut befunden, soll geübt und manifestiert werden.

Die Personen der Führer als nunmehrige, teilweise Objekte der Libidofixierung haben schon vorher bei der Errichtung des Ichideals eine Rolle gespielt, nur mit dem Unterschied zur nunmehrigen Situation, daß bei der Bildung des Ichideals die Personen (die späteren Objekte) sich noch nicht in primäre Beziehungen zum Ich begeben hatten, vielmehr nur in eine Hilfsbeziehung: Die Anregung zur Bildung des Ichideals war vorwiegend von den Führern selbst ausgegangen. Homosexuelle Libido für die Führer, an und für sich frei, mußte in das Ichideal investiert werden. 1. weil das eigene Ich vorläufig stärkstes Liebesobjekt, 2. weil Erwiderung und Befriedigung durch die Führer von der Erfüllung des Ichideals bei den Knaben von ihnen selbst abhing. Diese Errichtung des Ichideals stieß auf reale Hindernisse (leises Kommando, turnerische Unzulänglichkeit etc.), es wurden die Personen der Führer als Maßstab herangezogen und das gewünscht und geliebt, was dem eigenen Ich noch fehlte. Der sekundäre Narzißmus hatte eine Objektwahl zur Folge, die dem einen des Freudschen narzißtischen Typus »was man selbst sein möchte« entspricht. Er besteht neben der Fixierung an das Sexualobjekt unverändert weiter.

Eine der sozial bedeutsamsten Erscheinungen im Verein ist – ebenfalls in Anlehnung an die mehrfach zitierte Arbeit Freuds agnosziert – »die Errichtung der besonderen psychischen Instanz, welche die Aufgabe erfüllt, über die Sicherung der narzißtischen Befriedigung aus dem Ichideal zu wachen, und in dieser Absicht das aktuelle Ich unausgesetzt beobachtet und am Ideal mißt«. Was wir im morphologischen Teil als »Vereinsgesinnung« festzustellen uns bemühten, ist zum Teil Bestandteil jener Funktion, die als Gewissen die agnoszierte Instanz versieht. Die Kontrolle bei der Errichtung des Ichideals und der Realisierungsarbeit mußte Auswahl, Beschränkung, Überwachung, Mißtrauen, Ausschluß, Sorge, Klage der Knaben herbeiführen, um das eigene Ich vor den eigenen nunmehr störend empfundenen Trieben und vor den Folgen, die aus denen der anderen sich ergeben konnten, zu beschützen. – Das Wesen dieser Gewissensfunktion war kulturell unbestimmt; es mußte erst wie das Ichideal selbst sozial gestaltet werden. Die Tendenzen, die deren sozial günstige Gestaltungen herbeiführten, waren von den Anregern des Ichideals, den späteren Liebesobjekten, getragen. Ein gemeinsames Ichideal mehrerer kann zu deren Soziierung führen, die an sich kulturell indifferent, erst durch den Träger des Ichideals selbst entscheidend bestimmt wird.

Die bisher detaillierte und unübersichtliche Auseinandersetzung des Triebwandels und der Dynamik sei hier zusammengefaßt.

Turner- und Vorturnergruppe waren fast ausschließlich vom sadomasochistischen Partialtrieb beherrscht.

Dessen Mächtigkeit, wie überhaupt die der prägenitalen Sexualkonstitution, wurde überwunden durch den sekundären Narzißmus.

Anlaß zu sekundärem Narzißmus gaben: 1. persönliche Mängel, die schon die sadomasochistische Libidobefriedigung gefährdeten; 2. erhöhtes Interesse für den eigenen Körper durch erhöhte Aufmerksamkeit der Umwelt und durch die im Turnen kennengelernte Organlust, die vom eigenen Körper ausgehen konnte.

Der Narzißmus galt nicht dem Ich schlechthin, sondern einem Ideal-Ich. Die Notwendigkeit eines Ichideals ergab sich aus dem selbsterkannten Mangel an Fähigkeiten und aus den Anforderungen der Gesellschaft, insbesondere des Turnlehrers (der Führer).

Die Person des Turnlehrers scheint erst nach oder gleichzeitig mit der narzißtischen Fixierung nach dem Typus, »was man selbst sein möchte«, als Objekt gewählt zu sein. Er ist somit analog der ersten infantilen Objektwahl zum Teil den eigenen Befriedigungserlebnissen (Sadismus, Masochismus vom Turnlehrer geboten) entnommen.

Mit der Vereinsgründung setzte die Realisierung des Ichideals ein. Die zahlreichen und vielseitigen Dienste, gegenseitige Aneiferung, restlose Hingabe der Knaben an den Verein, weit mehr als an den Führer, weisen hinreichend auf seinen manifesten Gehalt hin. Die soziale Bedeutung eines gemeinsamen Ichideals zeigte sich übermächtig in der Errichtung einer eng geschlossenen Sozietät, die immerwährend auf neue Mittel sann, sich von der Außenwelt abzuschließen und sich doch in ihr hervorzuheben. So erscheint uns schließlich der Wunsch nach Uniform, das den Führern angetragene »Du«, die Bedeutung der Signalpfeifen, die ganz besondere Bewertung und Einschätzung der Armbinden als ein großer Wunsch nach Hebung des Ich, teils dadurch, daß man seine besonderen Vorzüge zeigte, teils, daß man es nur für wenige und sorgfältig erwählte zugänglich machte, dadurch begehrenswerter, geachteter. Bis zur Neuaufnahme Jüngerer weisen die Symptome ein auf Überwiegen von manifestem Narzißmus gegenüber manifester Libidofixierung an die Führer hin. Erst die Neuaufnahme Jüngerer hatte eine weitgehende Liebesmanifestation der Großen zu den Führern im Gefolge. Der Wandel der Libidofixierung der Kleinen war ebenso wie bei den Großen. Auch sie hatten Führer und Große zum Vorbild und mit deren Bilde als Gewissensinstanz störende Partialtriebe zu überwinden, sie im Rahmen der Sozietät, in die aufgenommen zu werden sie die Ehre hatten, zu gestalten. Ihre Rolle im Verein war eine passive, daher erscheinen sie bei psychologischer Betrachtung ausschließlich als Objekte des Tuns. Bei der Einstellung der Großen zu ihnen haben wir zwei Typen zu berücksichtigen; dem einen dienten die Kleinen als Objekte des Kommandierens, der Zucht, der Zuneigung, Vorliebe, Bewachung. Von ihnen haben wir sechs Knaben genannt; den anderen, die zwar auch einzelne oder den ganzen Zug der Kleinen beobachteten, ihn sogar streng bewachten, scheint der zweite Zug ausschließlich Mittel gewesen zu sein, die verminderte Mitgliederzahl wieder aufzufüllen, wieder soviele wie früher zu sein, ebensoviel Aufsehen beim Marschieren zu erregen wie früher. Sie scheinen ohne inneren Zusammenhang die strengsten Wächter der Kleinen gewesen zu sein. Nach den »Freundschaften« zu urteilen, ergibt sich eine stärkere Fixierung der Kleinen an Große als umgekehrt. (»Sehr gute Freunde« sind den Großen nur Große; Kleine werden meist als gute Freunde genannt, in vier Fällen werden sie bezeichnet »den hab' ich sehr gern gehabt«.)

Einzelne Knaben konnten nach zahlenmäßiger Darstellung schon im Kapitel Freundschaften als Mittelpunkte von Freundeskreisen gezeigt werden. Es scheint, daß wir es hier mit solchen Individuen zu tun haben, die als Wirbelpunkte in Jugendgruppen und Gemeinschaften in Erscheinung treten. Die Gruppierung um sie läßt das Maß homosexueller Fixierung nicht als ein bei allen gleiches erscheinen, zeigt vielmehr, daß Anziehung und Ablehnung interindividuell differenziert war. Dadurch ist der Charakter unseres Vereines eindeutig bestimmt. Führer und ganz wenige Knaben (Richard, Emil, Aron, Markus) im Mittelpunkt des Vereines von allen geliebt; diese selbst wieder gruppiert nach Intensität und Quantität der von ihnen ausgehenden und auf sie gerichteten Libido. Die Beobachtungen der Knaben lassen jede heterosexuelle Tendenz vermissen. Wie weit diese durch unbewußte Mutteridentifikation einzelner gerade im Verein die homosexuelle Objektwahl mitbedingten, könnten nur Individualanalysen nachweisen. Die ablehnende Stellung gegen Mädchen zeigte sich deutlich im geschilderten Verhalten (Kapitel Heim und Verein) gegenüber denen, die mitturnten oder selbst Schotrim werden wollten. Sie läßt sich unschwer auf das große Maß eigener Sexualüberschätzung zurückführen, das wir einerseits als Überkompensation eines infantilen Kastrationskomplexes (Beschneidung), andererseits als eine Folge der Icheinschätzung, Fixierung an einen »Großen« als Ichideal, Abschluß der »Kleinen«, besonders gegenüber Mädchen als wirksam annehmen könnten.

Den Anforderungen speziell für Beschreibung von Schülervereinen in der zitierten Arbeit Bernfelds scheint uns hier speziell nach Punkt 2 »Analyse der Bedingungen der Eigenart von Vereinsindividualitäten« Genüge getan zu sein. »Den Zusammenhang der allgemein vereinsbildenden Faktoren mit Grundtrieben« haben wir hier zum Teil festgestellt, zum Teil dessen Möglichkeit erwähnt. Der in derselben Arbeit vorgenommene erstmalige Versuch einer schematischen Einteilung von Schülervereinen läßt sich auf unseren Verein nicht anwenden. Die Bedingungen, unter denen die Gruppe vorwiegend sich zusammenschließt, sind bei Schülervereinen vorwiegend äußere, vor allem verschiedene Wünsche der sich Gesellenden, deren Realisierung die Gesellschaft, Schule, Elternhaus sonst verwehren. Der Schülerverein ist somit die eigene Welt für seine Mitglieder im Gegensatz zu der ihm konträren Umwelt.

Unserem Verein waren durch die besondere Heimverfassung derartige Reaktionen unmöglich; das Heim war ihm nicht Objekt der Abneigung, gegen das sich seine Aktionen richteten, sondern für das er wirkte. Die Annahme ist nicht abzuweisen, daß es sich um eine Einbeziehung des Heimes in das Gesamt-Ich des Vereines handelte. Von ähnlichen Grundtrieben wie andere Jugendvereine bedingt, war seine soziale Wirkung weit über den Kreis der Knaben ausgedehnt. Ein wesentliches Charakteristikum des Schülervereines, der Widerspruch zwischen phantasiertem Vereinsziel und realer Erfüllung, ist in unserem Falle weit weniger deutlich ausgeprägt und weist auch in dieser Richtung auf bestimmte Formen kindlichen Seelenlebens unter derartigen, bisher unerprobten Bedingungen hin. Die auf Realisierung aller Wünsche und Vorsätze eingestellte Vereinstätigkeit scheint nur mit wenigen und seltenen Jugendgruppen vergleichbar, welche oft im weitesten Umfang Bewegungen in der Jugend hervorrufen und durch tatsächliche Realisierungsversuche sozial bedeutender wirksam werden als die unzähligen Jugendvereine, die allerorts bestehen. Psychisch wohl von denselben Grundtrieben bedingt, ist die soziale Auswirkung von Knabenvereinen davon abhängig, ob sie sich in dem jugendlichen Milieu (wie in unserem Falle) oder ob sie sich in der Gesellschaft der Erwachsenen oder sogar mit ihnen vollzieht. Die allgemeine soziale Bedeutung jugendlicher Gesellschaften wäre durch umfassendere Untersuchungen zu beweisen. Der hier beschriebene Fall kann auch in dieser Hinsicht nur als erstmaliger Versuch einer Untersuchung hingenommen werden.

Drucknachweise

1. Teil

1. Traumen und Versagungen (S. 5) Aus: Siegfried Bernfeld, Psychologie des Säuglings, Berlin 1925, S. 183–228
2. Die psychoanalytische Psychologie des Kleinkindes (S. 61) Aus: Paul Oestreich (Hrsg.), Das Kleinkind, seine Not und seine Erziehung, Jena 1932, S. 142–153
3. Über Faszination (S. 75) Aus: Imago, 1928, 14. Jg., S. 76–87
4. Über sexuelle Aufklärung (S. 88) Aus: Zeitschrift f. psychoanalytische Pädagogik, 1926/27, 1. Jg., S. 195–199
5. Kinderheim Baumgarten (S. 94) Berlin 1921
6. Über die allgemeinste Wirkung der Strafe (S. 216) Aus: Zeitschrift f. psychoanalytische Pädagogik, 1931, 5. Jg., S. 285–290

2. Teil

1. Die Formen der Disziplin in Erziehungsanstalten (S. 223) Aus: Zeitschrift f. Kinderforschung. Bd. 33, 1927, S. 367–390
2. Léonard Bourdons System der Anstaltsdisziplin 1788–1795 (S. 249) Aus: Zeitschrift f. Kinderforschung, Bd. 36, 1930, S. 153–169
3. Strafen und Schulgemeinde in der Anstaltserziehung (S. 269) Aus: Arbeiterwohlfahrt, 1929, 4. Jg., S. 513–520
4. Psychische Typen von Anstaltszöglingen (S. 278) Aus: Arbeiterwohlfahrt, 1926/27, 1/2. Jg., S. 77–80 u. 113–116
5. Die Unehelichen (S. 288) Aus: Das Tagebuch, 1926, 7. Jg., S. 1428 bis 1430
6. Kinder-Enquête über das Prügeln (S. 291) Aus: Das Tagebuch, 1926, 7. Jg., S. 1514–1517
7. Die psychologischen Grundlagen der Gefährdetenfürsorge (S. 296) Aus: Arbeiterwohlfahrt, 1926/27, 1./2. Jg., S. 522–526

Anhang

1. Anna Freud: Die Erziehung des Kleinkindes vom psychoanalytischen Standpunkt aus (S. 300) Aus: Paul Oestreich (Hrsg.), Das Kleinkind, seine Not u. seine Erziehung, Jena 1932, S. 153–161 (Dieses Referat schloß an Bernfelds Beitrag ›Die psychoanalytische Psychologie des Kleinkinds‹ an)

2. Wilhelm Hoffer: Ein Knabenbund in der Schulgemeinde. (S. 311) Aus: Siegfried Bernfeld (Hrsg.), Vom Gemeinschaftsleben der Jugend. Beiträge zur Jugendforschung, Leipzig, Wien, Zürich 1922, S. 76–144 (Quellenschrift zur seelischen Entwicklung, Bd. III)

Sachregister